Litigation on defective construction or management of road

도로 하자소송

정형근 저

새로운 책을 내면서

현대의 교통기관은 저마다 고유한 시설을 필요로 한다. 자동차는 도로를, 기차는 레일을, 비행기는 공항을, 선박은 항구를 이용한다. 이 중에서 자동차는 가장 대중성을 갖고 있어 인간의 제2의 발과 같은 역할을 한다. 자동차는 고속으로 달리기에 주행 중에 어떤 장애물과도 접촉되어서는 아니 된다. 자동차 운행 중에 발생한 사고는 운전자의 과실로 발생한 것이 대부분이다. 이 경우에는 가해자와 피해자 간의 민사문제로 해결되어 왔다. 그렇지만 운전자의 주의에도 불구하고 사고를 야기할 수밖에 없는 흠이 있는 도로를 만날 수 있다.

자동차가 달리는 도로는 안전하게 설치되고 잘 관리되어야 한다. 국가배상법 제5조는 도로의 설치와 관리의 하자(흠)로 야기된 사고로 인한 국가배상문제를 다룬다. 국도나 지방도를 설치·관리하는 국가, 지방자치단체는 국가배상법의 적용을 받게 된다. 반면, 고속도로를 설치·관리하는 한국도로공사는 민법의 공작물책임에 관한 법리가 적용된다. 이는 국가배상책임의 주체를 공공단체까지 포함시키는 헌법과 달리 국가와 지방자치단체로 한정하고 있는 국가배상법 때문이다.

현재 우리 판례는 도로의 물적 결함이 있을 때 곧바로 손해배상책임을 인정하지는 않고 있다. 그 때문에 도로의 하자뿐만 아니라 설치·관리자의 안전확보의무의 이행 여부가 재판의 쟁점이 되고 있다. 본서는 도로의 설치·관리자들이 준수해야 할 안전관리의무에 관한 도로관련법령을 설명하고 있다. 과거와 달리 현재는 특히 안전한 도로관리를 위한 법령을 정비하여 위험상황에 대처할 수 있는 여러 조치를 취할 수 있는 법적 근거를 마련하고 있다. 이를 통하여 안전한 도로를 공용에 제공함으로써 운행자가 직면할 수 있는 위험을 제거하거나 감소시키는 효과를 낼 것으로 기대한다. 또한 운전자 역시 다수인이 이용하는 도로에서 자신은 물론 타인의 안전을 배려하는 의무를 다할 수 있도록 하고 있다. 도로하자소송에 문제되는 여러 사건유형을 정리하여 이와 관련된 실무에 도움이 되게 하였다.

본서는 저자가 변호사 시절 박사학위 논문에서 다뤘던 주제와 내용을 기초로 하고 있다. 그간 괄목할 만한 법령의 정비와 관련 판례의 집적으로 도로하자소송에 관한 보다 체계적인 연구의 필요성을 느끼던 차에 본서를 출간하게 되었다. 특히 고속도로나 공항의 소음 등의 교통공해로 발생한 주변주민들이 입게 된 손해배상 청구 소송은 이제 일상화되다시피 했다. 본서는 도로하자소송의 기본법리를 법령과 판례를 기초로 하여 충실히 검토하고 축적되어 있던 판례의 소개도 하였다. 도로하자소송을 다루는 법률가들과 도로의 설치·관리자들에게 다소나마 도움이 될 것으로 기대한다.

학기 중 여러 일로 분주한 가운데 본서를 출간할 수 있게 되어 기쁘게 생각한다. 저서를 내는 것은 항상 많은 에너지를 요하는 것인데 건강과 지혜를 허락해 주시어 이 일을 마칠 수 있도록 도우신 주님께 감사드린다. 늘 평강을 누리며 연구에 전념할 수 있도록 도와주었던 가족들에게도 사랑의 마음을 전한다. 어려운 출판환경 속에서도 여러 학문서적을 출간해 주셔서 학술연구에 크게 기여하고 계시는 피앤씨미디어(PnC media)의 박노일 대표님과 마인드탭(Mind-Tap)의 김중용 대표님의 배려로 이 책을 내게 되었음을 기억하면서 진심어린 감사의 말씀을 드린다. 그리고 본서의 편집과 출간에 이르기까지 여러 업무를 총괄해 주신 심성보 편집이사님의 도움으로 잘 마칠 수 있었음을 고맙게 생각한다.

경희대학교 법학전문대학원
정 형 근 교수 · 변호사

차 례

제1장 서 론

제2장 도로소송을 위한 영조물책임의 기본이론

제 3 장 도로의 설치·관리의 하자로 인한 배상책임

제 4 장 도로의 이용으로 인한 교통공해와 책임관계

제 1 장

서 론

Chapter 01 서 론

I ▸▸ 자동차와 도로

(1) 오늘날 자동차는 인간의 제2의 발이라 할 수 있다. 사람은 보도(인도)를 다니고, 자동차는 도로를 달린다. 도로는 사람이 승차한 자동차의 길이기 때문에 안전하게 설치되고 관리되어야 한다. 도로와 같이 일반인의 통행에 제공된 공공시설을 영조물이라고 한다. 영조물에는 도로뿐만 아니라 하천도 포함된다.

(2) 도로와 하천과 같은 영조물은 일상의 생활에 절대적인 중요성을 가지고 있다. 특히 자동차의 운행이 생활화된 현대에서는 더욱 그러하다. 영조물에 대한 개인생활의 의존성에 비례하여 이들 공공시설의 설치·운영과정에서 발생되는 사고는 날로 증가되고 있다. 과거 성수대교의 붕괴로 인한 참사나 망원동 수해사건, 대구 지하철공사장에서의 도시가스 폭발사고, 여의도광장 질주사건1) 등 일련의 대형안

1) 여의도광장의 관리는 광장의 관리에 관한 별도의 법령이나 규정이 없으므로 서울특별시는 여의도광장을 도로법 제2조 제2항 소정의 "도로와 일체가 되어 그 효용을 다하게 하는 시설"로 보고 같은 법의 규정을 적용하여 관리하고 있으며, 그 관리사무 중 일부를 영등포구청장에게 권한위임하고 있어, 여의도광장의 관리청이 본래 서울특별시장이라 하더라도 그 관리사무의 일부가 영등포구청장에게 위임되었다면, 그 위임된 관리사무에 관한 한 여의도광장의 관리청은 영등포구청장이 되고, 같은 법 제56조에 의하면 도로에 관한 비용은 건설부장관이 관리하는 도로 이외의 도로에 관한 것은 관리청이 속하는 지방자치단체의 부담으로 하도록 되어 있어 여의도광장의 관리비용부담자는 그 위임된 관리사무에 관한 한 관리를 위임받은 영등포구청장이 속한 영등포구가 되므로, 영등포구는 여의도광장에서 차량진입으로 일어난 인신사고에 관하여 국가배상법 제6조 소정의 비용부담자로서의 손해배상책임이 있다.

차량진입으로 인한 인신사고 당시에는 차도와의 경계선 일부에만 이동식 쇠기둥이 설치되어 있

전사고들은 물론 교통신호등의 고장으로 인한 공공시설의 설치·관리의 문제점을 노출시키고 있다. 또한 폭풍우와 같은 자연재해로 인한 도로의 함몰로 인한 자동차의 전복사고도 빈번하다. 이런 도로와 같은 영조물의 사고는 안전한 삶을 위협하고 국가나 지방자치단체의 안전사회책무를 더욱 강하게 부과하게 된다.

(3) 특히 자동차의 보유대수 증가는 열악한 도로 등의 교통환경과 향상되지 않은 교통안전의식 때문에 수많은 교통사고를 야기하여 심각한 사회문제로 대두되고 있다. 문명의 이기로 불리는 자동차가 이제는 달리는 흉기가 되어 귀중한 생명과 재산을 해치는 교통재해의 도구로 전락되어 간다는 지적도 있다. 우리나라는 높은 교통사고 발생률 때문에 사고로 인한 사상자가 전쟁으로 인한 것보다 더 많다는 분석도 나오게 되었다.2)

(4) 교통사고의 원인은 자동차와 그 자동차를 운전하는 운전자, 자동차가 주행하는 도로환경에서 찾을 수 있다. 운전자는 도로교통법이 정하는 바에 따른 운전자로서의 주의의무를 다하는 준법운전으로 사고를 예방하여야 한다. 자동차의 제조회사는 주행에 결함이 없는 자동차를 생산·공급하여야 한다. 도로의 설치·관리자는 자동차 운행에 지장이 없는 안전성을 갖춘 도로를 설치하고 꾸준하게 관리해 가야 한다. 이러한 관점에서 본서는 열악한 도로사정으로 인하여 야기되는 교통사고 등의 법리와 국가배상법과 민법 등의 법령에 따른 피해자의 권리구제를 다루게 된다.

(5) 「도로법」 제76조 제1항은 도로가 파손되거나 그 밖의 사유로 통행이 위험하다고 인정되는 경우나 지진, 홍수, 폭설, 태풍 등 천재지변이나 이에 준하는 재해가 발생하였거나 발생할 우려가 있어 도로에서 통행이 위험하거나 교통이 장시간 마비될 우려가 있는 경우에는 도로관리청, 「한국도로공사법」에 따른 한국도로공사 또는 「사회기반시설에 대한 민간투자법」 제2조 제7호에 따른 사업시행자로서 「유

고 나머지 부분에는 별다른 차단시설물이 없었으며 경비원도 없었던 것은, 평소 시민의 휴식공간으로 이용되는 여의도광장이 통상 요구되는 안전성을 결여하고 있었다 할 것이고, 만약 사고 후에 설치된 차단시설물이 이미 설치되어 있었고 경비원이 배치되어 있었더라면 가해자가 승용차를 운전하여 광장 내로 진입하는 것을 막을 수 있었거나, 설사 차량진입을 완전히 막지는 못하더라도 최소한 진입시에 차단시설물을 충격하면서 발생하는 소리나 경비원의 경고를 듣고 많은 사람들이 대피할 수 있었다고 보이므로, 차량진입으로 인한 사고와 여의도광장의 관리상의 하자 사이에는 상당인과관계가 있다고 한 사례(대법원 1995. 2. 24. 94다57671 손해배상(자)).

2) 정형근, "도로의 설치·관리의 하자로 인한 국가배상책임에 관한 연구", 박사학위논문, 1면.

료도로법」 제14조에 따라 도로(「사회기반시설에 대한 민간투자법」 제2조 제5호에 따른 민간투자사업으로 건설된 도로의 경우로 한정한다)에 관한 도로관리청의 관리·운영 업무를 대행하는 자(민자도로 관리자)는 도로의 통행을 금지하거나 제한할 수 있도록 하고 있다.

(6) 도로관리청이나 한국도로공사가 급커브 도로나 미끄럼도로의 방치 도로의 안전을 방해하는 낙하물을 장시간 방치한 경우 도로라는 영조물의 설치 또는 관리의 하자로 판단할 수 있다. 그러므로 사고발생에 기여한 몫만큼 도로의 설치·관리자가 그 책임을 분담해야 하는 것은 당연하다. 지금까지 교통사고가 발생하면 대개는 그 원인을 가해자의 운전과실에 의한 것으로 보는 것이 관행화되어 왔다. 교통사고의 책임문제에서 대개 가해자와 피해자 사이의 과실비율에 따른 민사상 손해배상책임으로 귀결되거나 자동차 보험회사가 책임을 지고 있는 것이 현실이다. 민사상의 손해배상청구이든 보험회사에서 책임을 지든 결국 부담은 고스란히 가해자와 피해자의 몫으로 돌아오게 된다. 그 때문에 사고 후에 사고원인 규명을 위한 당사자 간의 첨예한 대립과 분쟁이 빈발하는 교통문화가 형성되었다. 그 결과 가해자나 자동차 소유자에게 그 책임이 전가되는 결과를 초래하였으며, 국가나 지방자치단체는 도로의 결함으로 야기된 손해배상책임을 사고 당사자 사이에 해결하는 관행 덕분에 그 책임을 면해 온 측면이 있다. 그러나 사고의 책임은 사고의 원인을 제공한 자에게 돌아가야 한다는 이론적 측면과 현행법 체계를 고려할 때 이는 불합리한 관행이라 할 수밖에 없다. 도로의 설치·관리에 하자가 있기 때문에 손해를 발생하게 하였을 때에는 국가나 지방자치단체가 손해를 배상하여야 한다는 국가배상법 제5조의 정신에도 반하는 것이다. 사고 당사자에게 책임전가의 관행은 도로의 설치·관리자로 하여금 도로의 설치·관리를 소홀히 하게 할 가능성까지 야기할 수 있다는 점에서 묵과할 수 없는 문제의 심각성이 있다.

(7) 그러므로 도로는 필요 불가결한 생활의 수단이면서도 참담한 재해의 장이 될 수 있는 양면성 때문에 국민생활의 유지발전에 기여하는 도로의 설치·관리에 관심을 가져야 한다. 또한 도로재해를 미연에 방지하고 피해자 구제에 공헌할 수 있는 손해전보의 법리를 연구해야 하는 과제가 제기된다.

Ⅱ ▸▸ 도로의 설치·관리의 주요쟁점 법리

(1) 국가배상법 제5조 제1항은 "도로·하천 기타 공공의 영조물의 설치 또는 관리에 하자가 있기 때문에 타인에게 손해를 발생하게 하였을 때에는 국가 또는 지방자치단체는 그 손해를 배상하여야 한다"라고 규정하고 있다. 도로를 하천과 함께 영조물의 대표적인 존재로 인정하면서 그 설치·관리자의 배상책임을 명확히 하였다. 도로의 설치·관리 하자로 인한 책임의 성격에 관하여 공무원 또는 공무를 위탁받은 사인이 직무를 집행하면서 '고의 또는 과실'로 법령을 위반하여 타인에게 손해를 입히는 국가배상법 제2조와 달리 제5조는 '하자'만을 요구하고 있기 때문에 무과실책임주의를 채택하였다는 견해가 지배적이었다. 그리고 영조물에 물적 안전성의 결여가 있으면 배상책임이 인정되고 국가의 재정적 이유는 면책사유가 되지 않는다는 원칙을 밝힌 판례도 찾아 볼 수 있다.

(2) 영조물책임을 무과실책임으로 본다면, 국가배상법 제5조는 영조물의 설치·관리의 잘못에 대한 책임을 묻는 제도라고 볼 수 없다는 주장도 나올 수 있다. 영조물의 이용자가 우연히 받는 손해를 국민 전체가 조세부담을 통하여 연대하여 전보한다는 사회보장적 또는 사회보험적 효과가 기대되고, '불법행위의 형식을 취한 사회보장'의 기능을 수행할 수도 있다.[3] 실제로 배상비용이 조세부담을 통하여 국민 전체에게 부담됨으로 인하여 위험이 분산되는 기능을 부정할 수는 없다고 할지라도 국가배상법 제5조의 연혁과 입법취지 및 판례의 태도를 고려할 때, 국가배상법 제5조는 영조물의 설치·관리의 하자에 대한 책임을 묻는 제도라고 하지 않을 수 없다. 이 때문에 설치·관리하자의 본질론에 해당하는 하자논쟁이 중요하고 이를 정확히 규명할 필요가 있다.

(3) 도로의 설치·관리의 하자로 인한 국가배상책임을 인정하기 위한 요건이 어떤 것이며, 국가배상책임에서 문제되는 면책사유의 인정 여부에 관한 검토도 필요

---

3) 정형근, 행정법(제4판), 401면; 遠藤博也, 國家補償法(상권), 119면에서는 국가 또는 공공단체가 배상책임을 부담할 때의 비용은 결국 조세에 의한 것이 되기 때문에 조세부담을 통하여 배상비용이 국민 전체에게 부담되고, 위험이 분산되는 사회보험적 효과 내지 기능이 국가배상제도에 기대된다고 한다.

하다. 도로의 설치·관리하자로 인한 국가배상책임의 성립요건으로서 판례는 '통상성'을 요구하고 있다. 그 통상성을 판단함에 있어서 그 전제가 되는 사회통념 및 관리의 일반적 수준에 대한 개념파악이 선행되어야 한다. 영조물의 하자란 영조물이 그 용도에 따라 통상 갖추어야 할 안전성을 갖추지 못한 상태를 말한다. 영조물의 설치·관리자에게 부과되는 의무를 방호조치의무라고 하는데, 이 의무의 정도는 영조물의 위험성에 비례하여 사회통념상 일반적으로 요구되는 정도의 것을 말한다. 여기에서 영조물의 안전성을 사회통념이라는 일반적, 추상적 기준에 따르도록 하는 것은 영조물의 구조, 용법, 장소, 이용 상황 등의 구체적 사정을 충분히 고려하도록 하는 의도에 있다고 볼 수 있다. 그리고 관리의 일반적 수준을 고려하는 것은 현실적인 관리수준을 뛰어넘을 수 없다는 현실적 한계를 긍정한 것이다. 또한 불가항력이나 예산제약 등과 같은 영조물책임의 면책사유 역시 도로의 설치·관리자의 책임판단에 고려하여야 할 중요한 요소이기도 하다.

(4) 결국 도로의 설치·관리에 하자가 있다고 인정하기 위해서는 영조물로서 구비해야 할 통상적인 안전성이라는 일반적이며 추상적인 기준을 바탕으로 하되, 구체적인 재판사례들을 통하여 하자인정에 대한 공통적인 기준을 도출해 낼 수밖에 없다. 도로에 관한 하자유형은 명확한 분류기준을 내포한 것은 아니다. 분류의 편의를 위하여 도로 자체가 안고 있는 결함에 관한 '내재적 하자'와 도로 외적인 요소 때문에 안전성이 결여된 '외재적 하자'와 그리고 이 분류에 포함되지 않은 부분은 '제3의 하자유형'으로 일응 정리할 수 있다. 구체적으로는 노면 자체의 하자로써 웅덩이와 단차, 도로공사 등으로 인한 노면조건의 악화, 노면상의 장해물 및 노견(路肩)상의 하자, 방호책·중앙분리대의 불비나 불완전, 전락(轉落)사고, 낙석이나 붕토(崩土)사고 등 다양한 모습을 볼 수 있다. 하자유형의 차이에 따라 당해 사고에서의 도로가 갖추어야 하는 통상적인 안전성 유무에 대한 결론도 달라질 수 있다.

(5) 교통사고의 처리와 관련하여 사고 당사자 사이에 민사상 손해배상청구나 보험회사에 의존하여 처리하는 기존의 관행을 개선할 필요가 있다. 이를 위해서 구체적인 도로의 하자유형화를 통하여 어떤 사고가 도로의 설치·관리의 하자로 야기된 것인지, 운전자와 피해자 간의 단순한 과실에서 비롯된 것인지를 분명히 해야 한다. 종전에는 도로의 설치·관리자의 하자로 인한 피해자도 대부분은 도로노면

자체의 결함이나 도로상에 방치된 장해물이나 토사붕괴와 같은 외부적인 요인에 의하여 피해를 당하는 도로의 이용자인 운전자나 동승자가 대부분이었다.

Ⅲ ▸▸ 새로운 하자개념의 등장과 분쟁유형의 변화

⑴ 교통문화의 발달에 따라 기존의 도로나 공항과 같은 영조물에 물적 하자(시설불비·안전성 흠결)가 없음에도 그 영조물을 이용자가 이용함에 따라 손해가 발생하는 새로운 문제가 대두됨에 따라 하자개념도 새롭게 정립되었다. 이런 하자의 피해자는 교통시설의 이용자뿐만 아니라 제3자에게까지 확대되는 결과를 가져왔다. 도로를 운행하는 많은 자동차와 항공기의 제트엔진의 장착, 철도의 고속화는 필연적으로 소음과 진동, 배기가스를 야기하여 도로나 공항주변의 주민들에게 지속적인 환경침해를 야기하게 되었다. 이로 인한 환경침해를 교통공해로 표현할 수 있다. 교통공해는 도로(특히 고속도로)나 공항과 같은 당해 영조물을 구성하는 물적 시설 자체에 존재하는 물리적, 외형적인 결함이나 시설의 불비가 있는 것은 아니다. 오히려 당해 영조물의 시설 자체는 완전하여 흠이 없다. 그 영조물의 설치 목적에 따라 사용하게 될 때 비로소 야기되는 소음 등으로 인한 주변주민들의 피해가 문제된다. 그러므로 영조물의 하자는 전통적인 물리적 하자 또는 물적 성상(性狀)하자뿐만 아니라, 그 영조물이 공용(供用)목적에 따라 이용되는 것과 관련하여 위해를 발생시키는 위험성이 있는 경우도 포함하게 된다. 그러한 위험성은 자동차의 운전자와 항공기 조종사와 같은 영조물의 이용자에 대하여서뿐만 아니라 이용자 이외의 제3자(주변주민들)에 대한 그것도 포함되는 것으로 이해하는 하자개념을 일본에서는 공용관련(供用關聯)하자라고 하며, 우리나라에서는 기능적 하자 또는 사회적·기능적 하자로 부르고 있다.

⑵ 공용관련하자 개념은 일본의 大阪공항 공해소송과 국도43호선사건의 상고심 판결에서 인정되었다. 그 후 철도(新幹線)공해소송에서도 이를 긍정하여 판례상 확고한 법리로 인정되었다고 볼 수 있다. 이 같은 하자개념의 확대는 도로 등의 영조물의 적법한 이용에 따라 야기되는 제3자에 대한 손해도 설치·관리의 하자로 인

정하는 이론적 근거를 제공하였다는 점에서 의미를 찾을 수 있다. 공용관련하자 개념의 등장으로 도로공해를 비롯한 교통공해에 대하여서도 국가배상청구권이 인정되었다. 그러나 그 법적 성격에 대하여는 손해배상책임을 묻는 측면과 함께 손실보상의 이념이 아울러 내포되어 있음을 보게 된다.

(3) 대법원은 어느 시설을 적법하게 가동하거나 공용에 제공하는 경우에도 그로부터 발생하는 유해배출물로 인하여 제3자가 손해를 입은 경우에는 그 위법성을 별도로 판단하여야 하며, 이러한 경우의 판단 기준은 그 유해의 정도가 사회생활상 통상의 수인한도를 넘는 것인지 여부인데, 그 수인한도의 기준을 결정함에 있어서는 일반적으로 침해되는 권리나 이익의 성질과 침해의 정도뿐만 아니라 침해행위가 갖는 공공성의 내용과 정도, 그 지역환경의 특수성, 공법적인 규제에 의하여 확보하려는 환경기준, 침해를 방지 또는 경감시키거나 손해를 회피할 방안의 유무 및 그 난이 정도 등 여러 사정을 종합적으로 고려하여 구체적 사건에 따라 개별적으로 결정하여야 한다(대법원 2010. 7. 15. 2006다84126 채무부존재확인)고 하여 교통공해로 인한 하자를 긍정하고 있다.[4]

(4) 「환경분쟁조정법」에 의한 중앙환경분쟁조정위원회에서 동부고속화도로의 소음피해를 인정하여 정신적 피해에 대한 위자료의 지급을 명하는 재정(裁定)을 내린 점은 도로공해로 인한 배상책임 문제가 일상화될 것임을 예측하게 한다. 물론 「환경정책기본법」의 소음환경기준을 초과하는 도로소음이 있다고 하여 바로 민사상 '참을 한도'를 넘는 위법한 침해행위가 있다고 단정할 수 없다(대법원 2015. 9. 24. 2011다91784 채무부존재확인). 아무튼 도로의 설치·관리하자로 인한 국가배상책임은 날로 중요성을 더해가고 있으며, 그에 관련된 이론을 체계적으로 정립할 필요가 있다.

---

4) 국가가 공군 전투기 비행훈련장으로 설치·사용하고 있는 공군기지의 활주로 북쪽 끝으로부터 4.5km 떨어진 곳에 위치한 양돈장에서 모돈이 유산하는 손해가 발생한 사안에서, 위 공군기지에서 발생하는 소음의 순간 최대치가 양돈장 근처에서 모돈에 20~30% 정도의 유산을 일으킬 가능성이 있는 수치인 84 내지 94dB로 측정된 점, 역학조사 결과 모돈의 유산 원인은 질병이 아닌 환경요인에서 오는 스트레스로 추정되는데 위 소음 외에 양돈장에서 모돈에 스트레스를 줄 만한 다른 요인이 확인되지 않는 점 등에 비추어 위 손해는 공군기지에서 발생한 소음으로 인한 것으로, 당시의 소음배출행위와 그 결과가 양돈업자의 수인한도를 넘는 위법행위라고 판단한 원심판결을 수긍한 사례(대법원 2010. 7. 15. 2006다84126 채무부존재확인).

제 2 장

도로소송을 위한 영조물책임의 기본이론

02 Chapter

도로소송을 위한 영조물책임의 기본이론

I ▸▸ 국가배상법 제5조의 지위

(1) 학문상으로 영조물이란 공적 목적을 달성하기 위한 인적·물적 종합체를 말한다. 급부행정법에서 영조물은 행정주체에 의하여 직접 행정목적에 공용되는 유체물과 무체물 및 물건의 집합체(시설)인 공물의 일종으로 파악한다. 공물에는 직접 일반공중의 공동사용에 공용된 도로·하천·공원·해빈·항만·교량·광장과 이들의 부속물건인 '공공용물'이 있다. 그리고 관공서의 청사·교도소·소방서 등 일반 행정용의 공용물과 관사 등 공무원 전용의 공용물, 무기·연병장 등 행정주체 자신의 사용에 제공된 '공용물'이 있다. 그리고 보존할 가치가 있는 물건의 보존을 목적으로 관리하는 '공적 보존물'로 나눌 수 있다.

(2) 과거에는 공물을 행정주체에 의하여 직접 행정목적에 공용되는 개개의 유체물로 파악했지만, 오늘날은 공물을 개개의 유체물만이 아니라 집합물도 포함시키고 있어 공물과 영조물의 차이는 거의 없게 되었다.[1] 공공의 영조물을 국가나 공공단체 등의 행정주체 의하여 공공목적에 제공된 유체물, 즉 공물을 가리킨다고 보기도 한다.[2] 판례 역시 공공의 영조물이란 공유나 사유임을 불문하고 '행정주체'에 의하여 특정 공공의 목적에 공여된 유체물 또는 물적 설비를 의미(대법원 1981. 7. 7. 80

1) 정하중, 행정법개론(제7판), 1163면; 정형근, 행정법(제4판), 796면; 같은 취지로 홍정선, 행정법특강(제14판), 528면.
2) 김동희, 행정법 I (제20판), 581면.

다2478 손해배상)한다고 밝히고 있다. 여기서 '행정주체'를 국가 또는 지방자치단체로 표현하기도 한다(대법원 1998. 10. 23. 98다17381 손해배상(기)).

통상 행정조직법이나 급부행정법에서 말하는 영조물이 아니라 그중에서 공적 목적에 제공된 유체물만을 공공의 영조물로 이해하면서 학문상 공물에 해당되는 유체물을 공공의 영조물로 분류하기도 한다.[3] 국가배상법 제5조는 '영조물의 설치나 관리'라고 하고 있기 때문에 그 영조물은 국가나 지방자치단체가 설치했거나 관리하고 있는 것이어야 한다. 영조물의 설치 자체를 국가나 지방자치단체가 하겠지만, 사인이 설치(건축)한 건물을 임차하여 청사로 사용하면 국가는 영조물의 관리(자)에 해당된다. 아무튼 영조물을 설치했거나 관리자의 지위에 있거나 상관없이 행정주체에 의하여 제공된 것이어야 한다는 지적은 타당하다.

(3) 그러므로 국가배상법 제5조에서의 영조물이란 학문적 의미의 공물을 말하는데, 행정주체가 직접 공적 목적을 달성하기 위하여 제공한 유체물이 그 주된 대상이 될 수밖에 없다. 여기서 '행정주체가 제공'한 의미는 원칙적으로 공용개시행위를 필요로 하지만 그 의미는 넓게 해석될 것으로 보인다. 자연공물은 국가 등이 설치한 것은 아니지만 관리의 대상은 되며, 하천과 같이 국가배상법에 열거되어 있다는 점에서 영조물에 포함시키는 것이 타당하다.[4]

(4) 국가배상법 제5조의 영조물은 '국가나 지방자치단체'가 관리주체가 되는 공물이어야 한다. 왜냐하면 국가배상법은 국가와 지방자치단체의 배상책임만을 규율하고 있기 때문이다. 국가배상법 제5조 제1항 본문에서는 '공공의 영조물'이라는 용어를 사용하고 있으나 이는 다분히 일본어의 답습이고, 다른 법률에서는 영조물에 갈음하여 '공공시설'이라는 용어를 사용하고 있다. 「국토의 계획 및 이용에 관한 법률」은 '공공시설'이란 도로·공원·철도·수도, 그 밖에 대통령령으로 정하는 공공용 시설을 말한다(제2조 제13호)로 정의한다. 국가배상법 제5조 역시 '공공시설 등의 하자로 인한 책임'이라고 제목을 표시하고 있다. 그러나 광업법에서는 여전히 영조물이라는 용어를 사용하고 있다.[5]

---

3) 홍준형, 행정법, 624면.

4) 김남진·김연태, 행정법 I (제16판), 604면; 김남철, 행정법강론, 526면.

5) 「광업법」 제44조(채굴의 제한) ① 광업권자는 다음 각 호의 어느 하나의 장소에서는 관할 관청의 허가나 소유자 또는 이해관계인의 승낙이 없으면 광물을 채굴할 수 없다.
 1. 철도·궤도(軌道)·도로·수도·운하·항만·하천·호(湖)·소지(沼地)·관개(灌漑)시설·배수시설·묘우

(5) 영조물의 개념은 독일 행정법상의 용어인 'öffentliche Anstalt'를 일본에서 '공적 영조물'로 번역한 것을 우리나라에서 받아들인 것으로 알려져 있다.[6] 본래 영조물의 개념을 정의한 Otto Mayer에 의하면 "공영조물이란 공행정의 주체에 의하여 특정한 공적 목적에 계속적으로 봉사하도록 정해진 인적·물적 수단의 종합체이다"라고 하였다.[7] 영조물의 법이론에 있어서 O. Mayer가 역점을 두었던 것은 영조물의 이용(Anstaltsnutzung)에 관한 부분으로 영조물의 이용관계 내부에 있어서 그것을 특별권력관계로 구성하면서 계약적인 요소를 배제하였다.

1. 국가배상법 제5조와 헌법 제29조와의 관계

(1) 국가배상책임에 관한 최고의 법원(法源)으로서의 의미를 갖는 헌법 제29조 제1항은 "공무원의 직무상 불법행위로 손해를 받은 국민은 법률이 정하는 바에 의하여 국가 또는 공공단체에 정당한 배상을 청구할 수 있다"라고 규정하여 공무원의 직무상 불법행위로 인한 배상청구권만을 규정하고 있다. 국가배상제도는 위법한 국가작용으로 인한 피해를 국가가 책임짐으로써 법치국가실현에 기여하게 된다.[8]

(2) 국가배상청구권은 절대군주정하에서의 '왕은 악을 행할 수 없다'라든지 '주권자는 소추되지 않는다'는 국가무책임사상을 지양하고,[9] 정의의 이념에 따라 국가에게도 불법행위책임을 인정하는 것이다. 이것은 국가권력의 행사에 있어서 합법성을 보장하고, 나아가 국가권력 그 자체의 정당성을 확보하려는 것이다. 국가무책임사상은 오늘날 국가도 불법을 행할 수 있기 때문에 국가행위를 사법적으로 통제하기 위하여 헌법재판제도를 비롯하여 거의 완벽한 사법제도를 갖추고 있는 법치국

(廟宇)·교회·사찰의 경내지(境內地)·고적지(古蹟地)·건축물, 그 밖의 영조물의 지표 지하 50m 이내의 장소

2. 묘지의 지표 지하 30m 이내의 장소

6) 홍준형, 행정법, 624면.

7) Die öffentliche Anstalt ist ein Bestand von Mitteln, sächlichen wie persönlichen, welche in der Hand eines Träger öffentlicher Verwaltung einem besonderen öffentlichen Zweck dauernd zu dienen bestimmt sind(Otto Mayer, Deutsches Verwaltungsrecht, S.268).

8) 김학성, 헌법학원론(제4판), 748면.

9) 허영, 한국헌법론(전정10판), 608면.

가적 헌법에서는 유지하기 어려운 이론이다.[10]

(3) 반면, 영조물의 설치 또는 관리상의 하자로 인한 배상책임에 관하여는 국가배상법 제5조 제1항에서 "도로·하천 기타 공공의 영조물의 설치 또는 관리에 하자가 있기 때문에 타인에게 손해를 발생하게 하였을 때에는 국가 또는 지방자치단체는 그 손해를 배상하여야 한다"라고 규정하고 있다. 헌법은 국가배상책임의 원칙을 선언하고 있고 이 헌법규정을 구체화한 법이 국가배상법이다. 그렇지만 국가배상책임을 인정하기 위하여 헌법의 근거가 반드시 필요한 것은 아니고, 법률에 의하여도 국가배상책임을 인정할 수 있다. 다만 이 경우에도 헌법상의 재산권 보장규정, 평등의 원칙 등 헌법규정 및 헌법원칙을 위반하여서는 안될 것이다.[11]

(4) 그런데 국가배상법 제5조가 헌법 제29조와 어떠한 관계에 있는지 문제된다. 대부분의 헌법학자들은 국가배상청구권의 내용으로 국가배상법 제5조를 포함하여 설명하고 있다. 공무원의 직무상 불법행위로 인한 배상청구권은 공무원이라는 '人의 행위'에 기한 경우와 '物의 하자'에 기한 경우로 구별하는 것이 통례이지만, 여기서 말하는 공무원의 직무상 불법행위 중에는 양자를 모두 포함하는 것이므로 국가가 배상책임을 보장함에 있어 양자를 구별할 이유가 없을 뿐만 아니라 국가의 활동은 자연인인 공무원의 매개 없이는 불가능하기 때문에 '공무원의 직무상 불법행위'라는 것은 양자를 포함하는 광의로 해석하여도 특별히 부자연스럽지 않기 때문이라고 설명하는 견해가 있다.[12] 그러나 헌법 제29조는 공무원의 직무상 고의·과실에 관한 국가 등의 배상책임 규정이며, 이는 연혁적으로 공권력 작용에 있어서 국가무책임의 원칙을 부정하기 위하여 제정된 규정이기 때문에 제29조에서 말하는 공무원의 직무상의 불법행위는 문자 그대로 불법행위를 지칭하는 것이라고 해석하여야 할 것이다. 물론 이것은 영조물책임이 헌법상 요청되지 않는다는 것을 의미하는 것은 아니고, 다만 불법행위라는 개념은 본래 '행위'의 측면에서 인식된 것이기 때문에 영조물책임을 포함하지 않는다는 의미에 불과하다는 것이다.[13]

---

10) 한수웅, 헌법학(제5판), 935면.
11) 정형근, "도로의 설치·관리의 하자로 인한 국가배상책임에 관한 연구", 9면.
12) 今村成和, 國家補償法, 84면.
13) 西埜 章, 國家賠償法, 270면; 古崎慶長, 國家賠償法, 207면에서도 일본 국가배상법 제2조(우리나라 국가배상법 제5조)는 헌법 제17조(우리나라 헌법 제29조)와 직접 관계가 없다고 하면서, 국가배상법 제2조 제1항은 공공의 영조물 자체에서 발생한 손해에 대하여 적용되고, 영조물의 설치·관리

(5) 헌법상으로는 공무원의 직무상 불법행위로 인한 국가배상청구권이 전형적인 국가배상이며,[14] 영조물의 설치·관리의 하자로 인한 손해배상은 헌법의 국가배상제도를 법률에 확장·적용한 것으로 이해할 수 있다. 따라서 국가배상법 제5조를 헌법 제29조와의 관계에서 국가배상청구권이라는 기본권의 내용으로 설명하는 것은 타당하지 않으며,[15] 오히려 헌법규정이 아니라 민법 제758조와의 관계에서 논의되어야 한다는 견해도 있다. 헌법에서 규정하고 있지 않은 영조물책임을 국가배상법에서 새롭게 규정한 이유에 대하여는, 입법자가 헌법 제29조 제1항의 취지 내지 정신을 고려하여 영조물의 하자로 인한 국가배상책임까지 국가배상법에서 규정한 것으로 이해하는 것이 타당하고, 이는 배상책임의 확대라는 점에서 적어도 국민의 입장에서는 법적으로 크게 문제가 없어 보인다. 그러므로 국가배상법 제5조에 의한 국가배상책임의 경우는 헌법적 차원의 권리인 기본권으로서 논의할 수 없고, 국가배상법에 의하여 인정된 법률차원의 권리로서 이해되어야 할 것이다.

2. 국가배상법 제5조와 민법 제758조와의 관계

(1) 영조물의 설치·관리하자로 발생한 손해배상책임에 관하여 국가의 배상책임을 명확히 하려는 취지로 국가배상법 제5조를 둔 것은 명확하다. 국가의 배상책임을 명확히 하려는 취지라면 반드시 제5조와 같은 규정을 둘 필요는 없다. 공작물책임에 관한 민법 제758조가 적용된다는 취지의 1개 항을 신설하거나, 민법 제758조를 개정하여 동조가 영조물의 설치 또는 관리의 하자의 경우에도 적용되는 것을 명기해 두는 방법도 있을 수 있었다. 또한 이러한 조치를 강구하지 않았다고 하더라도 국가배상법 제8조는 동법에 규정이 없는 경우 민법의 규정에 의한다고 하였기 때문에 국가 등의 '공작물'의 설치·보존의 하자에 관해서는 민법 제758조 제1항에 따른다고 하는 해석도 가능하다. 더욱이 영조물의 설치 또는 관리에 하자가 있다고 하는 것은 공무원이 필요한 안전대책을 태만히 하였다고 볼 수 있기 때문에 공무원 등의 위법한 직무집행으로 인하여 야기된 손해배상책임에 관한 국가배상법 제2조 제1항에 따라 구제를 하는 것도 가능하다. 그럼에도 입법자가 이러한 선택을 하지

에 관하여 하자있는 행위를 한 공무원의 불법행위를 문제로 하지 않기 때문이라고 한다.

14) 성낙인, 헌법학(제13판), 842면.

15) 유지태, "영조물의 하자로 인한 국가배상책임", 고려대 법학논집(1994. 12.), 89~90면.

않고 민법 제758조와는 별도로 국가배상법 제5조 제1항과 같은 규정을 둔 이유로 다음과 같은 점을 고려할 수 있다.

(2) 첫째, 국가배상법 제5조 제1항에 도로, 하천이 예시되고 있는 것에서 엿볼 수 있듯이, 민법 제758조 제1항의 '공작물'에 포함시키기 어려운 것에 관해서도 설치 또는 관리의 하자에 기초한 책임을 인정하도록 한 것이다. 그 때문에 민법 제758조 제1항과 다른 규정을 두고 공작물에 대신하여 '공공의 영조물'이라는 표현을 사용하였다고 여겨진다. 이 점에서 국가배상법 제5조의 공공의 영조물은 민법 제758조의 공작물보다는 넓은 개념이라 할 수 있다.

반면, 민법은 국가배상법과 달리 수목의 재식(栽植) 또는 보존에 관련한 책임을 규정하면서 별도로 동물점유자, 보관자의 책임을 인정하고 있다(제759조). 따라서 수목은 영조물 또는 이를 구성하는 일부로 인정되는 경우가 있고, 동물(경찰견) 역시 영조물에 포함시키는 견해도 있다.

둘째, 영조물의 설치 또는 관리는 공법관계 중 관리관계이므로 그 하자로 인한 책임에 관해서는 공법관계 중 권력관계에 관한 규정인 국가배상법 제2조 제1항과 함께 제5조를 두는 것이 사법규정인 민법 중에 특칙을 두는 것보다도 자연스러운 것이 아닌가라고 추측된다.

셋째, 입법자는 영조물의 설치 또는 관리의 책임에 관해서는 민법 제758조 제1항과 같은 점유자에 관한 면책사유를 두는 것은 타당하지 않다고 생각하였기 때문에 민법규정을 그대로 적용한다고 하는 선택을 포기한 것으로 보인다.

(3) 이와 같이 피해자 구제의 견지에서 본다면 국가배상법이 민법보다도 약간 후하다고 할 수 있다. 그러나 본래 민법으로도 청구할 수 있는 것을 이 경우에 명확히 하여 두고자 하는 것이 입법의 기본취지이므로 책임의 성립요건에 관하여 양쪽에 차이가 생기지 않는 것은 오히려 당연한 것이다. 반면, 국가배상법 제5조를 민법 제758조의 특칙으로 이해하는 견해에 대하여 공권력행위와 공적 관리행위까지를 공법관계로 보고 사적 관리행위(사경제적 작용)는 사법관계로 보는 M. Hauriou의 견해에 따라 국가배상법 제5조를 민법의 특칙이 아닌 독립규정으로 보아야 한다는 견해도 제기된 바 있다.[16]

16) 이광윤, "국가배상법 제5조 제1항의 공공의 영조물의 설치·관리상의 하자의 의미 및 그 판단기준 — 도로통행자의 경우", 한국행정판례연구회, 행정판례연구 V, 359면.

3. 국가배상법 제5조와 제2조와의 관계

국가배상법 제5조와 제2조에 대하여 전통적인 견해에서는 제2조의 책임은 조문상의 '고의 또는 과실'에서 볼 수 있듯이 과실책임인 데 대하여, 제5조의 책임은 조문상 단지 '하자'라고만 되어 있어 이를 무과실책임이라고 해석하였다. 그러나 제2조의 과실의 요건이 판례상 객관화되고 있는 반면, 제5조의 하자를 주관적 요소를 포함시키고 있어 양자의 책임의 성질이 유사하게 되었다.

한편, 국가배상법 제2조의 공무원의 '직무행위'는 공권력작용 이외에 비권력적 작용인 관리작용도 포함하고 있어 영조물의 설치·관리를 규율하는 국가배상법 제5조와 공통적인 면도 있을 뿐만 아니라 양자가 경합되는 사례도 있다. 그러나 경합에 관한 아래의 분류는 어디까지나 강학상 편의를 위한 것이며 소송실무에서는 엄격히 구별하기는 어렵다.

(1) 선택적 경합

1) 하나의 사례에 대하여 제2조의 책임과 제5조의 책임이 동시에 성립할 여지가 있는 경우, 어느 조항을 적용할 것인가를 선택하여 책임의 근거로 인정할 경우가 있다. 여기서 '선택'할 수 있다는 것은 오로지 특정 규정만을 주장한다는 것이 아니라 원고의 청구인용을 위하여 선택적으로 주장할 여지가 있다는 것을 말한다. 판례는 지방자치단체장이 설치하여 관할 지방경찰청장에게 관리권한이 위임된 교통신호기의 고장으로 인하여 교통사고가 발생한 경우, 지방자치단체뿐만 아니라 국가도 손해배상책임을 진다고 한 바 있다. 즉, "지방자치단체장이 교통신호기를 설치하여 그 관리권한이 도로교통법 제71조의2 제1항의 규정에 의하여 관할 지방경찰청장에게 위임되어 지방자치단체 소속 공무원과 지방경찰청 소속 공무원이 합동근무하는 교통종합관제센터에서 그 관리업무를 담당하던 중 위 신호기가 고장난 채 방치되어 교통사고가 발생한 경우, 국가배상법 제2조 또는 제5조에 의한 배상책임을 부담하는 것은 지방경찰청장이 소속된 국가가 아니라, 그 권한을 위임한 지방자치단체장이 소속된 지방자치단체라고 할 것이다"(대법원 1999. 6. 25. 99다11120 손해배상(자))라고 한 바 있다. 고장난 교통신호기를 방치함으로써 야기된 교통사고로 발생한 손해에 대하여 피해자는 국가배상법 제2조의 책임을 주장하거나 제5조의

책임을 선택적으로 주장할 수 있다. 원고의 입장에서는 어떤 법리에 의하든 손해를 배상받는 것이 목적이므로 제2조와 제5조의 책임이 있다는 취지의 주장을 함께하는 것이 실무의 태도라 하겠다.

2) 일본의 大阪국제공항소송의 제1심 판결에서도 "원고들은 피고의 책임근거를 민법 제709조, 국가배상법 제2조 제1항이라고 하지만, 본건 공항의 설치·관리는 국가가 운수행정상의 필요에서 행한 것으로 국가의 공권력작용이기 때문에 민법에 우선하여 국가배상법이 적용되어야 한다. 또 동법 제2조 제1항에서 말하는 영조물의 설치관리의 하자란 당해 영조물이 통상 갖추어야 하는 성질 또는 설비를 결여하여 안전성이 없는 것을 말하지만, 본건의 경우 그 의미에서의 안전성의 문제가 아니고 항공기가 내는 소음에 의한 피해를 발생하지 않도록 하는 방법으로 관리해야 하는 의무위반이 문제되기 때문에 동법 제1조가 적용되는 것으로 해석해야" 한다고 판시하고 있다(大阪地判 소화 49. 2. 27. 판례시보 729호, 3면). 본건 최고재판소의 소수의견도 같은 결론이다.

이 사건의 항소심 판결(大阪高判 소화 50. 11. 27. 판례시보 797호, 36면) 및 최고재판소의 다수의견은 "국가배상법 제2조 제1항의 영조물의 설치 또는 관리의 하자란, 영조물이 갖추어야 하는 안전성을 결여하고 있는 상태를 말하지만, (중략) 당해 영조물의 이용태양 및 정도가 일정한도에 해당하는 한 위해발생의 위험성이 없어도 이를 초과하는 이용에 제공됨으로 인하여 위해발생의 위험성이 존재하는 상황에 있는 경우에는, 그러한 이용에 제공된 범위에서 위 영조물의 설치·관리에는 하자가 있다고 할 수 있다"라고 판시하여 제2조를 적용하였다. 여기서 공항의 설치·관리의 하자로 인한 손해배상책임 문제는 공해로 인하여 정립된 새로운 하자개념인 공용관련하자로 인한 것으로 일본 최고재판소는 영조물의 책임만을 인정하는 것으로 보인다.

⑵ 중복적 경합

1) 어떤 사례에서 한 측면에서는 제2조 책임이 성립하고, 다른 측면에서는 제5조 책임이 성립하는 경우를 상정해 볼 수 있다. 주택가에 인접한 임야에 붕괴위험이 있는 자연암벽이 돌출되어 있던 중 발생한 붕괴사고에 대하여 "지방자치단체 소유의 임야에 많은 주민이 들어서 무허가 주택을 짓고 살고 있다 하더라도 그 주민

을 대상으로 한 통반이 조직되고 주민세를 부과하는 등의 관리행정까지 실시해 왔다면 그 자체단체로서는 의당 주민들의 복리를 위하여 주택가 내에 돌출하여 위험이 예견되는 자연암벽을 사전에 제거하여야 할 의무도 부담한다 할 것인데 그 의무를 해태한 부작위로 인하여 붕괴 사고가 일어나서 주민들이 손해를 입었다면 그 자치단체로서는 국가 배상법 제2조에 의한 책임을 면할 수 없다고 봄이 상당하다 할 것이다"(대법원 1980. 2. 26. 79다2341 손해배상)고 판시하여 제2조의 책임이 성립한다고 하였다. 자연암벽이 돌출되어 있어 폭우와 같은 자연재해가 있을 때는 붕괴사고가 발생할 수도 예견할 수도 있었던 위 임야의 무허가 주택에 입주하였던 원고들은 스스로 그 위험을 용인하고 있었으므로 지방자치단체는 손해배상책임을 지지 않는다는 '위험에의 접근' 또는 '선주성'의 이론에 의한 면책을 주장할 수도 있는 사안이다. 만약 위 사건에서 자연암벽의 붕괴로 인한 낙석이 도로상에 낙하하여 통상적인 안전성이 흠결되었다면 제5조의 적용도 가능하였을 것이다. 이 판례에 대하여 제5조 쪽으로 생각을 해 봄직하다는 견해도 있었다.[17] 실제로 이 사안에서 주택지로 조성된 지방자치단체 소유의 임야를 영조물로 본다면 제5조를 적용할 사례이기도 하다.

2) 부산직할시 소속 재해 담당공무원의 산사태방지를 위한 주의의무 위반은 국가배상법 제5조를 적용하고 있는 사례가 있다. 즉, "주택들이 들어서 있는 산비탈이 급경사를 이루고 있고 그 지질이물이 침투하기 쉬운 화성암으로 되어 있을 뿐 아니라, 토사의 붕락을 저지할 수 있는 자연구조물이나 인공시설이 전혀 없어 집중호우와 강풍들의 경우 산사태의 위험이 예견된다면 시 소속 재해 담당공무원으로서는 위 지역에 산사태방지용 옹벽이나 석축 등의 시설을 하고 산 정상에서부터 위 산비탈을 타고 흘러내리는 물을 다른 곳으로 흐르게 하는 수로시설을 설치하는 등으로 산사태발생을 막거나 그 가능성을 최소한으로 줄일 수 있는 조치를 취하여야 할 주의의무가 있다"(부산지방법원 1989. 1. 25. 88가합15839 손해배상(기)).

3) 일본의 자위대 항공기사고에 대하여 정비불량에 의한 기계의 고장이 원인이 된 경우에 정비점검, 그 지휘감독, 이들이 불비된 그대로 비행명령 등 전체의 과정에 있어서의 사람의 행위에 착안하면 제1조 책임이 성립하고,[18] 일련의 문제로

17) 최송화, "자연암벽의 붕괴로 인한 손해에 국가배상법 제2조에 의하여 지방자치단체의 배상책임을 인정한 사례", 서울대 법학 23권 3호, 108면.

18) 일본 국가배상법 제1조(공권력의 행사에 기한 손해배상책임, 구상권)는 우리나라 국가배상법 제2

서 어느 과정의 결과로서 발생한 물적 결함에 착안하면 제2조 책임이 성립하게 된다. 경찰관이 애인을 권총으로 사살한 사안에 대하여 제1심 판결은 상사의 권총관리에 관한 과실을 인정하였고(大阪地裁 소화 61. 9. 26. 판례시보 1226호, 89면), 항소심에서는 권총 및 그 보관 상자의 설치·관리의 하자를 인정한 것도 이 예로서 들 수 있다(大阪高判 소화 62. 11. 27. 판례시보 1275호, 62면).

(3) 부분적 경합

1) 동일사고 혹은 손해발생의 확대에 국가배상법 제2조 책임과 제5조 책임에서 양자 모두 기여하는 경우가 있다. 손해발생과 확대방지를 위한 대책이나 방법이 다양한 경우에 그것의 해태나 과오가 두 조항 중 어느 편에 해당하면 동일사례에서 양자의 책임이 부분적으로 중복, 경합하는 것처럼 보일 수 있다. 예컨대, 2001. 7. 15. 00:00경부터 04:00경까지 사이에 서울 용산구 지역에 합계 256mm 가량의 집중호우가 내렸는데(이하 '이 사건 집중호우'라 한다), 위 호우로 인하여 지하차도 부근의 빗물이 지하차도로 흘러들어와 그대로 고인 끝에 03:00경부터 04:00경까지 사이에 빗물이 넘쳐 지하차도 남쪽 입구 부근의 서울 용산구 한강로 2가 316-1, 2-194, 2-196에 위치한 원고들 소유 건물 또는 임차 점포가 침수되는 사고가 발생하였다(이하 '이 사건 침수사고'라 한다).

원고들은 이 사건 침수사고는 아래와 같은 피고의 영조물 설치·관리상 하자 및 피고 소속 공무원들의 직무 집행상의 과실로 인하여 발생한 것이므로, 피고는 원고들에게 국가배상법 제5조 제1항, 제2조 제1항에 기하여 위 사고로 원고들이 입은 손해를 배상할 책임이 있다고 주장하였다.

제1심 판결은, "피고의 방재책임자인 구청장은 집중호우로 인하여 차도 또는 하수도가 침수되어 인근 건물 내의 재산 피해가 예상되는 경우 침수의 방지 등의 조치를 이행할 법령상 의무가 있고, 그 밖의 피고 소속 공무원들도 재해비상발령이 내려진 상황에서는 피고의 재해대책본부 책임자 또는 구성원으로서 신속하게 서울시재해대책본부로부터 지시받은 조치를 시행하거나 방재책임자 및 산하 직원들에게 알려야 할 직무상 의무가 있음에도 불구하고, 과실로 이에 위반하여 재해 상황에 필요한 조치를 충분히 시행하지 아니하였다고 할 것이다. 결국, 위와 같은 피고

조에 해당되며, 제2조(公의 영조물의 설치관리 하자에 기한 손해배상책임, 구상권)는 우리의 국가배상법 제5조에 해당된다.

의 영조물 설치·관리상 하자 및 피고 소속 공무원들의 과실로 인한 법령 위반으로 인하여 원고들의 이 사건 침수사고로 인한 손해가 발생하였다고 할 것이므로, 피고는 국가배상법 제5조 제1항, 제2조 제1항에 기하여 원고들에게 이 사건 침수사고로 입은 손해를 배상할 책임이 있다"(서울중앙지방법원 2005. 8. 26. 2001가합57360 손해배상(기)).

2) 학교에서 체육수업 중의 체육시설물로 인한 사고에 대하여 물적 설비의 결함이라는 측면과 감독교사의 학생들의 지도감독상 과실이 동시에 문제가 된 사례가 있다(東京高判 소화 53. 9. 18. 판례시보 911호, 115면; 最判 소화 62. 2. 6. 판례시보 1232호, 100면). 또한 수해소송에서 배수처리의 지연책임이 문제된 바 있는데(大阪高判 소화 52. 12. 20. 판례시보 876호, 16면), 피난대책의 소홀로 인하여 입게 된 주민의 피해에 대해서도 영조물책임의 일부분으로 공무원의 직무상 위법행위로 인한 책임이 존재하는 것을 보여주기도 한다.

3) 그리고 일본 최고재판소는 국도상에 87시간 방치된 대형화물자동차에 충돌한 사안에 대하여 영조물책임을 긍정한 바 있다. 이에 관하여 경찰이 적당한 조치를 취하지 않았다는 것과 도로관리자가 관리를 다하지 않았다는 것은 별개의 문제이므로 도로관리자가 아닌 경찰의 조치의 불충분은 도로관리의 하자와는 별도로 공무원의 직무상 위법행위로 인한 일본 국가배상법 제1조의 문제가 된다는 견해도 있다.[19] 위법주차의 배제가 사실상 경찰의 조치에 위임되어 있다고 하여도 도로관리자는 고장차의 방치에 대하여 어떠한 대책을 강구하여야만 하기 때문에 영조물책임을 지게 된다.

4) 우리 대법원은 "도로의 설치 후 제3자의 행위에 의하여 그 본래 목적인 통행상의 안전에 결함이 발생한 경우에는 도로에 그와 같은 결함이 있다는 것만으로 성급하게 도로의 보존상 하자를 인정하여서는 안 되고, 당해 도로의 구조, 장소적 환경과 이용 상황 등 제반 사정을 종합하여 그와 같은 결함을 제거하여 원상으로 복구할 수 있는데도 이를 방치한 것인지 여부를 개별적, 구체적으로 심리하여 하자의 유무를 판단하여야 한다"(대법원 1997. 4. 22. 97다3194 손해배상(자))고 하면서, 승용차 운전자가 편도 2차선의 국도를 진행하다가 반대차선 진행차량의 바퀴에 튕기어

19) 古崎慶長, 判例營造物管理責任法, 189면.

승용차 앞 유리창을 뚫고 들어온 쇠파이프에 맞아 사망한 경우, 국가의 손해배상책임을 부정한 바 있다.[20]

5) 또한 트럭 앞바퀴가 고속도로 상에 떨어져 있는 타이어에 걸려 중앙분리대를 넘어가 사고가 발생한 경우에 있어서 타이어의 낙하시점, 한국도로공사가 고속도로상의 안전성 결함을 알고도 사고방지조치를 취하지 않았는지 여부 등을 심리하였어야 함에도 이에 이르지 않은 채 위 공사의 손해배상책임을 인정한 원심판결을 파기한 사례 역시 위와 같은 판례처럼 소극적인 입장에 서 있다.[21] 사고발생 장

---

20) 원심은 내세운 증거들을 종합하여 소외 김○○이 1995. 11. 21. 10:30경 피고가 점유 관리하는 대구 달성군 논공면 삼리 소재 편도 2차선의 국도를 프라이드 승용차를 운전하여 가다가 반대방향 도로 1차선에 떨어져 있던 길이 120cm, 직경 2cm 크기의 U자형 쇠파이프가 번호미상 갤로퍼 승용차 뒷타이어에 튕기어 김○○의 승용차 앞유리창을 뚫고 들어오는 바람에 쇠파이프에 목부분이 찔려 개방성 두개골 골절 등으로 사망한 사실을 인정하고, 그와 같은 쇠파이프가 위 도로에 떨어져 있었다면 일단 도로의 관리에 하자가 있는 것으로 볼 수 있으나, 내세운 증거에 의하면 사고 당일 09:57부터 10:08 사이(사고 발생 33분 내지 22분 전)에 피고 운영의 과적차량 검문소 근무자 교대차량이 사고장소를 통과하였으나 위 쇠파이프를 발견하지 못한 사실을 인정하고 피고가 관리하는 넓은 국도상을 더 짧은 간격으로 일일이 순찰하면서 낙하물을 제거하는 것은 현실적으로 불가능하다 하여 피고에게 국가배상법 제5조 제1항이 정하는 손해배상책임이 없다고 판단하였는바, 기록과 대조하여 검토하여 보면 원심의 위와 같은 사실인정은 수긍할 수 있고, 그러한 사실관계라면 원심의 판단 역시 수긍할 수 있다(대법원 1997. 4. 22. 97다3194 손해배상(자)).

21) 기록에 의하면, 이 사건 사고는 망 박○○이 운전하던 트럭의 앞바퀴가 경부고속도로 상행선 서울기점 176.5km 추월차선 상에 떨어져 있는 타이어에 걸려 중앙분리대를 넘어가 생긴 것인바, 피고의 도로관리규정(을 제1호증)과 안전관리규정(을 제2호증)에 의하면, 피고는 도로의 유지관리와 안전관리 방법으로 고속도로상의 안전장애물과 각종 시설물의 이상 유무 등을 점검하기 위하여 도로순찰을 규정하고 있으며, 순찰 중 주요한 사고를 발견하였을 때에는 필요한 교통소통과 응급조치를 취한 후 사무소장에게 보고하여 처리하여야 하고, 강설, 강우, 농무 등 이상기후시와 교통량 폭주시에는 특별순찰을 강화하여야 하고, 순찰자는 사무소장의 승인 없이 임의로 순찰지역을 이탈하여서는 안 되고, 근무수칙을 준수하며 순찰종료 후 순찰일지를 기록하여야 한다고 하고 있는바, 을 제5호증의 1(장비운행일지), 의 2(교량대장), 제6호증의 1, 2(순찰일지), 을 제9호증의 1, 2(조회사항답변)의 각 기재와 제1심 및 원심증인 이○○의 증언을 종합하여 보면, 이 사건 사고지점 고속도로를 관리하는 피고의 충청지사 영동지부는 야간 4회, 주간 2회의 왕복도로순찰을 하며, 그 소속인 이○○가 야간정기순찰계획의 일환으로 사고 당일 02:30경 영동인터체인지를 출발, 상행하여 03:25경 옥천인터체인지를 돌아 03:35에 동어정류장에 도착하였는데, 이 사건 사고지점의 통과시간은 03:10 내지 03:15경으로 당시는 고속도로 상에 타이어와 같은 장애물이 발견되지 아니한 사실을 알 수 있고, 사고 당일 사고지점을 통과한 차량의 수는 시간당 약 710대이고 위 영동지부가 관리하는 고속도로 상하행선에는 사고발생신고 등을 위하여 긴급전화기 48대가 설치되어 있고, 사고지점으로부터 1.9km 떨어진 지점에도 1대가 설치되어 있었으나 사고 당시 타이어 방치 사실에 관한 신고를 받지 못하였으며, 위 영동지부에서 장애물 신고를 받은 경우 가장 먼거리일지라도 그 장소에 도착하여 이를 제거하는데 20분 정도밖에 소요되지 아니하고, 사고 당시는 그 순찰차가 사고지점으로부터 5분 내지 6분 거리의 약 4km 거리에 있었으므로, 사고발생의 원인이 된 타이어가 사고지점 고속도로 상에 떨어진 것은 위 이○○가 사고지점을 통과한 후로서 사고시

소가 고속도로이기에 한국도로공사가 피고로 되어 민법 제758조 제1항 공작물책임이 문제된 사안이지만, 법리는 국가배상법 제5조와 같다.

⑷ 경합하는 경우의 처리

1) 하나의 사고가 국가배상법 제2조와 제5조에 모두 해당하는 경우의 처리에 대하여 일본에서는 "손해가 직접적으로 영조물 자체에 기인하는 것이 아니고 공무원의 공권력의 행사에 직접 기인하는 때는 국가배상법 제1조의 문제이고, 손해가 직접적으로 영조물에 내재하는 물적 하자 또는 영조물 자체를 설치하거나 관리하는 행위에 기인하는 때에는 제2조의 문제로서 고려하는 것이 원칙일 것이고, 그렇게 해석함으로써 제1조와 제2조의 적용영역을 합리적으로 배분할 수 있다"는 견해도 있다.[22] 이론적으로는 합당한 견해이지만 구체적인 사안에서는 영조물의 설치·관리자는 국가나 지방자치단체이고 이를 담당하는 자는 공무원이기 때문에 원고의 입장에서는 두 책임을 명료하게 구별하여 손해배상을 청구할 필요는 없다. 법원 역시 원고의 청구가 과연 이유가 있는지 여부를 판단하게 되기 때문이다.

2) 피해자 구제라는 입장에서는 영조물에 관한 국가배상책임은 모두 제5조의 책임으로 보는 것이 타당하다는 견해도 많다. 국가배상법 제5조에서 영조물의 설치·관리에 따른 국가책임을 제2조의 국가책임과 별도로 인정하고 있고, 제5조에 의한 책임은 일종의 위험책임으로 해석되기 때문에 공무원의 주관적 과실에 근거한 책임으로 해석되는 제2조에 의한 책임보다 피해자에게 유리하기 때문이라고 한다. 그러나 제2조의 책임에서 공무원의 과실도 객관적으로 파악되는 경향에 있으므로 제5조에 의하는 것이 반드시 피해자 구제에 도움이 된다고는 할 수 없다. 양자

로부터 10분 내지 15분밖에 경과되지 아니한 것으로 인정된다. 앞에서 든 증거의 신빙성을 배척할 만한 특별한 이유는 발견되지 아니한다.

위와 같은 사실관계에서는 피고가 이 사건 사고지점의 도로에 떨어진 타이어를 발견하고 이를 제거하여 사고방지 조치를 취한다는 것은 시간적으로 거의 불가능한 일이 아닌가 생각된다. 따라서 피고의 손해배상책임을 인정한 원심의 조치는 수긍하기 어렵다. 결국 원심으로서는 피고의 고속도로 안전성에 대한 순찰 등 감시체제, 타이어의 낙하시점, 피고가 타이어의 낙하사실을 신고 받거나 직접 이를 발견하여 그로 인한 고속도로 상의 안전성 결함을 알았음에도 사고방지 조치를 취하지 아니하고 방치하였는지 여부, 혹은 이를 발견할 수 있었음에도 발견하지 못하였는지 여부 등 제반 사정을 심리하여 이 사건고속도로의 하자 유무를 판단하였어야 할 것이다. 원심판결에는 도로의 설치 및 보존의 하자에 관한 법리를 오해하였거나 심리미진의 위법이 있다고 아니할 수 없다(대법원 1992. 9. 14. 92다3243 손해배상(자)).

22) 雄川一郎, "行政上の損害賠償", 353면.

가 경합되는 경우 양자는 그 구성요건을 달리하고 있기 때문에 소송의 실제에서도 원고의 주장·입증책임은 다를 수밖에 없다.

3) 결국 제2조의 중심과제는 당해 공무원에 직무집행상의 '고의 또는 과실'행위가 있었는가 여부이고, 제5조는 객관적 기준에 비추어 영조물에 안전성의 결여 곧 하자가 있었는가의 여부이다. 때문에 일본 古崎慶長 판사는 국가배상법 제1조에 의하여 청구하는 때에는 원고측이 당해 공무원에게 직무상의 의무위반이 있었다는 것을 주장·입증하여야 하고, 제2조로 청구하는 때에는 원고측이 당해 영조물에 설치 또는 관리작용의 불완전에 의한 결함이 있었다는 것을 주장·입증하지 않으면 안 된다고 하였다.[23] 그리고 직무상의 의무위반을 증명하는 것에 의하여 영조물의 하자를 입증하는 것이 쉽다. 왜냐하면 공무원에게는 광범위한 직무상의 재량권이 부여되어 있기 때문에 의무위반의 대상이 되는 의무를 확정하는 것은 곤란한 데 대하여, 영조물에 하자가 있었는지 여부는 사고와의 관련에서 쉽게 지적할 수 있기 때문이다. 그리하여 영조물의 하자가 증명되면 설치·관리작용의 불완전에 의한 것으로 보는 것이 원칙이다.

4) 그런데 소송물이론에 있어서 소송법설(신소송물이론)은 청구취지의 판결신청이나 그와 더불어 이를 이유있게 하는 청구원인의 사실관계를 소송물로 보므로[24] 국가배상법 제2조와 제5조가 경합하는 경우 소송물은 당연 1개이고, 공격방법의 복수에 불과한 것이 된다. 이와 달리 구실체법설(구소송물이론)은 실체법상의 권리 또는 법률관계의 주장을 소송물로 보고, 실체법상의 권리가 다르면 소송법적으로도 소송물이 별개로 된다는 입장이다.[25] 따라서 실체법상의 권리를 구성하는 청구원인이 다르다면 별개의 소송물로 보기 때문에 국가배상법 제2조와 제5조의 관계에 대하여 양자가 준별된다는 입장에서는 제2조와 제5조의 소송물은 별개가 되는 것은 명백하다. 반면, 의무위반설을 취하면 제2조와 제5조는 동질적으로 보기 때문에 소송물을 1개로 해석할 여지도 있지만, 민법 제35조, 제750조, 제756조, 제758조의 소송물이 별개로 해석되고 있기 때문에 역시 소송물은 별개로 된다고 할 수 있다. 그렇다면 구소송물이론의 입장에서는 국가배상법 제2조와 제5조의 관계에 있어서 어

23) 古崎慶長, 國家賠償法の理論, 25면.
24) 이시윤, 신민사소송법(제9판), 239면.
25) 김홍엽, 민사소송법(제5판), 284면; 이시윤, 신민사소송법(제9판), 238면.

떠한 견해를 취하여도 제2조와 제5조의 소송물은 별개가 되고 청구권은 경합하는 것이 된다 하겠다.

Ⅱ ▸▸ 국가배상법 제5조의 연혁 및 입법례

1. 연 혁

(1) 국가배상법은 국가배상청구권을 규정한 제헌헌법 제27조 제2항에 의거하여 1951. 9. 8. 법률 제231호로 전문 5개조인 비교적 간단한 실체법적인 내용을 담아 공포·시행됨으로써 그 틀이 짜여졌다. 그 후 국가배상청구에 관한 절차법이 1962. 12. 24. 법률 제1223호로 제정·공포되어 국가배상청구권의 행사절차에 관한 특례가 마련되었다.

그러나 국가배상에 관한 위와 같은 실체법과 절차법을 통합하여 단일의 국가배상법으로 하는 것이 편리하다는 주장에 따라 위 양법을 통합하고 일부 새로운 조항을 추가하여 만든 것이 1967. 3. 3. 법률 제1899호로 공포·시행한 것이 현행 국가배상법이다. 영조물책임을 규정하고 있는 제5조는 일본의 국가배상법 제2조를 많이 참고하였다. 영조물책임의 주체에 대하여 일본은 '국가 또는 공공단체'라고 하는데 반하여, 우리나라는 '국가 또는 지방자치단체'로 규정하고 있어 일본의 국가배상책임의 주체가 우리보다 넓게 규정되어 있다.

(2) 헌법 제29조 제1항은 공무원의 직무상 불법행위로 인한 국가배상책임을 보장하고 있다. 이는 단순히 공무원의 직무상 불법행위로 인한 손해배상에 국한하는 의미가 아니라 널리 행정권의 위법한 행사로 인한 개인의 권리침해에 대하여 전래의 주권면책의 관념을 버리고 일반적인 법리를 바탕으로 한 실체적인 구제를 보장한 것이라고 할 것이다. 국가배상법 제5조에서 헌법에 명시되지 아니한 공공시설의 설치·관리상의 하자로 인한 손해배상에 관하여 규정한 것도 그러한 논리에서 이해할 수 있다. 또한 권력작용에 관하여 국가, 지방자치단체의 불법행위책임이 긍정된 이상 공공의 영조물의 관리관계에서 발생하는 손해에 대해서도 최소한 민법 제758조의 사법상 공작물책임과 같은 정도나 또는 최소한 그것보다 약간 무거운 책임을

지게 할 필요가 있게 되어 국가배상법 제5조를 단독으로 규정한 것으로 이해할 수 있다. 그런 의미에서 국가배상법 제5조는 제2조와 관계에서 논리필연적인 산물이라 할 수 있다. 그리고 국가배상법에서 영조물의 설치·관리작용으로 인한 손해에 대하여 국가 또는 지방자치단체의 배상책임을 확인하고 그 요건을 명시적으로 규정했다는 점에서 큰 의의가 있다고 할 수 있다.

2. 영조물책임에 관한 입법례

(1) 영조물의 설치·관리의 하자를 이유로 국가배상책임을 인정하는 입법례는 우리나라와 일본을 제외하고는 찾아보기 힘들다. 다만, 국가배상법 제5조에서 규정하고 있는 영조물의 설치 또는 관리의 하자의 일종이라고 인정할 수 있는 요소를 내포하고 있는 입법례는 찾아 볼 수는 있다.

먼저, 일본의 경우 명치헌법하에서는 공권력행사에 관하여 국가무책임의 원칙에 입각하여 국가배상을 인정하는 법률이 존재하지 않았으며, 구 행정재판소법 제16조는 "행정재판소는 손해배상의 소송을 수리하지 아니한다"고 규정하여, 공권력의 행사에 대하여 국가배상청구를 사전에 봉쇄하고 있었다. 이 같은 제도에서는 공무원의 직무상 불법행위로 손해를 입은 국민은 (일본)민법 제715조의 사용자책임에 관한 규정을 근거로 하여 사법재판소에 국가나 공공단체를 상대로 소송을 제기할 수밖에 없었다. 그러나 사법재판소는 처음부터 행정활동 가운데 공익에 관한 활동에 관해서는 민법규정이 적용될 수 없다는 관할부정 때문에 고권적·공익적인 행정작용의 영역에서의 불법행위에 대해서는 일체 국가나 공공단체에게 손해배상을 청구할 수 없다는 태도를 취하고 있었다.

(2) 다만 大正 5년(1916년) 德島시립소학교의 遊動円棒이 낡고 썩었기 때문에 초등학교 아동이 추락 사망한 德島遊動円棒事件에서 대심원은 "소학교의 관리는 물론 행정권의 발동이지만 그 관리권에 포함되는 소학교 교사(校舍)의 시설에 대한 점유권은 공법상의 권력관계에 속하지 않고 순수한 사법상의 점유권일 뿐만 아니라 그 점유를 함에도 사인과 불평등관계에서 행하는 것이 아니라 전혀 사인이 점유하는 것과 마찬가지의 지위에서 그 점유를 행하는 것이라고 한다면 이로 인하여 손해를

입은 경우에 있어서 민법 제715조의 규정을 적용하는 것은 전혀 불법하지 않다"(大判 대정 5.6.1. 民錄 22. 1088면)고 하여 市의 책임을 인정하였다. 그 후 공행정작용 중에서 비권력적 작용에 관하여는 민법의 불법행위법의 적용을 받기에 이르렀으나,[26] 권력적 작용에 관하여는 여전히 국가배상책임이 부정되었다.

(3) 그 후 전후 일본 신헌법 제17조는 "어떠한 자라도 공무원의 불법행위로 인하여 손해를 받았을 때에는 법률이 정하는 바에 따라 국가 또는 공공단체에 그 배상을 청구할 수 있다"고 명문화하여 국가무책임의 원칙을 부정하였다. 이 같은 헌법 규정의 정신에 따라 1947년에 국가배상법(법률 제125호)이 제정되었다. 국가배상법 제1조에서는 헌법 제17조와 같이 공무원의 직무상 불법행위로 인한 배상책임을 규정하고, 제2조에서는 영조물책임에 관한 규정을 두게 되었다.

(4) 따라서 영조물책임에 관한 규정은 공무원의 직무상 불법행위 규정과는 달리 戰前에서의 구제의 공백을 메꾸는 것은 아니고, 공공의 관리작용에 기인한 손해에 대하여 국가 또는 공공단체의 배상책임을 명확히 규정하여 불명확했던 점을 명백히 하기 위하여 국가배상법 제2조를 제정하였다는 것이 지배적인 견해이다.[27] 제2조의 입법제안 이유에서도 "도로, 하천 기타 공공의 영조물과 같이 그 설치 또는 관리가 공공의 행정작용에 기한 경우에 그 설치 또는 관리에 하자가 있었기 때문에 타인에게 손해를 발생시켰을 때에는 국가 또는 공공단체에 배상책임이 있는가 여부에 대하여 법률상 명확하지 않았고, 학설·판례도 다양하였기 때문에 이번에 이 법률안에 제2조를 신설하여 그러한 경우에 국가 또는 공공단체에 손해배상책임이 있다는 것을 명확히 한 것이다"라고 밝히고 있다.[28] 어차피 민법의 공작물책임에 관한 규정에 의해서도 처리될 수 있었던 것을 국가가 배상책임을 진다는 것을 확인하려는 차원에서 규정하였음을 알 수 있게 한다.

(5) 한편, 독일에서는 민법(BGB) 제839조와 Bonn 기본법(GG) 제34조가 결합하여 국가배상책임을 인정하고 있는데, 민법 제839조 제1항은 "공무원이 고의 또는

---

26) 그러나 그 후에도 이를 부정한 사례도 있어 판례의 태도가 반드시 일관된 것은 아니었다. 아무튼 이 점을 명확히 하기 위하여 국가배상법 제2조를 신설하면서 무과실 손해배상책임주의를 취하게 되었다고 한다(田中二郎, 行政法 상권, 210면).

27) 田中二郎, 行政上の損害賠償び及損失補償, 172면.

28) 植木 哲, 災害と法 — 營造物責任の研究[第二版], 38면.

과실로 제3자에 대하여 부담하는 직무상 의무에 위반한 때에는 그는 제3자에게 이로 인하여 발생하는 손해를 배상하여야 한다"[29]고 하여 공무원의 직무위반행위로 인한 손해에 대해서는 원칙적으로 공무원 자신이 책임을 지도록 하고 있다.

기본법 제34조(공법상의 손해배상) 제1항은 "누구든지 그 위임받은 공무의 집행시에 제3자에 대하여서 부과된 직무상의 의무에 위반하면 그 배상책임은 원칙적으로 그 공무원을 사용하는 국가 또는 공공단체에 속한다"고 하여 공무원의 책임을 국가에 이전시키고 있다. 이는 국가배상책임 유형 중에서 공무원의 불법행위는 국가에 귀속되지 않고 따라서 그에 대해서는 공무원 자신이 사적으로 배상책임을 져야 할 것이지만, 손해배상의 만전을 기하기 위하여 그 책임을 국가가 인수하여 대신 배상책임을 지는 것으로 이때의 국가책임은 간접적이며 파생적인(mittelbare und delivative) 대위책임을 진다는 직무책임(Amtshaftung)을 택한 것이라 할 것이다.[30] 기본법 제34조는 공무원이 사적으로 져야 할 배상책임을 국가로 이전시키는 소극적 규범이다. 따라서 그 직무책임은 직접적인 국가책임(eine unmittelbare Staatshaftung)이 아니라 간접적인 국가책임에 속한다고 할 것이다. 공무원의 사적 배상책임을 국가에 이전시킨 입법 정책적 근거에 관하여 지배적인 견해는 피해자의 보호(Schutz des Geschädigten)가 제1차적인 목적으로 보고 있다.

국가의 직무책임의 적극적 요건으로 ① 어떠한 사람이 그에게 위탁된 공무(öffentliches Amt)를 수행함에 있어서, ② 그에게 부여된 제3자에 대한 직무의무(Amtspflicht)를, ③ 유책(schuldhaft)하게 위반하여, ④ 그로 인하여 타인에게 손해를 야기시켜야 하며, 소극적 요건으로, ⑤ 책임배제사유가 존재하지 않아야 한다. 국가의 직무책임의 요건 중 '제3자에 대한 직무상 의무의 위반'과 관련하여 국가는 도로상의 교통이 장애없이 원활히 소통되도록 제반 조치를 취할 의무를 지는바, 그 의무의 해태로 인하여 국민이 불이익을 받은 경우에 국가는 직무책임을 져야 하는지가 문제된다.

(6) 종래의 판례에 의하면 도로교통법에 의하여 도로교통청과 경찰행정청에 부여되는 일반적인 교통규율의무(Verkehrsregelungspflicht: 예컨대 교차로에 교통신호등 설치, 위험성 있는 도로 상에 교통표지판의 설치 등)는 고권적 업무이며 동시에 교통참여자

29) 양창수 역, 독일민법전(2015년판), 617면.
30) 이일세, "독일 국가배상 책임의 법적 구조와 그 요건에 관한 연구", 강원법학 제5권, 97면.

(Verkehrsteilnehmer) 내지 인접주민(Anlieger)에 대해 존재하는 직무의무에 속한다고 하였는 데 반하여,[31] 도로를 교통상 안전한 상태로 유지하여야 할 교통안전의무(Verkehrssicherungspflicht: 예컨대 도로상의 장애물제거의무) 또는 '도로면'을 교통상 안전한 상태로 유지하여야 할 도로건설청의 도로교통안전의무(Straßenverkehrssherungpflicht)는 사법상의 의무이고, 따라서 그 의무위반으로 인하여 손해를 발생케 한 경우에는 BGB 제823조 제1항에 기한 손해배상으로 해결하여야 한다고 하였다.[32]

(7) 그리고 프랑스의 국가배상제도는 거의 관계법상의 근거도 없이 판례에 의하여 정립·발전되어 온 특색이 있다. 실제 프랑스에 있어서 행정상 손해배상제도에 관한 법률이 없는 것은 아니다. 그러나 이들 법률은 특정문제 또는 분야에 관한 국가 등의 배상책임에 관한 것으로 행정상 손해배상의 일반은 판례상 정립된 제 원리에 의하여 규율되고 있다. 따라서 이러한 판례상 정립된 제도를 일반손해배상제도(Régime de la responsabilité administrative de droit commun)라 한다.[33]

영조물에 관한 국가배상제도를 검토하기 위하여 공토목공사(travaux publics)로 인한 손해배상제도를 먼저 살펴볼 필요가 있다. 공토목공사라는 관념은 공물의 일부로서의 공공시설이라는 관념으로도 파악되고 있다. 공물에 기인한 손해배상제도(Responsablité du fait des choses)와 관련하여 프랑스 행정법에 있어서는 민법 제1384조의 책임에 상응하는 물(物)에 기인한 손해에 대한 독자적 배상제도의 존재 여부에 관해서는 일부 긍정적인 견해도 없지는 아니하나, 일반적으로는 이를 부정하는 것이 일반적인 견해로 보인다.

반면, 공토목공사에 기인한 손해배상제도에서의 공토목공사라 함은 공역무(service public)를 위하여 또는 공법인에 대하여 공익을 위하여 부동산에 행하여지는 공사를 말한다. 따라서 공토목공사로 인한 손해는 엄격한 의미에서는 물리적 행위인 공사 자체에 기인하는 손해에 한정되어야 할 것이다. 그러나 기본적으로는 정책적 고려에 따라 판례상으로는 이 관념의 범위는 넓게 해석·적용된 것이다. 그 결과 현재 공토목공사로 인한 손해는 공토목공사 행위 자체로 인한 손해뿐만 아니라 공공시설에 기인한 손해도 포함한다. 공공시설의 설치행위로 인한 손해는 공공시설

31) Vgl. BGH NJW 1962, 791; BGH NJW 1990, 898; OLG Karlsruhe NVwZ 1989, 399.
32) Vgl. BGHZ 9, 373;BGHZ, 60, 54; BGHZ, 66, 398; Maurer, Allgemeines Verwaltungsrecht, 8 Aufl., 1992, S.581f.
33) 김동희, "한국과 프랑스의 국가보상제도의 비교고찰", 서울대학교 법학, 제26권 1호, 174면.

의 설치행위 자체로 인하여 발생하는 손해로, 예컨대 도로공사로 인하여 그 가옥 또는 기타 소유건물에의 접근이 불가능 또는 매우 곤란해지는 경우가 이에 해당한다.

(8) 이와 달리 공공시설로 인한 손해는 일정 공공시설로 인한 가옥의 주기적 침수, 과습현상, 소음, 악취 등의 '공공시설의 존재 자체로 인한 손해'와[34] 하천수로의 일정부분에 있어서의 암초의 존재에 대한 경고표지판의 부재로 인한 공공시설의 부재로 인한 손해[35]가 여기에 해당한다. 공공시설의 부재로 인한 손해는 우리나라의 자연공물의 관리상의 하자로 파악할 수 있을 것이다. 또한 공공시설의 유지·관리상 발생하는 손해에 대하여는 '공공시설의 정상유지상의 흠결이론'(Théorie de défaut d'entretien normal)을 통하여 검토하여야 한다. 정상유지상의 흠결이란 공공 공사물, 즉 공토목공사의 이용자에게 발생한 손해에 대한 책임의 대상이 되는 행정의 추정과실(faute présumée)[36]을 말한다.[37] 국가는 공공 공사물을 정상적으로 설치 또는 유지하였다는 것을 증명함으로써 면책된다. 정상적 유지의 흠결개념은 공공 공사물의 이용자에 대한 위험 또는 불편의 원천을 구성하는 공공 공사물이 내포하는 결함(défectuosités)을 말하는데, 그렇다고 공공 공사물의 모든 결함이 공공 공사물의 이용자에 대한 책임의 대상이 되는 '정상적 유지의 흠결'(défaut)을 구성하는 것은 아니다. 판례에 의하면 어떤 경우에는 결함의 객관적 성격에 의하여 흠결을 판단하고, 어떤 경우에는 공공 공사물의 사용자인 희생자나 설치·관리자인 행정의 주관적 상태에 따라 흠결을 판단하며, 두 가지 요소를 다 고려하기도 한다.

---

34) De Ségur 판결(C.E. 16 mars 1906); Maggi 판결(18 janvier 1933); Hérault 道판결(C.E. 28 mai 1954); Stécivile de la Bergerie 판결(C.E. 19 mai 1961) 등.

35) Robin 判決(C.E. 18 décembre 1931).

36) 추정과실(faute présumée)은 피해자 쪽에서 국가의 행위로 손해가 발생한 것을 입증하면 이에 대하여 국가는 과실이 없음을 입증하여야 하고, 과실에 대한 입증책임이 피해자로부터 국가로 전환되어 국가가 과실이 없음을 입증하지 못하게 되면 주관적 요소인 과실이 객관화하여 국가의 과실이 추정(Présomption)된다.

37) Agathe Van Lang/Geneviève Godouin/Véronique Inserguet-Brisset, Dictionnaire de Droit administratif, Armand Colin, 1997, p.105.

Ⅲ ▶▶ 영조물책임의 근거와 법적 성질

1. 영조물책임의 근거

(1) 영조물책임의 성격을 파악하기 위해서는 우선 책임의 근거를 밝혀야 한다. 국가배상법 제5조의 모태라 할 수 있는 민법 제758조는 일본 민법 제717조를 계수하였다. 일본 민법(舊民法) 第717조(토지공작물 등의 점유자 및 소유자의 책임)는 공작물책임의 대상을 토지의 공작물과 수목에 한정하고 있었다. 과학기술의 발달은 토지의 공작물이 아니라도 많은 위험한 공작물을 출현시켰다. 건물이나 교량과 같은 정적인 고착물이 아닌 자동차와 같은 고속으로 움직이는 물체의 위험성은 토지의 공작물과 그 위험성을 비교할 수 없다. 공작물책임의 근거를 위험책임의 원리에 있다고 한다면 새롭게 대두되는 위험에 대하여서도 책임을 인정하는 것이 자연스럽다.[38)]

(2) 일본 민법은 독일 민법의 공작물책임에 관한 규정인 第836조(공작물 붕괴의 경우의 책임)[39)] 및 第838조(건물보존의무자의 책임)[40)]의 영향을 받았다. 민법은 공작물의 점유자에 대하여는 면책규정을 두고 있어 그 책임은 과실의 입증책임이 전환된 중간책임이며, 소유자에 대하여는 면책규정이 없다는 점에서 무과실책임이다. 이와 같이 공작물의 점유자와 소유자에게 책임을 가중하는 근거는 위험책임의 원리에 있다.[41)]

(3) 위험책임이란 위험한 기계·시설·물질 등의 위험원(危險源)(Gefahrenquelle) 또는 위험한 행위(Gefahrenhandlung)로부터 발생한 손해를, 그 위험원을 자기의 영역 내에 지배하고 있는 점유자, 소유자, 관리자 혹은 위험한 행위를 한 자에게 그의

---

38) 박준서 편집대표, 주석 민법[채권각칙(8)], 465면.
39) **第836조(토지점유자의 책임)** ① 건물 또는 기타 토지에 결합된 공작물의 붕괴로 인하여 또는 건물이나 공작물의 일부의 박리로 인하여 사람이 사망에 이르거나 사람의 신체 또는 건강이 침해되거나 또는 물건이 손괴되는 경우에는 토지의 점유자는 그 붕괴 또는 박리가 결함 있는 설치 또는 하자 있는 보존의 결과인 한, 피해자에게 그로 인하여 발생하는 손해를 배상할 의무를 진다. 점유자가 위험을 방지를 위하여 거래상 요구되는 주의를 다한 때에는 배상의무는 발생하지 아니한다.
40) **第838조(건물보존의무자의 책임)** 건물 또는 토지와 결합된 공작물의 보존을 점유자를 위하여 인수한 사람 또는 건물이나 그 공작물을 자신이 가지는 용익권으로 인하여 보존하여야 하는 사람은 붕괴 또는 부분의 박리로 인하여 야기된 손해에 대하여 점유자와 같은 책임을 진다.
41) 송덕수, 신민법강의(제8판), 1649면.

고의·과실의 유무를 묻지 아니하고 전보케 하는 손해배상의 법리를 말한다. 위험물이 많은 공작물 등을 관리·소유하는 자는 위험의 방지에 충분한 주의를 하여야 하는 것이며, 만일에 위험이 현실화하여 손해가 생긴 경우에는 그에게 그 배상책임을 부담시키는 것이 사회적으로 타당하다는 정책적인 고려가 숨겨져 있다고 할 수 있다.[42]

(4) 민법상 공작물책임의 근거와 마찬가지로 영조물책임의 근거도 위험책임주의를 채택하고 있다고 본다. 국가 등의 배상책임은 영조물의 설치 또는 관리에 흠이 있다고 하는 객관적 사실에 의하여 발생하는 것으로 설치 또는 관리를 담당한 공무원(관리자)의 고의·과실의 유무를 불문하므로 무과실책임의 성질을 가진다. 이는 위험책임주의에 입각하여 국가의 무과실책임을 일반사인(민법 758) 이상으로 강하게 인정한 것이다.[43] 그렇지만 설치·관리상의 하자를 요구한다는 점에서 엄격한 의미의 또는 절대적인 무과실책임으로 볼 수는 없을 것이다.[44] 국가배상법 제5조에 의한 배상책임은 그러한 의미에서는 불법행위 즉, 관리자의 잘못을 책망하여 그 책임을 묻는 제도라기보다는 영조물의 이용자가 우연히 받은 손해를 국민 전체(또는 주민 전체)가 연대하여 전보한다는 사회보장적 색채를 강하게 띠고 있다고 할 수 있다.

(5) 국가배상법 제5조를 민법 제758조의 단순한 연장선상에 두고 있는 견해나 이를 반대하는 견해에서나 마찬가지라 할 수 있다. 즉 영조물의 설치·관리를 하거나 또는 하자를 발생시킨 자(관리자 또는 제3자)의 행위 그 자체에 있는 것이 아니고, 타인에게 손해를 발생할 수 있는 위험하고 결함있는 영조물을 공공의 목적에 제공하고 있는 것 자체에 있다는 주장이 대표적이라 할 수 있다.[45]

(6) 반면, 공작물책임은 자기의 지배하에 있는 위험원(危險源)인 공작물에 대한 거래안전의무(Verkehrspflicht)로서 안전조치의무를 해태(Verkehrspflichtsverletzung)한 점에 대한 책임으로 이해하여야 한다면서 점유자와 소유자의 손해배상책임의 근거는 거래안전의무에 있다고 하는 견해도 있다.[46] 또한 독일 민법 제836조 및 제

42) 곽윤직, 채권각론, 689~690면; 김준호, 민법강의(제21판), 1863면; 박준서 편집대표, 주석 민법[채권각칙(8)], 464~465면.
43) 박윤흔·정형근, 최신 행정법강의(상)(개정30판), 622면.
44) 김동희, 행정법Ⅰ(제20판), 580면.
45) 古崎慶長, 國家賠償法の理論, 202면.
46) Larenz/Canaris, Lehrbuch des Schuldrechts, S.488.

838조의 책임근거인 교통안전의무(Verkehrssicherungspflicht)로서 영조물책임의 근거를 설명하는 견해가 있다.[47] 자신의 토지나 그의 지배영역에 공적인 교통을 허용하거나 또는 자신의 물건을 일반교통에 노출시킨 자는 교통에 참여한 타인의 위험을 방지하기에 필요하고도 기대 가능한 조치를 취하여야 할 교통안전의 법적 의무를 지고 있다. 일반적으로 이러한 교통안전의무를 지는 자는 물건의 소유자나 점유자이다.[48] 독일 민법 제836조, 제838조와 마찬가지로 우리 민법 제758조는 공작물책임에 있어서 소유자나 점유자가 이러한 교통방지의무를 위배한 경우에는 손해배상책임을 지도록 규정한 것으로 볼 수 있다. 따라서 점유자의 책임은 위법·유책의 책임이라고 할 수 있으며, 반면 소유자의 책임은 교통안전의 법적의무위배에 대한 위법·무과실의 책임이라고 할 수 있다. 이처럼 민법 제758조의 책임을 근거지우는 교통안전의무는 역시 국가배상법 제5조의 책임근거라고 할 수 있다고 한다. 단지 국가배상법 제5조는 민법 제758조와는 달리 소유자와 점유자와의 구별 없이 영조물의 설치·관리상의 하자가 있는 경우에 공물의 관리주체로 하여금 책임을 지도록 하고 있다. 따라서 국가배상법 제5조에 의한 책임은 행정주체의 교통안전의 법적 의무위반에 대한 행위책임이며 무과실책임이라고 할 수 있다는 것이다.

(7) 생각건대 공작물책임의 근거를 통설과 같이 위험책임의 원리에 두거나 또는 거래안전의무 또는 교통안전의무에 있다고 하더라도 위험원을 자기의 지배하에 두는 자에게는 그 위험이 현실화하지 않도록 적절한 조치를 취해야 할 주의의무가 부과되어 있다는 점에서는 두 견해는 공통점을 가지고 있다. 다만, 책임근거를 위험책임주의만으로 설명할 수 있는가 여부에 대하여 위험책임, 행정기구의 방대성·복잡성, 무과실책임의 보험적 기능, 보상책임의 어느 한 가지만으로 무과실책임의 근거로 하는 것은 무리이고, 위험책임을 근간으로 하되 이 같은 근거가 결합한 가운데 무과실책임을 지탱하는 것으로 여겨진다는 견해도 있다.[49]

47) 정하중, "국가배상법 제5조의 영조물의 설치·관리에 있어서 하자의 의미와 배상책임의 성격", 판례월보 298호, 56~57면.

48) 정하중, 행정법개론(제7판), 571면.

49) 谷五佐夫, "公共の營造物の設置·管理の瑕疵", 判例 不法行爲法, 280면.

2. 국가배상법 제2조의 책임근거와 구별

(1) 국가배상법 제5조 영조물책임의 근거를 위험책임주의에서 구하는 경우에 국가배상법 제2조의 책임근거와 구별이 문제된다. 제2조의 책임근거는 공무원의 고의·과실을 요건으로 한다는 점에서 과실책임주의에 입각한 것이라고 할 수 있다.[50] 보다 정확히 말하면 행정주체는 공무수행상 일정한 주의의무를 준수하여야 하는데, 이를 준수하지 않음으로써 국민에게 손해를 발생시켰다면 과실로 손해를 발생시킨 행정주체가 그 손해에 대한 배상책임을 져야 한다는 것이다. 고의·과실을 통설·판례에 따라 공무원의 주관적 책임요건으로 보면 고의·과실을 엄격하게 해석해야 되겠지만, 고의·과실을 국가에 책임을 귀속시키기 위한 국가작용의 하자의 표현으로 보게 되면 고의·과실을 엄격하게 해석할 필요가 없게 된다.[51]

(2) 국가의 배상책임이 공무원의 책임능력 등의 주관적 요소에 의하여 좌우되는 것은 피해자 구제의 관점에서 보면 결코 바람직한 것은 아니므로 과실을 주관적 심리상태로 보지 않고 객관적 주의의무의 위반으로 파악하여 그 주의의무의 내용을 고도화하려는 시도가 행해지고 있다. 이처럼 과실의 개념이 객관화된다면 통설·판례의 견해는 과실개념을 객관적으로 파악하는 견해에 접근하여 갈 것이다. 판례는 국가배상법상의 과실을 "공무원의 직무집행상의 과실이라 함은 공무원이 그 직무를 수행함에 있어 당해직무를 담당하는 평균인이 보통(통상) 갖추어야 할 주의의무를 게을리한 것을 말한다"(대법원 1987. 9. 22. 87다카1164 손해배상(기))고 하여 상당히 객관화된 개념으로 이해하고 있다.[52] 주의의무를 게을리한 판단의 기준을

50) 김동희, 행정법Ⅰ(제20판), 568면; 박균성, 행정법강의(제12판), 516면; 정하중, 행정법개론(제7판), 548면; 정형근, 행정법(제4판), 381면; 홍정선, 행정법특강(제14판), 501면.

51) 김철용, 국가배상법 제2조에 관한 연구, 박사학위논문, 105면.

52) 등기관은 등기신청에 대하여 부동산등기법상 그 등기신청에 필요한 서면이 제출되었는지 여부 및 제출된 서면이 형식적으로 진정한 것인지 여부를 심사할 권한을 갖고 있으나 그 등기신청이 실체법상의 권리관계와 일치하는지 여부를 심사할 실질적인 심사권한은 없으므로, 등기관으로서는 오직 제출된 서면 자체를 검토하거나 이를 등기부와 대조하는 등의 방법으로 등기신청의 적법 여부를 심사하여야 할 것이고, 이러한 방법에 의한 심사 결과 형식적으로 부진정한, 즉 위조된 서면에 의한 등기신청이라고 인정될 경우 이를 각하하여야 할 직무상의 의무가 있다고 할 것이지만, 등기관은 다른 한편으로 대량의 등기신청사건을 신속하고 적정하게 처리할 것을 요구받기도 하므로 제출된 서면이 위조된 것임을 간과하고 등기신청을 수리한 모든 경우에 등기관의 과실이 있다고는 할 수 없고, 위와 같은 방법의 심사 과정에서 등기업무를 담당하는 평균적 등기관이 보통 갖추어야 할 통상의 주의의무만 기울였어도 제출 서면이 위조되었다는 것을 쉽게 알 수 있었음에도 이를 간과한 채 적법한 것으로 심사하여 등기신청을 각하하지 못한 경우에 그 과실을 인정할 수 있다

당해 공무원이 아니라 일반인(평균인)으로 보아야만 그 의무의 해태를 탓할 수 있기 때문이다. 피해자 구제를 충실히 하기 위해서는 국가배상법상의 과실을 '국가작용의 하자', 달리 말하면 '직무의 정상적 운영의 흠결'이라는 객관적 개념으로 이해할 수도 있다.[53] 그리고 국가배상법 제2조의 과실을 객관적으로 파악하여 '국가 등의 행정주체의 작용이 정상적 수준에 미달한 상태'로 완화하여 해석하거나 '국가작용의 흠' 또는 '행정조직 전체로서의 복합적 불법행위'로 보는 견해도 같은 입장이라 하겠다. 국가배상책임을 행정에 대한 하나의 통제제도로 이해하면 국가배상법상의 과실을 객관적으로 파악하여 '국가작용의 흠'으로 해석하는 것이 이론적인 타당성을 지닌다 하겠다. 물론 '공무원의 과실'을 요구하는 국가배상법의 규정상 위와 같은 견해가 해석론으로 과연 가능한 것인가 하는 의문이 제기되지만 국가배상법상의 공무원의 과실을 '국가작용의 하자'의 한 표현으로 볼 수 있다면 위와 같은 해석론이 전혀 불가능한 것은 아니라 하겠다.

(3) 국가배상법 제2조의 요건 중 판례는 과실의 인정기준으로 객관적 주의의무를 결하여 객관적 정당성을 상실하였다고 인정될 정도에 이르러야 한다고 판시한 것도 눈에 띈다. 즉, "국·공립대학 교원에 대한 재임용거부처분이 재량권을 일탈·남용한 것으로 평가되어 그것이 불법행위가 됨을 이유로 국·공립대학 교원 임용권자에게 손해배상책임을 묻기 위해서는 당해 재임용거부가 국·공립대학 교원 임용권자의 고의 또는 과실로 인한 것이라는 점이 인정되어야 한다. 그리고 위와 같은 고의·과실이 인정되려면 국·공립대학 교원 임용권자가 객관적 주의의무를 결하여 그 재임용거부처분이 객관적 정당성을 상실하였다고 인정될 정도에 이르러야 한다"(대법원 2011. 1. 27. 2009다30946 손해배상(기)).

(4) 이와 달리 국가배상법 제2조의 '법령을 위반한 행위' 내용 안에 객관적 정당성의 결여를 포함시키기도 한다. 즉, "법령을 위반하여라고 함은 엄격하게 형식적 의미의 법령에 명시적으로 공무원의 행위의무가 정하여져 있음에도 이를 위반하는 경우만을 의미하는 것은 아니고, 인권존중·권력남용금지·신의성실과 같이 공무원으로서 마땅히 지켜야 할 준칙이나 규범을 지키지 아니하고 위반한 경우를 비롯하여 널리 그 행위가 객관적인 정당성을 결여하고 있는 경우도 포함한다"(대법원

(대법원 2005. 2. 25. 2003다13048 손해배상(기)).

53) 김동희, 행정법 I (제20판), 570면.

2015. 8. 27. 2012다204587 손해배상).[54] 따라서 '객관적 정당성을 상실'했다는 것은 공무원의 직무행위가 고의나 과실로 법령에 위반한 상태에 있는 것을 말한다.

3. 영조물책임의 법적 성질

(1) 국가배상법 제2조가 공무원의 고의·과실을 요건으로 하는 과실책임의 원칙에 입각하고 있다. 헌법 제29조 제1항은 국가배상청구권의 요건을 '공무원의 직무상 불법행위'로 표현하고 있다. 반면, 민법 제750조는 '불법행위의 내용'을 '고의 또는 과실로 인한 위법행위로 타인에게 손해를 가한' 것으로 표현하고 있다. 이는 결국 헌법상 국가배상청구권은 공무원이 고의 또는 과실로 인한 위법한 직무수행으로 타인에게 손해를 가한 불법행위에 대한 배상청구권을 인정한다는 것을 말한다.

(2) 헌법상 국가배상제도는 재판청구권과 마찬가지로 그 정신적 뿌리를 법치국가원리에 두고 있다. 공권력행사에 대한 권리구제 체계에서는 재판청구권이 일차적 권리구제의 기능을 하며, 국가배상청구권은 이차적 권리구제의 기능을 하는 것으로 파악할 수도 있다. 불법의 제거를 목적으로 하는 일차적 권리구제가 기능하지 못하는 경우에는 손해배상으로서 이차적 권리구제를 보장하는 것이 국가배상제도로 보기도 한다.[55]

---

54) 예술작품이 공공장소에 전시되어 일반대중에게 상당한 인지도를 얻는 등 예술작품의 종류와 성격 등에 따라서는 저작자로서도 자신의 예술작품이 공공장소에 전시·보존될 것이라는 점에 대하여 정당한 이익을 가질 수 있으므로, 저작물의 종류와 성격, 이용의 목적 및 형태, 저작물 설치 장소의 개방성과 공공성의 정도, 국가가 이를 선정하여 설치하게 된 경위, 폐기의 이유와 폐기 결정에 이른 과정 및 폐기 방법 등을 종합적으로 고려하여 볼 때 국가 소속 공무원의 해당 저작물의 폐기 행위가 현저하게 합리성을 잃고 저작자로서의 명예감정 및 사회적 신용과 명성 등을 침해하는 방식으로 이루어진 경우에는 객관적 정당성을 결여한 행위로서 위법하다.
갑이 국가의 의뢰로 도라산역사 내 벽면 및 기둥들에 벽화를 제작·설치하였는데, 국가가 작품 설치일로부터 약 3년 만에 벽화를 철거하여 소각한 사안에서, 갑은 특별한 역사적, 시대적 의미를 가지고 있는 도라산역이라는 공공장소에 국가의 의뢰로 설치된 벽화가 상당 기간 전시되고 보존되리라고 기대하였고, 국가도 단기간에 이를 철거할 경우 갑이 예술창작자로서 갖는 명예감정 및 사회적 신용이나 명성 등이 침해될 것을 예상할 수 있었음에도, 국가가 벽화 설치 이전에 이미 알고 있었던 사유를 들어 적법한 절차를 거치지 아니한 채 철거를 결정하고 원형을 크게 손상시키는 방법으로 철거 후 소각한 행위는 현저하게 합리성을 잃은 행위로서 객관적 정당성을 결여하여 위법하므로, 국가는 국가배상법 제2조 제1항에 따라 갑에게 위자료를 지급할 의무가 있다고 한 사례(대법원 2015. 8. 27. 2012다204587 손해배상).
55) 한수웅, 헌법학(제5판), 933면.

(3) 이와 달리 제5조는 무과실책임을 원칙으로 한다는 점에서 전통적인 견해에서 볼 때 국가배상제도의 중요한 특징으로 지적될 수 있다. 이 점이 불법행위(고의 또는 과실)를 요건으로 하지 않는 공공시설의 하자로 인한 손해배상청구권·형사보상청구권·손실보상청구권 등과 다르다는 지적이 있다.[56] 제5조는 설치·관리상의 하자를 요한다는 점에서 이 무과실책임은 완전한 무과실책임 내지 절대책임은 아니다. 객관적으로 하자가 인정되면 설치자나 관리자의 주관적인 고의·과실을 묻지 않고 배상책임이 발생한다는 의미이다.[57]

(4) 영조물의 설치와 관리행위를 구별하여 영조물의 '설치'에 대하여는 무과실책임이 긍정될 수 있다고 하여도, 영조물의 관리에 대하여는 행위책임(의무위반)이 가미되는 것이 좋을 것이라는 견해도 있다.[58] 그러나 '관리'부분만 의무위반(과실책임)으로 볼 근거는 명확하지 않다. 제5조에 의한 배상책임은 그러한 의미에서 관리자 측의 잘못에 대하여 그 책임을 묻는 제도라기보다는 영조물의 이용자가 우연히 받은 손해를 국민 전체(또는 주민 전체)가 연대하여 전보한다는 사회보장적 색채가 강하다고 하겠다. 즉 무과실책임주의 때문에 불법행위의 형식을 취한 사회보장의 기능을 수행하기에 이르렀다고 한 점은 앞서 본 바와 같다.[59]

(5) 그러나 영조물책임은 단지 손해의 공평부담의 이념을 넘어선 세금의 사용방법 내지 사회의 자원배분에 관한 측면이 있기 때문에 영조물을 이용하면서 향수하는 이익과 그로 인한 잠재적 위험부담을 고려하여야 한다는 점에서 오로지 물적 결함이 있다는 사유만으로 피해자 구제에 한계가 있을 수밖에 없다 하겠다. 판례도 "영조물 설치의 하자라 함은 영조물의 축조에 불완전한 점이 있어 이 때문에 영조물 자체가 통상 갖추어야 할 안전성을 갖추지 못한 상태에 있음을 말한다고 할 것인바, (중략) 영조물 설치의 하자유무는 객관적 견지에서 본 안전성의 문제이고, 재정사정이나 사용목적에 의한 사정은 안전성을 요구하는 데 대한 정도문제로서의 참작사유에는 해당할지언정, 안전성을 결정지을 절대적 요건에는 해당하지 아니한다고 할 것"(대법원 1967. 2. 21. 66다1723 손해배상)[60]이라고 하였으며, 지방자치단체

56) 허영, 한국헌법론(전정10판), 614면.
57) 古崎慶長, 國家賠償法の理論, 160면.
58) 南 博方, 行政法(新版), 183면.
59) 정형근, 행정법(제4판), 401면.

가 관리하는 도로지하의 상수도관에서 새어 나온 물로 노면이 결빙되어 발생한 사고에 대한 배상책임의 성질에 관하여 "국가배상법 제5조 소정의 영조물의 설치, 관리상의 하자로 인한 책임은 무과실책임이고, 나아가 민법 제758조 소정의 공작물의 점유자의 책임과는 달리 면책사유도 규정되어 있지 않으므로 국가 또는 지방자치단체는 영조물의 설치, 관리상의 하자로 인하여 타인에게 손해를 가한 경우에 그 손해의 방지에 필요한 주의를 해태하지 아니하였다 하여 면책을 주장할 수도 없다 할 것이다"(대법원 1994. 11. 22. 94다32924 손해배상(기))고 판시하여 무과실책임의 원칙을 비교적 확실하게 밝히고 있다.

(6) 다만, 국가배상법 제2조와 같이 공무원의 고의나 과실 같은 요소를 요구하지 않는다는 의미에서 그렇다는 것이고 오로지 하자발생만 있으면 모든 책임을 인정한다는 것은 아니다. 설치·관리자에게 부과된 의무의 이행 여부를 심사하는 것은 일반적인 판례의 태도이다. 즉, "영조물의 설치·보존의 하자라 함은 영조물이 그 용도에 따라 통상 갖추어야 할 안전성을 갖추지 못한 상태에 있음을 말하는 것

60) 원판결 이유설시에 의하면, 1964.8.12. 3:00경 경기 포천군 포천면 2동에 주둔하고 있던 육군 제2913부대의 수송부 사병내무반인 흙부로크로 지은 병사가 그 앞날에 내린 폭우로 인하여 그 병사에서 약 8m 떨어져 있는 산에서 흙이 무너져 흙사태가 위병사를 뒤 엎어서 병사가 무너짐으로써 그 병사의 불침번 사병의 긴급대피 조치에도 불구하고 미급하여, 그 병사에서 자고 있던 위 부대소속 육군 상등병 소외 1 외 5명의 사병이 압사하였으나, 법원에 현저한 사실인 현하 국가 재정상태나, 군사적 임무의 특수성 등에 비추어 군사시설인 사병내무반용 병사를 흙벽돌과 같은 비교적 건고치 않은 것으로 지었다는 사실만 가지고서는, 피고의 영조물설치에 하자가 있었다고 말할 수 없고, 또 피고는 위 병사의 보존관리도 완전히 하였으며 본건 사고는 사고전날에 내린 폭우로 인하여 산사태가 나서 발생한 사고로서, 피고로서는 예견할 수 없는 불가항력에 의한 것임을 엿볼 수 있다고 하여, 원고의 본건 청구를 배척하였다. (중략) 본건 병사는 일시적 잠정적인 것이 아니고, 수년 동안이나 병사로 사용한 것이고, 또 본건 병사가 본건 사고의 중요한 원인인 산사태에 의한 위험성이 전혀 없는 장소에 설치된 것이 아니라, 산사태로 인한 피해가 발생할 가능성이 있는 위치, 즉 산으로부터 8m밖에 떨어져 있지 아니한 지점에 설치되었다는 사정 등에 비추어 볼 때에, 원판결 설시 이유만으로서는 영조물인 본건 병사의 설치에 하자가 없고, 본건 사고는 피고로서는 예기치 못한 불가항력에 인한 것이라고는 볼 수 없다 할 것이며, 본건 사고가 불가항력에 인한 것이라고 인정하려면, 원심으로서는 마땅히 본건 병사를 산사태의 위험성이 없는 산에서 떨어진 장소에 설치하지 아니하고, 산에서 8m밖에 떨어져 있지 아니한 지점에 설치하지 아니하면, 안될 사정이 있었는가 여부, 그러한 사정이 있었다면, 그러한 지점에 병사를 설치하려면 어느 정도의 견고성이 있는 병사를 지어야 할 것인가 여부, 또 본건 산사태는 보통 예견할 수 없는 이례적인 폭우로 인한 것으로서 피고가 예견할 수 없었는가 여부, 본건 병사를 견고한 자재로 건축하였다 하더라도, 불가피하였는가 여부 등 사정에 관하여 더 알아보았어야 할 것이고, 또 원판결이 본 증거만으로서는 그 관리에 만전을 기하였다고 보기에는 미흡하다고 하지 않을 수 없으므로, 원판결은 필경 이유불비 내지 심리미진의 위법이 있어 재판에 영향을 미쳤다할 것이므로, 이 점에 관한 논지는 이유 있다(대법원 1967. 2. 21. 66다1723 손해배상).

이고, 영조물의 설치 및 보존에 있어서 항상 완전무결한 상태를 유지할 정도의 고도의 안전성을 갖추지 아니하였다고 하여 영조물의 설치 또는 관리에 하자가 있는 것으로는 할 수 없는 것이므로, 따라서 영조물의 설치자 또는 관리자에게 부과되는 방호조치의무의 정도는 영조물의 위험성에 비례하여 사회통념상 일반적으로 요구되는 정도의 것을 말한다"(대법원 1997. 5. 16. 96다54102 손해배상(기)).

(7) 일본 판례는 高知낙석사건[61]에서 "영조물의 설치 또는 관리의 하자란 영조물이 통상 갖추어야 하는 안전성을 결여하고 있는 것을 말하고, 이에 의하여 국가 및 공공단체의 배상책임에 대하여는 과실의 존재는 필요하지 않다고 해석함이 상당하다"(最判 소화 45. 8. 20. 民集 24권 9호 1268면)라고 판시하면서 재정력의 부족은 면책사유가 되기 어렵다고 부언하고 있다. 여기에 ① 영조물의 물적 안전성의 결여, ② 무과실책임, ③ 재정적 이유는 면책사유가 되지 않는다는 3원칙이 제5조의 배상책임에 관련한 기본원칙이 되어 판례이론을 지배하게 되었다.[62]

(8) 이 같은 3원칙이 인정되는 논거는 아마도 국가나 공공단체가 도로, 공원 등의 공공시설을 설치하고 이를 널리 국민의 이용에 제공하는 이상, 시설의 설치자는 그 안전성을 담보하는 고도의 안전확보의무를 부담하고, 시설에서 발생하는 위험에 대하여 이를 부담하지 않으면 안되는 위험책임의 원리에 의한 것으로 이해할 수 있다. 이러한 의미에서 국가배상법 제5조는 현재 및 미래의 법치국가에서 건전한 국민생활의 옹호를 위하여 더욱 중요한 지위를 갖게 될 것이다. 결국 영조물책임에 관한 법적 성질을 어떻게 볼 것이냐는 배상책임의 요건으로서 '영조물의 설치 또는 관리의 하자'를 어떻게 이해할 것인가는 영조물책임의 하자논쟁과 밀접한 관련을 맺고 있다.

---

61) 운수회사의 트럭 조수인 피해자가 1963. 6. 13. 국도 56호선을 高知市에서 中村市로 향하던 중 須崎市의 급경사의 산중턱을 주행 중 20m 내지 25m 상방에서 중량 약 250 내지 400kg의 암석이 자연낙하하여 그 충격으로 사망한 사건으로 제1심과 제2심에서 도로관리의 하자를 인정하였고, 피고 高知縣의 상고를 기각한 사건.

62) 原田尙彦, 行政法要論, 270면.

Ⅳ 영조물의 설치·관리에 관한 하자론

1. 영조물의 설치·관리하자의 의의

(1) 영조물의 설치·관리의 개념

1) 도로소송에서 설치·관리의 하자는 국가배상법과 민법을 함께 검토해야 한다. 도로의 설치·관리의 주체가 국가나 지방자치단체이면 국가배상법 제5조가 적용되고, 한국도로공사와 같은 공공단체이거나 사인이면 민법 제758조가 적용되기 때문이다.[63] '국도'의 설치·관리의 하자로 발생한 손해에 대해서는 대한민국을 상대로 손해배상청구를 하여야 하고, '고속도로'의 하자로 인한 손해는 한국도로공사를 피고로 청구를 해야 한다. 판례 역시 공공단체인 한국도로공사의 고속도로의 설치·관리의 하자로 인한 손해배상책임에 대하여 민법 제750조의 불법행위 또는 민법 제758조의 공작물 점유자의 책임을 인정하고 있다.[64] 헌법 제29조는 국가배상

63) 이 사건 도로는 한국농어촌공사가 농업생산기반 정비사업을 통하여 설치한 농업생산기반시설이므로, 이 사건 도로의 설치·관리사무는 그 설치 당시부터 이 사건 사고 당시까지 한국농어촌공사에게 귀속되어 있다. 그런데 앞서 본 바와 같이 공공 영조물의 설치·관리상 하자로 인하여 국가배상법 제5조 제1항에 따라 피고(대한민국)가 손해배상책임을 부담하기 위해서는 영조물의 설치·관리사무의 귀속주체가 피고이어야 하는바, 이 사건 도로의 설치·관리사무의 귀속주체가 한국농어촌공사인 이상, 피고는 원고에 대하여 이 사건 사고로 인한 손해배상책임을 부담하지 아니한다.
그런데도 원심은 앞서 본 판시와 같은 이유로 이 사건 도로의 설치·관리사무의 귀속주체가 피고임을 전제로 하여 원고가 한국농어촌공사에 민법 제758조에 따른 손해배상책임을 묻는 것과 별개로 피고에 대하여서도 국가배상법 제5조 제1항에 따라 국가배상책임을 물을 수 있다고 보았으니, 원심판결에는 국가배상법 제5조 제1항의 배상책임주체에 관한 법리를 오해하여 판결에 영향을 미친 잘못이 있다(대법원 2015. 9. 10. 2012다200622 손해배상(기)).

64) [1] 공작물인 도로의 설치·관리상의 하자는 도로의 위치 등 장소적인 조건, 도로의 구조, 교통량, 사고시에 있어서의 교통 사정 등 도로의 이용 상황과 그 본래의 이용 목적 등 여러 사정과 물적 결함의 위치, 형상 등을 종합적으로 고려하여 사회통념에 따라 구체적으로 판단하여야 한다.
[2] 강설에 대처하기 위하여 완벽한 방법으로 도로 자체에 융설 설비를 갖추는 것이 현대의 과학기술 수준이나 재정사정에 비추어 사실상 불가능하다고 하더라도, 최저 속도의 제한이 있는 고속도로의 경우에 있어서는 도로관리자가 도로의 구조, 기상예보 등을 고려하여 사전에 충분한 인적·물적 설비를 갖추어 강설시 신속한 제설작업을 하고 나아가 필요한 경우 제때에 교통통제 조치를 취함으로써 고속도로로서의 기본적인 기능을 유지하거나 신속히 회복할 수 있도록 하는 관리의무가 있다.
[3] 폭설로 차량 운전자 등이 고속도로에서 장시간 고립된 사안에서, 고속도로의 관리자가 고립구간의 교통정체를 충분히 예견할 수 있었음에도 교통제한 및 운행정지 등 필요한 조치를 충실히 이행하지 아니하였으므로 고속도로의 관리상 하자가 있다고 한 사례(대법원 2008. 3. 13.

책임의 주체를 '국가 또는 공공단체'라고 규정하는데도 국가배상법 제2조와 제5조는 '국가나 지방자치단체'라고 하여 공공단체는 민법의 적용을 받게 된다. 그럼에도 한국도로공사가 관리하는 중앙고속도로에서 발생한 사고로 인한 손해배상청구의 소에서 국가배상법 제5조를 적용하여 한국도로공사가 사고지점의 도로의 설치 또는 관리의 하자를 야기하였는지를 판단하는 사례가 있다.[65] 이와 달리 공공단체(양만수산업협동조합)를 피고로 한 소송에서 국가배상법 제2조를 적용한 것으로 보이는 경우도 있다.[66]

2) 「유료도로법」 또는 「사회기반시설에 대한 민간투자법」 제26조에 따라 통행료 또는 사용료를 받는 도로를 '유료도로'라고 하는데(유료도로법 2(2)), 유료도로관리청은 대통령령으로 정하는 바에 따라 「도로법」에 따른 해당 유료도로관리청의 업무를 유료도로관리권자가 대행하게 할 수 있다(유료도로법 14). 따라서 「사회기반시설에 대한 민간투자법」 제2조 제5호에 따른 민간투자사업으로 건설된 도로로서 도로관리청의 관리·운영 업무를 대행하는 '민자도로 관리자'를 상대로 청구하는 경우도 있게 된다.

3) 국가배상법 제5조는 그 대상이 민법상 공작물에 한정되지 않고 그 범위가 더 넓다. 민법은 공작물의 소유자와 점유자에게 각각 다른 책임을 인정하지만, 국가배상법은 점유자에게도 면책사유를 인정하지 않는 특징이 있다.[67] 영조물 중 특

2007다29287 손해배상(기)).

65) 고속도로가 사고지점에 이르러 다소 굽어져 있으나, 사고 지점의 차선 밖에 폭 3m의 갓길이 있을 뿐 아니라, 사고 지점 도로변에 야간에 도로의 형태를 식별할 수 있게 하는 시설물들이 기준에 따라 설치되어 있는 경우 도로의 관리자로서는 야간에 차량의 운전자가 사고 지점의 도로에 이르러 차선을 따라 회전하지 못하고 차선을 벗어난 후 갓길마저 지나쳐 도로변에 설치되어 있는 방음벽을 들이받은 사고를 일으킨다고 하는 것은 통상 예측하기 어려우므로 도로의 관리자가 그러한 사고에 대비하여 도로변에 야간에 도로의 형태를 식별할 수 있는 시설물들을 더 많이 설치하지 않고, 방음벽에 충격방지시설을 갖추지 아니하였다고 하여 사고 지점 도로의 설치 또는 관리에 하자가 있다고 볼 수 없다고 한 사례(대법원 2002. 8. 23. 2002다9158 손해배상(자)).

66) 민간위탁을 받은 위탁기관도 그 범위 내에서 공무원으로 볼 수 있는바, 이 사건과 같이 구 수산청장으로부터 위탁받은 일정한 범위 내에서 활어인 뱀장어에 대하여 위 요령에 부합하는 수출추천 업무를 기계적으로 행사할 의무를 부담하는 피고가 이 사건 수출제한조치를 취할 무렵에 국내 뱀장어 양식용 종묘가 모자란 실정으로 그 수출로 인하여 국내 양식용 종묘확보에 지장을 초래할 우려가 있다고 자의적으로 판단하여 그 추천업무를 행하지 않은 것은 공무원이 그 직무를 집행함에 당하여 고의로 법령에 위반하여 타인에게 손해를 가한 때에 해당한다고 보아야 할 것이므로, 피고는 불법행위자로서 손해배상책임을 부담한다 할 것이다(대법원 2003. 11. 14. 2002다55304 손해배상(기)).

67) 정하중, 행정법개론(제7판), 568면; 정형근, 행정법(제4판), 401면.

히 도로의 설치·관리의 내용에 관한 기본적인 사항은 법령에 규정되어 있다. 「도로법」[68]과 「도로교통법」 및 「도로의 구조·시설 기준에 관한 규칙」, 「도로와 다른 시

---

68) **「도로법」 제76조(통행의 금지·제한 등)** ① 도로관리청, 제112조에 따라 고속국도에 관한 도로관리청의 업무를 대행하는 「한국도로공사법」에 따른 한국도로공사(이하 "한국도로공사"라 한다) 또는 「사회기반시설에 대한 민간투자법」 제2조 제7호에 따른 사업시행자로서 「유료도로법」 제14조에 따라 도로(「사회기반시설에 대한 민간투자법」 제2조 제5호에 따른 민간투자사업으로 건설된 도로의 경우로 한정한다)에 관한 도로관리청의 관리·운영 업무를 대행하는 자(이하 "민자도로 관리자"라 한다)는 다음 각 호의 어느 하나에 해당하는 경우에는 구간을 정하여 도로의 통행을 금지하거나 제한할 수 있다.

1. 도로에 관련된 공사로 인하여 부득이한 경우
2. 도로가 파손되거나 그 밖의 사유로 통행이 위험하다고 인정되는 경우
3. 지진, 홍수, 폭설, 태풍 등 천재지변이나 이에 준하는 재해가 발생하였거나 발생할 우려가 있어 도로에서 통행이 위험하거나 교통이 장시간 마비될 우려가 있는 경우

② 도로관리청, 한국도로공사 또는 민자도로 관리자가 제1항에 따라 도로의 통행을 금지하거나 제한하려면 통행금지 또는 제한의 대상, 구간, 기간 및 이유를 구체적으로 밝힌 표지를 적당한 곳에 설치하고, 대통령령으로 정하는 바에 따라 미리 공고하여야 한다. 다만, 재해 발생 등이 급박하여 미리 통행의 금지 또는 제한을 공고할 시간적 여유가 없을 경우에는 미리 공고하지 아니할 수 있다.

③ 도로관리청, 한국도로공사 또는 민자도로 관리자가 제1항에 따라 도로의 통행을 금지하거나 제한하는 경우 해당 업무를 수행하는 소속 공무원 또는 직원은 그 신분을 표시하는 증표를 지니고 이를 관계인에게 보여 주어야 한다.

④ 도로관리청, 한국도로공사 또는 민자도로 관리자가 제1항에 따라 도로의 통행을 금지하거나 제한하는 경우에는 지체 없이 관할 경찰관서의 장에게 그 사실을 통보하고 협조를 요청하여야 한다. 이 경우 협조 요청을 받은 경찰관서의 장은 특별한 사유가 없으면 이에 따라야 한다.

⑤ 도로관리청이 제1항에 따라 도로의 통행을 금지하거나 제한하는 경우에는 해당 도로에서의 위해(危害) 제거 및 원활한 교통소통을 위하여 필요한 조치를 하여야 하고, 한국도로공사 및 민자도로 관리자가 도로 통행의 금지 또는 제한을 실시한 경우에는 그 사실을 즉시 도로관리청에 보고한 후 필요한 조치를 하여야 한다.

⑥ 도로관리청, 한국도로공사 또는 민자도로 관리자는 다음 각 호에 모두 해당하는 경우 차량의 도로 진입이나 도로에 진행 중인 차량의 통행을 일시적으로 금지 또는 제한(이하 "긴급 통행제한"이라 한다)할 수 있다.

1. 천재지변이나 이에 준하는 재해 발생 등이 급박하고, 미리 통행의 금지 또는 제한을 공고할 시간적 여유가 없을 것
2. 도로의 구조를 보전하고 도로 운행의 위험을 방지하기 위하여 특히 차량의 도로 진입 또는 진행을 금지 또는 제한할 필요가 있을 것

⑦ 긴급 통행제한에 관하여는 제3항부터 제5항까지의 규정을 준용한다.

⑧ 긴급 통행제한의 구체적 기준 및 절차 등에 관하여 필요한 사항은 대통령령으로 정한다.

제77조(차량의 운행 제한 및 운행 허가) ① 도로관리청은 도로 구조를 보전하고 도로에서의 차량 운행으로 인한 위험을 방지하기 위하여 필요하면 대통령령으로 정하는 바에 따라 도로에서의 차량 운행을 제한할 수 있다. 다만, 차량의 구조나 적재화물의 특수성으로 인하여 도로관리청의 허가를 받아 운행하는 차량의 경우에는 그러하지 아니하다.

② 차량 임대차계약의 임차인(「건설산업기본법」에 따른 건설공사에 사용되는 차량의 경우 수급인·하수급인 또는 시공 참여자를 말한다. 이하 같다)으로서 차량의 화물적재를 사실상 관리하는 자는 임차한 화물적재 차량이 제1항에 따른 운행제한을 위반하여 운행되지 아니하도록 관리하여

설의 연결에 관한 규칙」 등에서 정하고 있다. 이러한 법령의 기준은 유력한 참작기준이 될 수 있을 것이지만 그것이 절대적인 것은 아니다. 철도청의 내부 규정인 건널목 설치 및 설비기준 규정은 철도건널목 설치·관리상의 하자를 판단하는 하나의 참작 기준이 될 수 있을 뿐이고, 위 규정이 정하는 기준에 맞추어 철도건널목의 보안설비가 설치되어 있다 하더라도 반드시 철도건널목 설치·관리상의 하자가 없는 것이라고 단정할 수 없다(대법원 1997. 6. 24. 97다10444 손해배상(기)). 도로의 설치·관리를 하는 행정청의 내부규정이 아닌 법률이 정한 기준을 준수하였다면 면책될 가능성이 큰 것은 사실일 것이다.

4) 국가배상법 제5조의 영조물책임은 도로, 하천 기타 공공의 영조물의 설치 또는 관리에 하자가 있을 것을 그 요건으로 한다. 설치 또는 관리란 공작물책임을 규정하고 있는 민법 제758조의 '설치 또는 보존'과 동의어라 할 수 있다. 여기서 '설치'란 일반적으로 일정한 시설물의 설계, 자재를 투입하여 시공하는 것을 말한다. 도로의 경우 도로법에 따른 도로의 종류를 정하고 차량과 보행자가 통행할 수 있는 형체를 만들어 공용에 제공하는 것을 말한다. 예컨대 일반국도의 경우는 국토교통부장관이 주요 도시, 지정항만(「항만법」 제3조에 따라 해양수산부장관이 지정한 항만을 말한다), 주요 공항, 국가산업단지 또는 관광지 등을 연결하여 고속국도와 함께 국가간선도로망을 이루는 도로 노선을 정하여 일반국도를 지정·고시한다(도로법 12①). 이처럼 지정·고시된 일반국도가 도로의 구조물을 갖춰 일반공중의 사용에 제공되

야 한다.

③ 화주(貨主), 화물자동차 운송사업자, 화물자동차 운송주선업자 등 차량의 운행에 대하여 지시·명령을 하거나 감독 등의 권한을 갖는 자는 제1항에 따른 차량의 운행 제한을 위반하여 차량을 운행하도록 차량의 운전자에게 지시하거나 요구해서는 아니 된다.

④ 도로관리청은 제1항에 따른 운행제한에 대한 위반 여부를 확인하기 위해서 관계 공무원으로 하여금 차량에 승차하거나 차량의 운전자에게 관계 서류의 제출을 요구하는 등의 방법으로 차량의 적재량을 측정하게 할 수 있다. 이 경우 차량의 운전자는 정당한 사유가 없으면 이에 따라야 한다.

⑤ 도로관리청은 제1항 단서에 따라 차량의 운행허가를 하려면 미리 출발지를 관할하는 경찰서장과 협의한 후 차량의 조건과 운행하려는 도로의 여건을 고려하여 대통령령으로 정하는 절차에 따라 운행허가를 하여야 하며, 운행허가를 할 때에는 운행노선, 운행시간, 운행방법 및 도로 구조물의 보수·보강에 필요한 비용부담 등에 관한 조건을 붙일 수 있다. 이 경우 운행허가를 받은 자는 「도로교통법」 제14조 제3항의 단서 또는 제39조 제1항의 단서에 따른 허가를 받은 것으로 본다.

⑥ 국토교통부장관은 제1항 및 제5항에 따른 차량의 운행제한 및 운행허가를 신속하고 효율적으로 하기 위하여 차량운행허가시스템을 구축·운영할 수 있다.

⑦ 제1항에 따른 차량의 운행제한에 관하여는 제76조 제2항 본문을 준용한다.

는 것을 도로의 설치라 한다.

5) 도로를 신설 또는 개량하거나 자동차 전용도로를 지정하고 고속국도 휴게시설 등에 도로안전시설을 설치하는 경우 그 도로의 구조 및 시설에 적용되는 최소한의 기준은 「도로의 구조·시설 기준에 관한 규칙」에 규정되어 있다. 이 규칙에는 차로(제10조), 차로의 분리(제11조), 길어깨(제12조), 적설지역 도로의 중앙분리대 및 길어깨의 폭(제13조), 자전거도로(제15조), 보도(제16조), 평면곡선 반지름(제19조), 평면곡선의 길이(제20조), 평면곡선부의 편경사(제21조), 완화곡선 및 완화구간(제23조), 종단경사(제25조), 오르막차로(제26조), 배수시설(제30조) 등에 관한 구체적인 규정을 두고 있다. 위 규칙은 안전한 도로설치의 한 기준을 제시하고 있을 뿐이고 위 규칙에 따라 건설된 도로가 모두 설치에 하자가 없다고 볼 수는 없다.

6) 영조물인 도로의 경우도 다른 생활필수시설과의 관계나 그것을 설치하고 관리하는 주체의 재정적, 인적, 물적 제약 등을 고려하여 그것을 이용하는 자의 상식적이고 질서 있는 이용 방법을 기대한 상대적인 안전성을 갖추는 것으로 족하다(대법원 2000. 4. 25. 99다54998 손해배상(자)). 도로의 형체를 구비하였지만 공용에 제공한다는 의사적 요소가 결여되어 있다면 원칙적으로 도로가 설치되었다고 할 수 없다.[69] 그렇지만 국가에서 도로의 기능을 할 수 있도록 도로공사를 한 후 일반인이 통행에 사용하고 있는 것과 같은 특별한 사정이 있다면 개통식과 같은 사실행위가 없더라도 도로의 설치로 볼 수 있다.

7) 영조물이라고 하기 위해서는 공용에 제공될 것을 요건으로 한다. 일반의 사용에 제공할 목적으로 공사 중인 상태에 있을 때는 영조물의 설치라고 볼 수 없다.

---

69) 이 사건 사고가 발생한 공사현장은 원래 잡목이 우거진 자연상태의 비탈사면인 언덕으로서, 피고가 현장조사 결과 사면의 부분적 훼손 및 기초 부분의 균열로 인하여 붕괴의 위험이 있음을 발견하고 위 언덕을 붕괴위험지구로 지정하여 관리대장을 작성하고 산하 공무원을 관리책임자로 지정하여 이를 관리하여 오다가, 붕괴를 예방하기 위하여 언덕에 옹벽을 설치하기로 하고 1994. 4. 21. 소외 회사에게 옹벽시설공사를 도급 주어 소외 회사가 공사를 시행하게 되었고, 원고 박정식은 공사 도중인 1994. 5. 13. 공사현장 주변을 지나가다가 흙이 무너져 내리면서 소외 회사가 공사시행 과정에서 파놓은 깊이 3m의 구덩이로 추락하여 원심 판시와 같은 상해를 입었다는 것인바, 이와 같이 이 사건 사고 당시 설치하고 있던 옹벽은 소외 회사가 그 공사를 도급받아 공사 중에 있었을 뿐만 아니라 아직 완성도 되지 아니하여 일반 공중의 이용에 제공되지 않고 있었던 이상 원심 판시와 같이 국가배상법 제5조 제1항 소정의 영조물에 해당한다고 할 수 없고, 따라서 이 사건 사고를 영조물의 설치상의 하자로 인하여 발생한 것이라고는 볼 수 없다고 할 것이다(대법원 1998. 10. 23. 98다17381 손해배상(기)).

"지방자치단체가 비탈사면인 언덕에 대하여 현장조사를 한 결과 붕괴의 위험이 있음을 발견하고 이를 붕괴위험지구로 지정하여 관리하여 오다가 붕괴를 예방하기 위하여 언덕에 옹벽을 설치하기로 하고 소외 회사에게 옹벽시설공사를 도급 주어 소외 회사가 공사를 시행하다가 깊이 3m의 구덩이를 파게 되었는데, 피해자가 공사현장 주변을 지나가다가 흙이 무너져 내리면서 위 구덩이에 추락하여 상해를 입게 된 사안에서, 위 사고 당시 설치하고 있던 옹벽은 소외 회사가 공사를 도급받아 공사 중에 있었을 뿐만 아니라 아직 완성도 되지 아니하여 일반 공중의 이용에 제공되지 않고 있었던 이상 국가배상법 제5조 제1항 소정의 영조물에 해당한다고 할 수 없다고 한 사례"(대법원 1998. 10. 23. 98다17381 손해배상(기))는 이를 말해준다.

8) 교통사고 발생장소가 사고 당시 일반 공중의 교통에 제공되고 있던 도로라 할 수 없다면, 그 곳의 가로등이 작동하지 아니하였다 하더라도 이를 도로의 설치·관리상의 하자로 보기는 어렵다. 즉, "가로등은 일반 공중의 교통에 제공되는 도로에서 야간에 통행자의 시야의 확보와 안전을 위하여 사용되는 것으로, 가로등의 부작동이 도로의 설치관리상 하자로 인정되기 위하여는 사고장소가 사고 당시 도로로서 준공 및 사용승인되어 일반 공중의 교통에 제공되고 있었거나, 사용승인된 바 없다면 적어도 도로의 사용승인 및 도로로서의 사용개시를 할 권한이 있는 '장래 도로의 관리청이 될 행정청'에 의하여 실제로 개통되어 일반 공중의 교통에 제공되었어야 한다"(부산지방법원 2007. 5. 17. 2006나8099 구상금).[70)]

9) 그리고 '관리'란 이미 설치된 영조물의 용도에 맞게 기능이 잘 발휘되도록 하는 일체의 행위를 말한다. 도로의 경우 홍수로 발생한 웅덩이를 메꾼다거나 낙석

70) 그렇다면 471-12는 이 사건 사고 당시 도로로서 사용승인된 바 없고 오히려 2004. 10. 7. 위 감천항 서측 배면도로 개설사업이 변경인가 되면서 도로개설공사를 위하여 한진해운이 사용하는 토지에 편입된 점에 미루어 볼 때 아직 도로개설공사 중인 지역이었다 할 것이다. 한편, 471-12가 도로사용승인 전임에도 불구하고 실제로 개통되어 도로로서 사용되고 있었다 하더라도 이를 부산광역시장 또는 부산광역시장의 관리권 이관으로 장래 도로의 관리청이 될 부산시 사하구청장이 도로로서 사용하도록 하였다고 인정할 만한 증거가 없다(오히려 갑13-6, 부산사하경찰서에 대한 사실조회 결과로 미루어보건대 제3자가 이를 도로로서 사용되도록 무단으로 개통하였으며, 한편 그 사용 역시 일반 공중의 교통에 제공되었던 것이 아니라 시행자의 도로개설공사상 편의를 위해 공사에 관련된 차량의 교통에 제공되었던 것이라는 추측을 할 수 있을 뿐이다). 그렇다면 이 사건 장소는 이 사건 사고 당시 일반 공중의 교통에 제공되고 있던 도로라 할 수 없어, 가로등이 작동하지 아니하였다 하더라도 이를 설치·관리상의 하자로 보기 어렵다 할 것이니, 원고의 주장은 더 나아가 살필 필요 없이 이유 없다(부산지방법원 2007. 5. 17. 2006나8099 구상금).

을 제거하거나 폭설로 빙판이 된 노면에 염화칼슘을 살포하거나 주기적인 도로 순찰로 도로에 낙하된 타이어 등의 물체를 수거하는 행위가 해당된다. 영조물의 설치과정에 하자가 있더라도 관리를 충실하게 하면 하자의 발생을 예방할 수도 있다. 그렇지만 도로의 설치 자체가 근본적으로 잘못 설계하여 건설되었다면 관리만으로 손해를 방지할 수 없을 것이다.

10) 관리에는 사실상의 관리도 포함된다. 판례도 "국가 또는 지방자치단체가 소유권, 임차권 그 밖의 권한에 기하여 관리하고 있는 경우뿐만 아니라 사실상의 관리를 하고 있는 경우도 포함된다"(대법원 1998. 10. 23. 98다17381 손해배상(기))고 한다. 일본 판례 역시 "영조물의 관리자는 반드시 당해 영조물에 대하여 법률상의 관리권 내지 소유권, 임차권 등의 권원을 갖는 자에 한하지 않고, 사실상의 관리를 하고 있는데 불과한 국가 또는 공공단체도 동조에서 말하는 관리자에 포함된다"(最判 소화 59. 11. 29. 民集 38권 11호, 1260면)라고 판시하고 있다. 그런데 국가배상법 제5조에서 자연공물인 하천을 예시하고 있는 점을 볼 때, 여기서 말하는 관리란 시설물의 관리에 한정되지 않고 보다 널리 공물을 적합하게 유지·운용하는 것을 의미하는 것으로 보아야 할 것이다.[71)]

11) 인공시설이 부가되지 아니한 자연상태의 하천 등에 대하여는 그 설치·관리상의 하자를 논할 수 없는 측면도 있다. 그렇지만 국가배상법 제5조 자체에서 인공공물로서의 도로와 함께 자연공물인 하천을 명시하고 있으며, 제5조 또한 '영조물의 설치 및 관리'가 아니라 '영조물의 설치 또는 관리'라고 규정하고 있어 관리상의 하자에 기인한 경우에도 배상책임이 발생할 수 있게 된다. 또한 형평의 관념에 비추어 보아도 하천의 제방, 호안(護岸) 등의 시설물이 설비되어 있으나 그 불완전성으로 인하여 수해가 발생하면 국가가 배상책임을 져야 하지만, 당해 하천을 자연상태로 방치한 결과 수해가 발생하면 국가에 배상책임이 없다는 불합리한 결과가 되기 때문이다. 따라서 자연공물도 포함되는 것으로 해석한다고 할 때 어느 경우에 설치·관리상의 하자가 있는 것으로 볼 것인가 문제되는바, 순수한 자연공물이라도 그 공물이 행정주체에 의하여 공용에 제공되었으며, 최소한의 인공적 관리는 행해지고 있어야 한다. 예컨대 하천의 경우 준설공사의 불충분성은 설치·관리상의 하

71) 김동희, 행정법 I (제20판), 581면(각주 1); 홍준형, 행정법, 626면.

자로 볼 수 있다.[72)]

12) 학설 중에는 관리에 해당하는 내용으로 구체적 처분행위나 사실적 작용만이 아니라 관리규칙의 정립과 같은 추상적 규율의 설정행위를 포함시키는 견해도 있다.[73)] 그러나 관리규칙의 정립은 공물관리권의 내용이지만 손해배상에 대하여는 제2조 제1항의 공무원의 공권력 행사에 해당하는 경우로 처리할 수 있을 것이다. 또한 영조물의 관리와 관련하여 관리의 필요상 도로대장이나 하천대장 등을 작성하여 이를 보관케 하는 행위도 관리의 범주에 포함된다는 견해도 있었다. 관리란 개념은 영조물이라는 시설에 대하여 사용하는 것이므로 공적장부의 관리 미비는 이에 포함시킬 수는 없다 할 것이다.

⑵ 영조물의 설치·관리하자(瑕疵)의 개념

일반적인 의미에서의 하자란 그 물건이 본래 갖추어야 할 성질 또는 설비를 결여한 것을 말한다. '과실'이 인간의 행위에 관한 문제인데 반하여, '하자'는 사물의 상태에 관한 개념이다. 하자를 과실판단의 객관화된 것이라고 하고, 과실판단을 객관적인 주의의무를 기준으로 한다는 점에서 보면, 하자와 과실의 판단방법에는 차이가 거의 없다고 할 수도 있다.[74)]

1) 민법상 공작물책임에서의 설치 또는 보존의 하자

㈎ 영조물책임에서의 영조물의 설치·관리하자도 민법상의 개념과 크게 다르지 않다. 민법 제758조에서 설치의 하자란 재료, 설계, 공작 등에 관한 것으로서 처음부터 존재하는 흠을 말하고, 수선의 태만, 관리의 소홀 등으로 말미암아 후에 생긴 것이면 보존의 하자라고 할 수 있다. 공작물의 축조 당시부터 존재하는 경우에는 설치의 하자이고, 그 후 관리되어지는 사이에 생긴 경우가 보존의 하자이나, 양자를 엄격히 구별할 실익은 없다.[75)] 철도건널목에 대한 보안시설을 함에 있어 이른바 1종 시설을 할 것을 4종 시설인 '일단정지' 표시만을 해둔 것은 시설물의 하자에 해당한다(대법원 1971. 6. 22. 71다1029 손해배상). 여기서 시설물의 하자는 설치에 관한 하자는 물론 관리의 하자로도 분류할 수 있다.

72) 김동희, 행정법 I (제20판), 582면(각주 1).
73) 古崎慶長, 國家賠償法, 217면.
74) 野村好弘, "道路の安全性の缺如による交通事故とその賠償責任", ジュリスト 413호, 109면.
75) 박준서 편집대표, 주석 민법[채권각칙(8)], 470면.

(나) 건설부장관을 대행하여 경부고속도로를 관리하여 온 한국도로공사는 민법 제758조 제1항이 정하는 공작물의 점유자에 해당하는 것으로 보아야 할 것이다. 이 사건 고속도로의 추월선에 각목이 방치되어 있었던 것은 공작물 보존의 하자에 해당한다 할 것이다(대법원 1996. 10. 11. 95다56552 손해배상(자)). 고속도로상에 들어온 개를 피하려다 사고가 난 경우 사고의 원인이 된 고속도로의 보존상 하자가 한국도로공사의 고속도로 유지 관리책임의 범위 내에 속한다고 본 사례도 있다(대법원 1992. 10. 27. 92다27164 손해배상(자)). 야간에 있어서는 전철기표시등이 운전취급요원들의 객화차운전에 표시가 되어 잠시라도 소등할 수 없는데 다른 정당한 조치없이 소등하였다면 이는 전차기표시판의 야간에 있어서의 보존에 하자있는 경우에 해당하고, 열차검차원이 그 직무수행을 위하여 열차에 매달려가다가 소등된 전차기에 부딪쳐 사고가 발생한 경우 전차기표시등의 소등과 사고 간에 인과관계가 없다고 할 수 없다(대법원 1970. 5. 26. 70다449 손해배상).

(다) 공작물의 하자는 객관적으로 판정되어야 한다. 판례 역시 공작물의 설치·보존상의 하자라 함은 공작물이 그 용도에 따라 통상 갖추어야 할 안전성을 갖추지 못한 상태에 있음을 말하는 것으로서, 이와 같은 안전성의 구비 여부를 판단함에 있어서는 당해 공작물의 설치·보존자가 그 공작물의 위험성에 비례하여 사회통념상 일반적으로 요구되는 정도의 방호조치 의무를 다하였는지의 여부를 기준으로 삼아야 할 것이라고 한다(대법원 2006. 1. 26. 2004다21053 손해배상(기)). 따라서 공작물에서 발생한 사고라도 그것이 공작물의 통상의 용법에 따르지 아니한 이례적인 행동의 결과 발생한 사고라면, 특별한 사정이 없는 한 공작물의 설치·보존자에게 그러한 사고에까지 대비하여야 할 방호조치 의무가 있다고 할 수는 없다.[76] 행인이 여관 건물의 배수관 보호벽 위에 올라가 여관 내부를 엿보려다 보호벽이 무너져 사망한 사건에서 그 보호벽의 설치·보존상의 하자를 부인한 사례 역시 이에 해당된다.[77]

76) 망인이 스키장 내 슬로프에서 스키를 타고 내려오던 중 넘어지면서 안전망에 부딪쳐 사망한 사안에서, 위 안전망이 통상 갖추어야 할 안전성을 갖추지 못하고 있다거나 그 관리자가 위 안전망을 설치·관리함에 있어 이용자에 대한 안전배려의무를 다하지 못한 과실이 있다고 볼 수 없다고 한 원심의 판단을 수긍한 사례(대법원 2006. 1. 26. 2004다21053 손해배상(기)).

77) 배수관이 설치된 여관 앞 골목길은 평소에 여관 내부를 엿보려고 하는 행인들이 있었고 그러한 사람들이 배수관을 잡고 올라가는 경우가 있어 배수관이 자주 훼손되므로 여관 주인이 이를 방지하기 위하여 보호벽을 설치하게 되었으며, 보호벽을 설치하면서 보호벽의 맨 윗부분에 여러 개의 못까지 박아 두었는데, 행인이 음주를 한 상태에서 여관의 내부를 들여다 보기 위하여 그 보호벽을

㈑ 공작물의 설치·관리에 관한 법령의 규정이나 행정청의 내부규율 역시 공작물의 설치·보존상의 하자유무를 판단하는 참작기준이 될 수 있을 뿐이고 절대적인 기준은 될 수 없다. 한국전력공사의 전기공작물의 보존 및 관리의무는 전기사업법 등의 법령에 따르지만 이는 참작기준이 될 수 있을 뿐이다. 즉, "국내 일원에 걸쳐 전기공작물을 독점적으로 소유 내지 점유하면서 그 이익을 독점하는 한편 그 공작물의 보존 및 관리의무를 부담하고 있는 피고에게 있어서는, 전기사업법이나 전기설비기술기준은 공작물의 설치·보존상의 하자 유무를 판단하는 일응의 참작기준이 될 수 있을 뿐이고 그것이 절대적인 것은 아니라고 할 것이니, 피고가 위 법령의 기준에 따라 전기공작물을 설치하였다고 하여도 이로써 그 설치 이후에 생긴 주위의 자연적·인위적 환경변화 등의 상황에 합당한 사고예방 조처를 강구할 의무까지 면제되는 것은 아니다"(대법원 2007. 6. 28. 2007다10139 구상금).[78] 이는 법령에 따른 공작물의 설치만으로는 부족하고 설치한 공작물 주위의 자연적·인위적 환경변화와 같은 상황도 고려하여 사고예방조치를 광범위하게 인정하는 특징이 있다.

공작물의 설치 또는 보존상의 하자로 인한 사고는 공작물의 설치 또는 보존상의 하자만이 손해발생의 원인이 되는 경우만을 말하는 것이 아니고, 공작물의 설치 또는 보존상의 하자가 사고의 공동원인의 하나가 되는 이상 사고로 인한 손해는 공작물의 설치 또는 보존상의 하자에 의하여 발생한 것이라고 보아야 한다(대법원 2015. 2. 12. 2013다61602 구상금).[79]

타고 올라가다가 보호벽이 무너지는 바람에 사고를 당하게 된 경우, 그 보호벽의 본래의 용도는 어디까지나 배수관이 훼손되는 것을 방지하기 위한 것이므로, 보호벽이 스스로 넘어지지 않을 만큼의 견고성을 갖도록 설치하였다면 이로써 보호벽은 일단 본래의 용도에 따른 통상적인 안전성을 갖추었다고 할 것이고, 그와 같이 보호벽 윗부분에 못을 박아 사람들이 보호벽 위로 올라가서 여관방을 들여다 보는 것을 방지하는 조치까지 취하였음에도 불구하고 행인들이 윗부분에 꽂혀 있는 못에 찔려 다칠 위험을 무릅쓰고 보호벽에 올라가 여관 내부를 들여다 보는 부정한 행위를 저지를 것까지 예상하여 보호벽을 설치·관리하는 여관 주인에게 이러한 경우까지 대비한 방호조치를 취할 의무는 없다는 이유로 그 보호벽의 설치·보존상의 하자를 부인한 사례(대법원 1998. 1. 23. 97다25118 손해배상(기)).

78) 이삿짐 사다리차의 조작 도중 사다리가 고압전선에 접촉되어 전류가 사다리차 옆에 주차된 이삿짐 트럭에 옮겨 붙는 바람에 그 주위에서 작업하던 인부가 감전되어 사망한 사고에 대하여, 공작물인 위 고압전선의 설치·보존상의 하자로 인한 한국전력공사의 손해배상책임을 인정한 사례(대법원 2007. 6. 28. 2007다10139 구상금).

79) 정신질환으로 병원에 입원하여 진료를 받던 환자가 병원 옥상에서 떨어져 사망한 사안에서, 망인의 사망 원인이 투신에 의한 사망일 개연성이 아주 높고 병원이 망인의 자살 자체를 예견하기 어려웠다고 하더라도 위 옥상에 존재한 설치 또는 보존상의 하자가 사고의 공동원인의 하나가 되었다

(마) 고속도로의 보존상의 하자의 존재에 관한 입증책임은 피해자에게 있다. 그러나 일단 그 하자있음이 인정되는 이상 고속도로의 점유관리자는 그 하자가 불가항력에 인한 것이거나 손해의 방지에 필요한 주의를 해태하지 아니하였다는 점을 주장·입증하여야 비로소 그 책임을 면할 수가 있다(대법원 1988. 11. 8. 86다카775 손해배상).

2) 영조물책임에서의 설치·관리하자

(가) 영조물책임에서의 설치의 하자란 당해 공물이 성립 당초부터 설계의 불비, 재료의 조악 등 설계·건조가 불완전하는 등 원시적으로 안전성을 결여하고 있는 것을 말한다. 그리고 관리의 하자란 그 후의 유지·수선이나 보존이 불완전하여 후발적으로 안전성이 결여된 것을 말한다. 이처럼 영조물의 하자는 설치와 관리단계로 구분할 수 있다. 관리의 하자를 민법에서는 '보존의 하자'로 하는 것은 위에서 보았다. 관리와 보존은 모두 영조물이나 공작물의 용도에 맞도록 조치한다는 의미로서 두 개념은 같은 의미로 이해된다. 설치와 관리의 하자 개념 역시 엄격하게 구분하기는 어렵다. 판례 역시 "영조물의 설치 관리상의 하자라 함은 공공의 목적에 공여된 영조물이 그 용도에 따라 통상 갖추어야 할 안전성을 갖추지 못한 상태에 있음을 말하고"[80]라고 판시하여 설치 또는 관리의 하자개념을 엄격히 구분하고 있지 않다. 이는 '설치상의 하자'에 대한 판시에서도 알 수 있는데 "국가배상법 제5조 제1항 소정의 '설치상의 하자'라 함은 공공의 목적에 공여된 영조물이 그 용도에 따라 통상 갖추어야 할 안전성을 갖추지 못한 상태에 있음을 말한다"(대법원 1998. 10. 23. 98다17381)라고 하여 역시 같은 태도를 취하고 있다. 그러므로 피해자는 설치 또는 관리의 하자 중 어느 하나의 하자를 주장·입증하면 된다. 다만, 원고로서는 국가배상법 또는 민법의 법문이 설치와 관리(보존)의 하자로 구분하고 있으므로 설치 또는 관리의 하자로 인하여 손해가 발생했다고 주장·입증할 필요가 있다.

(나) 이와 달리 일본 판례 중에는 "안전성의 결여가 당초부터 존재한 경우가 도로설치상의 하자이고, 당초에는 안전성이 존재하였지만 그 후에 이를 결여하기에

면, 그 공작물의 설치 또는 관리자는 손해배상책임을 면할 수 없다고 한 사례(대법원 2010. 4. 29. 2009다101343 손해배상(의)).

80) 대법원 2000. 4. 25. 99다54998; 대법원 2000. 2. 25. 99다54004; 대법원 1997. 5. 16. 96다54102; 대법원 1994. 11. 22. 94다32924 등.

이른 경우가 도로관리상의 하자이다"(福岡高判 소화 47. 9. 5. 交通民集 5권 5호, 1220면) 라고 하여 양자를 엄격히 구분하는 경우도 있다. 설치상의 하자가 존재한다면 아무리 관리가 잘 되었다고 할지라도 하자는 존속할 가능성이 크다. 설치와 관리의 하자는 경합되고 있지만 관념상 위 판례처럼 구분하는 것은 얼마든지 가능하다.

㈐ 설치 또는 관리의 하자의 개념은 구체적으로는 영조물의 종류에 따라 차이가 있다. 하천과 같은 자연공물은 대부분 자연상태에서 공용되는 것이라 모든 하천에 설치라는 개념을 상정하기는 어렵다. 「하천법」상 '하천'은 지표면에 내린 빗물 등이 모여 흐르는 물길로서 공공의 이해에 밀접한 관계가 있어 제7조 제2항 및 제3항에 따라 국가하천 또는 지방하천으로 지정된 것을 말하며, 하천구역과 하천시설을 포함한다(하천법 2(1)).[81] 국가하천은 국토교통부장관이 관리하며(하천법 8①), 지방하천은 그 관할 구역의 시·도지사가 관리한다(하천법 8②). 하천의 관리는 하천의 기능을 보전하고 효용을 증진하며 홍수피해를 줄이기 위하여 일정한 시설을 설치하기도 한다.[82] 다만, 하천관리청이 아닌 자가 설치한 시설에 관하여는 하천관리청이 해당 시설을 하천시설로 관리하기 위하여 그 시설을 설치한 자의 동의를 얻은 것에

---

81) **「하천법」 제7조(하천의 구분 및 지정)** ① 하천은 국가하천과 지방하천으로 구분한다.
② 국가하천은 국토보전상 또는 국민경제상 중요한 하천으로서 다음 각 호의 어느 하나에 해당하여 국토교통부장관이 그 명칭과 구간을 지정하는 하천을 말한다.
1. 유역면적 합계가 200km^2 이상인 하천
2. 다목적댐의 하류 및 댐 저수지로 인한 배수영향이 미치는 상류의 하천
3. 유역면적 합계가 50km^2 이상이면서 200km^2 미만인 하천으로서 다음 각 목의 어느 하나에 해당하는 하천
가. 인구 20만 명 이상의 도시를 관류(貫流)하거나 범람구역 안의 인구가 1만 명 이상인 지역을 지나는 하천
나. 다목적댐, 하구둑 등 저수량 500만km^3 이상의 저류지를 갖추고 국가적 물 이용이 이루어지는 하천
다. 상수원보호구역, 국립공원, 유네스코생물권보전지역, 문화재보호구역, 생태·습지보호지역을 관류하는 하천
라. 그 밖에 범람으로 피해가 일어나는 지역으로서 대통령령으로 정하는 하천

82) 여기서 '하천시설'은 아래와 같은 것을 말한다.
가. 제방·호안(護岸)·수제(水制) 등 물길의 안정을 위한 시설
나. 댐·하구둑(「방조제관리법」에 따라 설치한 방조제를 포함한다)·홍수조절지·저류지·지하하천·방수로·배수펌프장(「농어촌정비법」에 따른 농업생산기반시설인 배수장과 「하수도법」에 따른 하수를 배제(排除)하기 위하여 설치한 펌프장을 제외한다)·수문(水門) 등 하천수위의 조절을 위한 시설
다. 운하·안벽(岸壁)·물양장(物揚場)·선착장·갑문 등 선박의 운항과 관련된 시설
라. 그 밖에 대통령령으로 정하는 시설

한한다(하천법 2(3)). 「하천법」은 하천의 기능이 정상적으로 유지될 수 있도록 실시하는 점검·정비 등의 활동을 '유지·보수'라고 한다(제2조 제6호).

(라) 도로의 경우에는 설치·관리라는 용어보다는 오히려 '안전성' 혹은 '정상적인 기능'으로 대체하는 편이 합리적일 수도 있다.[83] 도로의 안전성이 훼손된 상태라면 이는 설치 또는 관리의 하자로 인한 것이기 때문이다. 판례도 도로의 안전성 유무를 실질적인 하자유무의 판단 대상으로 하고 있다. 그리고 영조물의 범위를 어떻게 취할 것인가에 따라 하자의 개념이 다를 수 있다. 예컨대 신호기가 보행자의 보행을 규제하고 그 통행의 안전을 확보하기 위한 것임에도 부적당한 위치에 설치되어 있다고 하면 설치의 하자로 인정될 수 있고(最判 소화 48. 2. 16. 民集 27권 1호, 99면), 신호기를 영조물이라 하면 설치의 하자가 되지만, 부근의 도로 전체를 영조물로 하게 되면 도로관리의 하자가 될 수 있다. 이처럼 설치 또는 관리의 하자개념은 구체적인 경우에 따라 다를 수 있지만, 통상의 경우 설치자와 관리자가 일치하는 때에는 설치와 관리의 하자를 구별하는 실익은 크지 않다.

(마) 예외적으로 양자를 구별할 실익이 있는 경우가 있다. 관리자는 안전한 상태에서 공공의 영조물을 공용할 의무가 있기 때문에 설치에 하자가 있으면 그것을 방치하는 것은 관리의 하자에도 해당한다고 해석할 수 있다. 다만, 관리자가 충분한 주의를 다하였어도 그 하자를 발견할 수 없었던 경우를 가정하면, 설치의 하자는 인정되어도 관리의 하자는 부정될 것이다. 설치자와 관리자가 다른 경우에 설치에는 하자가 없고 관리자의 관리만이 문제가 되었다고 하면, 당연히 설치의 하자는 부정되고 관리의 하자만 문제된다.

2. 영조물의 설치·관리하자에 관한 논쟁

(1) 영조물은 행정주체에 의하여 직접 행정목적에 공용되는 유체물과 무체물 및 물건의 집합체(시설)인 공물의 일종이다. 학설·판례는 영조물의 설치 또는 관리하자에 있어서 영조물의 개념을 강학상 공물로 파악하고 있다. 판례 역시 국가배상법 제5조 제1항 소정의 "공공의 영조물"이라 함은 국가 또는 지방자치단체에 의하

83) 野村好弘, "道路の安全性の缺如による交通事故とその賠償責任", 109면.

여 특정 공공의 목적에 공여된 유체물 내지 물적 설비를 지칭하며, 특정 공공의 목적에 공여된 물이라 함은 일반공중의 자유로운 사용에 직접적으로 제공되는 공공용물에 한하지 아니하고, 행정주체 자신의 사용에 제공되는 공용물도 포함하며 국가 또는 지방자치단체가 소유권, 임차권 그 밖의 권한에 기하여 관리하고 있는 경우뿐만 아니라 사실상의 관리를 하고 있는 경우도 포함한다(대법원 1995. 1. 24. 94다45302 손해배상(자)).[84] 설치 또는 관리의 하자의 기본개념은 1967년 국군병사(兵舍)의 붕괴사건에서 대법원이 판시한 "영조물의 축조에 불완전한 점이 있어 이 때문에 영조물 자체가 통상 갖추어야 할 안전성을 갖추지 못한 상태"(대법원 1967. 2. 21. 66다1723 손해배상)[85]라고 한 바와 같은 의미로 이해되고 있다.

(2) 일본의 최고재판소 역시 1970년 高知낙석사건에서 "영조물의 설치 또는 관리의 하자란 영조물이 통상 갖추어야 할 안전성을 결여하고 있는 것을 말하고, 이에 대하여 국가 및 공공단체의 배상책임에 대하여는 과실의 존재를 필요로 하지 않다고 해석함이 상당하다"(最判 소화 45. 8. 20. 民集 24권 9호, 1268면)라고 판시하여 같은 입장을 취하고 있다. 학설의 대부분은 통상 갖추어야 하는 안전성의 결여상태에 대하여 그 의미하는 바를 둘러싸고 심한 하자논쟁이 있다. 하자논쟁의 쟁점은 공물이 갖추어야 하는 안전성의 결함이 공물 관리자의 주의의무위반과는 관계없이 객관적으로 발생하는 하자를 의미하는 것인가, 관리자의 주의의무위반에 중점을 둘 것인가에 관한 것이다. 위와 같은 전통적인 하자논쟁 외에 국가배상법 제5조의 하자를 과실과 무과실을 모두 포함하는 개념으로 파악하여 하자의 의미는 과실의 입증정도에 달린 문제라고 보는 견해도 있다.

(1) 우리나라의 학설·판례

1) 객관설

(가) 객관설에 의하면 영조물의 설치·관리하자를 "영조물이 통상의 용법에 따라

84) 산업기지개발공사가 시 일대에 구획정리사업을 시행하면서 종합운동장예정부지로 된 토지가 그 후 시 명의로 소유권이전등기가 경료되었으나 그 지상에 아무런 시설도 설치되어 있지 아니한 나대지로서 공용개시가 없는 상태에서 한국모터스포츠연맹의 요구로 그 연맹이 주최하는 자동차경주대회를 위한 사용허가가 되었을 뿐, 시가 그 종합운동장 예정부지를 직접적으로 일반공중의 사용에 제공한 바 없으며, 그 후 그 연맹이 그 토지 위에 시설한 자동차경주에 필요한 방호벽 등 안전시설을 시가 관리한 바도 없다면, 그 종합운동장 예정부지나 그 위에 설치된 위 안전시설이 "가"항의 "공공의 영조물"이라 할 수 없다고 한 사례(대법원 1995. 1. 24. 94다45302 손해배상(자)).

85) 같은 취지로, 대법원 1994. 11. 22. 94다32924 손해배상(기).

이용될 때 통상 갖추어야 할 안전성을 결여한 것"으로서 영조물의 구조나 성질 등 물적 상태에 결함이 있어 통상 갖추어야 할 안전성을 결여하여 타인에게 위해를 미칠 위험성이 있는 상태를 말한다고 한다. 이 견해는 물(物) 자체가 객관적으로 보아 안전성을 결하고 있는 상태를 흠으로 보기 때문에 객관설이라고 한다.

(나) 이 견해는 국가배상법 제5조의 책임으로부터 관리주체의 주관적 고의·과실의 유무의 문제를 차단하면서 그런 문제는 국가배상법 제2조 또는 민법 제750조만의 과제로 처리하다. 이와 같이 관리주체 측의 주관적 고의·과실의 유무가 문제로 삼지 않는다는 의미에서 국가배상법 제5조의 책임은 무과실책임이라고 한다. 그리고 같은 조문이 무과실책임이라고 하는 것은 불법행위법 체계가 채용하는 과실책임의 원칙에 대한 예외라고 하여 극히 중요한 의미와 기능을 가진다고 한다.[86)]

(다) 이처럼 관리주체 측의 주관적 고의·과실의 유무가 문제되지 않는다는 의미에서 국가배상법 제5조의 책임은 행위책임이 아니라 상태책임이며, 과실책임이 아니라 무과실책임으로 이해되고 있다. 따라서 관리자 측의 과실이라든가 재정력의 유무와는 관계없이 시설에 물적 결함이 있어 이로 인하여 이용자에게 손해가 발생한 경우에 국가나 지방자치단체는 사고가 천재 등 불가항력으로 생긴 것이라든가, 피해자가 통상의 이용방법을 일탈한 행위를 하였기 때문에 손해를 입게 된 것이라는 사정을 입증할 수 없는 한 배상책임을 지게 된다. 따라서 재정상의 곤란은 국가 등의 면책사유가 되지 않지만, 통상 갖추어야 할 안전성을 구비하였음에도 불구하고 예견할 수 없는 외력으로 인하여 재해가 발생한 때에는 불가항력에 의한 것으로 면책된다고 본다.

(라) 특히 도로사고와 같은 경우에는 손해액이 매우 크기 때문에 관리자측은 도로보험가입 등의 대응책을 세우기도 하여 본조는 관리자 측의 불법행위책임을 추궁하기보다는 영조물의 이용자가 이용에 따르는 위험을 국가나 지방자치단체가 연대하여 전보하는 사회보장적 의미를 가진 이른바 불법행위의 형식을 빌린 사회보험으로 기능하게 된다. 이 견해에 의하면 영조물의 설치·관리자의 관리의무위반이나 재정력과는 무관하게 배상책임을 지게 되므로 피해자 구제의 관점에서는 이 견

86) 안철상, "도로의 설치·관리의 하자로 인한 손해배상책임 — 이른바 외력형 사고를 중심으로 —", 부산판례연구회 판례연구 4집, 143면.

해가 바람직하다고 할 수 있다.[87)]

2) 주관설

㈎ 영조물의 객관적인 물적 상태에 중점을 둔 객관설과 달리 영조물의 설치·관리라고 하는 설치·관리자의 행위차원에서 잘못이 있는 경우에만 영조물책임을 인정할 수 있다는 주관적 의무를 고려하는 학설이 등장하게 되었다. 민법학자들은 설치·관리하자의 의의를 공작물의 설치·보존자가 그 공작물의 위험성에 비례하여 사회통념상 일반적으로 요구되는 정도의 위험방지의무 또는 방호조치의무를 다하였는지 여부를 기준으로 삼아야 한다고 한다.[88)] 이와 취지를 같이하는 판례도 많다. 즉, "당해 공작물의 설치·보존자가 그 공작물의 위험성에 비례하여 사회통념상 일반적으로 요구되는 정도의 방호조치의무를 다하였는지 여부를 기준으로 판단하여야 한다"(대법원 2013. 5. 23. 2013다1921 채무부존재확인).[89)] 대부분의 학자들은 주관설과 더불어 이른바 의무위반설(론)을 함께 논하고 있다.[90)] 이는 객관설과 달리 설치·관리자의 주관적 요소를 하자인정의 요소로 고려한다는 공통점을 안고 있기 때문으로 여겨진다.

㈏ 우리나라에서 주관설은 국가배상법 제5조의 하자를 프랑스 행정법상의 과실개념을 원용하여 과실책임으로 보려는 견해가 대두함으로써 촉발되었다고 할 수 있다.[91)] 주관설에서는 국가배상법 제5조가 순수한 결과책임 또는 절대적 무과실책임이 아니고, 적어도 하자의 존재를 그 요건으로 하고 있다는 점에서 하자발생에 있어 어떠한 의미에서든지 관리자의 주관적 귀책사유가 있어야 한다고 주장한다. 하자의 관념을 안전확보의무 또는 방호조치의무위반으로 인한 안전성의 결여라고

87) 김동희, 행정법 I (제20판), 582면.
88) 김준호, 민법강의(제21판), 1865~1866면; 박준서 편집대표, 주석 민법[채권각칙(8)], 469면.
89) 계단의 위쪽에 서 있던 피해자가 지상으로 추락하여 사망한 사안에서, 건물 벽면 바깥으로 돌출되어 난간으로 둘러싸인 곳은 추락사고를 방지하기 위하여 높이 1.1m 이상의 난간을 설치하여야 함에도, 이에 현저히 미달한 76cm~99cm의 난간을 설치하여 평균적 체격의 성인 남자가 추락하지 않도록 방호할 수 있는 통상의 안전성을 갖추지 못한 설치·보존상의 하자와 피해자가 추락한 것 사이에는 상당한 인과관계가 있다고 볼 여지가 있다고 한 사례(대법원 2010. 2. 11. 2008다61615 손해배상(기)).
90) 김남진·김연태, 행정법 I (제16판), 605면; 김남철, 행정법강론, 527면; 박균성, 행정법강의(제12판), 529면; 홍준형, 행정법, 626면; 다만, 의무위반설에 주관설을 포함하여 설명하고 있는 경우로는 김동희, 행정법 I (제20판), 582면.
91) 김남진, 행정법 I , 591면.

해석하는 경우, 그것은 이 관념을 객관적으로 판단되는 안전성의 결여라고 보는 객관설에 비하여 피해자구제의 측면에서는 불리하게 작용할 것이라는 비판이 제기될 수 있을 것이고 이러한 비판은 일단 타당하다고 할 수 있다고 한다.[92]

(다) 국가배상법이 행정상 손해배상제도에 관한 일반법이고 손해배상책임의 발생에는 위법·과실의 두 가지 요건이 충족되어야 하는 것이라면, 제5조의 배상책임을 무과실책임으로 해석하는 것은 논리모순이기 때문에 제5조의 책임은 과실책임으로 보아야 한다는 것이다.[93] 이 견해는 통설에 따르면 영조물의 설치·관리상에 하자가 있는 경우에는 국가는 무과실인 경우에도 책임을 지게 되는바, 이에 부가하여 적어도 문리해석상으로는 국가배상법 제5조에 위법요건이 명시되어 있지 않은 결과 그 하자발생이 적법한 경우에도 책임이 발생한다고 상정할 수 있을 것이다.

(라) 국가가 책임을 지는 경우에도 공무원 개인의 주관적 책임을 묻는 것이 아니라 영조물의 설치·관리라는 행정활동의 객관적인 하자의 유무를 묻는 것이므로, 여기서의 주관적 요소는 반드시 공무원 개인의 주관적인 고의·과실까지 이를 필요는 없고, 행정활동 전체로 보아 손해방지의무를 부담해야 하느냐 하는 보다 객관적인 차원에서의 문제에 그친다고 할 것이다. 즉, 제5조가 내포하고 있는 과실은 공무원 개인의 주관적인 의미에서의 과실이 아니라 설치·관리자의 객관화된 주의의무 위반으로 볼 수도 있다.

(마) 이와 같이 국가배상법 제5조의 국가책임을 과실책임으로 보는 경우에 동조의 해석상 문제가 되는 것은, 동조 제2항의 경우의 하자의 발생원인이 제3자에 있는 경우에 있어서의 국가의 배상책임의 성질이므로 그 책임을 위험책임으로 볼 수는 없고 피해자 보호의 견지에서 일응 국가책임을 의제한 것이라고 해석함이 타당하다고 한다.

3) 절충설

(가) 위험책임이론에 입각한 객관설은 무과실책임을 매개로 하여 피해자에게 넓은 구제를 인정할 수 있을 것이다. 그러나 이 견해에서는 물적 결함상태에 귀책사유를 구하는 이상, 물 자체에 결함이 없는 경우에는 관리행위에 소홀함이 있어 아

92) 김동희, 행정법Ⅰ(제20판), 587면.
93) 김동희, "한국과 프랑스의 국가보상제도의 비교고찰", 서울대학교 법학 제26권 1호, 202면.

무리 공물상에서 사고가 발생하였더라도 그러한 피해에 대하여서는 국가배상책임을 묻기가 어렵게 된다. 예컨대 도로관리자가 우기에 산사태 등 도로통행의 위험사태를 적정하게 예측하지 못하여 마땅히 하여야 할 도로통행금지조치 등을 태만히 한 경우에도 책임이 없다고 할 수 있다. 그러나 이런 주장은 설득력을 갖기 어렵다. 판례 중에는 영조물의 관리상의 하자로 보아 배상책임을 인정한 사례가 있다.[94]

(나) 여기에서 영조물의 설치·관리의 흠의 뜻을 영조물의 물적 결함이 있는 경우로 한정하지 아니하고, 이에 더하여 공물관리자에게 안전관리의무의 위반이 있는 경우를 추가시키는 견해가 있는데, 이를 절충설이라 한다. 절충설의 내용에 대하여 우리의 학설을 살펴보면, 영조물의 객관적 물적 결함과 함께 관리자의 안전관리의무위반까지 요구된다고 보는 견해도 있고, 물적 결함 또는 안전관리의무 위반을 요구하는 견해로 나뉘어져 있음을 알게 된다. 공물이 갖추어야 하는 객관적인 안전성의 흠결은 없었다 하더라도 공물관리자의 안전관리의무의 소홀로 인하여 공공시설에서 발생한 손해에 대하여도 국가 등의 배상책임을 인정하는 견해를 절충설로 파악하는 견해[95]에서는 공물의 객관적인 하자와 더불어 공물관리자의 안전관리의무 위반이라는 주관적 요소까지 포함하여 '설치 또는 관리상의 하자'를 확대하자는 것으로 이해하고 있다.

(다) 반면, 물적 결함이 영조물 관리자의 안전확보의무에 위반한 관리행위에 의하여 발생한 경우를 말하는 것이 아니고, 영조물에 물적 결함이 있는 경우도 설치·관리의 흠으로 보고, 이와는 독립적으로 영조물 관리자의 안전확보의무위반도 설치·관리의 흠으로 보자는 견해도 있다. 이 점에서 영조물의 물적 결함이 관리자

94) 국방부소속 공무원들이 산 정상 부근에 군사기지를 설치함에 있어 산 정상에서 기슭으로 이어지는 계곡의 상당부분을 토사로 매립한 채 그 복구작업을 하지도 아니하였을 뿐만 아니라 그 기지 주위에 교통호를 구축하고 사계청소를 하고서도 우기에 대비한 적절한 다른 배수시설을 하지 아니한 채 그대로 방치한 과실과 위 산 정상부근에 대인용 지뢰를 매설함에 있어 위 지뢰유실을 방지하기 위한 보호시설을 갖추지 아니한 위 군사기지설치 내지 보존상의 하자가 있었기 때문에 폭우가 집중적으로 쏟아짐으로 말미암아 위 산기슭의 토사가 흘러내리면서 산 정상부근에 매몰되었던 두 개의 지뢰가 폭발하는 바람에 산사태가 일어나 재해사고가 발생하였다면 국가로서는 위 사고로 인한 모든 손해를 배상할 책임이 있다 할 것이다(대법원 1987. 7. 7. 87다카264 손해배상(기)등). 이 판례는 국가에 대하여 군사기지 설치, 보존상의 하자로 인한 손해배상책임을 인정한 사례로서 민법을 적용한 사안이다.

95) 김성수, 행정법Ⅰ, 616면; 다만 절충설은 엄격하게 보면 주관적 요소와 객관적 요소를 서로 가감하는 절충이 아니며, 이를 모두 합쳐서 국가 등의 무거운 배상책임을 인정하는 것이므로 용어상 병합설로 불리는 것이 더 정확하다고 한다.

의 안전관리의무위반으로 생긴 경우를 설치·관리의 흠으로 보는 주관설과 차이가 있다는 것이다. 영조물책임을 규정한 국가배상법 제5조가 '영조물의 하자'로 표기하지 않고, '영조물의 설치 또는 관리의 하자'로 표기해 놓고 있기 때문에 주관적 요소를 완전히 배제하기는 어렵다 할 것이다. 그렇더라도 여기서의 주관적 요소는 동법 제2조에 있어서의 '공무원의 고의·과실'과 같은 것이 아니라 객관적으로 파악할 필요가 있다 하겠다.

㈑ 국가배상법 제5조를 절충설에 의하여 운용해 가면 공물과 관련하여 손해가 발생한 때에는 시설자체의 물적 결함에 기인하는 경우이든, 관리행위에 의한 경우이든 동조에 의하여 구제하는 것이 가능하게 된다. 자연재해에 대하여도 관리자 측의 안전관리 대응이 불충분하였다는 특별한 사정이 있으면 국가배상법 제5조의 적용이 가능하게 되고, 이른바 천재(天災)의 인재(人災)화로 나아가게 되는 것이다. 절충설이 이와 같이 피해자의 구제를 확대하는 측면이 있지만 영조물의 설치·관리의 하자가 성질을 달리하는 두 의미를 함께 포함하는 것으로 보는 점에서 문제가 있다.

4) 위법·무과실책임설

㈎ 국가배상법 제5조의 책임을 영조물의 물적 상태에 초점을 두는 것이 아니라 행위책임으로 보고 위법·무과실책임으로 파악하는 견해이다.[96] 영조물책임에 관한 국가배상법 제5조는 공작물책임에 민법 제758조에 상응하는 규정이다. 이 민법 규정은 교통안전의무를 성문화한 독일 민법의 공작물책임의 영향을 받았다. 자신의 토지에 공적인 교통을 허용하거나 또는 자신의 물건을 일반의 교통에 노출시킨 자는 교통에 참여한 다른 사람의 위험을 방지하기 위하여 필요하고도 기대가능한 조치를 취하여야 할 교통안전의 의무를 진다. 이런 의무를 위반하여 타인의 생명이나 신체 또는 재산을 침해하여 손해를 입힌 경우에는 그 책임을 져야 한다. 이러한 교통안전의무는 공작물책임과 영조물책임의 근거가 된다는 것이다.

㈏ 그러므로 국가나 지방자치단체와 같은 행정주체가 형체적 요소를 갖춘 일정한 물건(영조물)을 공용에 제공한 경우 또는 일반의 교통에 사용하도록 한 경우에는 타인에게 위험이 발생하지 않도록 안전조치를 취하여야 할 의무를 부담한다. 이

96) 정하중, 행정법개론(제7판), 571면.

러한 의무를 위반한 행위는 곧 위법한 행위가 되며, 그로 인하여 발생된 손해를 배상해야 하는 것은 행정주체의 책임으로 돌아간다. 따라서 영조물의 설치·관리의 하자는 관리주체의 안전의무의 위반을 의미한다는 것이다. 이 견해는 국가배상법이 '영조물의 하자'라고 하지 않고 '영조물의 설치 또는 관리의 하자'라고 규정하고 있으므로 물적 상태책임이 아니라 행위책임이며, 국가배상법 제5조가 제2조와 달리 고의 또는 과실을 요건으로 하고 있지 않으므로 과실책임으로 볼 수도 없다. 그 점에서 영조물의 설치나 관리에 관한 하자의 책임은 '행위책임'이자 '위법·무과실책임'이라 한다. 이 견해는 주관설과 유사한 점이 있다. 이 견해는 '안전의무위반설'로 표기하는 견해도 있다.[97]

5) 판례의 입장

국가배상법 시행 초기의 판례는 영조물의 설치·관리의 하자를 대체로 객관설의 입장에서 해석하였다. 그 후 영조물책임에 관한 소송이 증가하면서 영조물 관리자의 안전확보의무 내지 손해방지의무위반도 국가배상법 제5조의 하자로 보는 주관설 내지 절충설의 입장으로 이해할 수 있는 판결이 나오고 있다.

㈎ 병사(兵舍) 붕괴사건

명백히 객관설을 취하고 있는 것으로 인용되는 판례라 할 수 있다. 폭우로 인하여 병사(兵舍)가 붕괴되어 사병들이 압사한 사건에서 "영조물 설치의 하자라 함은 영조물의 축조에 불완전한 점이 있어 이 때문에 영조물 자체가 통상 갖추어야 할 안전성을 갖추지 못한 상태에 있음을 말한다 할 것이고, 영조물 설치의 하자유무는 객관적 견지에서 본 안전성의 문제이고, 재정사정이나 사용목적에 의한 사정은 안전성을 요구하는 데 대한 정도 문제로서의 참작사유에는 해당할지언정, 안전성을 결정지을 절대적 요건에는 해당하지 아니한다고 할 것"(대법원 1967. 2. 21. 66다1723 손해배상)이라고 판시하여 객관설의 입장을 취하고 있다.

이 판결에 대하여 다수설은 동 판결의 '영조물 자체가 통상 갖추어야 할 안정성을 갖추지 못한 상태'의 기술부분만을 강조하고, '영조물축조의 불완전한 점' 부분을 등한시하였다면서, 이 판결의 후반부에서 행정주체가 공용물인 병사(兵舍)의 안전확보를 위한 교통안전의무를 위배하였는지의 여부를 심사하였다는 견해도

97) 홍정선, 행정법특강(제14판), 529면.

있다.[98]

㈏ 상수도관의 균열로 발생한 도로결빙 사고

도로결빙으로 발생한 사고에 대하여 지방자치단체가 관리하는 도로지하에 매설되어 있는 상수도관에 균열이 생겨 그 틈으로 새어 나온 물이 도로 위까지 유출되어 노면이 결빙되었다면 도로로서의 안전성에 결함이 있는 상태로서 설치·관리상의 하자가 있다는 판례도 있다. 그 논거로서 “국가배상법 제5조 소정의 영조물의 설치·관리상의 하자로 인한 책임은 무과실책임이고 나아가 민법 제758조 소정의 공작물의 점유자의 책임과는 달리 면책사유도 규정되어 있지 않으므로, 국가 또는 지방자치단체는 영조물의 설치·관리상의 하자로 인하여 타인에게 손해를 가한 경우에 그 손해의 방지에 필요한 주의를 해태하지 아니하였다 하여 면책을 주장할 수 없다”(대법원 1994. 11. 22. 94다32924 손해배상(기))고 하여 객관설로 이해할 수 있는 입장을 보이고 있다.

설치·관리의 하자를 국가배상법과 동일하게 풀이하는 민법상 공작물책임에서도 “공작물의 설치 및 보존의 하자라 함은 공작물의 축조 및 보존에 불완전이 있어 이 때문에 그 공작물 자체가 통상 갖추어야 할 안전성을 갖추지 못한 상태에 있음을 말하는 것이지 공작물의 설치 및 보존에 있어서 항상 완전무결한 상태를 유지할 정도의 고도의 안전성을 갖추지 않았다 하여 그 공작물의 설치·보존에 하자가 있는 것이라 할 수는 없는 것이고, 따라서 공작물의 설치·보존자에게 부과되는 방호조치 의무의 정도는 그 공작물의 위험성에 비례하여 사회통념상 일반적으로 요구되는 정도의 것을 말한다 할 것이다”(대법원 1986. 2. 11. 85다카2336)라고 판시하여 기본적으로 객관설에 입각하고 있다. 다만, 판시부분 중 ‘방호조치의 의무’를 주관설에서 말하는 ‘안전확보의무’의 일종으로 해석할 여지가 있는 판례라고 하겠다.

㈐ 여의도광장의 택시질주사건

그런데 여의도광장질주사건에서 대법원은 “위 광장의 관리자로서는 마땅히 자동차들의 광장 안으로의 무단출입과 운행을 막을 수 있는 차단조치를 취하여야 하는바, (중략) 이 사건 사고 당시에는 차도와의 경계선 일부에만 이동식 쇠기둥이 설치되어 있고 나머지 부분에는 별다른 차단 시설물이 없었으며 경비원도 없었던 것

98) 정하중, “국가배상법 제5조의 영조물의 설치·관리에 있어서 하자의 의미와 배상책임의 성격”, 행정판례연구 III, 216면.

은, 평소 시민의 휴식공간으로 이용되는 여의도광장이 통상 요구되는 안전성을 결여하고 있었다 할 것"(대법원 1995. 2. 24. 94다57671 손해배상(자))이라고 판시하여 영조물 자체가 통상적으로 갖추어야 하는 안전성을 결여하고 있는 점을 하자로 인정하여 서울특별시와 영등포구청의 배상책임을 인정하였다. 광장의 관리자는 자동차가 광장 안으로의 무단출입하여 운행하는 것을 막을 수 있는 차단조치를 취하여 하는 의무위반을 지적하고 있다.

㈑ **산간지역의 도로의 강설로 인한 빙판 사고**

영조물의 물적 하자만 판단의 대상으로 삼지 아니하고 관리자의 주관적 책임도 함께 고려하여 주관설 내지 절충설로 분류할 수 있는 판례들도 적지 않다. 겨울철 산간지역에 위치한 도로에 강설로 생긴 빙판을 그대로 방치하고 도로상황에 대한 경고나 위험표지판을 설치하지 않았다는 사정만으로 도로관리상의 하자가 있는가 여부에 대하여 "도로의 설치·관리상의 하자는 도로의 위치 등 장소적인 조건, 도로의 구조, 교통량, 사고시에 있어서의 교통 사정 등 도로의 이용 상황과 본래의 이용 목적 등 제반 사정과 물적 결함의 위치, 형상 등을 종합적으로 고려하여 사회통념에 따라 구체적으로 판단하여야 하는바, 특히 강설은 기본적 환경의 하나인 자연현상으로서 그것이 도로교통의 안전을 해치는 위험성의 정도나 그 시기를 예측하기 어렵고 통상 광범위한 지역에 걸쳐 일시에 나타나고 일정한 시간을 경과하면 소멸되는 일과성을 띠는 경우가 많은 점에 비하여, 이로 인하여 발생되는 도로 상의 위험에 대처하기 위한 완벽한 방법으로서 도로 자체에 융설 설비를 갖추는 것은 현대의 과학기술의 수준이나 재정사정에 비추어 사실상 불가능하고, 가능한 방법으로 인위적으로 제설작업을 하거나 제설제를 살포하는 등의 방법을 택할 수밖에 없는데, 그러한 경우에 있어서도 적설지대에 속하는 지역의 도로라든가 최저속도의 제한이 있는 고속도로 등 특수 목적을 갖고 있는 도로가 아닌 일반 보통의 도로까지도 도로관리자에게 완전한 인적, 물적 설비를 갖추고 제설작업을 하여 도로통행상의 위험을 즉시 배제하여 그 안전성을 확보하도록 하는 관리의무를 부과하는 것은 도로의 안전성의 성질에 비추어 적당하지 않고, 오히려 그러한 경우의 도로통행의 안전성은 그와 같은 위험에 대면하여 도로를 이용하는 통행자 개개인의 책임으로 확보하여야 한다"(대법원 2000. 4. 25. 99다54998)라고 판시하여 관리자의 안전관리의무가 있음을 전제한 다음 "강설의 특성, 기상적 요인과 지리적 요인, 이에 따른 도로의 상대적 안전성을 고려하면 겨울철 산간지역에 위치한 도로에 강설로 생긴 빙판을 그대로 방치하고 도로상황에 대한 경고나 위험표지판을 설치하지 않았다는 사정만으로 도로관리상의 하자가 있다고 볼 수 없다"고 판시하였다. 도로관리자가 안전관리의무를 진다고 하더라도 겨울철 산간지역의 도로는 도심지의 도로처럼 용이하게 빙판방지조치를 취하기 어렵고, 산간지역이 많은 우리나라 국토환경을 고려하여 산간지역의 도로를 이용하는 운전자에게 안전주행에 대한 책임을 부과하고 있다.

폭설로 차량 운전자 등이 고속도로에서 장시간 고립된 사안에서도 고속도로의 관리상 하자를 인정한 바 있다. 즉, 강설에 대처하기 위하여 완벽한 방법으로 도로 자체에 융설 설비를 갖추는 것이 현대의 과학기술 수준이나 재정사정에 비추어 사실상 불가능하다고 하더라도, 최저 속도의 제한이 있는 고속도로의 경우에 있어서는 도로관리자가 도로의 구조, 기상예보 등을 고려하여 사전에 충분한 인적·물적 설비를 갖추어 강설시 신속한 제설작업을 하고 나아가 필요한 경우 제때에 교통통제 조치를 취함으로써 고속도로로서의 기본적인 기능을 유지하거나 신속히 회복할 수 있도록 하는 관리의무가 있다(대법원 2008. 3. 13. 2007다29287 손해배상(기)).[99]

㈒ 교차로의 신호기의 고장사고

영조물이 완전무결한 상태에 있지 아니하고 그 기능상 어떠한 결함이 있을 경우에 설치 또는 관리의 하자유무에 대하여 "영조물이 완전무결한 상태에 있지 아니하고 그 기능상 어떠한 결함이 있다는 것만으로 영조물의 설치 또는 관리에 하자가 있다고 할 수 없는 것이고, 위와 같은 안전성의 구비 여부를 판단함에 있어서는 당해 영조물의 용도, 그 설치장소의 현황 및 이용 상황 등 제반 사정을 종합적으로 고려하여 설치 관리자가 그 영조물의 위험성에 비례하여 사회통념상 일반적으로 요구되는 정도의 방호조치의무를 다하였는지 여부를 그 기준으로 삼아야 할 것이며, 객관적으로 보아 시간적·장소적으로 영조물의 기능상 결함으로 인한 손해발생의 예견가능성과 회피가능성이 없는 경우, 즉 그 영조물의 결함이 영조물의 설치관

---

99) 고속도로의 관리상 하자가 인정되는 이상 고속도로의 점유관리자는 그 하자가 불가항력에 의한 것이거나 손해의 방지에 필요한 주의를 해태하지 아니하였다는 점을 주장·입증하여야 비로소 그 책임을 면할 수 있다(대법원 2008. 3. 13. 2007다29287 손해배상(기)).

리자의 관리행위가 미칠 수 없는 상황 아래에 있는 경우에는 영조물의 설치관리상의 하자를 인정할 수 없다"(대법원 2000. 2. 25. 99다54004 구상금). 이 판례는 '방호조치의무'를 다하였는지 여부를 기준으로 하여 하자발생 원인을 관리자의 방호조치의무에서 찾고 있다. 이는 공작물책임에서의 공작물의 설치 또는 보존의 하자에 관한 기준과 동일한 접근을 하고 있다. 그리하여 "교차로의 진행방향 신호기의 정지신호가 단선으로 소등되어 있는 상태에서 그대로 진행하다가 다른 방향의 진행신호에 따라 교차로에 진입한 차량과 충돌한 경우, 신호기의 적색신호가 소등된 기능상 결함이 있었다는 사정만으로 신호기의 설치 또는 관리상의 하자를 인정할 수 없다"(대법원 2000. 2. 25. 99다54004 구상금)고 한다. 신호기에 의하여 교통정리가 행하여지는 5거리 교차로인 장소를 진행방향 신호기의 정지신호(적색전구)가 단선으로 소등된 상태라는 물적 결함이 문제되고 있음에도 불구하고 방호조치의무를 다하였는지 여부를 기준으로 영조물의 설치·관리하자를 판단하고 있다.

(바) 집중호우로 산비탈 붕괴사고

집중호우로 국도변 산비탈이 무너져 내려 차량의 통행을 방해함으로써 일어난 교통사고에 대하여 "이 사건 사고가 일어난 지점의 부근은 산중턱을 깎아 도로의 부지를 조성하였으므로, 비가 많이 올 때 등에 대비하여 깎아내린 산비탈부분이 무너지지 않도록 배수로를 제대로 설치하고 격자블록 등의 견고한 보호시설을 갖추어야 됨에도 불구하고, 이를 게을리한 잘못으로 위 산비탈부분이 1991. 7. 25. 내린 약 308.5mm의 집중호우에 견디지 못하고 위 도로 위로 무너져 내려 차량의 통행을 방해함으로써 이 사건 사고가 일어난 사실을 인정할 수 있으므로, 이 사건 사고는 피고의 위 도로의 설치 또는 관리상의 하자로 인하여 일어난 것이라고 보아야 한다"(대법원 1993. 6. 8. 93다11678 손해배상(자))고 판시했다. 이 판례 중에 "피고가 … 이를 게을리한 잘못으로"라고 판시한 부분은 대법원이 영조물(공공시설)인 도로의 물적 하자만 판단의 대상으로 삼지 않고 도로관리자의 주관적 책임도 탓하고 있음을 보여주는 것이라 하여 객관설을 유지하여 온 판결의 변화로 보기도 한다. 이와 달리 판례의 변화를 의미하는 것이 아니라 국가배상법 제5조의 책임이 필요한 안전조치를 취하여야 할 법적 의무, 즉 교통안전의무를 위반한 데 대한 책임이라는 종래의 입장을 다시 확인하는 것에 지나지 않는 판결로 이해하여야 한다는 반론도

있다.[100)]

(사) 고속도로에 방치된 타이어로 인한 사고

대법원은 국가배상청구사건은 아니었지만 고속도로에 타이어가 떨어져 달리던 트럭이 이에 걸려 넘어져 중앙분리대를 넘어 손해가 발생한 사건에서 "트럭 앞바퀴가 고속도로상에 떨어져 있는 자동차 타이어에 걸려 중앙분리대를 넘어가 사고가 발생한 경우에 있어서 한국도로공사에게 도로의 보존상 하자로 인한 손해배상책임을 인정하기 위하여는 도로에 타이어가 떨어져 있어 고속으로 주행하는 차량의 통행에 안전상의 결함이 있다는 것만으로 족하지 않고, 위 공사의 고속도로 안전성에 대한 순찰 등 감시체제, 타이어의 낙하시점, 위 공사가 타이어의 낙하사실을 신고받거나 직접 이를 발견하여 그로 인한 고속도로상의 안전성 결함을 알았음에도 사고방지조치를 취하지 아니하고 방치하였는지 여부, 혹은 이를 발견할 수 있었음에도 발견하지 못하였는지 여부 등 제반 사정을 심리하여 고속도로의 하자 유무를 판단하였어야 함에도 이에 이르지 않은 채 위 공사의 손해배상책임을 인정한 원심판결을 파기한 사례"가 있다(대법원 1992. 9. 14. 92다3243 손해배상(자)). 이 판례 역시 고속도로 관리자의 사고방지조치 유무에 대한 판단을 전제로 하여 주관설의 입장을 지지하고 있는 것으로 보인다. 위 판결은 물적 안전성의 결여가 제3자의 행위에 의하여 유발된 경우에 있어 공작물의 물적 안전성의 결여만으로 하자를 인정하지 아니하고 그 공작물이 안전상의 결함이 객관적으로 보아 시간적, 장소적으로 관리가 가능한 상황하에 있었는지 여부를 기준으로 하자의 유무를 판단하여야 한다고 인정하여 공작물의 설치·보존상의 하자를 정면으로 다루어 그 기준을 제시하였다는 점에서 의의가 있다.

그런데 이 사례에서는 한국도로공사 충청지사 영동지부 소속 직원이 주기적인 순찰 중에 고속도로에 방치된 타이어를 발견할 수 없었다는 사정을 특히 참작하여고 있다. 즉, 이 사건 사고지점 고속도로를 관리하는 피고의 충청지사 영동지부는 야간 4회, 주간 2회의 왕복도로 순찰을 하며, 그 소속인 이○○가 야간정기순찰계획의 일환으로 사고 당일 02:30경 영동인터체인지를 출발, 상행하여 03:25경 옥천인터체인지를 돌아 03:35에 동어정류장에 도착하였는데, 이 사건 사고지점의 통과

100) 정하중, "국가배상법 제5조의 영조물의 설치·관리에 있어서 하자의 의미와 배상책임의 성격", 219면.

시간은 03:10 내지 03:15경으로 당시는 고속도로상에 타이어와 같은 장애물이 발견되지 아니한 사실을 알 수 있고, 사고 당일 사고지점을 통과한 차량의 수는 시간당 약 710대이고 위 영동지부가 관리하는 고속도로 상하행선에는 사고발생신고 등을 위하여 긴급전화기 48대가 설치되어 있고, 사고지점으로부터 1.9km 떨어진 지점에도 1대가 설치되어 있었으나 사고 당시 타이어 방치 사실에 관한 신고를 받지 못하였으며, 위 영동지부에서 장애물 신고를 받은 경우 가장 먼 거리일지라도 그 장소에 도착하여 이를 제거하는데 20분 정도밖에 소요되지 아니하고, 사고 당시는 그 순찰차가 사고지점으로부터 5분 내지 6분 거리의 약 4km 거리에 있었으므로, 사고발생의 원인이 된 타이어가 사고지점 고속도로 상에 떨어진 것은 위 이○○가 사고지점을 통과한 후로서 사고 시로부터 10분 내지 15분밖에 경과되지 아니한 것으로 인정된다. 앞에서 든 증거의 신빙성을 배척할 만한 특별한 이유는 발견되지 아니한다. 위와 같은 사실관계에서는 피고가 이 사건 사고지점의 도로에 떨어진 타이어를 발견하고 이를 제거하여 사고방지 조치를 취한다는 것은 시간적으로 거의 불가능한 일이 아닌가 생각된다. 따라서 피고의 손해배상책임을 인정한 원심의 조치는 수긍하기 어렵다(대법원 1992. 9. 14. 92다3243 손해배상(자)). 고속도로의 관리자인 한국도로공사 직원이 타이어가 방치된 지점을 순찰차 통과한 때로부터 10분 내지 15분 후에 발생한 사고라는 이유로 하자를 부정하고 있다. 그렇다면 순찰차가 통과한 지 그보다 오랜 시간이 경과하였다면 하자를 인정할 수 있는 여지가 크다. 이는 순찰차가 지나간 우연한 시간을 기준으로 책임의 인정 여부를 결정하는 것으로 타당하지 않다. 한국도로공사가 순찰이라는 방법으로 도로의 안전확보를 기하였지만 결과적으로 도로상의 낙하물을 제거하지 못한 상태이므로 무과실책임이라는 취지에 맞게 그 책임을 인정하였어야 하는 사안이라 할 수 있다. 아무튼 이 사례는 민법의 공작물책임에서의 사회통념상 일반적으로 요구되는 정도의 위험방지의무를 다하였는지 여부를 중심으로 하자유무를 판단한 것으로 보인다.

㈎ 소 결

대법원은 도로 등 영조물의 하자가 객관적으로 발생한 것만으로 국가 등의 배상책임을 인정할 수 없고 공물관리자가 그러한 하자의 발생을 예견할 수 있었는지 또는 하자가 발생하여 그것을 제거할 시간적인 여유가 존재하였는가 하는 제반 여건을 고려하여 공물의 하자 여부를 판단하여야 한다는 입장이다. 도로설치 후 집중호우 등 자연력에 의하여 통행상의 안전에 결함이 발생한 경우에 대하여 "종단면상 유(U)자형 도로의 가운데 부분에 빗물이 고여 있어 그 곳을 진행하는 차량이 그 고인 빗물을 피하려고 중앙선을 침범하여 교통사고를 일으킨 사안에서, 도로관리청이 사고지점 도로에 빗물이 고여 차량의 통행에 장애가 되는 것을 막을 수 있었는데도 이를 방치한 것인지 여부를 심리하여야 함에도 불구하고 이에 이르지 않은 채 사고가 운전자의 일방적 과실로 인하여 발생한 것이라고 판단한 원심판결을 파기한 사례(대법원 1998. 2. 13. 97다49800 구상금)에서 볼 수 있듯이 도로의 객관적 하자뿐만 아니라 관리자의 주관적 안전확보의무를 아울러 요구하는 절충설에 기초하고 있다. 이는 결국 피해자의 구제범위를 현저하게 축소하는 것으로 영조물 자체가 위험시설이므로 그 영조물을 이용하는 자는 각자가 위험을 회피해야 한다는 것을 말해주고 있다. 영조물책임의 인정 여부는 결국 국가의 재정적인 여건도 중요한 요소로 고려해야 한다. 그 점에서 도로와 같은 영조물의 이용자인 국민과 국가나 지방자치단체 또는 한국도로공사와 그 위험을 분담하고 있다고 할 수 있다.

국가배상법 시행 초기에 객관설에 입각한 입장을 보였던 판례는 그 후에 주관설 내지 절충설의 입장을 취하는 경우가 많음은 이런 관점에서 이해할 수 있다. 이는 판례가 구체적 타당성을 취하려다 보니 각 사건마다 약간의 입장변화를 보이고 있지만, 분명한 점은 제5조를 순수한 무과실책임주의로 해석하지는 않고 있다는 점이다. 대부분의 판례가 영조물의 설치·관리하자를 판단함에 있어 당해 영조물의 물적 결함을 요구하면서도 그러한 결함이 야기되는데 설치·관리자의 작위·부작위 의무위반 등의 주관적 요소를 고려하여 구체적 타당성을 기하려고 하고 있다. 그 때문에 객관설과 주관설은 그 외관상의 차이에도 불구하고 하자유무의 판정에 있어서 실제상 본질적인 차이를 가져오는 것은 아니라는 지적도 있다. 주관설 역시 그 의무위반의 범위를 객관화하려고 하는 경향을 보이고 있기 때문이다.

(2) 일본의 학설·판례 검토

1) 객관설

(가) 영조물이 통상 갖추어야 하는 성상이나 설비를 구비하지 않는 것, 즉 안전성이 객관적으로 결여되고 있는 데에 무게를 두고 그 안전성 결여가 영조물의 설

치·관리작용의 불완전에 의한 것일 때 영조물의 설치·관리에 하자는 곧 결함이라는 것이다.[101] 그러므로 관리주체측의 주관적 고의·과실의 유무 문제를 차단하고, 그러한 주관적 요소는 국가배상법 제1조 또는 (일본) 민법 제715조의 문제로 된다.[102]

㈏ 객관설에도 영조물의 건조 및 그 후의 유지·수선에 불완전한 점이 있는 것을 하자로 보는 설치관리불완전설[103]과 손해가 영조물에 내재하는 물적 하자 또는 영조물 자체를 설치하고 관리하는 행위에 기인할 때를 하자라고 하는 행위적 결함설[104] 등의 견해가 있다.

객관설이 영조물의 설치·관리의 하자를 영조물의 객관적 안전성의 결여라고 해석하지만 구체적인 내용은 반드시 명료하지 않다.[105] 객관설을 주장하는 木村 實 교수는 "영조물의 설치·관리하자란 동적 주관적 요인을 포함하지 않은 영조물의 설치 및 관리의 하자로서 가장 고전적으로 보아야 하고, 영조물 그 자체의 결함이 하자이고 이에 의하여 발생한 손해에 대하여 국가 또는 지방공공단체가 배상해야 할 책임이 있다고 보아야 할 것이다"[106]라고 하면서 관리자의 관리내용을 묻지 않고 단적으로 영조물의 하자에서 관리책임을 도출하고 있다. 野村好弘 교수도 "여기에서 안전성이란 절대적인 것은 아니고 당해 도로가 통상 갖추어야 하는 안전성"[107]이라고 한다.

㈐ 객관설의 논거는 다음과 같다.[108] ① 국가배상법 제2조는 하자를 객관적인 물적 안전성의 결여라고 하는 입법 당시의 민법 제717조의 통설해석을 기초로 하고 있다는 점이다. 즉, 국가배상법 제정 당시의 민법 제717조의 지배적 학설은 동조를 위험책임의 원리에 기초한 무과실책임을 정한 것이라고 해석하여 국가배상법 제2조는 민법과 같은 입장에서 무과실책임을 채용한 것이었다. ② 개인책임주의를

101) 古崎慶長, "營造物の管理の瑕疵の意義", ジュリスト 9호, 168면; 原田常彦 교수는 '객관적·물적 결함설'이라고 하는 것이 정확하다고 한다(行政法要論, 273면).
102) 정형근, "도로의 설치·관리의 하자로 인한 국가배상책임에 관한 연구", 43면.
103) 今村成和, 國家補償法, 124면.
104) 古崎慶長, 國家賠償法, 219면.
105) 木村 實, "國家賠償法二條をめぐる判例の動向", ジュリスト 581호, 53면.
106) 木村 實, "道路の缺陷と賠償責任", ジュリスト 543호, 45면.
107) 野村好弘, "道路の安全性の缺如による交通事故とその賠償責任", 109면.
108) 加藤新太郎, "營造物責任の本質と瑕疵認定の構造", 判例タイムズ 348호, 87면.

극복한 국가배상법 제2조는 무과실책임인데, 주관설이 의무위반을 문제로 삼는 것은 부당하며, ③ 또한 주관설에 의하면 법규에 따라 영조물을 관리하면 하자가 없다고 하는 것은 부당하며, ④ 절충설에 의하면 용어의 개념이 애매하다는 점을 들 수 있다.

2) 주관설과 의무위반설(론)

위 견해의 공통적인 논거로서는 '영조물의 설치 또는 관리의 하자'의 의의를 영조물 관리자의 안전관리의무위반을 지칭하는 것으로 보는 편이 문리상 적절하다는 것과 의무위반을 귀책사유로 하는 편이 불법행위의 통일적 논거로서 명확하다는 것, 그리고 영조물 관리의 하자의 의의를 관리자의 안전확보의무위반의 의미로 통일하여 귀책사유를 관리자의 객관화된 관리의무위반에서 구하면, 국가배상법 제2조의 적용범위를 합리적으로 한정하여 무한정한 확대를 방지할 수 있다는 것 등을 들고 있다.[109)]

㈎ **주관설**[110)]

㈀ 주관설의 제창자는 谷五佐夫 변호사와 大川之 검사이다. 谷五佐夫 변호사는 "국가배상법 제2조는 본질적으로 불법행위법의 계열에 속하는 것이므로 관리자의 어떠한 인적 조치의 잘못이 없음에도 불구하고 관리자의 손해배상책임을 인정할 수는 없다"[111)]고 하면서 "불법행위법의 기본원리인 근대 개인책임주의에 있어서 손해가 일정한 행위에 기인한다고 하는 경우에 비로소 행위자에 대하여 그 손해에 대한 불법행위책임을 물을 수 있는데, 본조에 있어서 이 입장이 포기된 것이라고는 도저히 생각할 수 없다"고 한다.

㈁ 그리하여 공공의 영조물의 설치·관리하자의 의의에 대하여 "일반적으로 영조물이 통상 갖추어야 하는 안전성에 결함이 있다는 것으로 설명하지만, 그러한 설명은 본조의 문리 또는 본조의 책임이 불법행위책임이라는 것에도 반하는 것이므로, 오히려 하자란 공공의 영조물의 설치·관리행위가 그것을 안전한 상태로 유지

---

109) 原田尙彦, 行政法要論, 277면.

110) 주관설을 영조물하자설(물적 결함설)의 반대에 위치한 것으로서 설치관리행위하자설(行爲的 欠陥說)이라 하는 견해도 있다(藤原淳一郎, "道路事故への國·公共團體の賠償責任", 現代行政法大系 6 國家補償, 93면).

111) 谷五佐夫, "公共の營造物の設置·管理の瑕疵", 判例, 不法行爲法, 282면.

해야 하는 작위 또는 부작위의무에 위반하는 것"이라고 하면서 "공공의 영조물을 설치·관리하는 자는 공공의 영조물을 항상 안전 양호한 상태에 있도록 해야 하고, 영조물에 객관적으로 보아 위험한 상태가 나타날 때에는 이를 수선해야 하는 것은 당연하지만, 그와 더불어 안전하게 수선하는 동안에도 예컨대, 도로에 있어서 그 위험을 통행자에게 인식시키고 이를 회피하도록 하는 조치를 취하지 않으면 관리행위에 하자가 있었다고 할 수 있다"[112]고 하여 관리행위의 본질을 손해회피조치에서 구하였다.

㈐ 손해회피의무위반의 본질이 무엇인가에 대한 설명은 없지만, 작위 또는 부작위의무의 내용에 대하여 "공공의 영조물의 종류, 설치장소 등 구체적인 상황에 따라 다르므로 일의적으로 정할 수 없다고 하더라도 극히 추상적으로 말하면 사인의 법익에 대한 위험을 배제하는 것, 사인의 법익의 안전성을 유지해야만 하는 것이라고 하는 것이 무방하다"[113]라는 기술에서 추론해 보면 의무위반의 내용을 위법성의 요소로서 파악하는 맹아적 형태를 잉태하고 있다고 할 수 있다.[114]

㈑ 반면, 大川之 검사는 관리자의 손해회피의무위반을 위법성의 문제로서 예리하게 지적하고 있다. 국가배상법 제2조의 귀책구조가 통상의 과실인정의 경우와 극히 유사하다고 하면서, 영조물의 설치·관리자는 "법령에 의하는가 여부에 상관없이 통상의 안전성을 유지해야 하는 의무가 객관적으로 요구되고 이를 작위 또는 부작위에 의하여 위반한 경우에 비로소 하자의 존재가 긍정된다"고 한다. 때문에 하자가 존재한다고 판단하기 위해서는 우선 영조물의 설치·관리자의 행위의 위법성을 판단하는 것이라는 주목할 만한 지적을 하고 있다. 결국 영조물책임의 근거는 영조물의 설치·관리자의 손해회피의무위반이고, 그것은 설치·관리자의 안전성 유지를 위한 객관적 주의의무이며 아울러 위법성의 판단을 수반하고 있다.[115]

---

112) 谷五佐夫, 앞의 논문, 284면.
113) Ibid., 285면.
114) 植木 哲, 災害と法 — 營造物責任の研究, 167면.
115) 植木 哲, 앞의 책, 168면; 그런데 영조물책임의 근거를 설치·관리자의 손해회피의무위반으로 파악하고, 그 의무위반의 내용은 영조물의 위험의 정도 및 피침해이익의 중대성의 정도와의 상관관계하에서 설치·관리자의 주관적 사정과는 무관한 객관적으로 결정되는 위법성요소로서의 주의의무라고 이해할 수 있는데, 그렇다면 이 견해는 주관설이라기보다는 의무위반설에 입각한 것이라고 한다. 따라서 주관설의 본질은 의무위반설과 궤를 같이하는 것이라고 한다.

(나) 의무위반설(론)

(ㄱ) 의무위반설을 주창하였던 植木 哲 교수는, 국가배상법 제2조는 제1조의 주의규정에 불과하며, 손해배상책임의 요건으로서의 과실은 위법성요소로서의 과실이고 주관적 주의의무는 유책성요소로서의 과실과 다르며, 민법 제709조의 고의·과실은 주관적 사정과 무관한 객관적 주의의무위반이라는 것을 전제로 하여 다음과 같이 주장한다.

(ㄴ) 판례는 영조물책임을 인용하거나 부정하는 경우에 그 이론구성으로서 영조물 설치·관리자의 손해(위험)방지조치의 유무에 수반하는 손해회피의무위반에 그 귀책의 근거를 구하고 있다. 따라서 영조물책임의 인부의 귀추는 영조물 관리자가 상당한 손해(위험)방지조치를 강구하였는가 여부에 있다. 그리고 영조물 설치·관리자의 손해회피의무위반은 각자의 설치·관리자의 주관적 사정과는 일절 관계가 없고, 영조물의 위험성의 정도와 피침해이익의 중대성의 정도와의 상관관계하에서 객관적으로 결정되는 위법성요소로서의 주의의무이고 객관적 주의의무이다. 이러한 의미에 있어서 영조물책임의 본질은 의무위반설이라고 한다.[116)]

(ㄷ) 의무위반설은 손해회피가능성에 의거하는 영조물의 설치·관리자의 손해회피의무를 논거로 하지만, 그것은 동시에 손해의 예견가능성에 의거하는 예견의무를 전제로 하고 있다는 점에서 보면 주의의무이원설에 입각하고 있다고 할 수 있다. 이런 점에서 영조물책임의 본질에 관한 의무위반설의 제창은 한편에서는 판례이론의 본질을 규명하고, 다른 한편에서는 손해배상법이론의 심화를 목적으로 하여 양자의 종합화를 기도하는 것이다.

(ㄹ) 반면, 의무위반론[117)]을 주창하였던 國井和郎 교수의 도로관리하자에 관한 연구는 극히 방대하고 타의 추종을 불허할 정도이다. 國井 교수의 출발점은 국가배상법 제2조의 하자를 영조물 그 자체의 성상에 결함이 있는 경우는 물론 그것만에 한하지 않고 위험방지를 위한 조치의 불비 내지 결함을 포함하고, 결국 설치·관리자가 부담하는 안전확보의무위반으로서 이론구성을 한다.[118)] 國井 교수는 飛騨川버

116) 植木 哲, 災害と法 — 營造物責任の研究, 8~9면.

117) 國井和郞, "道路の設置·管理の瑕疵について — 義務違反的構成の試み," 判例タイムズ 326호-425호에서는 '義務違反的構成'이라고 하였다가 후에 '義務違反論'으로 변경하였다.

118) 國井和郞, "道路の設置·管理の瑕疵について(1)", 19面.

스전락사고 항소심판결을 소재로 하여 동 판결이 언급하고 있는 피난대책의 결여를 하자인정의 실질적 이유로서 중시한다. 즉, 이 판결에 의하면 통행규제의 불실시는 곧 안전성의 결여로써 관리자의 부작위가 하자로서 파악되고, 그것은 교통안전확보를 위한 적절하고도 타당한 조치를 강구하지 않은 것이 하자인정의 실질적 판단기준으로서 작용한다.

(ㅁ) 그리고 이 판단기준을 구체적인 판례유형을 가지고 검증해 보면, ① 판례는 어느 것도 도로의 물리적 성상만을 가지고 관리의 하자로 인정하지 않고 설치·관리자의 작위·부작위를 문제로 하고 있다. ② 책임을 긍정하는 판례는 관리자가 강구할 수 있었던 사고방지조치를 예시하는 것에 의하여 불가항력의 항변을 배척하고 있다. ③ 책임을 부정하는 판례에서는 사고방지조치를 상정하지 않으면 이른바 관리의 하자도 없다고 한다. ④ 결국 책임의 유무는 사고방지조치의 존부에 의하여 결정되는 것이고, 관리의 하자란 회피가능함에도 불구하고 적절한 방지조치를 강구하지 않았던 관리자의 부작위이다. 그런데 위 안전성 결여의 부작위는 도로관리자가 교통의 안전을 확보하는 데 필요한 조치를 강구해야만 하는 채무에 위반함으로써 비로소 문제가 되기 때문에 하자란 위 채무의 해태 내지 불이행을 의미한다.[119]

(ㅂ) 의무위반론의 의의는 객관설의 실천적 제약을 극복할 수 있으며, 하자개념의 외연획정을 합리화하는 것이 가능하고, 불가항력과의 관계에서도 적절한 이론을 제공할 수 있을 뿐만 아니라 하자인정을 통하여 도로행정에 반성을 촉구하여 도로행정에서 취하여야 할 자세에 접근할 수 있도록 하는 계기가 기대될 수 있다는 점에서 찾을 수 있다.[120]

(ㅅ) 위 두 견해의 배경을 살펴보면, 國井 교수의 의무위반론은 1974년의 飛驒川 버스 사건 항소심판결을 계기로 본격적으로 전개되고 있으며, 植木 교수의 의무위반설은 加治川수해 소송판결을 비롯하여 1975년대의 일련의 수해소송을 계기로 하여 전개되고 있다. 두 교수의 이러한 견해 차이는 시대를 달리하여 서로 다른 사례

119) 國井和郎, "道路の設置·管理の瑕疵について(1)", 23면; 그런데 이 채무해태 내지 불이행을 전제로 하는 하자는 과실과 극히 유사하지만, 민법 제709조의 과실은 아니기 때문에 國井 교수는 한편으로는 영조물책임의 무과실책임성에 찬성하면서, 다른 한편으로는 안전확보의무위반은 곧 하자라고 하는 주관설과 극히 가까운 것으로 위치시키고 있다(植木 哲, 앞의 책, 21면).

120) 加藤新太郎, 앞의 논문, 88면.

를 두고 분석하는 시각차이로 빚어지는 것처럼 보인다. 그러나 하자를 의무위반으로 이론 구성하여 사고방지조치의 유무는 곧 사고발생의 예견가능성과 회피가능성의 유무에 의하여 그 존부를 판단하고 있는 점은 대체적으로 일치하고 있다.[121] 즉, 판례의 분석결과 명확하게 된 것처럼 영조물책임의 귀책근거를 주의의무(손해회피의무)위반에서 구하고, 사고(위험)방지조치의 해태·방치로서의 손해회피의무위반 또는 관리자의 부작위(= 안전확보의무위반)로 본다는 점이다.[122]

㈀ 문제는 위와 같은 판단기준을 도출하는데 이르는 과정 및 이를 도출하기 위한 손해배상법의 기본구조를 이해하는 방법에 있다. 國井 교수는 관리자의 부작위를 추급하는 전제로서 안전확보의무위반이라고 하는 가설을 상정하는데, 植木 교수는 영조물책임에 있어서 하자인정의 구조나 하자의 본질을 파악하기 위해서 이러한 가설을 상정하지 않으면 그것이 해명되지 않은가는 의문이라고 한다.

3) 절충설

절충설은 宗宮信次 교수가 주장한 것으로 “설치의 하자란 物 자체가 원시적으로 안전성을 결여한 상태를 말하고, 관리의 하자란 물 자체가 후발적으로 안전을 결여하게 된 것을 말한다. 원인이 자연력인가 인위적인가의 여부는 묻지 않는다. 관리자의 과실의 유무도 관계가 없다. 그러나 관리의 하자에는 영조물 자체의 객관적 하자만이 아니고 이에 부수한 인적 조치도 고려되고, 공공의 영조물을 안전 양호한 상태로 유지해야 하는 관리자의 작위 또는 부작위에 위반한 것도 관련된다”[123]고 한다. 이처럼 절충설은 영조물 자체의 객관적 하자를 요건으로 하면서도 아울러 영조물의 설치·관리자의 의무위반을 요건으로 한다는 특징을 갖고 있다.

4) 판례의 입장

㈎ 객관설을 지지하는 논자들은 판례가 객관설에 입각하고 있다는 증거로 高知落石事件의 판결을 제시하고 있다. 이 판결은 국가배상법 제2조에서 말하는 하자의 의의에 대하여 최고재판소가 최초로 독자적인 견해를 명확히 한 것으로 지도적 판례에 해당한다.[124] 이 판례는 일반론으로서 “국가배상법 제2조 제1항의 영조물의

121) 國井和郎, “自動車事故と道路の瑕疵”, ジュリスト 42호, 32면.
122) 植木 哲, “營造物責任再論”, 判例タイムズ 366호, 22면.
123) 宗宮信次, 不法行爲論, 187면.
124) 古崎慶長, 國家賠償の諸問題, 204면; 이 판결이 있기 전에도 도로의 결함에 관한 최고재판소의 판

설치 또는 관리의 하자란 영조물이 통상 갖추어야 하는 안전성을 결여하고 있는 것을 말하고, 이에 대하여 국가 또는 공공단체의 배상책임에 대하여는 그 과실의 존재를 필요로 하지 않는다고 해석함이 상당하다"(最判 소화 45. 8. 20. 民集 24권 9호, 1268면)라고 판시하고 있다.

(나) 객관설에 입각한 것으로 보이는 高知落石事件 판결 외에 많은 하급심판결이 있다. 즉, "본조는 그 입법취지 및 위 법조의 일반법인 민법 제717조의 해석 등에 비추어 공공의 영조물에 대하여 객관적으로 하자가 존재하면 설치자 또는 관리자의 주관적인 고의·과실은 묻지 않고, 위 하자로 인한 손해배상책임이 발생하게 되고, 그 한도에 있어서 이른바 위험주의에 기한 무과실책임을 전제로 한 것이라 보아야 한다"(高松地丸龜支判 소화 37. 12. 14. 訟月 9권 1호, 14면), "도로 자체에 하자가 있기 때문이라고 하여 그 자체로 직접적으로 도로관리에 하자가 있는 것이라고 할 수 없다 하더라도, 도로에 하자가 있는 경우에 도로관리자는 이러한 하자를 제거하여 개선해야 하는데 이를 간과하고, 그러한 개선 혹은 위험방지조치를 강구하지 않는 것이 불가능한 것은 아니지만, 이를 그대로 방치한 때에는 관리자에게 과실이 있는가 여부를 묻지 않고 도로관리에 하자가 있다"(德島支判 소화 41. 8. 30. 訟月 12권 12호, 1608면), "도로관리에 하자가 있다는 것은 도로관리의 불완전에 의하여 도로가 도로로서의 통상 갖추어야 하는 안전성을 결여하고 있다는 것을 지칭하는 것이라고 해석함이 상당하다. 그리고 위 경우 도로관리자측에 과실이 있었는가 여부는 물을 필요가 없다"(高松高判 소화 42. 5. 12. 高民集 20권 3호, 234면)고 판시하고 있다. 이러한 판례는 영조물의 안전성 결여의 유무를 문제로 하면서 객관적 기준에 의하여 관리의 하자 여부를 판단하고 있다.

(다) 위 판례 중 객관설에 입각하였다는 대표적 사례인 高知落石事件의 판결에 대하여 학설의 분석은 다양하다. 의무위반설(론)에서는 위 판시 부분만을 가지고 위 판결이 객관설에 입각하고 있다고 하는 것은 성급한 것이라고 하면서, 이 사건의 구체적 판단에 있어서 "본건 도로의 위와 같은 위험성에 대하여 방호책 또는 방호복을 설치하거나 산측에 철망을 길게 치는 등 상시 산지사면 부분을 조사하여 낙하

결(소화 40. 4. 16. 判例時報 405호, 9면)이 있었다. 그러나 그 판결에서는 국가배상법 제2조는 "지방공공단체의 도로관리에 무과실책임을 인정하는 취지의 원판결은 방론에 불과하다"라고 하여 이를 비난하는 상고이유가 배척되었다(木村 實, "道路の缺陷と賠償責任", 42면).

하는 암석이 있는 때에는 이를 제거하고, 붕토가 발생하는 경우에는 사전에 통행금지를 하는 등의 조치를 취하지 않았다"는 판시부분은 분명 관리책임의 본질을 손해방지조치의 방치로서 손해회피의무위반에서 구함과 동시에 하자에 대하여 객관적 판단을 채용하고 있기 때문에 위 판결은 객관설이 아니라 오히려 의무위반설(론)에 입각하고 있다고 주장한다.

㈑ 植木 교수는 본 판결에서 '설치·관리하자'의 해석으로서 해태책임으로서의 주의의무를 부정하는지 알 수 없지만, 방치책임으로서의 주의의무의 존재까지 부정한 것은 아니라고 하면서, 판례는 설치·관리자의 손해배상책임에 대하여 과실을 요구하지 않지만 무과실이어도 좋다고는 하지 않고 있다. 이 판결의 후반부분, 즉 "국가 또는 공공단체의 배상책임에 대하여는 그 과실의 존재를 필요로 하지 않는다고 해석함이 상당하다"는 법률문제에 관한 재판소의 일반적 설시부분인 방론(obiter dicta)에 상당하고 선례구속성에도 의문이 있다고 한다.[125)]

㈒ 또한 國井 교수는 본 판결에서 말하는 하자의 추상적 정의와 구체적 판단과의 사이에 미묘한 차이가 인정되고, 전자에서는 객관설에서 말하는 하자의 정의를 받아들이고 있고, 후자에서는 낙석이나 붕토의 위험성에 대한 조치의 불비에 의하여 하자를 인정함으로써, 결국 최고재판소는 방호시설의 결함 있는 물리적 성상으로서의 안전성 결여만이 아니라, 관리자에 있어서 안전성확보조치를 결여한 부작위를 하자로 상정하고 있는 것을 알 수 있다고 한다.[126)]

㈓ 이와 달리 주관설의 입장으로 볼 수 있는 판례도 많다. 즉, "당해 교량은 탈교(脫橋) 중이었기 때문에 … 도로관리자로서는 이를 대치할 도로를 설치하는 것은 물론 본래의 도로에 이상(異常)이 있는 것에 의하여 야기될 수 있는 점을 고려하여 사고발생의 위험을 배제하기 위한 만전의 조치를 취할 의무가 있다고 하지 않으면 안 된다. … 당해 국도관리자인 佐賀縣知事의 관리의무위반책임은 면할 수 없다"(佐賀地判 소화 39. 4. 14. 判例時報 374호, 50면), "도로를 점유하여 공사를 시행하는 자는 공사현장에 안내판이나 덮개를 설치하고 야간에는 적색등을 설치하여 그 도로교통의 위험방지를 위하여 필요한 조치를 강구할 의무가 있기 때문에 … 뿐만 아

125) 植木 哲, 앞의 책, 33면.
126) 國井和郎, "道路の設置·管理の瑕疵について(1)", 26면.

니라 … 본건 공사현장상황에 비추어 보아도 본건 사고당시 … 국도교통의 안전성유지에 대하여 만전의 조치를 강구하지 않았기 때문에 피고의 도로관리의무 위반의 책임을 면할 수 없다"(盛岡地判 소화 42. 12. 12. 訟月 13권 13호, 1637면), "도로확장공사를 … 청부회사에 … 시행하도록 하는 경우에도 교통의 안전이 충분하게 확보된 상황에서 공사가 행하여지도록 엄중하게 감시하고 따라서 도로관리를 안전하게 해야 할 의무가 있다고 해야 한다. … 위 출장소 직원은 공사시행에 대하여 피고 회사에 대하여 구체적인 감독의무를 충분히 수행하지 않고 … 부실공사를 간과하여 극히 폭이 좁은 위험한 도로상황을 출현시켰기에 … 피고 縣의 현장도로의 관리에 대하여 … 하자가 있었다"(廣島地判 소화 44. 1. 28. 判例タイムズ 230호, 222면)고 판시하여 관리자의 관리행위 내용으로서 관리의무를 확정하여 그 관리의무에 위반하는 것이 관리(행위)의 하자라고 한다.

㈔ 많은 관심을 끌었던 대형화물자동차 방치사건에서 최고재판소는 "도로 중앙선 부근에 고장난 대형화물자동차가 87시간 방치되어 도로의 안전성을 현저하게 결여하는 상태에 있었음에도 당시 그 관리사무를 담당하는 橋本토목출장소는 도로를 상시 순찰하여 응급의 사태에 대처하는 감시체제를 취하지 않았기 때문에 본건 사고가 발생하기까지 위 고장차가 도로 상에 장시간 방치되었음을 알지 못하고 더구나 고장차가 있는 것을 알리기 위하여 바리케이트를 설치하든가 도로의 한쪽 부분을 일시 통행금지하는 등 도로의 안전성을 유지하기 위하여 필요로 하는 조치를 강구하지 않았음이 명백하기 때문에 이러한 상황하에서는 본건 사고발생 당시 동 출장소의 도로관리에 하자가 있었다"(最判 소화 50. 7. 25. 민집 29권 6호, 1136면)라고 판시한 바 있다.

㈕ 이에 대하여 古崎慶長 판사는 "이 판례가 '출장소의 도로관리에 하자가 있었다'고 판시하고, 본건 사고현장의 도로에 하자가 있었다고 판시하고 있지는 않다. 도로에 물적 결함(본건에서는 고장차의 방치)이 있으면 그것만으로 직접 도로에 하자가 있었다고 하는 결론을 내리지 않고, 도로에 물적 결함이 있고 그것이 출장소의 도로관리의 과실에 의한 것일 때, 도로의 설치관리에 하자가 있었다고 하는 논리를 취하고 있다는 것이다"라고 하면서 의무위반설이나 의무위반론이 주장하는 도로관리자의 구체적 의무위반이 있었기 때문에 그 의무위반이 하자라고는 한마디도 없

다고 한다.[127] 반면, 國井 교수는 도로의 안전성 확보에 필요한 조치의 불실시를 하자로 구성하고 있다.[128] 그렇지만 본 판결의 결론 및 이론구성은 어느 입장에서도 지지될 수 있기 때문에 학설의 차이는 그 설명방법에 관련된 것이라 할 수 있다[129]고 하겠다.

(자) 영조물의 하자 중 물리적·외형적 결함과 관련된 종전의 판례와 달리 영조물의 공용과 관련하여 발생하는 사례도 있다. 즉, 大阪공항 공해소송판결은 "국가배상법 제2조 제1항에서 말하는 영조물의 설치 또는 관리의 하자란 영조물이 통상 갖추어야 할 안전성을 결여한 상태, 즉 타인에게 위해를 미칠 위험성 있는 상태를 말하지만, 이는 영조물이 공용목적에 따라서 이용되는 것과 관련하여 그 이용자 이외의 제3자에 대하여 위해를 발생시킬 수 있는 위험성 있는 경우를 포함한 것이고, 영조물의 설치·관리자에 있어서 이러한 위험성 있는 영조물을 이용에 제공하여, 그 결과 주변주민에게 사회생활상 수인해야 하는 한도를 넘는 피해가 발생한 경우에는 원칙적으로 同項의 규정에 근거한 책임을 면할 수 없다고 해석된다"(最判 소화 56. 12. 16. 民集 35권 10호, 1369면)고 판시하여 당해 영조물에 물리적·외형적 결함이 있는 경우 외에 공용목적에 따라서 이용되는 것과 관련하여 위해가 이용자 또는 제3자에 대하여도 발생할 수 있는 위험성이 있는 경우도 포함한다는 점을 명확히 하였다. 이런 하자를 일본에서 공용관련하자로 표현하고 있다. 우리나라에서는 유사한 사안에서 기능적 하자[130] 또는 이용상 하자,[131] 사회적·기능적 하자[132]로 표현하고 있다.

(차) 아무튼 위 판례는 주민들에게 당해 영조물에 의한 공해피해구제의 근거 법조가 되는 것을 선언하였다는 점에서 중요한 의의가 있다.[133] 학설은 국가배상법 제2조의 하자에 관하여 영조물의 이용자뿐만 아니라 제3자에 대한 관계에서 그 책임이 발생한다는 것에 이론이 없다. 다만 공용관련하자와 물적 성상하자라고 하는

127) 古崎慶長, 國家賠償の諸問題, 204-205면.
128) 國井和郎, "自動車事故と道路の瑕疵", 34면.
129) 村重慶一, "國道上の故障車の駐車と道路管理の瑕疵", 國家賠償研究ノ-ト, 322면.
130) 김동희, 행정법 I (제20판), 588면; 정하중, 행정법개론(제7판), 573면.
131) 김남철, 행정법강론, 533면; 박균성, 행정법강의(제12판), 533면.
132) 정형근, 행정법(제4판), 405면.
133) 古崎慶長, 國家賠償の諸問題, 207면.

구별은 손해의 상대방이 제3자인가 이용자인가의 구별이 일치하지 않는다는 점이다. 공용관련하자는 그 성질상 피해자는 주변주민이고 당해 영조물에 대하여 제3자의 입장에 있는 자에 한정되게 되지만, 물적 성상하자 유형에 있어서도 도로붕괴에 의한 연도주택이 도괴하는 사례의 경우에는 피해자는 도로 이용의 관계에서 보면 제3자의 입장에 있다고 할 수 있기 때문이다.

(3) 결 론

1) 국가배상법 제5조를 둘러싼 하자논쟁에 대한 학설들은 각기 타당한 면을 지니고 있다. 그 때문에 학설의 대립은 오히려 원칙론적 차원의 것에 불과하다고 볼 수도 있다. 실제로 학설의 성립시기를 달리하고 있고, 기초로 하고 있는 주요 판례의 유형을 달리하고 있기 때문에 다른 학설이 되었다는 지적도 있다. 古崎慶長 판사의 견해는 그 골격이 1945년대 말에 형성되었기 때문에 학설 형성기의 주요 판례는 영조물 자체에 존재하는 '내재적 하자유형'이 대부분이고, 植木 哲 교수는 영조물의 하자가 외부의 개입으로 발생한 '외재적 하자유형'을 중시하여 이를 기본으로 설명하는 점이 그것이다.[134]

2) 우선 객관설이 학설로서의 독자적 존재가치를 가지려면 영조물의 물적 하자와 하자의 객관적 판단 및 무과실책임성의 상호관계가 체계적으로 정리될 수 있어야 한다. 그런데 객관설에서는 손해가 직접적으로 영조물에 내재하는 물적 하자 또는 영조물 자체를 설치·관리하는 행위에 기인하는 때에는 (일본) 국가배상법 제2조의 문제가 발생한다[135]고 하므로, 이 견해를 문자 그대로 해석하는 한 영조물책임은 손해가 물적 하자에 기인하든 영조물의 관리행위에 기인하든, 어느 요건을 충족하더라도 발생하게 되어 이 설은 오히려 절충설에 가까운 것이라는 비판을 받게 된다.[136] 뿐만 아니라 객관설은 영조물책임의 본질을 무과실책임으로 파악하면서도 영조물책임의 한계 사례나 불가항력의 사례를 스스로 인정하고 있다. 영조물책임을 무과실책임으로 파악하는 최대의 장점은 영조물책임의 한계 사례를 비롯하여 이른바 불가항력을 포함하여 손해의 회피가능성의 유무에도 불구하고, 영조물의 설치·관리자의 책임을 물을 수 있지 않으면 안 된다. 이러한 효과를 낼 수 없는 무과

134) 村重慶一, "國家賠償法一條と二條の關係", 現代 民事裁判の課題(10) 國家賠償, 6면.
135) 雄川一郎, "行政上の損害賠償", 行政の法理, 雄川一郎論文集 第2卷, 353면.
136) 植木 哲, 앞의 책, 177면.

실책임론은 무과실책임으로서의 외형을 구비하고 있지만, 실질적으로는 과실책임으로 거의 변형된 것이라 할 수 있다.

3) 그리고 주관설 또는 의무위반설(론)에 대하여는 국가배상법 제5조에서 '설치 또는 관리에 하자'라고만 표현되어 있고, 제2조에서와 같이 '고의 또는 과실'이라는 표현이 없는데도 제5조의 책임을 과실책임에 가깝게 새기는 것은 타당한 해석이라고 보기 어려우며, 가해자인 국가의 입장만을 중시하고 피해자인 국민의 입장을 가볍게 보는 것이라는 비판이 있다. 설치·관리의 하자를 관리자가 안전확보의무를 해태한 경우에만 인정하려고 하는 것은 결국 과실책임주의를 취하는 것으로 명문으로 과실책임주의를 취하고 있는 공무원의 직무책임의 경우에도 오늘날은 과실을 객관화·정형화하여 무과실책임에 가깝게 운영하여야 한다는 것이 일반적인 견해임을 감안할 때, 시대의 흐름에도 맞지 아니하는 입장이라고 할 수 있다.

예컨대 고속도로 상에서의 사고의 경우를 든다면, 오늘날과 같이 복잡하고 위험한 교통체제 아래서 관리자가 고속도로에 떨어진 타이어를 제거하여 안전조치를 취할 수 있는 시간 후에 발생한 사고에 대하여서는 국가책임을 인정하고, 그 이전에 발생한 사고에 대하여서는 국가책임을 인정하지 아니한다는 것은 피해를 받는 자의 입장에서 보면 심히 형평에 맞지 아니한다는 지적은 우리의 정의관념에 부합된다고 할 수 있다.

4) 결국 국가배상법 제5조를 둘러싼 하자논쟁은 영조물책임의 특수성에서 비롯되었다고 할 것이다. 영조물책임의 법적 성질에서 살펴본 바와 같이 국가배상법 제5조는 민법 제758조의 영향을 받은 것이기에 공작물책임의 법리와의 상관관계를 고려하지 않을 수 없고, 민법의 규정으로도 피해구제가 가능함에도 영조물책임을 민법과 달리 국가배상법에서 규정한 입법자의 의도 역시 간과할 수는 없다. 또한 국가배상법은 연혁적으로 국가무책임의 원칙을 부정하고 공무원의 직무상의 불법행위를 인정하면서 아울러 영조물의 책임을 규정하고 있다는 점에서 제5조는 제2조와의 관계에서도 고찰하여야 체계적 해석이 가능할 것이다.

5) 국가배상법 제5조를 무과실책임으로 보는 객관설은 피해자의 구제에 용이한 점이 있으나, 제5조가 과실책임주의를 원칙으로 하는 민법상의 공작물책임에 관한 제758조에서 유래한 점을 간과한 것이라 할 수 있다. 반면 의무위반설(론)은 민

법상의 불법행위체계론에 맞추어 설치·관리자의 손해회피의무위반 또는 안전확보의무위반으로 보는 것은 공작물책임 규정으로도 해결할 수 있음에도 특별히 국가배상법에 규정한 입법취지를 경시한 것이라 할 수 있다.

6) 따라서 국가배상법 제5조의 하자는 절충설, 즉 영조물이 통상 갖추어야 하는 안전성을 결여하고 있다는 물적 결함상태와 함께 영조물을 늘 양호한 상태로 유지하지 못한 설치·관리자의 의무위반을 아울러 요구하고 있다는 견해를 따라 영조물의 객관적 요소와 설치·관리자의 주관적 요소를 요건으로 하고 있다고 해석하는 것이 타당할 것이다. 우리의 일부 판례 중에도 영조물 자체에 물적 결함이 존재할 때 하자가 있다고 인정하는 것은 성급한 것이라고 누누이 밝히고 있으며, 그 물적 결함이 야기되도록 방치한 설치·관리자의 작위 또는 부작위 의무위반을 아울러 검토하여야 한다고 판시하는 것은 위와 같은 견해를 지지하는 것으로 해석할 수 있다. 절충설에 의할 때 국가배상법 제5조의 연혁과 입법동기 및 사회적 비용의 적정한 사용이라는 정책적인 측면에서도 타당한 것이라고 볼 수 있다.

7) 그러나 영조물책임에 대한 하자논쟁의 근본적인 해결은 영조물을 공용의 목적으로 제공한 국가 등의 입장과 늘 위험에 노출되어 있는 영조물 이용자의 입장을 아울러 고려할 때 적정한 위험분배라는 차원에서 절충설적 접근이 불가피하더라도 객관설의 논거에 입각한 배상책임의 확장과 그 제도의 운용이 필요함은 다언을 요하지 않는다.

3. 영조물의 설치·관리하자의 일반적 판단기준

영조물의 설치 또는 관리에 있어서의 안전성은 완전무결한 상태를 유지할 정도의 고도의 안전성을 의미하는 것이 아니라 영조물의 위험성에 비례하여 사회통념상 일반적으로 요구되는 정도의 것을 말한다. 영조물이 통상 갖추어야 할 안전성이란 영조물의 '통상의 용법'에 따른 이용에 있어서 당해 영조물이 통상 구비해야 할 안전성이다. 그러므로 영조물의 이용에 수반하여 사고가 발생한 경우에는 당해 영조물의 이용이 통상의 용법에 의하였는가 여부가 중요한 쟁점이 된다. 통상의 용법이 아닌 이상한 용법, 즉 비정상적인 용법에 의한 사고에 대하여서까지 관리자가 책임을 지는 것은 아니라 할 것이다. 따라서 무엇이 이상한 용법에 의한 것인가는 이용자의 사리식별능력을 기준으로 상대적으로 판단할 수밖에 없다 하겠다. 이하에서 영조물의 설치·관리의 하자의 판단기준이 되는 통상의 용법에 따른 이용의 의미에 대하여 살펴보기로 한다.

(1) 통상성과 사회통념

1) 객관설에서는 '통상'성이 하자개념의 중심에 자리 잡고 있다. 그리고 통상성의 판단기준으로서 일반적으로 사회통념이 열거되고 있다. 사회통념이라는 용어가 사용되지 않는다 해도 그것을 당연한 전제로 하고 있다고 여겨지는 것도 적지 않다. 그러나 사회통념이라는 용어는 불확정개념이라 무엇이 사회통념인가를 확정하는 것은 쉽지 않다. 통상성은 영조물의 존재 자체에 부합되도록 설치되고 관리된다는 기대에 부응하는 것은 말한다. 그리고 사회통념은 영조물을 공용에 제공하도록 하는 법령의 취지와 그 영조물의 안전도에 대하여 가지는 일반 국민의 정의관념을 의미한다. 예컨대 도로는 차량과 보행자가 통행하는 시설이라서 고속으로 달리는 자동차가 안전하게 달릴 수 있도록 노면을 정비하고 노상에 장애물이 존재하지 않도록 관리해야 한다. 운전자는 도로에 나서는 순간 그 같은 안전성이 제공된 것으로 믿고 주행하게 된다. 또한 보행자의 안전한 보행을 위해서도 도로의 함몰 등이 발생하지 않도록 도로변의 건축공사의 허가 등을 결정함에 있어서 이를 고려해야 한다. 영조물의 통상성은 영조물을 설치하거나 관리하는 국가나 지방자치단체에게 요구되는 규범이라 할 수 있다. 그리고 이용의 통상적 용법은 영조물을 이용하는 개인에게 요구되는 규범이다. 영조물로 제공된 용법에 맞게 이용하지 않음으로 발생한 손해에 대해서까지 책임을 질 수는 없다.

2) 학설과 마찬가지로 판례 역시 통상성의 판단기준으로 사회통념을 언급하고 있다. 최근의 판례를 보면 "영조물의 설치·보존의 하자라 함은 영조물이 그 용도에 따라 통상 갖추어야 할 안전성을 갖추지 못한 상태에 있음을 말하는 것이고, 영조물의 설치 및 보존에 있어서 항상 완전무결한 상태를 유지할 정도의 고도의 안전성을 갖추지 아니하였다고 하여 영조물의 설치 또는 관리에 하자가 있는 것으로는 할 수 없는 것이므로, 따라서 영조물의 설치자 또는 관리자에게 부과되는 방호조치의무의 정도는 영조물의 위험성에 비례하여 사회통념상 일반적으로 요구되는 정도의

것을 말한다"(대법원 1997. 5. 16. 96다 54102 손해배상(기))라고 판시하고 있다.[137] 그러므로 객관적으로 보아 시간적·장소적으로 영조물의 기능상 결함으로 인한 손해발생의 예견가능성과 회피가능성이 없는 경우, 즉 그 영조물의 결함이 영조물의 설치관리자의 관리행위가 미칠 수 없는 상황 아래에 있는 경우에는 영조물의 설치관리상의 하자가 인정되지 아니한다(대법원 2014. 4. 24. 2014다201087 구상금).[138]

3) 사회통념을 통상성의 판단기준으로 하는 것은 일본도 마찬가지라 할 수 있다. 雄川一郎 박사는 "제방 등의 치수시설을 전혀 구비하지 않은 하천에 대하여 사회통념상 당연히 치수시설을 설치하여야 함에도 불구하고 이를 구비하지 않은 경우라면(예컨대 도시근교의 하천이 방치된 경우), 그것에서 발생하는 위험은 사회통념상 합리적으로 수인되어야 하는 범위를 초과하였기 때문에 행정주체의 부담으로 하는 것이 타당하고, 그 범람으로 인한 손해는 역시 하천이라는 영조물의 설치·관리에 하자가 있다고 해야 한다"[139]고 설명한다. 古崎慶長 판사는 '통상'성에 대하여 "이 통상이라는 문언은 법해석의 엄격성을 갖기 위해서 불가결하고 단순한 문장의 수식

137) 고등학교 3학년 학생이 교사의 단속을 피해 담배를 피우기 위하여 3층 건물 화장실 밖의 난간을 지나다가 실족하여 사망한 사안에서 학교 관리자에게 그와 같은 이례적인 사고가 있을 것을 예상하여 복도나 화장실 창문에 난간으로의 출입을 막기 위하여 출입금지장치나 추락위험을 알리는 경고표지판을 설치할 의무가 있다고 볼 수는 없다는 이유로 학교시설의 설치·관리상의 하자가 없다고 본 사례(대법원 1997. 5. 16. 96다54102 손해배상(기)).

138) 갑이 음주 상태에서 차량을 운전한 과실로 도로가에 설치된 철제울타리를 들이받는 사고가 발생하여 차량 조수석에 같이 탄 을이 사망한 사안에서, 사고지점 도로에 설치된 점등식 시선유도시설이 당시에 꺼져 있었다는 사정만으로는 사고지점 도로의 설치, 관리상의 어떠한 하자가 있었다고 할 수 없다고 한 사례이다. 즉, 원심이 제1심판결 이유를 인용하여 든 위와 같은 사정에 더하여, 기록에 의하면, ① 이 사건 사고장소에 이르기 전에 사고 차량 진행 방향으로 좌로 굽는 도로가 시작되는 지점에 '좌로 굽는 도로' 표지판이 설치되어 있었고 조금 더 진행하면 '우합류도로표지'와 '횡단보도표지'가 설치되어 있었던 점, ② 사고 차량이 진행하는 방향의 도로가 그 우측에 있는 도로와 만나는 지점 직전에는 바닥에 흰색의 정지선이 그어져 있는 점, ③ 이 사건 사고장소 철제울타리 앞에는 경광등이 1개 설치되어 있고 그 경광등에서 10여 미터 가기 전 철제울타리 부근에 가로등이 있으며 그 가로등에도 경광등이 설치되어 있는데, 그 가로등과 경광등들은 모두 사고 차량 진행방향에서 볼 때 쉽게 눈에 들어오는 점 등의 사정을 알 수 있는바, 이러한 사정들을 앞서 본 법리에 비추어 보면, 피고는 영조물인 이 사건 사고지점 도로의 위험성에 비례하여 사회통념상 일반적으로 요구되는 정도의 주의의무를 다하였다고 봄이 상당하고, 이 사건 사고지점 도로에 설치된 점등식 시선유도시설이 당시에 꺼져 있었다는 사정만으로는 이 사건 사고지점 도로의 설치, 관리상의 어떠한 하자가 있었다고 할 수 없는바, 같은 취지에서 원심이 피고에게 이 사건 사고에 대한 손해배상책임을 물을 수 없다고 판단한 것은 정당하고, 거기에 영조물인 도로의 설치, 관리의 하자에 관한 법리를 오해한 잘못이 없다(대법원 2014. 4. 24. 2014다201087 구상금).

139) 雄川一郎, "行政上の損害賠償", 353면.

은 아니다. 통상 갖추어야 하는 안전성을 결여하고 있다는 것은, 안전성을 결여하고 있는 상태가 통상 구비해야만 하는 것이어야 하고 동시에 그것으로 족하다는 의미이다. 그리고 여기서 무엇이 '통상'인지가 중요한 판단의 결정요소가 된다"라고 설명하면서 "영조물이 사고 당시 통상 갖추어야 하는 안전성을 결여하였는가의 여부는 개별적·구체적으로 사회통념에 의하여 결정되는 하나의 가치판단이기 때문에 사안의 성질상 그것 이상의 정의는 곤란하다고 할 수밖에 없다"[140]고 주장하고 있다.

4) 판례와 학설은 통상성의 판단기준으로 사회통념을 들고 있다. 이 개념이 일반적·추상적이어서 그 내용을 명확히 하는 것이 용이하지 않기 때문에 과연 통상성의 판단기준으로서의 유효성을 가질 수 있을 것인지 여부는 의문이다. 확실히 사회통념이라는 용어는 사물의 인식을 애매하게 하고, 또한 이를 정당화하는 용어로 사용되기 쉽지만 개개의 사안에 있어서 규정적 요인이 다양하고 동시에 이들 작용의 상호관련성이 복잡하고 이를 종합적으로 표현하는 용어로 사용되고 있어 그 의미를 확정하는 것은 큰 의미가 있다. 무엇이 사회통념인가는 행정주체 측에서만 판단될 수 없고, 동시에 피해자의 입장에서만 고려될 수 없다. 왜냐하면 사회통념이 일반 사회에서 수용될 수 있는 상식 또는 견해를 지칭하는 의미를 담고 있기 때문이다. 따라서 사회통념의 확정에 있어서 납세자로서의 국민의 의식이나 국가의 재정사정 등을 무시할 수는 없을 것이다. 사회통념의 확정은 어려운 작업이지만 불가능한 것은 아니고, 사회통념은 일반적·추상적 기준이기 때문에 그 확정은 구체적인 사건마다 현출된 원리를 추출하여 정립해가야 한다.

⑵ 영조물관리의 특수성과 사회통념

1) 사회통념이 무엇인가는 영조물의 종류, 장소, 이용 상황 등의 구체적 조건에 따라 차이가 있다. 영조물의 종류가 다르면 안전성의 수준도 다르고, 동종의 영조물이라도 장소나 이용 상황 등에 의하여 안전성의 수준에 차이가 있기 때문이다. 다만 문제가 되는 점은 영조물 등의 특수성을 어느 범위까지 고려해야 하는가에 있다. 예컨대 대표적인 영조물인 도로와 하천에 대하여 보면, 도로는 인공공물로서 개통 자체가 인위적 소산이며 사고를 회피하기 위하여 위험성이 있는 도로의 공용폐지나 일시적인 통행제한이나 폐쇄조치도 가능하다. 그러나 하천은 자연공물로서

140) 古崎慶長, 國家賠償法硏究, 154면.

치수공사에 의하여 안전성을 높여 갈 수는 있으나 도로와 같이 신속한 이용제한을 하거나 폐지하는 것이 쉽지 않거나 불가능하고 수해가 전혀 없도록 하기 위하여서는 막대한 비용, 시간, 인력이 소요된다. 여기에서 안전확보의 요청과 하자의 인정에 있어서 도로와 하천은 차이가 있을 수밖에 없다.

2) 이 점을 중시한 일본의 加治川수해소송의 제1심 판결(新潟地判 소화 50. 7. 12. 判例時報 783호, 3면)은 국가는 하천에 대하여 재해발생방지를 위해서 정치적 책무를 지고 있지만 이는 법률상 절대적 안전확보(결과방지)의무는 아니며, 반면 도로는 법률상 거의 절대적 안전확보의무를 진다. 도로는 자연공물로서 그 개통 자체가 인위적 소산이기 때문에 도로를 개통한 것에 의하여 발생한 사고에 대하여는 국가 등의 행정주체는 일반적으로 위의 사고의 발생을 방지하고 보증해야 할 입장에 있고, 급박한 위험이 있을 때에는 일시폐쇄를 하는 것이 가능하다. 그렇지만 하천의 경우에는 수해를 방지하기 위하여 길고 높은 제방을 구축하는 등의 치수공사를 행하는 외에 다른 방법이 없고, 이것은 막대한 비용과 시간과 인원이 필요하고 도저히 단시간 내에 해내기도 불가능하다. 그러므로 비교적 용이한 위험회피수단의 존재는 법률상 절대적 안전확보의무를 인정하는 근거가 되지만, 도로와 달리 하천에는 그러한 방법이 존재하지 않으므로 상대적 안전확보의무를 지고 있다고 한다.

3) 古崎慶長 판사도 하천에는 그 특질상 또는 그 관리상의 제약으로 다음과 같은 점을 들고 있다.[141] ① 하천은 사고를 방지하기 위하여 도로에 대한 것과 같은 일시적 통행금지의 수단이 없고, ② 하천관리는 유수를 대상으로 하는 것이나, 유수원인 강수량의 정확한 예측과 파악이 어렵고, ③ 하천관리에 있어서는 막대한 투자를 요하므로 모든 하천을 동시에 완전히 정비할 수는 없고(재정적 제약), ④ 하천의 정비에는 장기간이 소요되며(시간적 제약), ⑤ 하천정비계획을 실시하기 위해서는 사유지의 매수 등이 필요하지만, 그 협력을 얻기 어려운 관계로 계획을 변경하거나 차선책을 강구할 수밖에 없는 경우가 발생하고(사권과의 충돌로 인한 제약), ⑥ 도시에의 인구집중에 따라 하천유역이 난개발 되어 소규모의 침수, 일수 등에 의해서도 대규모의 피해가 발생하기 때문에 하천정비사업이 이러한 수해에 적절히 대응하지 못하는 경우가 적지 아니하다(사회적 제약).

141) 古崎慶長, 國家賠償法硏究, 122면~123면.

4) 한편, 도로와 하천 사이에 하자인정의 기준에 차이를 두려는 생각에 대하여 비판적 견해도 많다. 이들 견해는 거의 공통으로 도로와 하천 사이에서 관리에 질적 차이를 인정하려는 것은 부당하다고 하고, 도로에도 인공공물로서의 성격을 가지는 것이 있는가 하면, 자연공물적 성격이 강한 도로도 있어 하천과의 차이는 상대적인 것에 불과하다고 한다.[142] 이들은 더 나아가 수해와 도로재해를 동일한 판단기준으로 처리해야 한다고 한다. 물론 이 같은 비판적 견해와 같이 도로와 하천의 관리책임을 나란히 규정하고 있고 양자의 책임에 있어서의 질적인 차이를 인정하지 않고 있다는 점에서는 타당성이 없지 않지만, 도로와 하천의 차이가 상대적이라고 하더라도 그 차이를 전적으로 무시하는 것은 타당하지 않다 하겠다. 그러므로 영조물의 종류에 따른 특수성은 어느 정도 고려하지 않으면 안될 것이고, 그 특수성은 일반적으로 재정적, 기술적, 사회적 제약으로서 구체화될 수 있을 것이다.

(3) 통상성과 관리의 일반적 수준

1) 통상성의 판단기준으로서 사회통념 외에 '관리의 일반적 수준'이 거론되고 있다. 일본에서는 오래전부터 수해소송에서 이 개념을 사용하여 왔고, 우리나라 역시 최근 홍수조절에 관한 다목적댐 설치·관리상의 하자의 인정기준에 대하여 이를 인정하고 있다. 수해소송에서 하천 또는 댐 관리의 일반적 수준이 문제되지만, 관리뿐만 아니라 설치의 일반적 수준도 역시 고찰되어야 할 것이다. 판례 역시 이 같은 입장에 서 있음을 알 수 있다.

국가가 하천에 설치하는 다목적댐의 규모와 시설은 당해 하천의 특성, 그 유역의 강우상황, 유수량, 지형 기타 자연적 조건, 유역 부근 토지의 이용 상황 기타 사회적 조건 및 댐의 용도와 댐 공사의 경제성 등 여러 관점을 종합적으로 참작하여 결정하는 것이므로, 홍수조절과 관련하여 다목적댐의 규모와 시설에 설치상 하자가 있다고 하기 위하여는, 댐의 설치 당시 여러 관점을 종합하여 볼 때 홍수조절을 위하여 댐 규모, 수위의 조정 등의 조치가 필요불가결한 것임에도 불구하고 이를 하지 아니하였음이 댐 설치의 일반기준 및 사회통념에 비추어 명백하다고 볼 만한 사정이 인정되어야 한다(대법원 1998. 2. 13. 95다44658 손해배상(기)).[143] 따라서 댐의 설

142) 潮海一雄, "大東水害訴訟最高裁判決の問題點", 法律時報 56권 5호, 57면.

143) 댐이 건설되면 정도의 차이는 있으나 댐의 상류로부터 저수지에 토사가 유입, 퇴적되어 시간이 경과함에 따라 저수지의 저수용량이 점차 감소되는 것은 불가피한 현상이라고 할 것인바, 이와

치 당시 여러 관점을 종합하여 볼 때, 홍수조절을 위하여 댐 규모, 수위의 조절 등의 조치가 필요 불가결한 것임에도 불구하고 이를 하지 아니하였음이 댐 설치의 일반기준 및 사회통념에 비추어 명백하다고 볼 만한 사정이 인정되어야 한다.

2) 일본의 安曇川제방사건 상고심판결은 하천관리자에게 그러한 의무가 있다고 하기 위해서는 모든 관점에서 종합적으로 판단하여 하천관리상 그 지점에 하천관리시설을 설치하는 것이 필요 불가결하다는 것이 분명하며, 이를 방치하는 것이 하천관리의 일반적 수준 및 사회통념에 비추어 하천관리자의 태만인 것이 명백하다고 할 수 있는 특별한 사정이 있는 것을 필요로 한다고 하지 않으면 안 된다(最判 소화 53. 3. 30. 民集 32권 2호, 379면)고 하였다.

3) 또한 加治川수해소송 항소심판결은 "본건 제방이 … 파제(破堤)된 것은 본건 가제방이 당시의 하천공사의 일반적 수준 및 사회통념상 구비해야 하는 통상의 안전성을 결여하고 있었다는 것으로 보기보다는 위 강우, 홍수의 규모가 이상적이라서, 전기와 같이 제약된 여러 조건하에서 축조된 가제방이 견딜 수 있는 강도를 넘고 있었기 때문이라고 인정함이 상당하다"(東京高判 소화 56. 10. 21. 下民集 32권 9-12호, 902면)고 하고 있다. 그리고 大東수해소송 상고심판결은 "당해 하천관리에 대한 하자의 유무는 과거에 발생한 수해의 규모, 발생의 빈도, 발생원인, 피해의 성질, 강우상황, 유역의 지형 기타 사회적 조건, 개수를 요하는 긴급성의 유무 및 그 정도 등 제반사정을 종합적으로 고려하여 … 전기 여러 제약하에서의 동종·동 규모의 하천관리의 일반적 수준 및 사회통념에 비추어 시인할 수 있는 안전성을 구비하고 있는지 여부를 기준으로 하여 판단하여야 한다고 해석함이 상당하다"(最判 소화 59. 1. 26. 民集 38권 2호, 53면)고 판시하였다.

4) 위와 같이 판례는 하자판단의 기준으로서 사회통념과 함께 '관리 등의 일반적 수준'을 제시하고 있다. 그런데 판단기준으로서 사회통념 외에 관리의 일반적 수준을 필요로 하는 이유와 관리의 일반적 수준이 무엇인가에 대하여는 명확하지

같이 댐의 저수용량이 감소되는 경우 홍수조절과 관련하여 댐 관리에 하자가 있다고 하기 위하여는 댐의 저수용량의 감소로 인하여 수해발생의 위험성이 현저히 증가하였음에도 불구하고 위험성을 배제하거나 감소시키기 위하여 상당한 조치를 하지 아니하였음이 댐 관리의 일반수준 및 사회통념에 비추어 명백하다고 볼 만한 사정이 인정되어야 한다(대법원 1998. 2. 13. 95다44658 손해배상(기)).

않다. 일반적 수준이 논의되기 시작한 것은 주로 加治川수해소송 항소심판결과 大東수해소송 상고심판결에서였는데, 이에 대하여 찬반양론이 있다. 긍정적 견해를 취하는 견해는 "현상적으로 상당규모의 하천에는 일단 개수, 치수계획이 정해져 있고, 그것이 모여 전국적인 계획이 되어 예산배분이 되기 때문에 직접 각각의 하천에 대하여 개수계획의 합리성, 타당성을 검토하면 충분하기 때문에 이 판결의 판단방법을 시인할 수 있을 것이다"라고 평가하고 있다.[144)]

반면, 비판적 견해에서는 "동종·동 규모의 하천관리의 일반수준이 국가의 태만으로 상대적으로 낮은 경우 수해소송은 승산이 없는 것으로 된다. 그리고 이것은 현상 긍정 바로 그것이다"[145)]라고 비판하고 있다. 그리고 "일반적으로 영조물의 설치관리의 하자인 통상 갖추어야 할 안전성의 결여유무가 사회통념에 따라서 행해져야 할 것이라고 한다면, 본건 판결(大東수해소송 상고심판결)에 있어서 사회통념에 더하여 하천관리의 일반수준이라는 기준이 하천관리의 하자판단 기준에 포함되는 것은 하천관리에 대한 현상 추인적인 기능을 갖고 있다는 것을 뜻한다. 즉, 사회통념이라는 기준은 그 의미내용이 불명확한 점은 있으나 당위의 요소를 포함한 규범적 관념의 측면이 있는 것으로 생각되지만, 이에 대하여 하천관리의 일반수준이란 바로 현상이므로 현재의 일반수준에 도달하고만 있으면 하자의 존재를 부인하는 방향으로 작용한다는 의미에서 현상 추인적이라고 할 수 있다"[146)]고 설명하고 있다.

5) 관리의 일반적 수준에 대하여 위와 같은 견해가 대립하고 있지만, 비판적 견해가 문제로 삼고 있는 점은 이 판단기준이 전적으로 현상추인적 기능을 하고 있다는 것이다. 大東수해소송 판결에서 판시하고 있는 동종·동 규모의 하천이란 도대체 어떠한 하천을 지칭하는 것인지 불명확하고, 설령 이것이 명확하다고 할지라도 전국의 하천관리의 현상이 반드시 충분하다고 할 수 없는 사정을 고려하면 비판적 견해도 수긍할 점이 있다 할 것이다.

6) 그러므로 일반적 수준이 현상 긍정적으로 작용한다는 측면이 있으므로 이를 하자판단기준으로 도입하는 것은 의문이라 하겠다.[147)] 반면, 판례에서 일반적

144) 西埜 章, 國家賠償責任と違法性, 216면.
145) 古崎慶長, 國家賠償法硏究, 144면.
146) 芝池義一, "行政裁量と河川管理責任", 法律時報 56권 5호, 52면.
147) 西埜 章, 國家補償法, 310면.

수준을 하자판단기준으로 도입한 것은 수해가 발생한 당해 하천에 있어서 관리자가 사전에 수해가 발생하지 않도록 하여야 할 주의의무의 기준을 관리의 '일반적 수준'이라는 의미일 것으로 추측된다. 특별히 하천의 관리는 정확한 홍수의 예측이 쉽지 않고 그 재해를 예방하기 위한 조치에도 한계가 있다는 점에서 수해 당시에 통용되는 관리의 일반적 수준의 범위에서 하자유무를 판단하려는 취지로 여겨진다. 그러므로 일반적 수준을 도입하는 것이 발생한 하자에 대한 현상 긍정적이라는 비판은 타당하지 않다. 또한 판례에서 사회통념과 함께 일반적 수준을 거론하고 있는 것을 보면 양자가 서로 다른 기준이라고는 볼 수 없다고 여겨진다.

⑷ 통상성과 영조물의 통상의 용법에 의하지 않은 이용행위

영조물의 이용에 따르는 사고가 발생한 경우에도 당해 영조물의 이용이 통상의 용법이었는지 여부가 문제된다. 통상의 용법에 의한 이용행위란 영조물의 종류에 따른 고유한 기능에 부합된 이용자의 이용행위를 말한다. 통상의 용법에 의하지 않은 행동에 의하여 발생한 손해까지 관리자가 책임을 져야 할 이유는 없기 때문이다. 그런데 영조물을 통상의 용법에 따라 이용하면 문제될 수 없지만, 피해자가 통상의 용법에 의하지 않은 비정상적인 행동(이용)을 하였기 때문에 손해가 발생한 경우가 있다. 무엇이 통상의 용법에 의하지 않은 행동 내지 비정상적인 행동인지는 당해 이용자의 사리식별능력에 따라서 상대적으로 판단하게 된다. 예컨대 고속도로에 오토바이를 타고 운행하거나 경운기를 운전하는 행위는 통상의 용법에 의하지 않은 이용행위라 볼 수 있다. 자동차 전용도로를 무단횡단하는 행위 역시 이에 해당된다.

그러한 경우에도 영조물이 통상 갖추어야 하는 안전성의 유무가 문제된다. 그렇지만 이러한 무모한 이용에 대해서도 안전성을 확보해야 한다면 국가 예산이라는 자원배분의 관점에서 불합리하다. 사회는 상호간에 사고예방을 위한 주의와 배려에 의하여 성립한다. 피해자의 이용방법이 비정상적인 경우에는 사회에서 위험회피책임의 분담에 의하여 행정과 피해자의 수비범위의 분담이라는 문제가 제기된다.[148] 다만 통상의 용법에 의하지 않은 행동 내지 이상한 행동이 손해배상책임을 면제할 수 있는 독립된 판단기준이 될 수 있는지에 대하여는 조심스런 접근이

148) 阿部泰隆, 國家補償法, 207면.

필요하다.

1) 통상의 용법에 의하지 않은 행동으로 본 판례

㈎ 영조물은 각자 고유한 기능이 있다. 하천은 제방에 의하여 물이 특정 물길을 따라 흐르도록 조성되며, 공중화장실은 용변을 해결하도록 할 목적으로 제공된다. 홍수로 급류상태가 된 대규모 하천에서 수영을 하던 중 익사한 사고는 하천 본래의 용도에 적합한 이용행위라 보기 어렵다. 또한 공중화장실에서 용변을 보는 것이 아니라 그 옥상에 오르려다 추락하여 발생한 사고 역시 통상의 용법에 의하지 않은 행동으로 볼 수 있다.

㈏ 통상의 용법에 의하지 않은 피해자의 비정상적인 행동에 의한 것이라는 이유로 국가의 손해배상책임을 부정한 판례가 있다. 그러나 반드시 통상의 용법에 의하지 않은 행동과 이상한 행동의 양자를 동시에 언급하고 있는 것은 아니지만, 양자는 결국 동일한 취지라고 여겨진다. 고등학교 3학년 학생이 교사의 단속을 피해 담배를 피우기 위하여 3층 건물 화장실 밖의 난간을 지나다가 실족하여 사망한 사안에서, 원심판결은 "이 사건 사고장소인 화장실 뒤쪽 난간은 위 강화고등학교 학생들이 교사들의 눈을 피하여 흡연하는 장소로 이용되기도 하여 위와 같은 추락사고가 발생할 위험이 있었으므로 사춘기 소년을 교육하는 학교시설로서는 안전성이 결여된 것으로 보이므로 마땅히 출입금지장치를 하여 출입을 금지시켰어야 했는데도 그러한 장치를 하지 아니하였다는 이유로 학교시설의 설치·보존의 하자"를 긍정하였다(서울고등법원 1996. 11. 7. 96나17570). 그러나 대법원은 학교 관리자에게 그와 같은 이례적인 사고가 있을 것을 예상하여 복도나 화장실 창문에 난간으로의 출입을 막기 위하여 출입금지장치나 추락위험을 알리는 경고표지판을 설치할 의무가 있다고 볼 수는 없다는 이유로 학교시설의 설치·관리상의 하자가 없다(대법원 1997. 5. 16. 96다54102 손해배상(기))고 판시한 바 있다.[149)]

149) 기록에 의하면, 위 학교건물 3층 외곽 난간은 폭이 약 40cm이고, 바닥에서 바깥 턱까지 높이는 약 25cm로 각 층마다 화장실을 빙 둘러 있으며, 벽면에 떨어진 빗물의 배수로 기능, 아래 창문의 비가리개 기능 및 창턱에서 실수로 추락시 안전장치 기능을 갖는 것이고(기록 205면 참조), 그 난간은 사람이 통행할 수 있도록 설치되어 있는 것은 아닌 사실을 알 수 있으며, 또 기록상 위 난간이 그 본래의 용도에 사용되는 한 어떠한 하자가 있다고 볼 만한 아무런 자료가 없는바, 따라서 설사 원고들 주장과 같이 위 3층 화장실 문이 어떤 이유에서인지는 모르나 잠겨 있었다고 하더라도 을 제1호증의 2의 기재에 의하면, 2층 화장실 문이 열려져 있었던 사실을 인정할 수 있으므로, 위 어광진 등 학생이 위 난간을 통하여 화장실로 가는 것을 막기 위한 어떠한 장치를

㈐ 민법상 공작물에서 발생한 사고라도 그것이 공작물의 통상의 용법에 따르지 아니한 이례적인 행동의 결과 발생한 사고라면, 특별한 사정이 없는 한 공작물의 설치·보존자에게 그러한 사고에까지 대비하여야 할 방호조치 의무가 있다고 할 수는 없다(대법원 2006. 1. 26. 2004다21053 손해배상(기))면서, 망인이 스키장 내 슬로프에서 스키를 타고 내려오던 중 넘어지면서 안전망에 부딪쳐 사망한 사안에서, 위 안전망이 통상 갖추어야 할 안전성을 갖추지 못하고 있다거나 그 관리자가 위 안전망을 설치·관리함에 있어 이용자에 대한 안전배려의무를 다하지 못한 과실이 있다고 볼 수 없다고 한 바 있다.[150]

하여야 할 필요성이 전혀 없을 뿐 아니라 위 난간은 사물에 관한 어느 정도의 변별능력을 갖춘 고등학교 3학년 학생들이 교사의 단속을 피하여 담배를 피우겠다는 등의 비정상적인 목적을 위하여 무리하게 들어가지 않는 한 어떤 위험성이 있는 것이라고 하기 어렵다. 사정이 위와 같다면, 피고에게는 학생들이 원칙적으로 출입할 수 없는 위 난간에 넘어 들어가 흡연을 하다가 실족하는 이례적인 사고가 있을 것을 예상하여 위 복도나 화장실 창문에 위 난간에의 출입을 막기 위하여 출입금지장치나 추락위험을 알리는 경고표지판을 설치할 의무가 있다고 할 수 없고, 따라서 피고가 출입금지장치 등을 설치하지 아니하였다고 하더라도 그로써 사회통념상 일반적으로 요구되는 방호조치의무를 위반하여 위 학교시설에 설치 또는 관리에 하자가 있다고 볼 수는 없을 것이다. 그럼에도 불구하고, 원심이 피고가 위 창문에 출입금지장치 등을 하지 않았다고 하여 이를 학교시설의 설치 또는 관리에 하자가 있다고 보았음은 영조물 설치 또는 보존의 하자에 관한 법리를 오해한 위법을 저질렀다고 할 것이고, 이러한 위법은 판결 결과에 영향을 미쳤음이 분명하므로 이 점을 지적하는 상고이유의 주장은 이유 있다(대법원 1997. 5. 16. 96다54102 손해배상(기)).

150) 원심은 그 채택 증거를 종합하여 판시와 같은 사실을 인정한 다음, 이 사건 안전망의 경우 지면에서 40cm 정도 떨어져 설치되어 있는데, 통상적으로 스키어들이 스키를 타는 도중에 균형을 잃거나 방향을 제어하지 못하여 안전망과 충돌하는 경우에 스키어들의 안전을 위해 설치한 망에 스키가 걸림으로써 오히려 스키어가 더 심한 부상을 입게 되는 것을 방지하고자 안전망을 지면과 일정한 간격을 두고 설치하였던 것인 점에 비추어 볼 때 그 정도의 간격은 적절하다고 보이고, 이와 달리 그 간격이 지나치게 넓다고 보이지 않으므로, 위 안전망을 설치·관리하는 피고에게 안전망이 통상 갖추어야 할 정도의 안정성을 갖추도록 요구하는 외에 어떠한 형태의 사고도 일어나지 않도록 모든 경우에 대비한 시설을 갖출 것을 요구할 수는 없고, 안전망을 지면에 붙여 설치할 경우 오히려 더 많은 사고발생의 우려가 있으며, 스키라는 운동은 그 특성상 슬로프에서 미끄러지거나 넘어지는 등의 위험이 수반되는 것으로서 이를 즐기는 사람들도 그러한 위험을 감수하고 스키를 타게 되는데, 이 사건 사고지점은 심하게 경사가 지거나 구부러진 곳이 아님에도 망인은 안전펜스 옆에서 스키를 타다가 제대로 회전을 하지 못하여 안전망에 부딪치게 되었던 점을 감안하여 보면, 이 사건에 있어서 이 사건 사고가 발생하였다는 결과적인 면이나 안전망의 재질이 플라스틱이라는 점만을 들어 피고가 설치한 안전망에 통상 갖추어야 할 안정성이 결여된 하자가 있었다고 단정할 수 없고, 피고가 위 안전망을 설치·관리함에 있어 이용자에 대한 안전배려의무를 다하지 못한 과실이 있다고 볼 수도 없다고 판단하였다. 앞서 본 법리와 기록에 비추어 살펴보면 원심의 위와 같은 사실인정과 판단은 정당하고, 거기에 상고이유의 주장과 같이 공작물의 설치·보존상의 하자에 관한 법리를 오해하는 등의 위법이 없다(대법원 2006. 1. 26. 2004다21053 손해배상(기)).

㈑ 그리고 행인이 여관 건물의 배수관 보호벽 위에 올라가 여관 내부를 엿보려다 보호벽이 무너져 사망한 사건에서 그 보호벽의 설치·보존상의 하자를 부인한 사례도 같은 취지로 볼 수 있다. 배수관이 설치된 여관 앞 골목길은 평소에 여관 내부를 엿보려고 하는 행인들이 있었고 그러한 사람들이 배수관을 잡고 올라가는 경우가 있어 배수관이 자주 훼손되므로 여관 주인이 이를 방지하기 위하여 보호벽을 설치하게 되었으며, 보호벽을 설치하면서 보호벽의 맨 윗부분에 여러 개의 못까지 박아 두었는데, 행인이 음주를 한 상태에서 여관의 내부를 들여다보기 위하여 그 보호벽을 타고 올라가다가 보호벽이 무너지는 바람에 사고를 당하게 된 경우, 그 보호벽의 본래의 용도는 어디까지나 배수관이 훼손되는 것을 방지하기 위한 것이므로, 보호벽이 스스로 넘어지지 않을 만큼의 견고성을 갖도록 설치하였다면 이로써 보호벽은 일단 본래의 용도에 따른 통상적인 안전성을 갖추었다고 할 것이고, 그와 같이 보호벽 윗부분에 못을 박아 사람들이 보호벽 위로 올라가서 여관방을 들여다보는 것을 방지하는 조치까지 취하였음에도 불구하고 행인들이 윗부분에 꽂혀 있는 못에 찔려 다칠 위험을 무릅쓰고 보호벽에 올라가 여관 내부를 들여다보는 부정한 행위를 저지를 것까지 예상하여 보호벽을 설치·관리하는 여관 주인에게 이러한 경우까지 대비한 방호조치를 취할 의무는 없다는 이유로 그 보호벽의 설치·보존상의 하자를 부인한 사례(대법원 1998. 1. 23. 97다25118 손해배상(기))가 있다.

㈒ 일본의 판례 중 6세의 남아가 철망이 없는 도로의 방호책에서 놀던 중에 전락(轉落)한 사건에서 제1심 판결은, 본건 방호책의 설치 후 본건 사고 이전에도 유아 및 어른의 전락사고가 각 1건씩 발생하였던 점, 이 사건 방호책 그 자체가 유아의 놀이도구가 되고 전락사고를 유발하기 용이한 구조를 갖고 있는 점, 이 도로는 교통량도 적지 않고 부근에는 적당한 놀이터도 없기 때문에 유아의 놀이터가 된 점, 근처 고교에서 본건 도로의 위험성을 지적하였던 점 등을 인정하여 하자를 긍정(神戶地判 소화 48. 8. 9. 判例時報 763호, 79면)하였다.

그러나 최고재판소에서는 "본건 방호책은 이 사건 도로를 통행하는 사람이나 자동차가 잘못하여 전락하는 것을 방지하기 위하여 설치된 것이고 … 그 재질, 높이 기타 구조에 비추어 통행시에 전락방지의 목적에서 보면, 그 안전성에 결함이 없었다"고 하면서 본건 "전락사고는 동인이 당시 위험성의 판단능력이 결여된 6세의 유아였다고 하더라도 … 도로 관리자는 통상예측할 수 없는 행동에 의한 것이고 … 통상의 용법에 의하지 않은 행동의 결과로 발생한 사고에 대하여" 도로관리자는 책임을 부담하지 않는다(最判 소화 53. 7. 4. 民集 32권 5호, 809면)고 판시하였다.

㈓ 이 사건의 쟁점은 도로의 방호책에 올라가 노는 것이 통상의 이용인가 이상한 이용인가에 있다. 그것은 이 사건 하급심에서의 구체적인 사실인정에도 영향을 미치고 있다. 놀이터가 거의 없는 지역에서는 아이들은 도로에서 놀지 않을 수 없고, 아이들은 위험에 대한 판단능력이 높지 않고 모험심이 강하여 어른 입장에서 보면 위험한 놀이도 자주 하는 것을 본다. 그렇다면 이러한 놀이로 야기된 위험은 본인의 책임인가 도로관리자가 그것까지 배려하여 방호책을 설치해야 하는가에 대하여 의견이 분분할 수 있다. 이 사건 사고장소의 도로는 3m의 생활도로로써 아이들의 놀이터가 되고 있음에도 비정상적인 이용방법이라고 판시한 것은 현실을 무시한 것이라는 비판이 있을 수 있다.

2) 통상의 용법에 의한 행동으로 본 판례

㈎ 3세 7개월의 여아가 아동공원에서 놀던 중 그 근처의 수영장과의 사이에 길이 약 1.5m에서 1.8m의 높이로 된 철망을 넘어서 수영장에 떨어져 익사한 사건에서 일본 최고재판소는 그 철망은 유아도 오를 수 있는 구조인 반면, 아동공원에서 놀던 유아에게는 수영장은 매우 매혹적인 존재이기 때문에 본건에서 유아가 철망을 올라 수영장 내에 들어가게 된 것은 관리자에게 예측할 수 없는 행동이 아니고 결국 본건 수영장은 통상 갖추어야 하는 안전성을 결여하였다(最判 소화 56. 7. 16. 判例時報 1016호, 59면)고 판시하였다. 여아가 철망을 넘어가지 못하도록 상당한 높이로 설치하지 않은 점은 설치의 하자로, 여아가 그 철망을 넘어가 익사하게 된 점에 관한 관리의 하자가 문제되는 사안이다. 아동공원의 책임의 범위를 산정함에 있어 부모의 과실도 참작하게 될 것이다. 이 판결에서 하자가 인정된 것은 아동공원에 있는 수영장은 아동에게 매혹적인 존재(매혹물의 법리)라는 점에 있다. 이 사건은 한정적으로 적용되어야 할 사례로서 실제로 최고재판소는 하자개념을 완화(과실상계 ⅔)하여 판시하였다.

㈏ 또 다른 사례로서는 공립중학교의 비품인 지도 괘봉을 학생이 휘두르는 바람에 다른 학생의 눈에 맞아 실명된 사건에서 "본건 봉(捧)은 중학생이라고는 하나

아직 충분하게 사려분별을 갖추었다고 할 수 없는 남학생에게는 흥미를 끌기에 충분한 것이고, 이를 입수한 경우에는 휘두르거나 혹은 찌르는 등의 행동으로 나올 것은 충분히 예상되고 … 더구나 위와 같은 유희구로 사용한 경우의 위험성이 상당히 높은 점도 충분히 예측되는 것이다"(東京地判 소화 60. 11. 20. 判例タイムズ 614호, 95면)라고 판시하여 당해 지도 괘봉의 관리에 하자가 있었음을 인정하고 있다. 이러한 이용이 지도 괘봉의 본래의 용법이 아닌 것은 분명하지만, 이 판례는 중학생에게 있어서는 비정상적인 용법이라고 말할 수 없다[151]는 전제에 서 있음을 엿볼 수 있다. 그러나 위 판례에서 지도 괘봉의 관리의 하자로 인정하는 것은 영조물책임의 범위를 지나치게 확대한 것이고, 오히려 지도 괘봉을 학생들이 학습목적 이외의 용도로 사용하지 못하도록 학생을 지도·감독하여야 할 의무를 해태한 교사에 대한 책임을 물어야 할 사안으로 공무원의 직무상 위법행위로 인한 우리 국가배상법 제2조의 문제라고 생각한다. 이와 달리 판단능력이 충분하지 않은 중학생이 학교비품을 가지고 장난을 하다가 사고가 난 경우에 학교비품의 통상 갖추어야 할 안전성은 이러한 경우까지를 고려한 안전성이어야 한다는 견해[152]도 있다.

3) 통상의 용법의 불요성 문제

㈎ 판례·학설의 대세는 영조물의 통상의 용법에 의하지 않은 행동에 의한 손해에 대하여 국가의 배상책임을 부정하고 있다. 이러한 견해는 상식적으로 적합하고 국가의 배상책임의 한계를 정하는 데 유효한 것으로 받아들여지고 있다. 그러나 통상의 용법에 대하여 의문을 표시하는 견해도 있다.[153]

㈏ 우선 통상의 용법의 범위에 대한 것이다. 영조물은 전부 각자의 목적을 달성하기 위하여 설치·관리되고 있기 때문에 통상의 용법 그 자체를 명확히 하는 것은 그렇게 곤란한 것은 아니다. 그렇지만 위의 판례에서도 통상의 용법의 범위를 문자 그대로 협의로 제한하고 있는 것만은 아니다. 반면 통상의 용법의 범위를 넓게 해석한다면 그 범위를 획정하는 것이 곤란하게 될 것은 당연한 이치이다. 이는 결국 통상의 용법의 유효성을 거의 소실시키는 것이 된다. 또한 통상의 용법에 의하지 않은 행동이 있었는가 여부를 판단의 기준으로 하는 것은 보강적인 의미를 갖

151) 宇賀克也, 國家補償法, 257면.
152) 박균성, 행정법강의(제12판), 532면.
153) 西埜 章, 國家賠償責任と違法性, 227면.

는 것이라 할지라도 불필요한 것이 아닐까 하는 견해도 경청할 여지가 있다.

(다) 그러나 통상의 용법에 따르지 않은 이용행위라도 그것이 일반화되어 관리자에게도 예견될 수 있는 사정과 같은 특별한 사정이 없는 한 영조물은 그 본래의 용법에 따라 이용되어야 하고, 갖추어야 할 안전성도 그러한 관점으로부터 판단되어야 할 것이므로 통상의 용법은 검토사항으로 필요하다고 할 것이다.

4. 영조물책임의 면책사유

국가배상법 제5조의 책임이 성립하기 위해서는 손해가 발생하였어야 하고, 영조물의 하자와 손해 사이에 상당인과관계가 있어야 함은 불법행위 일반에 있어서와 같다. 그리고 불가항력의 경우에 면책되는 것도 그러하다. 다만, 영조물의 하자로 인한 책임에 있어서는 특별히 다음과 같은 점들이 영조물책임의 면책사유 또는 감면사유로 문제가 된다.

(1) 불가항력

불가항력이라 함은 천재지변과 같이 인간의 능력으로는 예견할 수 없거나, 예견할 수 있어도 회피할 수 없는 외부의 힘에 의하여 손해가 발생한 경우를 말한다. 불가항력의 개념은 로마 법학자들이 사용한 'vis maior'라는 용어에서 비롯되었고, 그 내용을 둘러싸고 다양한 견해의 대립이 있다. 불가항력이라는 용어는 실정법상 산재하여 있으나 그 내용은 조문에 따라 동일하지 않다. 국가배상법 제5조의 영조물책임에 관하여는 특별한 규정이 없지만, 불가항력이 면책사유가 되는 점에 대해서는 판례[154]와 학설이 일치하고 있다. 물론 이 경우에도 영조물이 통상적으로 요구되는 물적 안전성은 갖추고 있어야 한다는 것이 통설이다. 불가항력은 하자와 별개로 존재하는 것은 아니다. 하자가 없더라도 손해가 발생하면 불가항력에 의한 것으로 국가 등의 배상책임은 발생하지 않는다.[155] 불가항력이 면책사유가 된다고 할

154) 북악 스카이웨이에 있는 도로가 위와 같이 붕괴된 것은 전대미문의 폭우 때문에 불가항력으로 인한 것이라 할 것이고, 그것이 피고가 위 도로를 설치·관리함에 있어 하자가 있었기 때문에 그렇게 된 것이라 인정할 수 없다(대법원 1978. 2. 14. 76다1530 손해배상)고 판시하여 불가항력에 의한 면책을 인정하고 있다.

155) 西埜 章, 國家補償法, 298면.

때 그 근거에 관하여 견해의 대립이 있다.

1) 학 설

(가) 천재지변과 같이 인력으로 막을 수 없는 재난이 원인이 되어 영조물에 손해가 발생한 경우에는 불가항력(höhere Gewalt)에 의한 경우로 면책사유가 된다는 것이 일반적 견해이다. 행정주체가 천재지변을 예방하는 것은 불가능하기에 그에 대하여 책임을 물을 수는 없기 때문이다. 천재지변의 사유로는 폭풍우, 폭설, 가뭄, 지진, 낙뢰 등을 들 수 있다.[156] 불가항력은 집중호우나 폭우로 인하여 제방이 붕괴되는 등의 수해사건에서 주로 문제된다.

(나) 천재지변이 면책사유가 되기 위해서는 영조물 자체는 통상적으로 갖추어야 할 안전성을 구비하고 있어야 한다. 안전성이 있음에도 손해가 발생한 경우에는 불가항력으로서 국가 등은 책임을 지지 않는다는 것이다.[157] 그러므로 폭우 등의 재해가 과거에 경험해 본 범위 내의 것으로 예측가능성이 있다면,[158] 국가 등은 그에 대처할 시설을 했어야 할 의무를 진다. 그 점에서 천재지변의 요건을 인간의 능력으로 예견할 수 없거나(예견가능성), 예견할 수 있어도 회피할 수 없는 외부의 힘에 의하여 손해가 발생한 경우(결과회피조치의 가능성)를 들 수 있다.[159] 영조물이 통상의 안전성을 갖추지 못한 하자가 존재함으로써 손해가 발생·확대되었다면 국가는 그 한도 내에서 책임을 져야 한다.[160]

(다) 민법상 공작물책임에서도 손해가 하자의 유무와 관계없이 발생했다고 생각되는 경우에는 특히 불가항력에 의하여 발생한 것이라면 면책이 인정된다.[161] 그러나 점유자가 손해의 방지에 필요한 주의를 해태하지 아니한 때에는 그 책임을 지지 않고 소유자가 그 손해를 배상할 책임이 있다(민법 758① 후문). 점유자의 이 면책사유는 점유자가 증명해야 한다. 고속도로의 관리상 하자가 인정되는 이상 고속도로의 점유관리자는 그 하자가 불가항력에 의한 것이거나 손해의 방지에 필요한 주의를 해태하지 아니하였다는 점을 주장·입증하여야 비로소 그 책임을 면할 수 있다

156) 홍준형, 행정법, 640면.
157) 김동희, 행정법 I (제20판), 590면; 홍준형, 행정법, 640면.
158) 김남진·김연태, 행정법 I (제16판), 608면.
159) 박균성, 행정법강의(제12판), 540면.
160) 홍정선, 행정법특강(제14판), 530면.
161) 박준서 편집대표, 주석 민법[채권각칙(8)], 474면.

(대법원 2008. 3. 13. 2007다29287 손해배상(기)).[162] 그러므로 불가항력으로 면책사유가 되는지 여부는 소유자에게 특히 실익이 있다.

㈑ 일본에서도 불가항력이 면책사유가 되는 것과 관련하여 논의가 활발하다. 객관설을 주장한 古崎慶長 판사는 "무과실책임을 규정한 제2조는 불가항력을 면책사유로 하지만, 영조물의 설치·관리의 하자유무를 객관적으로 보는 객관설을 취하는 한, 불가항력은 객관적 외력으로 파악하지 않으면 안 된다. 여기에서는 관리자의 주관적 주의능력이나 주의의 범위를 문제로 할 여지는 없다"[163]고 한다. 다만 古崎慶長 판사는 '설치·관리의 하자작용의 불완전·과실'에 의하여 발생한 '물적 안전성의 결여'라는 전제조건하에서의 영조물하자설이고, 무조건 이 견해를 주장할 수 없기에 그 전제조건의 유무판단 부분에서 불가항력을 논할 여지가 있게 된다.

古崎慶長 판사의 견해 자체가 赤色灯標柱가 노상에 전도되어 야기된 사고에 관한 最高裁 소화 50. 6. 26. 판결(民集 29권 6호, 851면)에 관하여 "시간적으로 지체 없이 현상으로 복구할 수 없는 사이에 발생한 사고를 불가항력에 의한 사고로 보고 있는 것은 차이가 없다. 결국 도로의 안전성 결여가 관리자의 관리작용의 불완전, 불충분에 근거한다고 말할 수 없다는 것이다"[164]라고 하고 있는 점에서 그 취지가 분명하다. 그러나 관리작용의 불완전, 불충분 즉 과실을 문제로 하고 있는 한 의무위반설과의 구별을 찾아내는 것은 곤란하다.

㈒ 반면, 의무위반설을 주장하는 植木 哲 교수는 불가항력의 문제를 다음과 같이 정리하고 있다. 첫째로 손해발생에 대하여 예견가능성이 없다. 자연현상의 발생에 대하여는 예견할 수 없다는 것이다. 그 때문에 손해의 회피가능성이 없는, 즉 사회현상으로서의 재해의 회피가능성이 없는 경우이다. 이 경우에는 영조물의 설치·관리자에게 있어서는 유책적 요소로서의 의무위반이 존재하지 않기 때문에 손해회피의무위반이 존재하지 않음은 당연하다. 이것이야 말로 진정한 의미에서의 불가항력이라 할 수 있다. 둘째로 손해발생과 관련하여 자연현상의 발생은 예견가능성이 있지만, 이른바 사회현상으로서의 재해발생에 관한 회피가능성이 존재하지 않

162) 원심이 제1심판결을 인용하여, 이 사건 각 고립구간의 교통정체 및 고립이 전혀 예측할 수 없는 천재지변이거나 피할 수 없는 불가항력에 해당한다고 볼 수 없다고 판단하여 피고의 면책 주장을 배척한 것은 정당하다(대법원 2008. 3. 13. 2007다29287 손해배상(기)).

163) 古崎慶長, "國家賠償法 第二條の考察(4)", 民商法雜誌 제62권 5호, 795면.

164) 古崎慶長, 國家賠償法の理論, 165면.

는 경우가 있다. 이것은 영조물 관리자에게 유책적 요소로서의 의무위반은 존재하지만, 손해회피의무위반이 존재하지 않는다고 하는 경우이다. 환언하면 영조물 관리자에게 위법성조각사유가 존재하지 않는 것의 다른 표현에 불과하고 본래의 불가항력의 문제는 아니다. 따라서 여기에서는 사회적·경제적 손해회피 불능원인이 영조물 관리자의 위법성조각사유가 될 수 있는가의 여부가 검토되어야 한다.[165)]

㈓ 그리고 國井和郎 교수는 불가항력의 성립요건인 불가항성 내지 회피불가능성을 물적 설비상황에 있어서만이 아니라 보다 적극적인 손해방지조치 단계에서 판정하여 관리자의 작위·부작위의 단계에서 회피가능성의 유무를 정하는 것에 의하여 작위의무위반의 하자와 불가항력과의 이론적 연결성을 갖는다고 한다.[166)] 의무위반설에서는 불가항력에 대하여 관리권자의 손해회피가능성의 유무에 의하여 그 성부를 결정하는 것은 당연하다 할 것이다. 불가항력이란 문자 그대로 'act of God'으로서 무엇이 불가항력에 해당하는 사례에 해당되는지는 판례의 축적을 필요로 한다. 다만, 과학기술의 발전으로 폭우나 폭설을 예견할 수 있는 능력이 높아질 것이라서 사전에 재해에 대한 대책수립도 가능하게 될 것이다. 그러므로 지금은 불가항력사유로 여겨졌던 사안이 향후에는 관리 가능한 영역으로 포섭되어 천재지변으로 인한 면책사유는 점차 축소되어갈 것으로 예상된다.

2) 판 례

㈎ 제3자의 행위와 불가항력

㈀ 제3자의 행위에 의하여 발생한 사고에 대하여 불가항력 인정 여부를 언급한 사례가 있다. 고속도로상에 차단블록이 밀려나와 있는 경우 고속도로의 보존상의 하자의 유무에 대하여 "경부고속도로는 시속 100km의 속도로 차량이 빈번히 통행하는 도로로서 도로상에 통행에 방해가 되는 어떠한 장애물의 존재도 허용될 수 없다는 점에서 그 도로의 추월선 상에 원심이 인정한 바와 같은 크기의 차단블록이 밀려나와 있었다는 사실 자체가 일단은 고속도로가 본래 갖추어야 할 안전성을 갖추지 못한 상태에 있는 것이어서 고속도로의 보존상의 하자가 있는 경우에 해당한다고 보아야 할 것이며, 이와 같은 하자의 존재에 관한 입증책임은 피해자인 원고

---

165) 植木 哲, 앞의 책, 256~257면.

166) 國井和郎, "道路の設置·管理の瑕疵について(3)", 17면.

들에게 있으나 일단 그 하자있음이 인정되는 이상 위 고속도로의 점유관리자인 피고는 그 하자가 불가항력에 인한 것이거나 손해의 방지에 필요한 주의를 해태하지 아니하였다는 점을 주장 입증하여 비로소 그 책임을 면할 수가 있다고 보아야 할 것이다(대법원 1988. 11. 8. 86다카775 손해배상).[167]

(ㄴ) 반면, 제3자의 행위에 의하여 도로 본래의 목적인 통행상의 안전에 결함이 발생한 사안으로 트럭 앞바퀴가 고속도로 상에 떨어져 있는 타이어에 걸려 중앙분리대를 넘어가 사고가 발생한 경우에 있어서 한국도로공사에게 "도로의 보존상 하자로 인한 손해배상책임을 인정하기 위하여는 도로에 타이어가 떨어져 있어 고속으로 주행하는 차량의 통행에 안전상의 결함이 있다는 것만으로 족하지 않고, 위 공사의 고속도로 안전성에 대한 순찰 등 감시체제, 타이어의 낙하시점, 위 공사가 타이어의 낙하사실을 신고받거나 직접 이를 발견하여 그로 인한 고속도로 상의 안전성 결함을 알았음에도 사고방지조치를 취하지 아니하고 방치하였는지 여부, 혹은 이를 발견할 수 있었음에도 발견하지 못하였는지 여부 등 제반 사정을 심리하여 고속도로의 하자 유무를 판단하여야 함에도 이에 이르지 않은 채 위 공사의 손해배상책임을 인정한 원심판결을 파기"(대법원 1992. 9. 14. 92다3243 손해배상(자))한 판례 역시 도로관리자가 도로관리의무를 다하였음에도 위와 같은 사고가 발생하였다면 제3자의 행위로 인한 불가항력이 검토될 수 있는 사안이라 하겠다. 그러나 이 사안은 사고발생의 원인이 된 타이어가 사고지점 고속도로 상에 떨어진 것은 순찰차량이 사고지점을 통과한 후로서 사고시까지 10분 내지 15분밖에 경과되지 아니하였다는 이유로 원고의 청구를 기각하고 있다. 순찰차량이 사고지점을 통과한 후 오랜 시간 경과 후에 발생한 사고라면 책임이 있다고 볼 여지가 있는 문제점이 있다 할 수 있다.

167) 원심은 고속도로 상에 차단 블록이 밀려 나와 있음을 고속도로의 보존상의 하자로 보지 아니하고 피고가 이를 제거하는 것을 게을리하여야 그 보존에 하자가 있는 것으로 보고 그 점에 관한 입증책임을 피해자인 원고 등에게 지운 것으로 보인다. 그러나 법률관계가 위와 같은 것이라고 보아야 할 것이므로 원심으로서는 이 사건 고속도로상에 차단블록이 존재하게 되고, 이것을 제거하는데 피고가 주의를 해태하였느냐의 여부를 원고의 주장, 입증에 의하여 살필 것이 아니라 피고가 위 차단블럭이 고속도로 상에 밀려 나오지 않게 하고 또는 이것을 제거하는데 필요한 주의를 다하였는지, 그리고 이 사건 사고당시 차단블록이 사고지점에 존재한 것이 불가항력에 인한 것인지를 피고의 항변과 입증에 의하여 살펴야 할 것임에도 불구하고 원심이 이와 같이 심리, 판단하지 아니한 것은 민법 제758조 제1항 소정의 공작물의 점유자의 책임에 관한 법리를 오해한 위법이 있다고 보아야 할 것이고 이는 판결에 영향을 미치는 것이므로 논지는 이유 있다(대법원 1988. 11. 8. 86다카775 손해배상).

㈐ 제3자의 행위에 의한 시간적 불가항력을 인정한 최초의 일본 판례는 "본건 사고발생 당시 피상고인이 설치한 공사표지판, 바리케이트 및 赤色灯標柱가 도로상에 전도된 채 방치되고 있었기 때문에 도로의 안전성에 결함이 있었다고 하지 않을 수 없지만, 그것은 야간에 사고발생 직전 선행한 다른 차에 의하여 야기된 것이고 시간적으로 피상고인에게 지체없이 원상으로 복구하여 도로를 안전양호한 상태로 유지하는 것은 불가능한 것이라 할 것이고, 이러한 상황에서는 피상고인의 도로관리에 하자가 없었다고 인정함이 상당하다"(最判 소화 50. 6. 26. 民集 29권 6호, 1136면)고 판시하고 있다.

㈑ 그 외 고속도로 등의 간선도로에 방치된 낙하물로 인한 사고에 대한 판결(東京地判 소화 48. 4. 17. 民集 6권 2호, 722면; 東京高判 소화 48. 12. 20. 判例時報 735호, 65면)은 도로관리자에게 일반도로의 경우보다 고도의 주의의무가 부과되어 있는 경우이지만, 자동차 교통량, 사고발생빈도, 장해물낙하 등의 빈도와 순찰회수 등과의 관계에서 도로관리에 과실이 없었다고 한 이상, 당해 사고원인이 된 장해물제거의 시간적인 가능성이 없었던 점이 책임부정의 근거로 되고 있다. 이는 高知낙석사건 최고재판소 판결에서 말하는 '불가항력 내지 회피가능성이 없는 경우'가 결론으로 긍정되고 있다.

나) 자연력과 불가항력

㈎ 자연현상인 폭풍우, 지진, 낙뢰, 눈사태 등이 있을 때 이를 곧 불가항력이라고 할 수는 없다. 그러나 설치·관리의 하자와 자연력의 경합이 있을 때 관리자의 책임범위를 둘러싸고 불가항력이 논하여지고 있다. 공작물설치 및 보전에 있어서 그 통상의 안전성을 갖추고 있는 이상 일반적으로 예상되는 이외의 상황 예를 들면 심한 지진이나 수십 년 내의 최다강우량을 동반한 폭풍우 등 천재지변의 상황에서까지도 항상 완전무결한 상태를 유지할 정도의 고도의 안전성을 갖추지 않았다 하여 그러한 경우까지도 그 공작물의 설치 보존에 하자가 있는 것이라 하여 그 점유자 또는 소유자에게 그로 인한 손해배상의 책임을 지울 수는 없다(대법원 1978. 2. 14. 76다1530 손해배상).[168] 이 사건은 천재지변이라 할 수 있는 강우량으로 북악스카이

168) 이날의 강우량은 최근 50년 내의 최다강우량이었던 1925. 7. 17의 하루 강우량 185.1mm나 1971. 7. 17의 하루 강우량 188.6mm를 훨씬 초과하는 345.5mm(그것도 21시간 만에)의 미증유의 강우량이어서 이 사건 사고현장뿐만이 아니라 전국 여러 곳은 물론 서울에서만도 수십 군

웨이의 붕괴된 도로로 발생한 토석류로 인하여 원고들의 집이 붕괴되어 발생한 손해에 대하여 서울특별시장을 상대로 손해배상을 청구한 사안인데, 하자의 법리를 국가배상법의 영조물이 아닌 민법상 공작물의 하자로 판단하고 있다.

(나) 또한 집중폭우에 의한 손해가 발생한 경우 불가항력에 기한 것인지 여부가 문제된 바 있다. 즉, 원심은 위 사고지점 일대에 97.8mm 이상의 집중폭우가 내린 결과 불가항력으로 산사태가 난 것이라고 설시하고 있으나, 97.8mm의 집중폭우가 그 지역에서 통상 예상할 수 없을 정도의 이변에 속하는 자연현상으로서 위 도로의 안전성을 위하여 필요한 시설을 갖추었다고 하여도 위 절개지의 붕괴를 방지할 수 없었다고 하는 사정이 인정되지 않는 한 97.8mm의 집중폭우가 있었다는 사실만으로 불가항력이라고 단정할 수 없는 것이다(대법원 1982. 8. 24. 82다카348 구상금).

(다) 수해가 천재지변에 의한 불가항력적인 재해라고 하기 어렵다는 사례도 있다. 즉, 원심이 인용한 제1심판결 이유 및 원심이 적법하게 채택한 증거 등에 의하면 다음과 같은 사실을 알 수 있다. ① 피고 대한민국 산하 익산지방국토관리청은 2003년 4월 금강수계치수사업의 일환으로서 장선천에 있는 제방의 개량 및 보수공사를 2003년 5월 착수하여 2008년 5월 준공할 예정으로 하천정비시행계획을 수립한 다음 2003년 6월 공사를 발주하였다. ② 이에 따라 2007년 말경 장선천 완창2지구에 대한 공사가 모두 마쳐졌으나, 토지 등의 수용에 따른 보상이 마무리되지 아니하여 그중 이 사건 수해지점 부근의 제방 약 200m 부분에 대한 공사는 이루어지지 못하였다. ③ 2008년 9월경 보상이 마무리되었음에도 별다른 대책이 마련되지도 아니한 채 이 사건 수해지점 부근의 제방에 대한 공사가 지연되다가 2009. 7. 15. 03:00경 공사가 이루어지지 아니한 부분을 통하여 하천수가 범람하여 이 사건 수해

데의 산사태를 야기하였던 사실, 위 도로의 붕괴로 인하여 발생한 토석류는 그로부터 약 2.5km 떨어진 이 사건 사고현장에 이를 때에는 이미 여러 곳으로 분산되어 그 기세가 많이 감소되었을 것이 예상됨에 반하여 그와는 비교도 안 되는 큰 규모의 아래쪽 유역면적에서의 토석류가 새로이 형성되어 그것이 1m² 당 3톤의 수압을 가지고 초속 7.6m의 속도로 내리 덮치는 바람에 이 사건 사고지점에 있던 원고들 소유가옥들이 그 충격을 감당하지 못하고 붕괴되어 유실됨으로써 이 사건 사고가 발생한 사실을 인정한 다음 위 도로가 위와 같이 붕괴된 것은 앞에 설시한 전대미문의 폭우 때문에 불가항력으로 인한 것이라 할 것이고 그것이 피고가 위 도로를 설치관리함에 있어 하자가 있었기 때문에 그렇게 된 것이라 인정할 수 없고, 또 이 사건 사고가 발생한 직접적인 원인은 위 도로가 붕괴하였던 데에 있는 것이 아니라 그 도로의 붕괴와는 별개의 원인에 의하여 독립하여 발생한 또 다른 산사태에 의하여 그렇게 된 것이라고 판단하였다(대법원 1978. 2. 14. 76다1530 손해배상).

가 발생하였다.

원심은 위와 같은 사실관계를 기초로 장선천의 관리에 하자가 있기 때문에 이 사건 수해가 발생한 것이라고 판단하였다. 관련 법리에 비추어 기록을 살펴보면, 원심의 위와 같은 판단은 정당하다. 원심은 그 판시와 같은 이유로 피고 대한민국이 장선천의 점유 및 관리자로서뿐만 아니라 장선천 제방공사의 비용부담자로서도 국가배상법 제6조 제1항에 따라 장선천의 관리상 하자로 인한 손해를 배상할 책임을 지고, 나아가 이 사건 수해가 천재지변에 의한 불가항력적인 재해라고 하기 어렵다고 판단하였다. 관련 법리에 비추어 기록을 살펴보면, 원심의 위와 같은 판단은 정당하다(대법원 2014. 6. 26. 2011다85413 손해배상).

㈑ 자연력과 관련한 불가항력 문제가 다루어진 판례로서 "전화취급소에서 전화를 걸던 중 낙뢰가 전화선을 강타하여 송수신기가 파괴됨과 동시에 그 수화기에 귀를 대고 있던 사람이 고막천공 등의 상해를 입은 경우에 국가가 값이 비싸다는 이유로 구미각국에서 사용하고 있는 안전한 보안기를 사용하지 않고 값이 싼 불완전한 보안기를 사용했기 때문에 위 낙뢰사고가 발생한 것이라면 그것을 국가가 책임질 수 없는 불가항력에 의한 사고라고는 할 수 없다"(대법원 1980. 12. 23. 80다1705 손해배상 등)[169]고 판시하였다. 안전한 보안기를 사용하였음에도 낙뢰로 인하여 상해가 발생한 경우라면 불가항력에 의한 사고로 인정할 수 있는 사안이라 하겠다.

㈒ 또한 집중호우 또는 폭우로 인하여 제방이 붕괴되는 등의 수해사건에서 불가항력의 인정을 부정하였다. 즉, "집중호우로 제방도로가 유실되면서 그 곳을 걸어가던 보행자가 강물에 휩쓸려 익사한 경우, 사고 당일의 집중호우가 50년 빈도의 최대강우량에 해당한다는 사실만으로 불가항력에 기인한 것으로 볼 수 없다는 이

169) 기록에 의하여 살펴보면, 원심이 피고가 이건 전화기를 설치할 때에 보안기 시설을 하지 아니한 잘못이 있고, 그로 인하여 원고가 전화를 걸던 중 낙뢰가 전화선을 타고 원고가 들고 있는 송수화기를 강타하여 송수화기가 파괴됨과 동시에 그 수화기를 귀에 대고 있던 원고가 좌측고막천공 및 뇌진탕 등의 상해를 입고, 그 치료를 받은 사실을 인정하고, 원고가 천둥 번개 등이 있는 기상하에서 전화기구를 사용하면 낙뢰의 위험이 있다는 것을 알고 있었다는 피고의 주장 사실은 위를 인정하기에 족한 증거가 없다고 한 조치에 수긍이 가고 거기에 어떤 채증상의 위법이 있다고 할 수 없으며 또한 피고가 값이 비싸다는 이유로 구미각국에서 사용하고 있는 완전한 보안기를 사용하지 않고 값이 싼 불완전한 보안기를 사용했기 때문에 이건 낙뢰사고가 발생한 것이라면 그것을 피고가 책임질 수 없는 불가항력에 의한 사고라고 할 수는 없다 할 것이므로 결국 상고논지는 모두 이유 없다(대법원 1980. 12. 23. 80다1705 손해배상 등).

유로 제방도로의 설치·관리상의 하자를 인정"(대법원 2000. 5. 26. 99다53247 손해배상(기))[170]한 바 있다.

(바) 망원동 수해소송에 대한 하급심 판결은 "국가배상법 제5조에 규정한 '영조물의 설치상의 하자'라고 하는 것은 객관적인 견지에서 그 영조물이 통상 갖추어야 할 안전성을 갖추지 못한 상태를 말하는 것으로서, 전혀 예상할 수 없었던 불가항력적인 사고에도 대비할 수 있을 정도의 고도의 안전성을 흠결한 경우까지 의미하는 것은 아니나 (중략) 이 사건 망원동 집단수해사고는 자연공물로서의 미개수된 하천이 범람하여 발생한 것이 아니라 이미 설치된 인공공물인 망원유수지의 수문상자에 내재된 하자, 즉 통상 갖추어야 할 안전성을 갖추지 못한 하자로 인하여 발생

---

170) 원심판결이 인용한 제1심판결 이유와 기록에 의하면 1997. 8. 3. 23:00경 피고가 관리하는 이 사건 제방도로가 그날 내린 집중호우로 인하여 불어난 강물의 수압을 견디지 못하고 유실되면서 당시 그 곳을 걸어가던 소외 유순애가 강물에 휩쓸려 익사한 사실, 이 사건 제방도로의 유실 부분은 1980년 여름 집중호우가 내린 때에도 강물이 넘치면서 유실되어 복구한 부분으로서, 토사의 유입과 도로의 유실을 방지하기 위하여 석축을 하여 복구하였으나 이 사건 사고 무렵 그 석축이 붕괴되어 이 사건 도로유실 사고에까지 이른 사실, 이 사건 사고 무렵 집중호우로 불어난 하천의 수량은 이 사건 제방도로의 표면까지 차오르는 정도였는데, 위 1980년의 수해 발생 이후 1995년과 1997년 집중호우가 내린 때에도 이 사건 사고 당시와 같은 정도까지 강물이 넘쳤던 사실, 이 사건 제방도로는 주민들의 일반적인 통행에 제공되어 오고 있는 것이고, 사고 당일 홍수경보까지 발령되어 있었으나 피고는 이 사건 사고가 발생하기 전까지 바리케이트를 설치하거나 다른 적당한 방법으로 이 사건 도로에 대한 주민의 통행을 제한하는 등의 안전조치를 취한 바가 없었던 사실을 인정할 수 있는바, 사실관계가 위와 같다면, 이 사건 사고는 위 제방도로의 설치 또는 관리의 하자로 인한 것이라고 할 것이고, 사고 당일 50년 빈도의 최대강우량에 해당하는 집중호우가 내렸다는 사실만으로는 앞에서 인정한 바와 같이 이전에도 이 사건 사고 당시와 같은 정도로 이 사건 하천이 범람하고, 제방도로가 유실된 바가 있었던 점과 우리 나라의 경우 여름철 집중호우가 예상하기 어려운 정도의 기상이변에 해당한다고 보기는 어려운 점에 비추어 이 사건 사고가 예상할 수 없는 불가항력에 기인한 것이라고 할 수는 없으며, 비록 피고가 이 사건 사고 이전 재해위험지구 일제조사를 실시할 당시 이 사건 하천에는 별다른 하자가 없는 것으로 조사되었고, 이 사건 사고 무렵 비상근무체제로 수해피해상황조사 및 재해위험지구에 대한 수시 점검 등의 노력을 하였다고 하더라도 주민들의 일반통행에 제공되는 이 사건 제방도로에서 발생할 수 있는 위험을 방지하기 위하여 필요한 방호조치의무를 다하였다고 보기는 어렵다고 할 것이다.

그리고 이 사건 사고 장소 마을의 이장 홍운표가 이 사건 사고 직전에 도로유실 부분의 석축이 붕괴되어 있는 것을 발견하고 주민의 통행을 방지할 목적으로 사고 장소 양쪽에 각목 2~3개를 놓아 두었다는 사정만으로는 사고 시각이 비가 내리고 있는 야간이고, 당시 도로의 표면까지 강물이 넘치고 있었던 점에 비추어 더 이상 피고의 방호조치의무가 필요 없다거나, 유순애의 과실이 피고의 책임을 면하게 할 정도에까지 이른 것으로 볼 수 없다.

위와 같은 취지의 원심 판단은 정당하고, 거기에 지적하는 바와 같은 불가항력 등 영조물의 설치 또는 관리의 하자로 인한 손해배상책임에서의 면책사유에 관한 사실오인이나 법리오해의 위법이 없다(대법원 2000. 5. 26. 99다53247 손해배상(기)).

한 것이다"(서울민사지법 1987. 8. 26. 84가합5010 손해배상청구사건(세칭 망원동집단수해사건))라고 판시하였다.

㈎ 일본의 飛驒川버스전락사건 제1심 판결은 "사고원인이 전부 과실 또는 하자가 있으면 그것에 의하여 발생한 손해전부에 대하여 배상해야 하는 것은 물론이지만, 반대로 전부 불가항력에 의하여 발생한 것이라면 손해가 발생하였어도 이를 배상할 의무는 없다는 것을 의미하고, 만일 현실의 구체적인 사건에 있어서 그것이 위 양단의 어느 것도 아니고 양자의 중간에 위치한 것이라면, 불가항력으로 보여지는 원인이 기여한 것으로 인정되는 부분을 제외하고 그 제외한 부분에 대하여 배상의무를 부담시키는 것이 손해배상제도의 당연한 귀결이라고 여겨지기 때문이다"(名古屋地裁 소화 48. 3. 30. 判例時報 700호, 3면)라고 판시하면서 불가항력적인 토석류와 도로관리자의 관리의 하자 및 소외인(여행주최자, 버스 운전사)의 과실이 관련경합하여 사고가 발생한 것으로 하여 토석류의 기여분을 4할, 관리자인 국가에게 6할의 책임을 인정하였다. 위 판결이 토석류의 기여분을 4할로 하여 분할책임을 인정한 것은 하자있는 도로관리자의 책임을 피해자의 부담으로 하는 것으로 공평하지 않다는 비판도 있다.[171] 다만 위 사건에 대한 제2심 판결에서는 토석류 발생의 정성적 예견이 있으면 예견가능성이 있다(名古屋高裁 소화 49. 11. 20. 高民集 27권 6호, 395면)고 하여 불가항력론을 배척하였다.

3) 불가항력과 소송상의 문제

㈎ 피고의 불가항력 주장이 항변인지 적극적 부인이 되는지 문제된다. 항변이란 원고의 청구를 배척하기 위하여 소송상 또는 실체상 이유를 들어 적극적인 방어를 하는 것을 말한다. 부인은 원고의 청구를 배척하기 위한 피고의 사실상의 진술을 말한다. 부인에는 원고의 주장사실이 진실이 아니라고 한마디로 부정하는 데 그치는 직접부인(소극부인 또는 단순부인이라고도 한다)과 원고의 주장사실과 양립되지 않는 사실을 적극적으로 진술하며 원고의 주장을 부정하는 간접부인(적극부인 또는 이유부부인이라고도 한다)으로 나눌 수 있다. 이 점에서 원고의 주장사실이 진실임을 전제로 이와 논리적으로 양립할 수 있는 진술을 하는 항변과 차이가 있다.[172]

171) 植木 哲, 앞의 책, 293면.
172) 김홍엽, 민사소송법(제5판), 448~449면; 이시윤, 신민사소송법(제9판), 381~382면.

(나) 불가항력을 주장하는 것의 성격에 대하여 하자의 존재에 대한 간접(적극)부인이라는 견해가 있다. 즉, 불가항력이라는 것은 하자가 없다는 것을 의미하는 것이기 때문에 불가항력의 주장은 하자의 존재에 대한 적극적 부인이라고 해석할 수 있다는 것이다.[173] 그러나 불가항력은 영조물책임의 면책사유라는 점에서 항변이라는 견해[174]가 타당하다고 본다. 불가항력은 사고를 예방하거나 예측할 수 없기에 하자를 전제로 하는 원고의 청구권에 대한 권리장애사실로 이해할 수 있다.

(2) 예견가능성

홍수 등의 위험발생의 예견가능성은 영조물 관리주체의 결과회피조치의 전제로서 요구된다. 여기서 말하는 예견가능성이란 통상 (위험을) 예측하는 것이 가능하다는 것을 말한다. 여기서 예상되는 위험의 개념은 공공의 영조물 그 자체의 구조와 성질 등의 위험과 이것을 이용하는 자 또는 이에 접근하는 자 등과의 사이에 있어 관리자측이 예견하고 회피해야 하는 의무의 범위를 구분하는 것이다. 이것은 넓은 의미의 예견가능성의 내용 중의 하나라 할 수 있다. 이는 영조물 자체의 하자로 분류할 수 있는 내재적 하자유형에 있어서 비교적, 전형적으로 고려되는 예견가능성의 내용으로 볼 수 있다.

여기서 비교적, 전형적이라는 의미는 주변 환경, 이용 상황 등의 제반 사정에 의해 영향을 받으면서도 전형적인 이용행위 또는 접근행위에 수반하는 사고에 관해 책임배분을 고려함에 있어서 전제가 되는 것이다. 이용행위는 일상적으로 이루어지는 것이고, 위험에의 접근행위도 비정상적인 행동과 같은 태양이 아닌 한 관념적으로 반복될 가능성이 있다. 따라서 그것에 수반하는 위험은 관리자 측의 관리범위 내에 있는 것으로서 예견가능성이 당연히 긍정되게 될 것이다.

반면, 이른바 영조물의 하자발생이 외부적 환경의 개입으로 인한 경우로 분류할 수 있는 외재적 하자유형에 있어서는 자연재해를 직접적인 원인으로 생기는 사고이기 때문에 외재적 원인에 관하여 특히 예견가능성을 문제로 할 필요성이 있다. 상식적인 차원에서 말하자면 자연재해는 뜻하지 않게 찾아와 피해를 주지만, 결과론적인 언급이지만 위험발생의 조짐이 없이는 현실적인 위험이 존재하지 않는 경

173) 西埜 章, 國家補償法, 300면.
174) 古崎慶長, 國家賠償法の理論, 164면.

우가 적지 않다. 그러므로 이 때 예견가능성의 정도와 내용으로서 무엇을 요하는 것인가에 관하여 정량적 예견가능성설과 정성적 예견가능성설로 나눠서 살펴볼 수도 있다.

1) 우리나라의 판례

㈎ 교차로의 진행방향 신호기의 정지신호가 단선으로 소등되어 있는 상태에서 그대로 진행하다가 다른 방향의 진행신호에 따라 교차로에 진입한 차량과 충돌한 경우, 신호기의 적색신호가 소등된 기능상 결함이 있었다는 사정만으로 신호기의 설치 또는 관리상의 하자를 인정할 수 없다고 했다. 신호기의 기능상 결함은 영조물의 하자임에는 틀림없지만, 영조물의 설치·관리주체가 이 결함을 제거하여 손해가 발생하지 않도록 할 예견가능성과 결과회피가능성이 없는 경우에는 하자로 인정하지 않고 있다. 이 사건에서 대법원은 "국가배상법 제5조 제1항 소정의 영조물의 설치 또는 관리의 하자라 함은 영조물이 그 용도에 따라 통상 갖추어야 할 안전성을 갖추지 못한 상태에 있음을 말하는 것으로서, 영조물이 완전무결한 상태에 있지 아니하고 그 기능상 어떠한 결함이 있다는 것만으로 영조물의 설치 또는 관리에 하자가 있다고 할 수 없는 것이고, 위와 같은 안전성의 구비 여부를 판단함에 있어서는 당해 영조물의 용도, 그 설치장소의 현황 및 이용 상황 등 제반 사정을 종합적으로 고려하여 설치 관리자가 그 영조물의 위험성에 비례하여 사회통념상 일반적으로 요구되는 정도의 방호조치의무를 다하였는지 여부를 그 기준으로 삼아야 할 것이며, 객관적으로 보아 시간적·장소적으로 영조물의 기능상 결함으로 인한 손해발생의 예견가능성과 회피가능성이 없는 경우, 즉 그 영조물의 결함이 영조물의 설치관리자의 관리행위가 미칠 수 없는 상황 아래에 있는 경우에는 영조물의 설치관리상의 하자를 인정할 수 없다"(대법원 2000. 2. 25. 99다54004 구상금)[175]고 했다.

175) 원심이 확정한 서울특별시 전역의 신호기 설치 상황, 신호등이 소등되는 경우 대처할 수 있는 방법, 한편 이 사건 신호기의 고장신고가 이 사건 사고발생 전까지 접수되지 아니한 점 등 그 판시와 같은 사실관계와 교차로 진행방향의 신호기가 소등되었다 하더라도 좌우의 다른 신호기에 의하여 신호기의 내용을 확인할 수 있을 뿐만 아니라 차의 운전자로서는 신호기에 의한 교통정리가 행하여지고 있지 아니하는 교차로에 들어가려는 경우에도 도로교통법 제22조 제4항 내지 제7항 소정의 교차로 통행방법을 준수하여야 하는 점 등에 비추어 보면, 피고가 이 사건 신호기의 적색신호가 단선으로 소등되었다는 것을 바로 알 수 있었음에도 이를 알지 못한 잘못이 있다거나 그 소등으로 인하여 사고가 발생하리라는 것을 예측하고 이를 회피하지 못한 잘못이 있다고 할 수도 없으며, 더욱이 피고가 이 사건 교통신호기의 고장 사실을 바로 알 수 있었다고 볼 수도 없는 이상 사회통념상 이러한 경우까지 피고에게 이로 인한 사고의 발생을 방지할 수 있는 방호조치를

결국 신호기의 고장을 쉽사리 발견하기 어렵다는 현실적인 이유로 그로 인한 손해를 사고 당사자에게 부담시키고 있지만, 과연 언제부터 그 신호등이 점등되지 않았으며 소등된 상태가 어느 정도 경과한 상태에서 사고가 발생하였는지 등에 대한 부분에 대하여도 심리를 하였어야 할 사건이고, 운전자의 신호등에 대한 의존성이 높은 현실을 고려할 때 이 판결은 비판받을 점이 있다 하겠다.

(나) 갑이 음주 상태에서 차량을 운전한 과실로 도로가에 설치된 철제울타리를 들이받는 사고가 발생하여 차량 조수석에 같이 탄 을이 사망한 사안에서, 사고지점 도로에 설치된 점등식 시선유도시설이 당시에 꺼져 있었다는 사정만으로는 사고지점 도로의 설치, 관리상의 어떠한 하자가 있었다고 할 수 없다고 한 사례도 있다(대법원 2014. 4. 24. 2014다201087 구상금). 이 사례에서도 영조물의 설치 관리자가 그 영조물의 위험성에 비례하여 사회통념상 일반적으로 요구되는 정도의 방호조치의무를 다하였는지 여부를 기준으로 하여 하자유무를 판단해야 하고, 객관적으로 보아 시간적·장소적으로 영조물의 기능상 결함으로 인한 손해발생의 예견가능성과 회피가능성이 없는 경우에는 영조물의 설치관리상의 하자가 인정되지 아니한다고 했다.[176]

기대할 수도 있었다고 할 수는 없을 것이므로, 이 사건 신호기의 적색신호가 소등된 기능상 결함이 있었다는 사정만으로는 이 사건 신호기의 설치 또는 관리상의 어떠한 하자가 있었다고 할 수 없다. 원심이 같은 취지에서 피고에게 이 사건 사고에 대한 손해배상책임을 물을 수 없다고 판단한 것은 정당하다(대법원 2000. 2. 25. 99다54004 구상금).

176) 이 사건에서 원고는, 원고의 피보험자인 소외 1이 혈중알코올농도 0.137%의 술에 취한 상태에서 차량을 운전한 과실로 도로가에 설치된 철제울타리를 들이받는 사고가 발생하여 차량 조수석에 같이 탄 소외 2가 사망하는 사고가 발생하였는바, 이 사건 사고장소는 내리막길의 도로가 왼쪽으로 급격히 꺾이는 구간으로 특히 야간에는 사고위험이 큰 구간이므로, 이 사건 사고지점 도로를 관리하는 피고로서는 교통사고를 방지하기 위하여 도로의 구조·시설 기준에 관한 규칙 제38조 제1항에서 정한 시선유도시설 등을 설치, 관리하여야 할 의무가 있는데, 이 사건 사고지점 도로에 설치된 점등식 시선유도시설이 이 사건 사고 당시 꺼져 있는 등 피고에게 영조물의 설치, 관리를 소홀히 한 잘못이 있으므로, 피고는 원고가 이 사건 사고로 지급한 보험금 중 피고의 책임비율에 해당하는 금액을 보험자대위의 법리에 따라 원고에게 지급할 의무가 있다고 주장한다.
원심이 제1심판결 이유를 인용하여 든 위와 같은 사정에 더하여, 기록에 의하면, ① 이 사건 사고장소에 이르기 전에 사고 차량 진행 방향으로 좌로 굽는 도로가 시작되는 지점에 '좌로 굽는 도로' 표지판이 설치되어 있었고 조금 더 진행하면 '우합류도로표지'와 '횡단보도표지'가 설치되어 있었던 점, ② 사고 차량이 진행하는 방향의 도로가 그 우측에 있는 도로와 만나는 지점 직전에는 바닥에 흰색의 정지선이 그어져 있는 점, ③ 이 사건 사고장소 철제울타리 앞에는 경광등이 1개 설치되어 있고 그 경광등에서 10여 미터 가기 전 철제울타리 부근에 가로등이 있으며 그 가로등에도 경광등이 설치되어 있는데, 그 가로등과 경광등들은 모두 사고 차량 진행방향에서 볼 때 쉽게 눈에 들어오는 점 등의 사정을 알 수 있는바, 이러한 사정들을 앞서 본 법리에 비추어

㈐ 도로의 하자 판단처럼 하천의 하자 판단에서도 같은 취지의 판례가 많다. 즉, 자연영조물로서의 하천은 원래 이를 설치할 것인지 여부에 대한 선택의 여지가 없고, 위험을 내포한 상태에서 자연적으로 존재하고 있으며, 간단한 방법으로 위험상태를 제거할 수 없는 경우가 많고, 유수라고 하는 자연현상을 대상으로 하면서도 그 유수의 원천인 강우의 규모, 범위, 발생시기 등의 예측이나 홍수의 발생 작용 등의 예측이 곤란하고, 실제로 홍수가 어떤 작용을 하는지는 실험에 의한 파악이 거의 불가능하고 실제 홍수에 의하여 파악할 수밖에 없어 결국 과거의 홍수 경험을 토대로 하천관리를 할 수밖에 없는 특질이 있고, 또 국가나 하천관리청이 목표로 하는 하천의 개수작업을 완성함에 있어서는 막대한 예산을 필요로 하고, 대규모 공사가 되어 이를 완공하는 데 장기간이 소요되며, 치수의 수단은 강우의 특성과 하천 유역의 특성에 의하여 정해지므로 그 특성에 맞는 방법을 찾아내는 것은 오랜 경험이 필요하고 또 기상의 변화에 따라 최신의 과학기술에 의한 방법이 효용이 없을 수도 있는 등 그 관리상의 특수성이 있다(대법원 2007. 10. 25. 2005다62235 손해배상(기)).[177)]

㈑ 역시 같은 취지의 판례로서, 수련회에 참석한 미성년자 갑이 유원지 옆 작은 하천을 가로질러 수심이 깊은 맞은 편 바위 쪽으로 이동한 다음 바위 위에서 하천으로 다이빙을 하며 놀다가 익사하자, 갑의 유족들이 하천 관리주체인 지방자치단체를 상대로 손해배상을 구한 사안에서, 하천 관리자인 지방자치단체가 유원지 입구나 유원지를 거쳐 하천에 접근하는 길에 수영금지의 경고표지판과 현수막을 설치함으로써 하천을 이용하는 사람들의 안전을 보호하기 위하여 통상 갖추어야

보면, 피고는 영조물인 이 사건 사고지점 도로의 위험성에 비례하여 사회통념상 일반적으로 요구되는 정도의 주의의무를 다하였다고 봄이 상당하고, 이 사건 사고지점 도로에 설치된 점등식 시선유도시설이 당시에 꺼져 있었다는 사정만으로는 이 사건 사고지점 도로의 설치, 관리상의 어떠한 하자가 있었다고 할 수 없는바, 같은 취지에서 원심이 피고에게 이 사건 사고에 대한 손해배상책임을 물을 수 없다고 판단한 것은 정당하고, 거기에 영조물인 도로의 설치, 관리의 하자에 관한 법리를 오해한 잘못이 없다(대법원 2014. 4. 24. 2014다201087 구상금).

177) 원심판결이 적법하게 인정한 사실을 앞서 본 각 법리에 비추어 보면, 피고 서울특별시가 1999년경 마련한 빗물펌프장에 관한 시설기준이 잘못되었다거나 그 후 이를 시급히 변경시켜야 할 사정이 있었음에도 담당공무원이 이를 해태하였다는 등의 특별한 사정이 없는 이상 이 사건 휘경빗물펌프장 및 신이문빗물펌프장(이하 '이 사건 각 빗물펌프장'이라고 함)의 설치가 위 시설기준에 부합한다면 그 용도에 따라 통상 갖추어야 할 안전성을 갖추고 있는 것으로 보아 설치상 하자는 없다고 할 것이다(대법원 2007. 10. 25. 2005다62235 손해배상(기)).

할 시설을 갖추었다고 볼 수 있고, 지방자치단체에게 사고지점에 각별한 주의를 촉구하는 내용의 위험표지나 부표를 설치하는 것과 같은 방호조치를 취하지 않은 과실이 인정되더라도 익사사고와 상당인과관계가 있다고 보기 어려운데도 지방자치단체의 손해배상책임을 인정한 원심판결에 하천의 설치 또는 관리상 하자책임에 관한 법리오해의 위법이 있다고 한 사례(대법원 2014. 1. 23. 2013다211865 손해배상(기))가 있다.

㈒ 예상의 정도를 넘은 수십 년래의 강한 태풍 등으로 생긴 영조물의 결함은 예견가능성을 결한 것이라는 판례도 같은 취지로 볼 수 있다. 즉, 공작물의 설치 및 보존의 하자라 함은 공작물의 축조 및 보존에 불완전한 점이 있어 이 때문에 그 공작물 자체가 통상 갖추어야 할 안전성을 갖추지 못한 상태에 있음을 말하는 것이지 공작물설치 및 보전에 있어서 그 통상의 안전성을 갖추고 있는 이상 일반적으로 예상되는 이외의 상황, 예를 들면 심한 지진이나 수십 년 내의 최다강우량을 동반한 폭풍우등 천재지변의 상황에서까지도 항상 완전무결한 상태를 유지할 정도의 고도의 안전성을 갖추지 않았다 하여 그러한 경우까지도 그 공작물의 설치 보존에 하자가 있는 것이라 하여 그 점유자 또는 소유자에게 그로 인한 손해배상의 책임을 지울 수는 없다(대법원 1978. 2. 14. 76다1530 손해배상).[178]

㈓ 그리고 집중호우로 국도변 산비탈이 무너져 내려 차량의 통행을 방해함으로써 일어난 교통사고의 경우와 같이, 매년 비가 많이 오는 장마철을 겪고 있는 우리나라와 같은 기후 조건하에서는 장마철에 집중호우가 내렸다고 하여 산비탈이 무너져 내리는 것을 전혀 예견할 수 없는 천재지변이라고는 할 수 없는 것이어서 위험발생의 예견가능성을 부인하기 어렵다는 판례도 있다. 원심은, 피고가 1989. 10.경 이 사건 도로(편도 1차선의 46번 국도)를 신설하였는데, 이 사건 사고가 일어난 지점의 부근은 산중턱을 깎아 도로의 부지를 조성하였으므로, 비가 많이 올 때 등에 대비하여 깎아내린 산비탈부분이 무너지지 않도록 배수로를 제대로 설치하고 격자블록 등의 견고한 보호시설을 갖추어야 됨에도 불구하고, 이를 게을리한 잘못

178) 사실관계가 위와 같다면, 위 도로는 그 설치에 있어서 도로가 갖추어야 할 통상의 안전성을 갖춘 것이었다 할 것이고 가사 그 도로의 붕괴가 논지가 주장하는 바와 같은 설치 보존의 하자로 인한 것이었다 하더라도 이 사건 사고발생은 피고가 설치한 도로의 붕괴로 인하여 발생한 것이 아니고 그것과는 관계없이 발생한 산사태에 의하여 발생된 것으로밖에 볼 수 없다(대법원 1978. 2. 14. 76다1530 손해배상).

으로 위 산비탈 부분이 1991. 7. 25. 내린 약 308.5mm의 집중호우에 견디지 못하고 위 도로 위로 무너져 내려 차량의 통행을 방해함으로써 이 사건 사고가 일어난 사실을 인정할 수 있으므로, 이 사건 사고는 피고의 위 도로의 설치 또는 관리상의 하자로 인하여 일어난 것이라고 보아야 한다고 판단한 다음, 매년 비가 많이 오는 장마철을 겪고 있는 우리나라와 같은 기후의 여건하에서 위와 같은 집중호우가 내렸다고 하여 전혀 예측할 수 없는 천재지변이라고 보기는 어렵다고 판단하였는바, 원심판결에 소론과 같이 공공시설 등의 하자로 인한 책임에 관한 법리를 오해한 위법이 있다고 볼 수 없으므로, 논지는 이유가 없다(대법원 1993. 6. 8. 93다11678 손해배상(자)).

2) 일본의 판례

(가) 飛騨川버스전락사고의 제1심 판결은 정량적 예견가능성설을 지지하면서 사고발생에 대한 예견가능성이 없었다고 판시하고 있다. 즉 "이른바 토석류에 관한 현재의 학문적 수준은 계류퇴적물의 유동에 의한 토석류와 강우량과의 관계에 제한하여 보아도, 특정지역에서 어느 정도의 우량이 내리면 발생하는 것인지 아직 확실하지 않고, 그 발생을 예견할 수 있는 데까지는 도달하고 있지 않다고 할 수 있다"면서 본건 저습지는 "우리나라에 있는 다수의 다른 저습지와 비교하여 지질적으로 특히 취약한 저습지라고 인정되지 않는 점, 또 본건 당일 야간의 집중호우는 이미 토석유출이 오전 2시 11분까지 시간 최대 강우량 90mm에 달하고 있고, 후술하는 바와 같이 본건 저습지 부근지역에 있어 통상 예측할 수 있는 범위를 넘는 매우 심한 것이었다는 것을 아울러 고려하면, 그 발생을 사전에 예견하는 것은 불가능했다"고 판시하였다.

이 판결은 토석류의 발생에 대하여 예견가능성이 없다고 하면서 본건 국도의 설치·관리에 있어서 토석류 이외의 점에 하자가 있고(여기서 당연히 예견가능성을 전제로 하고 있다), 예견불가능한 현상이 관련 경합하는 경우에는 도로관리자의 관리책임을 추급할 여지가 있는 것으로서 이른바 부분적 인과관계론을 처음으로 채용하였다. 이와 같은 인과관계의 비율적 인정은 불법행위법을 지배하는 손해의 공평분담의 견지에서 주장되어 온 것이었는데, 이 판결이 일본의 국가배상법 제2조 사건으로는 위 이론을 최초로 채용한 것이다.[179] 또한 예견가능성에 대하여 정량적이고

179) 國井和郎, "道路災害と公の營造物責任 — 飛騨川バス轉落事故判決を機緣にして —", 判例タイムズ 295호, 24면.

구체적인 예견성이 요구되고 있지만, 이는 통상의 예견성의 범위를 크게 일탈한 것으로서, 이 판결보다 1년 전에 있었던 札幌高判 소화 47. 2. 18. 函館버스 바닷속 전락사고 항소심판결에도 반하는 것이다. 따라서 이 판결의 예견가능성에 대한 판단은 항소심 판결에서 전면적으로 부정되었던 것이다.

㈏ 한편, 예견가능성을 긍정하였던 函館버스 바닷속 전락사고 항소심판결은 "그렇지만 도로가 그 기능을 감안하여 통상 지녀야 하는 안전성을 결여한 것에 이르게 된 원인이 불가항력의 재해에 의한 것이라고 하여도 그 재해의 발생을 사전에 예측하는 것이 가능하고 도로관리자로서 통행자의 생명, 신체 또는 재산의 위해가 파급되는 것을 방지하기 위한 필요한 조치를 강구하여야 함에도 이를 해태하였다면 그 부작위로 인하여 하자가 있었다고 할 것이다. 그리고 위 예측이 가능하였는가 여부 및 도로관리자가 여하한 조치를 강구하여야 하였는가에 대한 판단기준은 재해발생시에 있어서 우리의 토목공학, 지질학 등의 도로관리상 관계를 갖는 과학기술의 수준에 의하여야 하고, … 당시 관계 과학기술의 수준에 의하여 판단하면 설령 그 전일까지는 어떤 이상한 현상이 인정되지 않고 또 당일에 있어서도 산유옹벽 등에 이상이 보이지 않았다 하더라도, … 통행자의 생명, 신체, 재산에 위해를 미칠 수 있는 염려가 있는 산사태 혹은 이와 유사한 재해의 발생을 예측하는 것은 결코 불가능하지 않다고 인정된다"(札幌高判 소화 47. 2. 18. 高民集 25권 1호, 95면)고 판시하고 있다.

이 판결은 결과적으로 일정지역에 있어서 생명, 신체, 재산에 위해를 미칠 위험이 있는 자연현상의 발생에 대하여 예견가능하면 도로관리자는 교통의 안전을 확보하기 위하여 일정의 손해방지조치를 강구해야만 하고, 이를 방치한 관리자에게는 관리책임을 부담시키고 있다. 때문에 여기에서 예견가능성은 손해의 회피가능성의 전제문제로서 중요한 의의를 갖고, 동시에 예견가능성의 판단에 대하여 정량적 예견성을 배척하고 정성적 예견성으로 족하다고 하는 맹아적 형태를 나타내는 것으로 이해할 수 있다.

㈐ 飛騨川버스전락사고에 대한 항소심판결은 정성적 예견가능성설의 입장을 명확히 하면서 예견가능성을 긍정하고 있다. 즉, "도로의 설치·관리도 당연히 이러한 방재과학의 수준을 받아들여 검토되어야 하는 이상, 당해 자연현상의 발생위험

을 정량적으로 표현하여 시기, 장소, 규모 등에 있어서 구체적으로 예지·예측함이 곤란하더라도 당시의 과학적 조사·연구의 성과로서 당해 자연현상의 발생위험이 있다고 하는 정성적 요인이 일응 판명되고 있고, 위 요인을 충족시키고 있는 것 및 제반정황으로부터 판단하여 그 발생위험이 개연적으로 인정되는 경우라면, 이것을 통상예측할 수 있는 것으로 해도 무방하다"(名古屋高判 소화 49. 11. 20. 判例時報 761호, 18면)고 한 이상, "토석류 발생의 정성적 요인은 일응 판명되고 있어도 이들 요인을 정량적으로 표현하여 토석류발생의 구체적 예지법을 확립하기까지에는 아직 많은 과제가 해결되지 않으면 안 된다"고 하면서 "본건 저습지는 토석류의 형태가 산허리(山腹)의 붕괴에 수반하는 것이든 계류퇴적물의 유동에 의한 것이든, 토석류의 발생위험이 있다고 하는 정성적 요인을 충족시키고 있는 점(여기에 공급우량이 연속우량 100mm를 넘어 상당한 우량에 달하는 듯한 심한 집중호우에 의한 경우에는 본건 저습지는 기타 요인으로 보아 상당히 위험한 저습지였다고 고려된다) 및 근처에 토석류의 흔적이 있는 저습지가 있고 과거에 토석류 발생 사례가 있는 점(이것은 전문가가 보면 비교적 용이하게 발견할 수 있는 것이다) 등 제반사정에서 판단하여 앞에서 인정한 규모의 집중호우 등 강우가 예측되는 지역 내의 본건 저습지에서는 위와 같은 규모의 강우시에는 토석류의 발생위험이 있음을 통상 예측할 수 있는 것이라 할 수 있다"고 판시한 것이다.

이 판결은 정성적이라 하면서 연속우량 100mm 이상의 강우량이 있으면 틀림없이 본건 저습지에 있어서 토석류의 발생위험에 관해 통상예측할 수 있었다고 하고 있기 때문에 매우 대담한 정량적 판단을 하는 것이라고 할 것이다. 더욱이 강우량의 판단의 예측가능성에 관하여 縣 전체를 가지고 판단하는 점이 주목할 만하다.[180] 위와 같은 판례의 입장을 종합하면 예견가능성의 판단은 그 당시의 과학기술의 수준을 기준으로 행하여져야 한다고 보는 것이 타당하며, 예견의 정도는 위험발생의 시기, 장소, 규모 등을 구체적으로 예측할 것이 요구되지는 않고, 위험발생이 현재의 학문적, 기술적 수준에 비추어 개연적으로 인정되면 족하다고 보는 것이 타당하다고 할 것이다.

---

180) 遠藤博也, 앞의 책 中卷, 492면.

⑶ 결과회피조치의 가능성

㈎ 위험발생의 예견가능성이 있으면 그 다음으로 문제되는 것이 결과회피조치의 가능성이다. 판례에서 결과회피조치의 가능성을 인정하고 있는 경우는 적지 않다. 손해발생의 예견가능성이 있으면 회피가능성도 인정되는 경우가 많기 때문이다. 그러므로 회피가능성이 없으면 영조물 관리책임을 인정하기 어렵기 때문에 회피가능성의 존재는 관리자의 책임을 인정하기 위한 하나의 요건이라고 할 수 있다.

㈏ 회피가능성의 의미를 분류하여 보면, 오로지 기술적 견지에서 보아 손해의 발생이 회피가능하였다는 것을 의미하는 경우와 기타 사정(예컨대, 손해회피조치를 위한 비용)을 고려하여 회피가능하다는 것을 의미하는 경우가 있다. 회피가능성의 유무를 판단하기 위한 기술적 수준의 판단시는 영조물의 설치시만이 아니라 사고발생시까지이며, 회피가능성의 유무는 시간적 여유 등 통상의 관리체제 아래에서 결과발생의 회피가능성이 있는지의 여부에 따라 판단하여야 한다. 즉, 결과회피가능성은 사실상 회피가능하였는가의 여부가 아니라 당해 공공시설의 관리체제가 기대되는 기능을 다하였다면 회피가 가능하였는지, 또 관리체제 자체가 정상의 관리체제였다면 결과의 회피가 가능하였는지 여부를 기준으로 판단할 일이다.

㈐ 예컨대 지하배수로의 준설공사에 의한 진흙이 縣의 도로에 퇴적되어 이로 인해 스쿠터가 전도사고를 야기한 사례에서 “그 소관 도로에 후발적인 하자가 있고 당해 하자가 드러난 후 사고발생까지의 시간적 관계 등에서 그 상태를 개선하여 교통의 안전성을 회복하는 것이 불가능한 경우였어도 하자가 드러나는 과정에서 그것을 방지하는 것이 충분히 가능하였는데도 적절한 조치를 강구하지 않고 방치하였던 결과, 도로가 본래 갖추어야 할 안전성을 결여하였다고 인정할 사정이 있을 때는, 이것이 불가항력에 의한 경우라든가 혹은 회피가능성이 없는 경우에 해당한다고 할 수 없다”(福岡高判 소화 47. 9. 5. 交民 5권 5호, 1220면)고 판시하였다. 이 사건에서는 사업주체인 市도, 도급받은 회사도 도로점용허가신청을 하지 않고 일반인에게 통보도 없었던 까닭에 도로관리자(縣)는 공사시공 그 자체를 알지 못했을 것이지만, “통상의 관리체제로서도 예기한대로의 효과를 발휘하고 있었더라면” 공사를 시공중인 것과 도로교통의 안전성에 영향을 미칠 수 있는 것을 알 수 있었을 것이라고 한다.

㈑ 또한 교차로의 신호기가 고장나는 바람에 자동차가 갑자기 충돌한 사고에 관한 사례에서 "본건 신호기는 적어도 사고당일 오전 6시 55분경에 고장 나 있었고, 그 무렵 西鐵영업소에 통보가 있어 직접 무선지령에 의하여 서철 순시원이 현장에 나타난 것은 오전 7시 4~5분경이고, 이 순시원으로부터 고장 내용에 관하여 서철 무선지령실에 보고가 있었고, 이를 서철로부터 경찰에, 그 후에는 담당 博茶署 교통계에 연락된 것은 7시 20분경이 되었다. 위 연락을 받은 경찰관 4명은 근무에 임하여 대기 중이었기에 즉시 출발하였지만 본건 교차점에 도착한 것은 7시 25분경이었다. 그러나 위 경찰관의 현장 도착보다 2~3분 전에 이미 본건 사고가 발생하였다"(福岡地判 소화 52. 4. 1. 判例時報 875호, 83면)라는 사실관계하에서 "신호기의 고장은 필연적이고 아무리 정기 혹은 수시로 보수점검이 이루어졌다고 해도 고장을 전무하게 할 수는 도저히 기대할 수 없고, 또 사전에 예지하는 것도 불가능"하다고 하여 "설치관리자에게는 일응 회피할 수 없는 사태"였다고 판시하였다. 이 판결은 신호기의 고장가능성을 전제하면서도 수리를 하기까지의 지연된 시간을 문제 삼고 있다. 그렇지만 만약 "신호기의 감시태세가 충분히 정비되어 곧바로 조금(예를 들면, 5분이라도) 일찍 경찰이 고장을 발견하여 대응조치를 취하였다면, 본건 사고의 발생을 회피할 수 있었다"고 판시하여 사고 발생의 회피가능성이 있었음을 이유로 신호기관리의 하자를 긍정하였다.

㈒ 생각건대 전자의 사례에서는 현재 있는 통상의 관리체제가 충분히 기능하고 있지 않았던 것이고, 후자는 현재 있는 관리체제에 불비결함이 있었던 것이다. 이처럼 존재하는 관리체제가 제 기능을 발휘하고 있는 것을 전제로 하여 회피가능성이 판단된다. 다만 위 두 사례에서는 관리체제에 관하여 약간의 문제점이 있다. 전자에서는 물리적인 하자상태의 출현에 이르는 과정에서의 관리체제가 문제되고, 후자에서는 물리적 하자상태의 출현 후에 관리체제가 문제가 되고 있다는 점이다.

㈓ 전자에서 당초 본건 사고원인이 된 흙더미가 縣道의 차도의 상당부분을 덮게 된 것은 그보다 후의 시점이고, 작업 중에는 주변에 바리게이트가 둘러쳐져 있었기 때문에 교통량이 많던 시간대에는 사고가 발생하지 않았다. 그러므로 관리자로서는 하자의 존재를 알기 어렵고 그 결과 사고를 회피할 수 없었다고 주장할 수 있지만, 본건 사고원인이 된 진흙더미는 도로관리행위의 일환인 도로시설인 市道

지하배수로의 준설공사에 의하여 발생한 것이고, 사고현장이 교통이 빈번한 교차점에 있고, 노상은 縣道 노면하에 市의 배수로가 입체적으로 교차병존하고 있는 관계에 있기 때문에, 縣과 市의 책임이 경합적으로 성립할 수 있는 것이고 縣에게는 외재적 하자에 의한 책임, 市에게는 내재적 하자책임에 의한 책임이 각각 성립한다고 할 것이다.

(사) 다음으로 후자에서의 관리체제상의 문제점은 문제가 된 도로시설이 縣의 공안위원회에 의하여 설치된 신호기이고, 판결 자체가 경찰에의 연락체제의 불비를 문제로 하고 있는 데서도 알 수 있듯이 통상의 도로관리자와는 다른 의무가 문제가 되고 있다. 물론 도로관리는 매우 광범위하고 다양한 측면을 포함하는 것이고, 강학상으로도 공물에 관해 공물관리권과 공물경찰권을 말하고 있듯이 도로법상의 도로관리만이 도로관리의 모든 것이 아니라, 도로교통법상의 도로관리를 시작으로 혹은 환경관계법상의 교통공해방지의 관점에서 보면 도시교통체계나 도시계획, 도시정책 전체의 체계에까지 미치게 된다. 따라서 행정주체 상호간, 행정주체 내부에서의 사물관할의 구분은 행정부 내의 내부사정에 지나지 않는다고 해야 할 것이다.

(4) 예산제약론

영조물의 안전성 확보를 위한 예산의 제약, 즉 재정적 제약으로 설치·관리의 하자가 발생한 경우에 면책사유가 될 수 있는지 문제된다. 오늘날 사회국가는 국민생활에 필수적인 사회간접자본이나 공공시설 중에 특히 안전성의 확보가 중요시되는 원전설비, 하천, 제방 등에 대한 안전성 확보에 특별한 책임을 지고 있다. 이를 통하여 국민은 헌법에 열거되지 않은 일종의 안전에 대한 기본권을 누리게 된다. 그러므로 이러한 시설들에 대하여 재정적 여건이 허락하지 못한다는 이유로 공공시설에 안전성의 흠결이 발생하고 이로 인하여 손해가 발생하는 경우에 국가는 배상책임을 면할 수 있느냐에 관하여 논의가 있다.

1) 우리나라의 판례·학설

(가) 예산부족이 면책사유가 되는가에 대하여 판례는 “영조물 설치의 하자유무는 객관적 견지에서 본 안전성의 문제이고 그 설치자의 재정사정이나 영조물의 사용목적에 의한 사정은 안전성을 요구하는 데 대한 정도 문제로서 참작사유에는 해당할지언정 안전성을 결정지을 절대적 요건에는 해당하지 아니한다 할 것이다(대법

원 1967. 2. 21. 66다1723 손해배상)라고 판시하고 있다. 이 판결은 육군 사병내무반인 흙부로크로 지은 병사가 폭우로 인하여 흙사태가 발생한 결과 병사가 무너짐으로서 그 병사에서 자고 있던 5명의 사병이 압사한 사건으로 예산부족 등으로 사병내무반용 병사를 흙벽돌과 같은 비교적 견고하지 않은 재료로 지었다는 사실만 가지고는 영조물의 하자를 부정하기 어렵다는 취지였다. 비록 오래전의 것이지만 예산부족에 관한 쟁점을 판시한 것으로 널리 인용되고 있기 때문에 그 판결이유도 살펴볼 필요가 있다.

(나) 원판결 이유 설시에 의하면, 1964. 8. 12. 3:00경 경기 포천군 포천면 2동에 주둔하고 있던 육군 제2913부대의 수송부 사병내무반인 흙부로크로 지은 병사가 그 앞날에 내린 폭우로 인하여 그 병사에서 약 8m 떨어져 있는 산에서 흙이 무너져 흙사태가 위 병사를 뒤 엎어서 병사가 무너짐으로서 그 병사의 불침번 사병의 긴급대피 조치에도 불구하고 미급하여, 그 병사에서 자고 있던 위 부대소속 육군 상등병 소외 1 외 5명의 사병이 압사하였으나, 법원에 현저한 사실인 현하 국가 재정상태나, 군사적 임무의 특수성 등에 비추어 군사시설인 사병내무반용 병사를 흙벽돌과 같은 비교적 건고치 않은 것으로 지었다는 사실만 가지고서는, 피고의 영조물설치에 하자가 있었다고 말할 수 없고, 또 피고는 위 병사의 보존관리도 완전히 하였으며 본건 사고는 사고전날에 내린 폭우로 인하여 산사태가 나서 발생한 사고로서, 피고로서는 예견할 수 없는 불가항력에 의한 것임을 엿볼 수 있다고 하여, 원고의 본건 청구를 배척하였다.

그러나 영조물설치의 하자라 함은 영조물의 축조에 불완전한 점이 있어 이 때문에 영조물 자체가 통상 갖추어야할 안전성을 갖추지 못한 상태에 있음을 말한다고 할 것인바, 원판결은 본건 병사는 견고하지 아니한 자재를 사용 건축한 사실을 인정하면서, 현하 국가의 재정상태와 군사적 임무의 특수성을 들어, 영조물인 위병사의 설치에 하자가 없다는 이유를 설시하고 있는바, 영조물 설치의 하자유무는 객관적 견지에서 본 안전성의 문제이고, 재정사정이나 사용목적에 의한 사정은, 안전성을 요구하는 데 대한 정도문제로서의 참작사유에는 해당할지언정, 안전성을 결정지을 절대적 요건에는 해당하지 아니한다고 할 것이며, 더욱 원판결 이유에 의하더라도, 본건 병사는 일시적 잠정적인 것이 아니고, 수년 동안이나 병사로 사용한 것이고, 또 본건 병사가 본건 사고의 중요한 원인인 산사태에 의한 위험성이 전혀 없는 장소에 설치된 것이 아니라, 산사태로 인한 피해가 발생할 가능성이 있는 위치 즉 산으로부터 8m밖에 떨어져 있지 아니한 지점에 설치되었다는 사정 등에 비추어 볼 때에, 원판결 설시 이유만으로서는 영조물인 본건 병사의 설치에 하자가 없고, 본건 사고는 피고로서는 예기치 못한 불가항력에 인한 것이라고는 볼 수 없다 할 것이며, 본건 사고가 불가항력에 인한 것이라고 인정하려면, 원심으로서는 마땅히 본건 병사를 산사태의 위험성이 없는 산에서 떨어진 장소에 설치하지 아니하고, 산에서 8m밖에 떨어져 있지 아니한 지점에 설치하지 아니하면, 안될 사정이 있었는가 여부, 그러한 사정이 있었다면, 그러한 지점에 병사를 설치하려면 어느 정도의 견고성이 있는 병사를 지어야 할 것인가 여부, 또 본건 산사태는 보통 예견할 수 없는 이례적인 폭우로 인한 것으로서 피고가 예견할 수 없었는가 여부, 본건 병사를 견고한 자재로 건축하였다 하더라도, 불가피하였는가 여부 등 사정에 관하여 더 알아보았어야 할 것이고, 또 원판결이 본 증거만으로서는 그 관리에 만전을 기하였다고 보기에는 미흡하다고 하지 않을 수 없으므로, 원판결은 필경 이유불비 내지 심리미진의 위법이 있어 재판에 영향을 미쳤다 할 것이므로, 이점에 관한 논지는 이유 있다(대법원 1967. 2. 21. 66다1723 손해배상).

㈐ 이 사건의 원심판결은 견고한 병사를 설치·관리할 수 없었던 국가의 재정상태를 고려하여 병사를 흙벽돌과 같은 비교적 견고치 않은 것으로 지었을지라도 영조물 설치에 하자가 있었다고 볼 수 없다고 판단했다. 또한 병사의 보존관리도 완전히 하였는데 사고전날에 내린 폭우로 산사태가 나서 발생한 사고이기 때문에 예견할 수 없는 불가항력에 의한 면책을 인정했다. 그러나 대법원은 영조물 설치의 하자유무는 객관적 견지에서 본 안전성의 문제라고 판시하여 객관설의 입장을 명확히 하면서, 재정사정이나 사용목적에 의한 사정은 안전성을 요구하는 데 대한 정도문제로서의 참작사유에는 해당되고 안전성을 결정지을 절대적 요건에는 해당되지 않는다고 명확히 하였다. 그러면서 병사의 관리에 만전을 기하였다고 보기에는 미흡하다고 하여, 설치 또는 관리의 하자가 존재한다는 강한 추정을 하게 된다.

㈑ 1984. 9. 2.경 서울 망원동 일대가 지상 1m 이상 물에 잠기는 이른바 망원동 집단수해사고에서도 피고 서울시의 예산상의 제약으로 인한 수문상자 설치상의

하자가 없다는 주장이 배척된 바 있다.[181]

피고 서울시는, 국가배상법 제5조에 규정한 영조물의 설치상의 하자는 영조물이 그 사회의 재정적·기술적 제 조건하에서 통상 갖추어야 할 안전성을 갖추지 못한 상태를 말하는 것이지 자연과학적 의미에서 완전무결한 상태를 유지하지 못한 경우를 말하는 것이 아니며, 그 설치상의 하자의 유무는 영조물의 구조·용법·장소적 환경·이용 상황 등 제반사정을 종합 고려하여 구체적·개별적으로 판단되어야 하는 것이라고 전제하고, 특히 이건과 같은 수해사고의 경우 하천은 도로 기타의 인공공물과는 달리 첫째, 홍수 등의 자연적 원인에 의한 재해를 가져올 수 있는 위험성을 그 자체에 내포하고 있고, 하천계획에는 불확실성 요인이 내재하며, 정확한 호우예지가 불가능하고, 도로의 차단 등과 같은 간이하면서도 임기응변적인 위험방지수단이 없어 치수에 본질적인 어려움이 있고, 둘째, 전국의 미개수하천에 개수공사를 실시하려면 막대한 예산이 소요되므로 국민생활상의 다른 제 욕구와의 조정을 꾀하면서 그 예산의 테두리 안에서 개수의 필요성이 긴급한 것부터 치수정책을 시행해 나갈 수밖에 없는 재정적인 제약이 있으며, 셋째, 하천이 통상 갖추어야 할 안전성의 확보는 일조일석에 이루어질 수 없다는 시간적인 제약이 있고, 넷째, 유수의 작용에 대한 안전성은 실제의 홍수내습으로 비로소 시험되고 검증되어 가는 것이며, 이를 기초로 한 연구성과에 의하여 하천의 안전성을 점차 높여갈 수밖에 없는 기술적인 제약이 있으며, 다섯째, 도시교외지역의 개발확대로 인한 저습지역의 택지와 지가상승으로 인한 치수용지의 취득난 등 사회적인 제약이 따른다는 사정을 참작하고, 우리의 과학기술수준이 낙후되어 있고, 재정형편이 어려운 점 및 계획홍수위라는 개념은 장기적인 하천개수의 지표로서 그 이하의 홍수위에 하천시설물이 붕괴되어도 이로써 어떠한 하자가 있다고 추정할 수 없는 점 등을 고려하면

---

181) 1. 국가배상법 제5조에 규정한 '영조물의 설치상의 하자'라고 하는 것은 객관적인 견지에서 그 영조물이 통상 갖추어야 할 안전성을 갖추지 못한 상태를 말하는 것으로서, 전혀 예상할 수 없었던 불가항력적인 사고에도 대비할 수 있을 정도의 고도의 안전성을 차결한 경우까지 의미하는 것은 아니나 이 사건 사고당시의 홍수위는 계획홍수위나 기왕 최고실적홍수위는 물론 불과 12년 전의 홍수위에도 미달하는 것으로서 이를 결코 예상할 수 없을 정도의 것이라고 할 수 없다.

2. 이 사건 망원동 집단수해사고는 자연공물로서의 미개수된 하천이 범람하여 발생한 것이 아니라 이미 설치된 인공공물인 망원유수지의 수문상자에 내재된 하자, 즉 통상 갖추어야 할 안전성을 갖추지 못한 하자로 인하여 발생한 것이다(서울민사지방법원 1987. 8. 26. 84가합5010 손해배상청구사건(세칭 망원동집단수해사건)).

이건 유수지의 수문상자 등은 완전무결한 것은 아니라고 하더라도 우리의 현실정에 비추어 통상 갖추어야 할 안전성을 갖추었다고 보아야 하고 이건 사고는 전혀 예기치 못한 미증유의 홍수로 인하여 발생된 불가항력적인 사고라고 주장하므로 살피건대, 국가배상법 제5조에 규정한 영조물의 설치상의 하자라고 하는 것이 객관적인 견지에서 그 영조물이 통상 갖추어야 할 안전성을 갖추지 못한 상태를 말하는 것으로 전혀 예상할 수 없었던 불가항력적인 사고에도 대비할 수 있을 정도의 고도의 안전성을 흠결한 경우까지 의미하는 것이 아님은 위 피고의 주장과 같으나 이건 사고당시의 홍수위는 계획홍수위나 기왕최고실적 홍수위는 물론 불과 12년 전인 1972. 8. 19. 당시의 홍수위인 11.25m(인도교 기준)에도 미달하는 것으로서 이를 결코 예상할 수 없었던 정도의 것이라고 할 수 없고, 또한 이건 사고는 자연공물로서의 미개수된 하천이 범람하여 발생한 것이 아니라 이미 설치된 인공공물인 수문상자에 내재된 하자로 인하여 발생한 것으로 앞서 본 바와 같이 적정규모의 수문상자의 설치, 배수암거와의 연결부위의 철근 등 연결, 수밀시공, 지반에 대한 적절한 기초공사 등을 하는 데에 위 피고의 주장과 같이 여러 가지 제약이 따른다고 할 수도 없으므로, 결국 이건 수문상자는 통상 갖추어야 할 안전성을 갖추지 못한 하자가 있다 할 것이니 위 피고의 주장은 이유 없다(서울민사지방법원 1987. 8. 26. 84가합5010 손해배상청구사건).

(마) 재정지출이 일반적으로 예상되는 위험과 비교하여 객관적으로 사회통념상 기대가능성이 없을 정도로 과다하고, 현실적으로 생긴 손해와 관련지어 보더라도 그러한 재정지출을 요구하는 것이 가혹하다고 판단되는 경우에는 면책사유는 되지 못하여도 참작사유는 될 수 있다는 점은 당연하다. 인공공물과 자연공물의 유지·관리에 개별적, 구체적 차이가 있음을 고려해야 한다는 견해도 있다. 도로나 교량 등의 경우와는 달리 하천 등 자연공물의 안전한 유지·관리에 있어 사회통념상 기대가능성이 없는 정도의 막대한 예산이 소요되는 경우에도 이 원칙이 그대로 적용될 것인지는 의문이라는 것이다. 이러한 경우에는 기대가능성의 기준에 따른 개별적, 구체적 판단에 의하여 당해 하천의 관리에는 하자가 없는 것으로 판단될 수 있으나 오히려 실질적 고려에 따라 국가 등의 배상책임이 부인되는 경우라고 보는 것이 실제에 부합된다고 한다.[182] 영조물의 관리는 돈이 들어가기에 사회적 자원배분에 관

182) 김동희, 행정법 I (제20판), 590면.

한 문제이다. 따라서 국가의 재정규모를 고려하지 않을 수 없으므로 영조물의 안전을 위하여 막대한 예산이 소요되는 경우에는 면책사유가 된다고 할 것이다. 그러나 예상되는 위험이 크고 안전유지를 위하여 소요될 예산규모가 적을 경우에는 예산제약을 이유로 면책될 수 없다고 볼 수도 있다.

(바) 그렇지만 영조물책임의 면책사유로 주장될 수 있는 사유 중 예산부족 또는 예산상의 제약으로 인한 면책의 허용은 엄격히 제한되어야 한다. 위 판결이 선고된 1967. 2. 21.에 비하면 오늘날 우리나라의 경제여건은 비교할 수 없을 정도로 발전했다. 그럼에도 병사를 설치·관리하는 국방부는 물론 다른 부처 역시 예산상의 제약을 강하게 받고 있다. 국가의 존재이유는 국민의 생명·신체의 안전이 최우선이 되어야 하므로 예산의 사용도 이를 위하는 데 우선권이 주어져야 한다. 예산의 제약으로 인하여 영조물의 하자를 예방하지 못하였다는 주장을 허용하게 되면 자칫 개인의 생명·신체의 안전보다 행정편의주의를 우선시하는 위험성을 초래하게 되기 때문이다.

2) 일본의 판례·학설

(가) 高知낙석사건 상고심판결에서는 "본건 도로에 있어서 방호책을 설치한다고 하는 경우 그 비용액이 상당한 다액에 달하고 상고인 縣으로서 그 예산조치가 곤란할 것이라는 점은 추찰할 수 있지만, 그에 의하여 곧 도로관리의 하자에 의하여 발생한 손해배상책임을 면할 수 있다고는 생각할 수 없다"고 판시하여 예산제약이 면책사유가 되는 것은 아니라고 하였다.

다른 판례에서도 같은 논조를 유지하고 있다. "터널의 안전체제를 구성하는 물적 설비에 관한 기술의 진보향상에 의하여 이를 개수 또는 갱신함에 따라서 당해 위험의 회피가 보다 일층 확실하게 되는 것이 명확할 때에는 개수 또는 갱신을 해야 하는 것이 필요하고, 그를 위하여 당해 터널의 설치자에 있어서 부담하는 것이 필요하게 되는 비용 혹은 예산상의 제약이 있는 것 등에 의하여 좌우되는 것은 아니다"(東京地判 평성 2. 3. 13. 判例時報 1338호, 21면)라고 판시하고 있다.

(나) 그러나 여기서 말하는 예산상 제약의 의미에 관하여는 신중한 검토가 필요하다. 예산부족으로 배상금을 지불할 수 없다고 하는 것은 배상을 이행하는 측면의 문제이고, 배상책임을 부정하는 근거로 삼기에는 충분치 않다는 점도 부정하기 어

렵다 할 것이다. 또 사회적 자원배분이라는 관점에서 보아도 어떤 방재대책을 강구하는 것이 정당화됨에도 불구하고 구체적인 예산조치가 강구되지 않은 경우, 그 때문에 도로관리자가 면책되지 않는다고 생각된다. 다만 사회적 자원배분이라는 관점에서 보아도 정당화할 수 없는 거액의 투자를 필요로 하는 것 같은 안전대책을 강구하는 것까지 요구된다고 해석하는 것은 의문의 여지가 있다고 하겠다.[183] 따라서 도로사고에 관한 위와 같은 판례는 사회적 자원배분의 견지에서 보아 요청되는 안전대책의 투자가 구체적인 예산조치의 부족 때문에 충분히 행할 수 없었다 해도 그것은 항변이 되지 않는다고 하는 의미에 불과하고, 도로와 같은 인공공물의 하자판단에 있어서는 재정적 제약이 전혀 고려되지 않을 수는 없다는 것을 말해준다.

㈐ 하천수해에 관하여 하자판단에 있어서 재정적 제약을 명시하고 있는 것은 大東수해소송에 대한 최고재판소 판결이다. 이 판결은 "도로관리자에 있어서 재해등의 방지시설의 설치를 위한 예산조치가 곤란하다는 이유로 곧 도로관리의 하자에 의하여 생긴 손해배상책임을 면할 수 있는 것으로 해석해야 한다는 당 재판소의 판례(소화 45. 8. 20. 제1소법정판결. 民集 24권 9호, 1268면)도 하천관리의 하자에 관해서는 당연히 타당하지 않은 것이라고 해야 한다"고 판시하고 있기 때문에 재정적 제약이 하자판단에 있어서 갖는 의의에 관하여 도로와 하천에서는 다르다는 입장을 전제로 하고 있다.

이 판결은 "이미 개수계획이 정해지고 이에 기초하여 현재 개수중인 하천에 관해서는 위 계획이 전체로서 위 견지에서 보아 특별히 불합리한 것이라고 인정되지 않은 때에는, 그 후의 사정변동에 따라 당해 하천의 미개수부분에 관하여 수해발생의 위험성이 특히 현저하게 되고, 당초 계획의 시기를 앞당기거나 공사의 순서를 변경하는 등으로 조기의 개수공사를 시행하지 않으면 안 된다는 특단의 사유가 발생하지 않는 한, 위 부분에 관하여 개수가 아직 행하여지지 않는다는 점만으로서 하천관리에 하자가 있다고 할 수 없다"고 판시하고 있다.

㈑ 도로와 하천 사이에서 이렇게 재정적 제약론이 갖는 의의에 관하여 차이가 생기는 것은 기대가능성에 관한 차이의 반영이라 하겠다. 인공적으로 이용시설을 만들고 그것을 공용하고 있는 이상 충분한 안전대책이 시행되는 것이 기대되고 거

183) 宇賀克也, 國家補償法, 261면.

시적으로 본 예산배분이 불충분하기 때문에 기대되는 안전대책이 이루어지지 않아도 하자를 부정하는 이유가 될 수는 없다. 특히 자연공물인 하천의 경우에는 사회적으로 기대되는 안전도에도 차이가 생기고 거시적인 예산상의 제약도 하자판단 가운데 들어 있게 되는 것이다. 또한 기대가능성에 관한 판단의 차이가 결과회피가능성에 관한 판단에 반영하여 하천에 있어서는 사회적 자원배분이라는 점에서는 불충분해도 거시적인 재정적 제약이 결과회피가능성을 저하하는 이유로서 참작된다고 바꿔 말할 수 있다.

(마) 다음으로 재정적 제약론에 대한 학설로서는 먼저, 재정적 제약을 고려해서는 안 된다는 부정설의 대표론자인 古崎慶長 판사는 예산부족이 면책항변이 되지 않는다는 것을 강조하고 있다. 즉, “도로가 도로로서 객관적인 안전성을 구비하고 있는지 여부가 문제되고, 그 안전성을 결여한 이상 관리자 측의 예산유무로 그 판단이 좌우되는 것은 아니다. 예산부족을 이유로 관리책임을 면할 수 있다고 하면 빈약한 도로에 대한 빈약한 도로예산이 통하는 결과를 시인하는 것이 되고 피해자 구제에도 어려움이 있다. 때문에 예산부족을 이유로 기대가능성이 없다거나 위법성을 조각한다는 견해는 도저히 찬성할 수 없다”[184]고 한다. 또한 “영조물의 관리권자에게 예산부족의 항변을 허용하면 피해자는 항상 억울하지만 손해배상청구를 단념하도록 강요하는 것이 된다. 그 때문에 설치·관리작용의 불완전의 판단에는 관리권자측의 사정(예산부족·관리능력부족 등)이 가미되어서는 안 된다”[185]고 주장하고 있다.

(바) 그러나 대부분의 학설은 古崎慶長 판사의 견해와 달리 재정적 제약에 대하여 의미를 부여하고 있다. 면책항변설은 예산은 국민의 조세부담하에 국회의 심의를 거쳐 이루어지므로 사법부에서 자유로 증감할 수 없으므로, 판결로써 예산을 초과하는 과다한 손해배상액을 명할 수 없고, 예산을 초과하는 부분에 대하여는 면책항변을 할 수밖에 없다고 한다. 錦貫芳源 교수는 高知낙석사건 상고심판결의 평가에 대하여 “이 판결은 도로관리에 관한 것이며, 또한 예산부족은 항변사유로 되지 않는 몇 가지의 조건을 부가하고 있는 것으로부터 그 취지를 이해할 수 없는 것은 아니지만, 예산이라는 국회 또는 지방의회의 가장 중요한 심의사항에 대하여 판단

184) 古崎慶長, 判例營造物管理責任法, 128~129면.
185) 古崎慶長, 國家賠償法の理論, 210면.

하고 있는 것은 법원이 국회 또는 지방의회에 대신하는 기능을 하려고 하고 있는 것은 아닌가라는 의문이 남는다. 이와 같이 예산에 의한 항변이 허용되지 않는다고 하기에는 그것이 어느 정도의 지출을 요하는지 명시하여 그것이 재정적으로 큰 부담이 아닌 취지를 부언해야 할 것은 아닐까 한다. 이와 같은 배려를 결한 본 판결은 재검토가 필요하다"[186]고 한다.

(사) 이와 달리 재정적 제약이 위법성조각사유가 된다는 주장이 있다. 大坪憲三 검사는 "예컨대, 막대한 비용을 요하는 예산상의 제약 때문에 제방을 높이 쌓지 못하고 그로 인하여 홍수로 제방이 범람하여 손해가 발생한 경우 제방을 높이 쌓았더라면 막을 수 있었던 인재라고 하여 책임을 묻는 것은 현저히 정의에 반한다. 하자가 존재하는 데 진실로 불가피한 사정이 있고 그 시정이 국가나 공공단체의 인력과 재력에 비추어 보아 일반적으로 기대할 수 없는 것이라면 하천에 하자가 있다는 위법성은 제거되지 않으면 안 된다"[187]고 주장하고 있다.

(아) 재정적 제약이 위법성을 조각하는 데까지 미치지 않지만 위법성을 감경하는 사유가 된다는 견해도 있다. 위법성감경사유설을 취하는 植木 哲 교수는 "종래 판례가 예산제약의 항변을 전혀 참작하지 않은 것은 그것들이 인적 손해, 특히 사망사고에 관한 사례에 국한한 것에 비추어 보면 판례가 이를 일반적으로 배척하는 의도인지 여부는 의문이고 이론적으로도 문제이다. 영조물책임의 의무위반적 구성으로부터 보면 관리자의 손해회피의무위반은 위법성 판단을 수반하는 것이기 때문에 당해 영조물의 위험성 정도와 피해법익의 중대성 정도에 따라서 예산제약의 항변도 위법성의 판단요소에 영향을 줄 수 있다. 그 객관적 기준을 피해법익의 중대성 정도에 따라서 기술하면, 인적 손해의 경우에는 예산제약의 항변은 원칙으로서 배척하여야 할 것이지만 물적 손해, 그것도 경미한 물적 손해에 있어서는 위법성감경요소로서 위법성판단에 마땅히 고려하여야 할 것이다. 이러한 관점에서 보면 加治川판결이 홍수에 의한 물적 손해의 발생에 대하여 예산제약이 하천의 안전확보의무의 조각 또는 감경요소로 될 수 있다고 본 것은 무조건 비난하여야 할 것은 아니라고 생각한다"[188]고 주장한다.

186) 錦貫芳源, "河川の設置·管理についての賠償責任(下)", 法曹 36권 6호, 186면.
187) 大坪憲三, 國家賠償法詳解, 215면.
188) 植木 哲, 앞의 책, 258면.

㈑ 재정적 제약을 하자유무의 판단요소로 보는 하자판단요소설도 있다. 이 견해를 주장하는 遠藤博也 교수는 “예산제약론에는 국가배상책임의 성립을 전제로 하여 책임이행의 차원에서 문제가 되는 것과 책임성부의 판단의 단계에 있어서 사회적 자원배분의 견지에서 문제가 될 수 있는 두 경우를 구별할 수 있다. 전자의 예산제약론을 부정해야 함은 당연하지만, 후자는 반드시 부정해야 하는 것은 아니다. 판례의 대세 또한 이 입장을 취하고 있고 판례가 예산제약론을 전면적으로 부정하고 있는 것과 같이 설명하는 것은 판례를 잘못 이해하고 있다고 할 것이다. 하자책임이 긍정된 후에 개별적이고 구체적인 예산부족이라든가 수개의 안전확보조치 중 하나가 거대한 예산조치를 필요로 한다고 하는 이유가 면책사유가 될 수 없는 것은 말할 필요가 없지만 이것과는 전혀 차원을 달리한 사회적 비용배분의 견지에서 보는 재정적 제약론은 하자책임을 판단함에 있어 중요한 요소의 하나이고 기술적 제약론이나 사회적 제약론 또한 같은 것이라고 해도 좋다”[189]고 한다.

⑸ 영조물의 하자와 면책사유의 경합

영조물의 설치·관리하자로 인한 책임이 문제가 되는 사례에 있어서 그 손해의 발생에 대하여 태풍에 수반한 홍수나 집중호우 등의 자연력이 경합하거나 제3자의 행위 또는 피해자의 행위와 경합하는 경우가 있다. 그중 가장 크게 문제되는 것은 자연력의 경합에 의하여 발생한 손해의 처리문제이다. 홍수에 의한 제방의 붕괴, 하천의 범람, 토석류의 발생, 낙석, 붕토 등 자연력에 기인하는 손해는 매년 막대하고, 국가배상청구소송이 제기되면 피고는 거의 대부분 불가항력 내지 회피가능성이 없었다는 취지의 주장을 한다. 그래서 영조물의 설치·관리의 하자와 천재라고도 할 수 있는 불가항력적인 자연력이 경합하여 사고가 발생했다고 여겨지는 경우 국가의 배상책임이 인정될 것인가(손해배상책임의 성부문제), 또한 책임이 긍정된다고 하더라도 책임의 범위를 일정한도로 제한하여야 하는 것인지(손해배상책임의 범위 또는 손해배상액결정의 문제) 문제된다.

그 손해가 통상 예측할 수 없는 불가능한 자연력에 의하여 발생하고 당해 영조물의 설치·관리하자가 부정되거나 혹은 하자가 인정되었다 하여도 손해와의 인과관계가 부정되는 등 대개 설치·관리라는 사람의 행위 영역 외의 사건으로 평가

189) 遠藤博也, 앞의 책 中卷, 726면.

될 수 있는 경우에는 불가항력으로 면책을 인정하는 것이 일반적이다(名古屋地判 소화 37. 10. 12. 下民集 13권 10호, 2059면; 福岡地判 소화 57. 11. 19. 判例時報 1063호, 161면).

1) 우리나라의 판례·학설

(가) 이에 관한 판례 중 과실의 경합 여부와 그 책임의 범위 및 배상액을 참작할 수 있는 것으로 판시하였던 구청 숙직실에서의 연탄가스 중독사망사건이 있다. 즉, "소외 망인이 구청 숙직실에서 취침 중 연탄가스 중독으로 사망하였다면 연탄가스가 과연 그 숙직실 방바닥에서 새어나왔는지 따라서 그 숙직실의 관리자인 피고에게 손해배상책임이 있는지의 여부를 먼저 가린 다음, 만일 그에게 책임이 있다고 인정되는 경우이면 그 때 가서 이 건 사고에 위 망인이 숙직근무 중 취침할 수 없게 되어 있는 숙직근무규정을 어긴 과실의 경합 여부와 그 책임 및 배상범위를 참작하여야 할 것임에도, 원심이 피고의 숙직실 관리의 하자가 있다 하더라도 이건 사고는 위 망인의 숙직근무규정 위반행위로 인하여 발생하였다 하여 원고의 청구를 기각하였음은 원인관계에 관하여 경험측에 위배된 사실을 인정하고 심리를 다하지 아니한 위법이 있다"(대법원 1974. 3. 12. 73다1704 손해배상)고 판시하였다.

비록 피해자가 숙직근무규정을 위반한 점이 있다고 하더라도 숙직실은 반드시 숙직근무자만이 사용하는 것은 아닐 뿐만 아니라 그곳에 취침을 하지 않고 근무하는 중에도 연탄가스가 새어나오지 않도록 안전하게 관리해야 할 의무를 위반한 사실이 인정되면 숙직실의 관리의 하자로 평가할 수 있는 판례라 할 수 있다.

(나) 도로의 지하에 매설되어 있는 상수도관에 균열이 생겨 그 틈으로 새어 나온 물이 도로 위까지 유출되어 결빙되었는데, 소외인이 택시를 운행하던 중 미끄러지면서 중앙선을 넘어가 마침 반대차선에서 오던 화물차와 충돌하여 사망한 사건에서도 자연적 사실이나 제3자 또는 피해자의 행위와 경합하여 발생한 손해도 영조물의 설치·관리상의 하자에 의해 발생한 것으로 볼 것이라고 판시했다. 즉, "영조물의 설치 또는 관리상의 하자로 인한 사고라 함은 영조물의 설치 또는 관리상의 하자만이 손해발생의 원인이 되는 경우만을 말하는 것이 아니고, 다른 자연적 사실이나 제3자의 행위 또는 피해자의 행위와 경합하여 손해가 발생하더라도 영조물의 설치 또는 관리상의 하자가 공동원인의 하나가 되는 이상 그 손해는 영조물의 설치 또는 관리상의 하자에 의하여 발생한 것이라고 해석함이 상당하다"(대법원 1994. 11.

22. 94다32924 손해배상(기)).[190]

이는 상수도관의 균열로 물이 도로로 새어나오게 된 상수도관의 관리의 하자 및 낮은 기온으로 도로가 결빙되었음에도 이를 그대로 방치한 도로관리의 하자가 경합하여 발생한 사고에 대한 책임을 인정한 사례이다. 물론 택시가 과속으로 운행 중이었다면 그로 인하여 손해가 확대되었을 것이므로, 피해자의 과실도 참작하여 과실상계가 이루어지게 될 것이다.

㈐ 이와 같은 법리는 민법상 공작물의 설치 또는 보존상의 하자의 판단에서도 동일하게 인정되고 있다. 즉, “공작물의 설치 또는 보존상의 하자로 인한 사고는 공작물의 설치 또는 보존상의 하자만이 손해발생의 원인이 되는 경우만을 말하는 것이 아니고, 공작물의 설치 또는 보존상의 하자가 사고의 공동원인의 하나가 되는 이상 사고로 인한 손해는 공작물의 설치 또는 보존상의 하자에 의하여 발생한 것이라고 보아야 한다. 그리고 화재가 공작물의 설치 또는 보존상의 하자가 아닌 다른 원인으로 발생하였거나 화재의 발생 원인이 밝혀지지 않은 경우에도 공작물의 설치 또는 보존상의 하자로 인하여 화재가 확산되어 손해가 발생하였다면 공작물의 설치 또는 보존상의 하자는 화재사고의 공동원인의 하나가 되었다고 볼 수 있다”(대법원 2015. 2. 12. 2013다61602 구상금).

또한 정신질환으로 병원에 입원하여 진료를 받던 환자가 병원 옥상에서 떨어져 사망한 사안에서, 망인의 사망 원인이 투신에 의한 사망일 개연성이 아주 높고 병원이 망인의 자살 자체를 예견하기 어려웠다고 하더라도 위 옥상에 존재한 설치 또는 보존상의 하자가 사고의 공동원인의 하나가 되었다면, 그 공작물의 설치 또는

190) 원심은 거시 증거에 의하여 판시 도로의 지하에 매설되어 있는 상수도관에 균열이 생겨 그 틈으로 새어 나온 물이 도로 위까지 유출되어 노면이 낮은 기온으로 인하여 결빙된 사실, 소외 망 오종열이 택시를 운행하던 중 노면이 결빙되어 있는 사실을 모른 채 위 지점을 지나가다가 미끄러지면서 중앙선을 넘어가 마침 반대차선에서 오던 화물차와 충돌하여 사망한 사실, 피고가 위 상수도를 설치, 관리하고 위 도로도 관리하고 있는 사실 등을 인정한 후 피고는 위 도로 및 상수도를 설치, 관리하는 자로서 위 도로의 관리 및 위 상수도관의 설치 및 관리상의 하자로 인하여 이 사건 사고를 발생하게 하였다 하여 손해배상책임을 인정한 후, 이 사건 상수도관에 대한 설치, 관리상의 과실이 없다는 피고의 항변에 대하여 거시 증거에 의하면 위 상수도관은 내구연한이 20년 이상인 피.브이.씨.관으로 1986. 7. 23. 설치된 것이고, 피고는 상하수도관리를 위하여 복구차량 등 충분한 장비를 보유하고 비상연락망체계를 확립하여 운영하여 왔으며, 이 사건 사고직전인 1992. 11. 28.에도 이 사건 상수도관에 대하여 점검한 사실은 인정되나 그러한 사실만으로는 피고가 이 사건 사고 무렵까지 위 상수도관의 관리상에 필요한 주의의무를 다하였다고 인정하기 어렵다고 판시하였다(대법원 1994. 11. 22. 94다32924 손해배상(기)).

관리자는 손해배상책임을 면할 수 없다고 한 사례(대법원 2010. 4. 29. 2009다101343 손해배상(의))가 있다.

㈑ 학설 역시 판례와 마찬가지로 불가항력으로 인한 손해는 제3자의 행위로 인한 경우도 있고(예: 공사표시판을 사고 직전의 선행하는 제3자의 차가 잘못하여 쓰러뜨린 경우 등), 자연력으로 인한 경우도 있다(예: 폭풍우·지진·낙뢰·눈사태 등). 이러한 경우에도 설치·관리의 흠과 제3자의 행위 또는 자연력이 서로 경합하여 손해를 발생시킨 경우에는 경합된 범위 안에서는 책임이 인정된다고 한다.

2) 일본의 판례·학설

㈎ 비율적 손해분배론의 문제를 언급하였던 최초의 판례는 飛驒川버스전락사건의 제1심 판결이라 할 수 있다. 이 판결은 그 후의 판결뿐만 아니라 학설에 대하여도 큰 영향을 미쳤던 점에서도 유명하다. 제1심 판결은 "불가항력으로 볼 수 있는 원인과 기타 원인이 경합하여 사고가 발생하고 그로 인하여 손해를 발생시킨 경우에는 국가배상법 제2조에 의하여 책임을 지는 국가, 민법 제709조(우리 민법 제750조)에 의하여 책임을 져야 하는 여행주최자, 운전수는 각기 손해를 배상하지 않으면 안 되지만, 배상의 범위는 사고발생의 여러 원인 중 불가항력으로 볼 수 있는 원인이 기여하고 있는 부분을 공제한 것으로 제한된다"(名古屋地判 소화 48. 3. 30. 判例時報 700호, 3면)고 판시하면서 "본건 사고의 발생에 불가항력으로 볼 수 있는 원인이 기여하고 있는 정도는 그 절반에까지는 미치지 않고 이를 4할로 인정하는 것이 상당하다"고 하여 결국 피고 국가에 대하여 전체 손해 중 6할의 배상을 명하였다.

㈏ 제2심 판결에서는 이 사건 집중호우와 그에 따르는 붕괴 등의 위험도 통상 예측할 수 있기 때문에 위와 같은 규모의 강우시에는 정성적인 토석류의 발생위험이 있을 것을 통상 예측할 수 있었던 것으로 하여 방호대책 및 피난대책의 관점에서 적절 타당한 도로관리의 방법이 취해지지 않은 것에 의한 하자를 인정하여 국가에 대하여 전액의 손해배상을 명하였다.

㈐ 반면, 비율적 손해분배론에 대한 학설은 飛驒川 버스전락사고 제1심 판결을 계기로 영조물의 관리하자와 자연력이 결합하여 손해가 발생한 경우 비율적 감책을 인정할 것인지 여부에 대하여 학설상 찬반양론의 다툼이 생기게 되었다. 부정설이 다수였으나 이제는 긍정설도 유력하게 되었다고 볼 수 있다.

(ㄱ) 긍정설을 주장하는 浜上則雄 교수는 가해자의 행위와 부분적으로 지배가능한 혹은 피할 수 있는 자연력이 공동원인으로 되어 손해가 발생한 때에는 가해자는 자신의 인과관계의 비율로 손해일부의 배상의무를 부담한다고 이해하여야 할 것이라고 하고, 飛驒川 버스전락사고 제1심 판결은 부분적 인과관계이론이 문제가 된 사례라고 한다. 부분적 인과관계이론이란 복수원인이 경합하여 손해가 발생한 경우, 각각의 가해원인은 각각 고유의 인과관계상의 영향력을 갖고 전체 손해에 연결된 것으로 전체 손해에 대한 부분적 인과관계만을 갖는 것이기 때문에 책임도 부분적인 책임밖에 생기지 않는다고 하는 이론이라고 한다.[191)]

(ㄴ) 비율적 인과관계론은 버스가 전락하여 다수의 사상자를 낸 경우에는 손해액이 거액에 달하고 연대책임의 법리를 그대로 적용하면 피고에게는 가혹한 결과가 되기 때문에 필요하다고 한다. 그래서 그러한 경우에는 처음부터 분할책임의 견지에서 배상책임을 분배하는 것이 합리적이라고 여겨진다. 그 비율은 사고발생에 대하여 어느 정도 기여하였는가라는 점에서 판단할 수 있을 것이다. 마찬가지로 태풍, 홍수, 지진 등의 자연력이 원인의 하나가 되었던 경우에도 적용된다.

(ㄷ) 자연력이 압도적이고 불가항력으로 판단되는 경우란 극히 드물다. 무엇인가 도로의 안전성의 결여나 운행의 불완전이 인정되지 않은 경우는 거의 없다고 할 수 있다. 그러한 경우에는 도로관리자, 운행공용자 및 자연력의 세 가지 원인 위에서 이들의 기여도에 따라서 손해를 배분하는 것이 합리적이라고 생각한다.[192)]

(ㄹ) 부정설을 주장한 平井宜雄 교수는 불가항력과 영조물의 설치·관리 하자와의 경합을 긍정하여 불가항력에 의하여 발생한 손해액을 인정하여 이를 감액하는 이론은 원고가 항상 손해의 일부를 부담하지 않으면 안 된다는 것으로 과실이 있는 피고의 행위에 의한 손실을 비난할 여지가 없는 원고에게 부담시키는 것이 타당한가라는 정책적 판단에 귀착된다고 한다. 따라서 적어도 원·피고 간의 관계에서는 원고가 손실의 일부를 부담해야 할 이유가 없다고 하여 인과관계의 비율적 인정과 부분적 인과관계이론에 반대하고 있다.[193)]

191) 浜上則雄, “損害賠償における保證理論と部分的因果關係の理論”, 民商法雜誌 66권 4호, 737면.
192) 野村好弘, “道路の安全性の缺如による交通事故とその賠償責任”, 117면.
193) 平井義雄, “因果關係論”, 現代損害賠償法講座 1, 107면.

㈀ 古崎慶長 판사는 영조물의 설치 또는 관리상의 것이 아닌 경우로서 불가항력을 들 수 있는 점, 영조물이 통상 갖추어야 할 성상을 결여하고 있는 경우가 설치 또는 관리에서 비롯된 것이라면 관리자는 책임을 부담하고, 설치 또는 관리상의 것이 아닌 경우에는 관리자는 면책된다고 한다. 여기에 양적, 부분적 책임의 개념을 개입시킬 여지는 없다고 하고, 근래 민법상의 공동불법행위의 해석과 관련하여 비례적 분할책임설이 유력하게 주장되고 있지만, 자연현상은 공동불법행위가 될 수 없기 때문에 위 이론을 적용할 여지는 없다고 하면서 飛驒川 버스전락사고 제1심 판결에 반대한다.[194] 이 판결에서 자연현상의 기여율이 4할이라고 하는데, 그 근거가 불명하고 이에 불복하여 피해자가 항소하는 경우 항소심에서 피해자가 그 기여율이 영(zero)인 것을 주장·입증하여야 한다고 하면 불가항력은 관리자가 항변으로서 주장·입증하여야 한다는 것과 모순된다고 비판한다.

㈁ 植木 哲 교수는 부분적 인과관계는 영조물 관리자에 유책한 인과관계부분과 책임이 없는(불가항력적) 인과관계의 부분이 공동하여 각각 손해발생에 부분적으로 기여할 수 있다는 발상에 의하는 것이라고 한다. 그렇지만 이는 사실적 인과관계의 개념을 간과한 나머지 하자와 손해와의 사이에 상당인과관계를 전제로 하는 객관설에 설 때 비로소 가능한 이론이라고 하면서 인과관계의 인정에 있어서는 책임판단의 개입을 배제해야 한다고 주장하고 있다.[195]

㈂ 國井和郎 교수는 피해자 구제를 위하여 비율적 인과관계론의 도입은 신중히 검토하여야 한다고 한다. 이 이론은 all or nothing과 같은 불합리한 경우를 제거하는 것이기 때문에 오로지 피해자 구제를 도모하는 경우에는 타당하지 않다. 이 이론이 보다 타당한 것은 공동불법행위자 간에 있어서 내부분담이나 구상관계를 결정할 때와 같이 피해자가 수령한 배상금이 일정할 경우이다. 이리하여 책임집중과 고도의 주의의무를 전제로 하는 엄한 책임을 정하고 있는 이상 이를 적용하는 것은 타당하지 않다. 현재 이 이론의 제창자도 비율적 인과관계론의 일반화의 위험성과 적용영역 한정의 필요성을 인정하고 있다.[196] 그러므로 가해자에게 가혹한 결과의 제거는 비율적 인과관계론을 취하는 근거가 될 수 없다고 한다. 따라서 비율

194) 古崎慶長, 判例營造物管理責任法, 151면.
195) 植木 哲, 앞의 책, 292면 이하.
196) 國井和郎, "道路災害と公の營造物責任", 24면.

적 인과관계론을 이 사건에서 인정한다고 하더라도 이 판결에서 인정한 비율의 합리성에 문제가 있게 된다.

3) 소 결

㈎ 손해배상소송에 있어서 손해의 비율적 인정문제는 공동불법행위의 경우, 교통사고와 의료사고의 경합, 교통사고와 피해자의 병적 요인의 경합, 교통사고의 피해자 자살, 과실상계 등에 대하여 논하여지고 있지만 아직 정설은 없다. 영조물의 설치·관리하자와 자연력(불가항력적인 것으로 하자와는 별개의 사고원인으로 파악되어야 하는 것)이 경합하여 손해가 발생한 경우, 피해자 구제의 측면을 강조하면 전액책임을 인정하게 될 것이나 위와 같은 자연력에 의한 위험을 모두 관리자에게 부담시키는 것은 손해의 공평한 분담이라고 할 수 있는지는 의문이다. 복수의 원인이 함께 작용하여 결과를 야기하고 그 하나만으로는 결과를 발생케 하는데 원인이 없는 경우(필요적 경합)와 비교하면, 하자와 자연력 중 어느 쪽이 일방만이라 해도 동종의 손해가 발생했다고 추인되는 경우에는 비율적 책임을 인정하는 결론이 보다 저항이 적을 것이다.

㈏ 그런데 문제는 손해의 비율적 한정책임(감책)의 근거 내지 판단기준이다. 野村好弘 교수가 말하는 비율적 인과관계론은 사실적 인과관계론의 문제로 볼 수 있고 고전적 인과관계론과는 별개의 좌표를 제공하는 것으로 원인경합의 문제, 공동불법행위의 문제, 과실상계 등을 통일적으로 설명하려고 하는 것이다. 여기에서 문제가 되는 점은 자연력의 기여분 등에 상당하는 손해부분을 불법행위 또는 하자에 의한 손해부분과 분리하여 사실적 인과관계를 비율적으로 파악할 수 있다고 하는 점에 대한 것이다.

㈐ 손해의 비율적 한정책임(감책) 문제는 사실적 인과관계의 수준이 아닌 하자와 전체 손해와의 사실적 인과관계의 존재를 전제로 하여 손해배상책임의 범위를 결정하는 때에 고려할 것으로서, 그 실질은 공평의 원칙을 근거로 하는 기여도에 의한 감액사유(기여도 감책)로 구성할 수 있다.[197] 이 경우 하자 이외의 불가항력적인 자연력에 의한 손해의 기여분을 전체 손해에서 공제해야만 한다는 주장은 항변으로서 피고가 주장·입증하지 않으면 안 된다. 그리고 이것은 과실상계와 유사한 것

197) 이은영, 채권각론, 952면.

이고, 원고의 주장 중에 기여도 감책의 대상이 되는 사실이 나타나는 경우에는 법원은 피고의 주장이 없어도 이를 참작할 수 있는 것으로 이해된다.

5. 영조물의 설치·관리하자에 관한 주장·입증책임

국가배상법 제5조 제1항의 주장·입증책임 문제는 자기에게 유리한 법규의 요건사실의 존부에 대하여 증명책임을 지는 것으로 분배시키는 법률요건분류설에 의하면 ① 공공의 영조물일 것, ② 영조물의 설치·관리자가 국가 또는 지방자치단체일 것, ③ 영조물의 설치·관리에 하자가 있을 것, ④ 손해가 발생할 것, ⑤ 영조물의 설치·관리하자와 손해발생 사이에 인과관계가 존재할 것을 요한다.

그런데 위 ①·② 요건은 주로 해석상 문제가 되기 때문에 주장·입증에 그다지 곤란한 문제는 발생하지 않는다. 그리고 ④·⑤ 요건은 일반불법행위의 경우에도 발생하는 것이라서 국가배상법 특유의 문제는 아니다. 그러므로 국가배상법 제5조 제1항의 주장·입증책임은 '영조물의 설치·관리에 하자가 있을 것'에 관한 부분이 주요쟁점이 된다.

(1) 판례상 주장·입증책임

1) 우리 대법원이나 일본 최고재판소 판결 중 영조물의 설치·관리하자의 주장·입증책임에 관하여 직접적으로 명확히 언급한 것은 발견되지 않는다. 판례의 대부분은 영조물의 설치·관리하자란 '통상 갖추어야 하는 안전성의 결여'라고 정의하고 있다. "국가배상법 제5조 제1항 소정의 영조물의 설치 또는 관리의 하자라 함은 영조물이 그 용도에 따라 통상 갖추어야 할 안전성을 갖추지 못한 상태에 있음을 말하는 것"(대법원 2000. 2. 25. 99다54004 구상금)을 말한다. 그리고 통상 갖추어야 할 안전성의 결여란 타인에게 위해를 미칠 위험성이 있는 상태이고, 그것이 통상 예측범위 내이어야 하고, 구체적으로는 영조물의 구조, 용법, 장소적 환경, 이용 상황 등 제반사정을 종합적으로 고려하여 구체적으로 판단해야 한다고 하고 있다.

2) 영조물의 구조라고 할 때 '본래 있어야 하는 구조가 어떠해야 하는가'와 '사고발생 당시의 구조가 어떠했는가'라는 점이 문제된다. 그러나 '본래 있어야 하는 구조'를 주장하기 위해서는 영조물 본래의 용법이나 위험방지를 위하여 갖추어야

할 구조가 문제되기 때문에 다른 요인을 고려하지 않으면 결론이 나오지 않는다. 그러나 '사고발생 당시의 구조'에 대하여도 사고와의 관계를 무시하고 영조물의 구조 전체를 세부에 걸쳐 상세히 주장·입증하는 것은 불가능하기도 하고 필요하지도 않다는 견해도 있다. 피해자로서는 사고발생에 관련하는 구조적인 결함부분을 주안으로 하여 주장하면 충분하다고 해야 하기 때문이다.

3) 영조물의 용법이라 할 때 영조물 본래의 용법, 통상의 용법, 피해자가 실제로 행한 용법 등 3가지 점에서 고려된다. 건널목 등과 같이 전철(기차)운행과 보행자의 통행이라는 복수의 용법이 혼합되어 있는 경우도 있다. 영조물의 본래의 용법을 나누어 보면 그에 적합한 구조가 무엇인가 판단할 수 있다. 그러나 만약 영조물이 '본래의 용법에 적당한 구조'가 되어 있다고 하더라도, 예컨대 자동차 도로 혹은 공항으로서는 하등 지장이 없는 구조를 갖추고 있다고 하더라도 주변주민에게 배기가스, 소음 등의 위해를 야기할 가능성이 있다면, 본래의 용법에 적당한 영조물의 구조만을 고려하는 것으로는 영조물의 위험성을 판단하는 데 충분하지 않다. 영조물이 사용됨에 따라서 어떤 위해가 수반되는 것이라면 영조물 자체의 안전성 구비만으로는 흠 없는 공공의 영조물이라고는 할 수 없기 때문이다. 따라서 용법 그 자체 중에는 사용자가 안전하게 이용할 수 있는 것뿐만 아니라 타인에게 위해를 미칠 가능성이 없는 것도 전제되고 있다고 할 수 있다.

4) 장소적 환경이란 예컨대, 궤도 또는 자동차도로가 있는 장소가 깊은 산속이나 들판, 시내, 산골짜기나 벼랑, 해변 등의 여러 조건이 다른 위험요소에 의하여 사고발생의 가능성이 존재한다면, 그 위험의 종류나 정도, 이용자 이외의 자에게 위해를 미칠 가능성도 고려할 수밖에 없다. 그 때문에 영조물이 있는 장소적 환경도 하자를 판단하는 데 중요한 요소가 된다. 따라서 장소적 환경에 의하여 발생할 수 있는 위험성을 고려한 구조를 갖추고 있지 않는 경우에는 위험한 영조물이라고 하게 된다.

여기에서 '장소적 환경에 따른 영조물'이라고 하기 위해서는 영조물 자체의 개수·개선만이 아니라 경우에 따라서는 '부대시설의 설치', 낙석의 위험성이 있는 경우에는 통행금지 등의 긴급대책도 요구된다. 통행금지 등의 긴급대책이 문제되는 사례로서는 앞에서 살펴본 주차차량 방치사건과 적색등 전도방치사건이 있다. 장소적 환경과 관련하여 영조물이 존재하는 위치, 지형, 지질 등을 포함한 지리적 조건 외에 그 장소의 기상조건이나 시간적 조건도 중요한 위험판단의 요소가 된다.

5) 영조물의 이용 상황에 대하여는 본래의 이용방법과 현실의 이용 상황이 고려되지만 본래의 이용방법은 영조물의 용법과 중복되기 때문에, 여기에서는 현실의 이용 상황에 대하여만 검토한다. 현실의 이용방법이란 예컨대, 그 이용자가 어른인가 어린아이인가, 남성인가 여성인가, 이용자가 많은가 적은가 등 이용자의 종류, 다과에 의한 이용 상황의 특징과 주간과 야간, 계절이나 기후의 변화 등, 시간적, 기상적 조건의 변화에 따른 이용 상황 및 본래의 용법 이외의 이용 상황, 과거의 사고발생의 유무, 개선 등을 요망하는 진정, 청원 유무 등이 이용 상황으로 검토되어야 한다.

6) 영조물의 하자유무에 대한 판례의 구체적 판단기준은 상호 밀접하게 관련되어 있는 점이 공통적이라 할 수 있다. 그 관련성은 용법, 장소적 환경, 이용 상황의 요인이 위험발생의 가능성과 위험회피조치의 필요성의 판단을 가능하게 하고 그것에 필요한 구조, 부대시설의 설치, 경우에 따라서는 긴급대책의 필요성이 고려된다. 이런 제반요건을 대비하여 볼 때 현재의 구조결함·불비를 알 수 있는 관계가 된다.

여기에서 판례상의 통상 갖추어야 하는 안전성의 결여란 현실의 영조물구조·상태가 용법, 장소적 환경, 현실의 이용방법에서 보아 결함·불비가 있는 위험한 상태라고 할 수 있다. 판례가 말하는 4가지 구체적 판단기준을 통하여 알 수 있는 것은 영조물에 의한 위험발생의 가능성과 그에 대한 위험회피의 필요성에 관한 것이지만, 통상 갖추어야 하는 안전성의 결여라는 개념이 영조물의 위험성을 의미하는 것이라면, 피해자가 주장·입증해야 하는 것은 이들 여러 기준으로부터 영조물의 위험성을 기초화하는 것과 같은 사실만으로 족하고, 구체적인 위험회피조치의 특정이나 위험회피조치의무까지 주장·입증해야 할 필요는 없을 것으로 여겨진다.

7) 결국 판례는 하자의 입증책임을 원칙적으로 피해자에게 부담시키고 있다. 즉, "고속도로의 보존상의 하자의 존재에 관한 입증책임은 피해자에게 있으나, 일단 그 하자있음이 인정되는 이상 고속도로의 점유관리자는 그 하자가 불가항력에 인한 것이거나 손해의 방지에 필요한 주의를 해태하지 아니하였다는 점을 주장 입증

하여야 비로소 그 책임을 면할 수가 있다"(대법원 1988. 11. 8. 86다카775 손해배상).[198] 민법상 공작물책임에서의 주장·입증책임 역시 마찬가지다. "민법 제758조 제1항에 규정된 공작물의 설치 또는 보존의 하자라 함은 그 공작물 자체가 통상 갖추어야 할 안전성을 결여한 상태를 의미하는 것으로서 그 하자의 존재에 관한 입증책임은 피해자에게 있으나, 일단 하자있음이 인정되는 이상 손해발생이 천재지변의 불가항력에 의한 것으로서 위와 같은 하자가 없었다고 하여도 불가피한 것이었다는 점에 대한 입증책임은 이를 주장하는 공작물의 점유자에게 있다"(대법원 1982. 8. 24. 82다카348 구상금).[199]

(2) 영조물의 하자논쟁상의 주장·입증책임

1) 객관설에서는 영조물의 설치·관리하자란 영조물이 통상 갖추어야 할 안전성의 결여이고, 이는 설치·관리작용의 불완전을 의미하는 것으로 본다. 그 입증책임에 대하여는 일응의 추정이론에 의하여 피해자가 공공의 영조물로 인하여 손해가 발생한 것을 입증하면 하자의 존재가 추인되고, 하자의 존재에 의하여 영조물의 설치·관리작용의 하자가 추정된다. 그러나 '하자의 일응 추정이론'이 실제 판례상 원용되고 있지는 않다. 이에 대하여 관리자는 관리에 하자가 없었던 점, 즉 과실이 없었다는 반증(간접반증)을 들어 추정을 깨뜨려야 하고, 이로 인하여 피해자 구제의 길로 통할 수 있다고 한다. 불가항력에 대하여는 설치·관리작용의 불완전의 유무와 불가항력의 성부와는 모순관계라 할 수 있다. 설치·관리의 불완전이 있더라도

198) 원심은 고속도로 상에 차단블록이 밀려 나와 있음을 고속도로의 보존상의 하자로 보지 아니하고 피고가 이를 제거하는 것을 게을리하여야 그 보존에 하자가 있는 것으로 보고 그 점에 관한 입증책임을 피해자인 원고 등에게 지운 것으로 보인다. 그러나 법률관계가 위와 같은 것이라고 보아야 할 것이므로 원심으로서는 이 사건 고속도로 상에 차단블록이 존재하게 되고, 이것을 제거하는데 피고가 주의를 해태하였느냐의 여부를 원고의 주장, 입증에 의하여 살필 것이 아니라 피고가 위 차단블럭이 고속도로 상에 밀려 나오지 않게 하고 또는 이것을 제거하는 데 필요한 주의를 다하였는지, 그리고 이 사건 사고당시 차단블록이 사고지점에 존재한 것이 불가항력에 인한 것인지를 피고의 항변과 입증에 의하여 살펴야 할 것임에도 불구하고 원심이 이와 같이 심리, 판단하지 아니한 것은 민법 제758조 제1항 소정의 공작물의 점유자의 책임에 관한 법리를 오해한 위법이 있다고 보아야 할 것이다(대법원 1988. 11. 8. 86다카775 손해배상).

199) 원심은 위 사고지점 일대에 97.8mm 이상의 집중폭우가 내린 결과 불가항력으로 산사태가 난 것이라고 설시하고 있으나, 97.8mm의 집중폭우가 그 지역에서 통상 예상할 수 없을 정도의 이변에 속하는 자연현상으로서 위 도로의 안전성을 위하여 필요한 시설을 갖추었다고 하여도 위 절개지의 붕괴를 방지할 수 없었다고 하는 사정이 인정되지 않는 한 97.8mm의 집중폭우가 있었다는 사실만으로 불가항력이라고 단정할 수 없는 것이다(대법원 1982. 8. 24. 82다카348 구상금).

불가항력 사유가 있다면 그 하자가 부인되는 결과가 나올 수 있기 때문이다. 그래서 영조물에 하자가 있었던 것이 원고에 의하여 입증되면 그 하자가 설치·관리작용의 불완전에 의한다고 추정되기 때문에, 이번에는 피고가 이 추정을 번복하기 위하여 그 하자가 설치·관리작용의 불완전에 의한 것이 아니고, 요컨대 자연력이나 제3자의 행위에서 유래하는 불가항력에 의한 하자라는 입증(추정을 번복하기 위한 간접반증임과 동시에 항변으로서의 불가항력의 본증이다)을 하는 것이 피해자 보호와 형평의 이념에 합치될 것이라고 설명한다.[200]

2) 의무위반설에서는 영조물의 설치·관리하자란 손해회피의무 위반에서 그 귀책의 근거를 구한다. 손해회피의무는 손해의 회피가능성에 의거하여 영조물의 위험의 정도와 피침해이익의 중대성의 정도와의 상관관계에서 객관적으로 결정되는 위법요소로서의 주의의무에 위반하는 것으로 예견가능성을 전제로 한다.[201] 이 견해는 주장·입증책임에 대하여는 영조물의 하자를 내재적 하자와 외재적 하자로 나누고, 의무위반의 내용도 예견가능성과 손해회피가능성으로 구분한다. 그리하여 내재적 하자의 경우에는 손해(사고)의 발생에 의하여 영조물의 하자가 추정되고, 그 하자의 존재에 의하여 관리자의 의무위반이 사실상 추정되기 때문에 관리자는 손해(위험)의 발생을 예견할 수 없었던 것, 따라서 손해회피의무 위반이 없었던 것을 주장·입증할 수 없는 한 그 추정은 번복되지 않는다고 한다. 그리고 외재적 하자의 경우(제3자의 행위나 자연현상)에는 피해자는 위험의 예견가능성을 증명하지 않으면 안되는데, 그 예견가능성은 추상적, 정성적 예견으로 족하고 그 증명에 의하여 손해회피가능성이 사실상 추정되므로 관리자측은 손해회피의무 위반이 없었던 것을 증명하지 않으면 안 된다. 따라서 손해발생의 예견가능성에 관한 의무위반의 부존재 주장은 적극부인이고, 사회·경제적으로 보아 회피가능성이 없었다는 의미의 의무위반의 부존재 주장을 항변이라고 정리할 수 있다. 예산제약론이나 기술적 제약론에 대하여 인적 손해의 경우에는 원칙적으로 배척되어야 하지만, 물적 손해의 경우 비교적 경미한 경우에는 위법성감쇄사유로서 고려할 수 있다고 한다.

또한 의무위반론에서는 하자를 의무위반으로 규정하면서 필요하고 가능한 사고방지조치를 강구하지 않는 설치관리자의 부작위로 하자를 정의한다. 그리고 하자

200) 古崎慶長, 國家賠償法理論, 209면.
201) 植木 哲, 災害と法 — 營造物責任の研究, 18면.

의 선재의무로서 의무범위의 신장과 정도의 극한적 고도화로 보여지는 안전확보의무를 상정한다. 그리고 하자의 주장·입증책임에 대하여는 피해자는 필요하고 가능한 사고방지조치의 불실시·부존재를 주장·입증해야 한다. 그리고 피난대책 등의 회피조치가 필요한 경우에는 일정한 사고방지조치를 특정하여 그 필요성과 가능성에 대하여도 주장·입증해야 한다. 이 견해에서는 사실인정에 있어서 선재의무의 존재가 증명부담을 경감하는 역할을 하게 된다. 그리고 피해자는 영조물의 이용방법 위반 등 자기에게 배타적인 과실이 없는 사실과 피고에게 유효한 사고방지조치가 존재했다는 사실을 입증한다면, 하자가 존재한다는 경험칙이 작용하여 표현증명이 성립하게 된다. 물론 관리자는 그 하자가 존재한다는 추인을 방해할 수 있는 특단의 사정이 있다는 점에 대하여 증명책임(간접반증)을 부담한다. 여기서 특단의 사정으로서는 도로관리의 수비범위에 비추어 필요하고도 충분한 조치가 강구되고 있었다거나, 상정된 조치가 실시가능성이 존재하지 않은 취지의 구체적 사실 등이 고려될 수 있다고 한다. 또한 예상치 못한 자연력 혹은 제3자의 행위에 의하여 사고발생의 위험성이 발생한 경우에는 불가항력의 문제가 된다. 이 경우에 관리자는 예견가능성 및 회피가능성의 부존재를 주장·입증해야 한다.[202)]

3) 절충설에서는 영조물의 설치·관리의 흠의 뜻을 영조물의 물적 결함이 있는 경우로 한정하지 아니하고, 공물관리자에게 안전관리의무의 위반이 있는 경우를 추가하여 파악한다. 그러므로 피해자는 영조물이 갖추어야 하는 객관적인 안전성에 결함이 있을 뿐만 아니라 설치·관리자의 안전관리의무의 소홀로 인하여 발생한 손해에 대하여 주장·입증을 해야 한다.

(3) 결 론

1) 영조물의 설치·관리하자의 주장·입증책임에 대하여 이른바 내재적 하자유형의 경우에 피해자는 영조물의 위험한 상태를 주장·입증하는 것으로 족하고, 관리자의 설치·관리의 하자는 추정된다고 할 수 있다. 하자의 구체적인 입증은 판례에서 말하는 용법, 장소적 환경, 이용방법 등의 요인의 결합으로 구조적인 결함을 증명하는 것이 될 것이다. 그리고 외재적 하자유형의 경우에도 내재적 하자의 경우와 다르지 않고 용법, 장소적 환경, 이용방법 등에서 본 영조물의 위험한 상태의

---

202) 國井和郎, "道路の設置·管理の瑕疵について(16)", 29면.

입증으로 족하고, 그 증명에 의하여 영조물의 설치·관리의 하자를 추정할 수 있다. 위험한 상태란 사고발생 당시에 있어서 낙석, 붕토, 눈사태, 해일, 지반함몰 등의 자연적 외력에 기인하는가, 또는 도괴표시등, 방치주차차량 등 제3자의 행위에 의하는가, 이 모든 경우를 묻지 않고 장해물의 존재 또는 위험방호시설의 부존재가 영조물의 안전한 이용에 있어 위험한 것이라고 해야 한다. 다만 피해자는 정확한 방호시설까지 특정할 필요는 없다고 하겠다. 인과관계의 유무에 대한 입증의 필요도 없고, 어떤 방호시설이 있다면 위험을 피할 수 있었던 것을 증명할 수 있으면 그것으로 족하다고 할 것이다.

2) 그러나 국가 기타 행정주체의 기능이 점점 막대하여지고 전문화되어 감에 따라 피해자에 의한 하자의 입증이 불가능하지는 않다 하더라도 매우 어려운 분야가 생겨나게 된다. 따라서 피해자 보호의 차원에서는 과실추정을 원칙으로 하는 프랑스 행정법상의 '정상유지의 흠결원칙'의 원용을 고려해 볼 수 있다. 이 이론은 프랑스 최고 행정재판소의 판례를 통하여 정립된 것으로, 공법인은 공공 토목공사의 시행으로 발생하는 손해에 대해서뿐만 아니라, 그의 불이행으로 인하여 발생하는 손해에 대하여도 배상책임을 지는 것으로서 후자는 특히 일단 설치된 공물의 유지에 있어서의 흠결을 포함한다. 여기서 공물유지의 흠결개념은 그 목적에 따라 대중이 사용할 수 있는 정도의 정상유지라는 관점에서 판단되어야 한다. 정상유지의 흠결개념은 공공 공사물의 이용자에 대한 위험 또는 불편의 원천을 구성하는 공공 공사물이 내포하는 결함을 말하는데, 그렇다고 공공 공사물의 모든 결함이 공공 공사물의 이용자에 대한 책임의 대상이 되는 정상유지의 흠결을 구성하는 것은 아니다. 따라서 공공시설로 인하여 제3자에게 손해가 발생한 경우에는 그 과실(정상유지의 흠결)이 있는 것으로 추정되고 이 시설의 정상유지 사실에 대한 입증책임은 국가에게 있는 것이다. 그리고 공공시설에 흠결이 생긴 경우에는 국가는 그를 정상상태로 환원시키기 위하여 법원이 합리적이라고 판단하는 일정 유예기간을 가지는 것이다. 따라서 종래 하자에 대한 입증책임을 완화하는 이론적 보완의 필요성이 절실히 요구되었는데, 공공시설의 정상유지의 흠결이론은 그 필요성에 부응하는 이론으로 검토될 수 있을 것이다.

제 3 장

도로의 설치·관리의 하자로 인한 배상책임

03
Chapter

도로의 설치·관리의 하자로 인한 배상책임

I ▸▸ 도로의 의의

1. 도로의 개념

(1) 「국가배상법」 제5조는 공공시설 등의 하자로 인한 책임을 규정하고 있다. 즉, 도로·하천, 그 밖의 공공의 영조물의 설치나 관리에 하자가 있기 때문에 타인에게 손해를 발생하게 하였을 때에는 국가나 지방자치단체는 그 손해를 배상하여야 한다(국가배상법 5①). 국가배상법 제5조는 영조물의 대표적인 예시로서 '도로와 하천'을 들고 있다. 공원·상하수도·관공서청사·국공립학교·교사와 같은 물건의 집합체 등은 '그 밖의 영조물'로 분류할 수 있다. 또한 도시교통의 원활한 소통을 위하여 도시교통권역에서 건설·운영하는 철도·모노레일·노면전차(路面電車)·선형유도전동기(線形誘導電動機)·자기부상열차(磁氣浮上列車) 등 궤도에 의한 교통시설 및 교통수단인 '도시철도'(도시철도법 2(2)) 역시 영조물에 해당된다.

(2) 국가배상법에는 도로에 관한 정의규정은 없다. 따라서 도로에 관한 일반법인 「도로법」을 살펴볼 필요가 있다. 「도로법」 제2조 제1호는 "도로란 차도, 보도(步道), 자전거도로, 측도(側道), 터널, 교량, 육교 등 대통령령으로 정하는 시설로 구성된 것으로서 제10조에 열거된 것을 말하며, 도로의 부속물을 포함한다"로 정의하고 있다.

(3) 도로의 구체적인 설치에 관한 기준은 「도로의 구조·시설 기준에 관한 규칙」(국토교통부령 제223호, 2015. 7. 22. 일부개정) 및 「농어촌도로의 구조·시설기준에 관한 규칙」(행정자치부령 제43호, 2015. 11. 16. 타법개정) 등의 법령에서 정하고 있다. 그렇지만 이런 법령에 따라 도로를 설치하고 관리하였다고 하여 하자가 없다고 할 수는 없다.1)

「도로의 구조·시설 기준에 관한 규칙」은 도로에는 자동차 주행의 안전성과 효율성을 확보하기 위하여 접근관리 설계기법을 적용하도록 하고 있다(제4조 제1항). 고속도로와 자동차 전용도로는 다음 각 호(1. 특별한 사유가 없으면 교차하는 모든 도로와 입체교차가 될 것, 2. 지정된 곳에 한정하여 자동차만 출입이 허용되도록 할 것)의 기준에 적합하여야 한다(제4조 제2항).

「농어촌도로의 구조·시설기준에 관한 규칙」은 (농어촌)도로를 설계함에 있어서 면도·리도 및 농도에 대하여는 중·대형 자동차(농기계류를 포함한다)가 안전하고 원활하게 통행할 수 있도록 하여야 한다. 다만, 지형상황 등을 참작하여 부득이하다고 인정하는 경우에는 농도에 대하여는 소형자동차를 대상으로 설계할 수 있다(제3조 제1항).

(4) 판례는 「도로교통법」에서 말하는 '도로'에는 「도로법」에 의한 도로나 「유료도로법」에 의한 유료도로뿐만 아니라 '일반교통에 사용되는 모든 곳'도 포함되고, 여기에서 '일반교통에 사용되는 모든 곳'이라 함은 '현실적으로 불특정 다수의 사람 또는 차량의 통행을 위하여 공개된 장소로서 교통질서유지 등을 목적으로 하는 일반교통경찰권이 미치는 공공성이 있는 모든 곳'을 의미하므로, 경찰서장 등은 도로의 소유자나 관리자가 누구냐와 상관없이 현실적으로 불특정 다수의 사람 또는 차량의 통행을 위하여 공개되어 일반교통경찰권이 미치는 곳이면 어디에나 신호기나 안전표지를 설치하여 관리할 수 있으며, 그 경우 그 신호기나 안전표지는 그것이 경찰서장 등에 의하여 설치·관리되는 것인 이상 그 설치·관리 비용의 부담자가 누구이냐와 관계없이 당연히 국가배상법 제5조 소정의 '공공의 영조물'이 된다 할 것

1) 철도청의 내부 규정인 건널목설치및설비기준규정은 철도건널목 설치·관리상의 하자를 판단하는 하나의 참작 기준이 될 수 있을 뿐이고, 위 규정이 정하는 기준에 맞추어 철도건널목의 보안설비가 설치되어 있다 하더라도 반드시 철도건널목 설치·관리상의 하자가 없는 것이라고 단정할 수 없다(대법원 1997. 6. 24. 97다10444 손해배상(기))

이고, 따라서 국가나 지방자치단체 아닌 한국수자원공사가 도로를 소유·관리하면서 교통신호기의 설치·관리 비용까지 부담하고 있다 하더라도 그 도로가 일반 공중의 통행에 제공되어 사용되고 있는 이상 그 도로의 교통신호기의 설치·관리 사무의 귀속 주체인 지방자치단체로서는 그 하자로 인한 타인의 손해에 대하여 국가배상법 제5조 소정의 배상책임을 면하지 못한다(대법원 2000. 1. 14. 99다24201 손해배상(자))고 한다.2)

(5) 여기서 '차도'란 자동차의 통행에 사용되며 차로로 구성된 도로의 부분을 말한다(도로의 구조·시설 기준에 관한 규칙 2(21)).

(6) '보도'(步道)란 보행자가 통행할 수 있도록 설치된 곳을 말한다. 도로관리청

2) 이 사건 사고 장소는 시흥시 소재 시화공단과 월곶동 사이를 잇는 편도 4차선의 넓은 간선도로가 좌측에서 합류하는 편도 1차선의 좁은 지선도로와 만나 삼거리 교차로를 이루고 있는 곳으로서 위 간선도로는 교차로 부근에서 우측으로 굽어져 있기는 하나, 그 우측으로 굽어져 나가는 정도는 좌측의 지선도로로 방향전환을 하는 것에 비하여 현저히 완만한 사실을 알 수 있는바, 이와 같이 교차로의 형태가 뻗어 있는 간선도로에 지선도로가 좌측에서 합류하는 형태로 되어 있고, 본류인 간선도로의 폭도 지선도로보다 현저히 넓으며, 그 우측으로 굽은 정도도 좌측 지선도로에 비하여 상대적으로 아주 완만하다면, 본류인 간선도로를 따라 오다가 교차로를 지나 계속 간선도로로 진행하고자 하는 차량의 운전자로서는 우측으로 굽은 도로의 굴곡에 따라 조향장치를 다소 우측으로 조작하기는 하겠지만, 그것을 가지고 우측 길로 방향전환을 한다고 생각하지는 아니할 것임이 분명하다 할 것이므로, 그러한 경우 운전자로서는 단지 오던 길을 따라 그대로 계속 진행한다는 인식하에 행동한다고 보는 것이 오히려 경험칙에 부합한다 할 것이다.

그리고 신호기가 표시하는 신호 중 녹색 등화에 의한 신호는 차마가 직진할 수 있다는 뜻이기는 하나(법 시행규칙 제5조 제2항 [별표 3]), 여기에서 '직진'이라 함은 어디까지나 '방향전환'에 대한 상대적 개념으로서, 문자 그대로 직선으로 나아감만을 의미하는 것이 아니라, 다른 길로 방향전환을 하지 않고 오던 길을 따라 그대로 계속 진행하는 것을 의미하는 것이라 할 것이므로, 이 사건 신호기가 위 간선도로를 따라 오다가 교차로를 지나 간선도로로 그대로 계속 진행하고자 하는 이 사건 사고 승용차에 대하여, 방향전환을 뜻하는 녹색 화살표시 등화가 아니라 오던 길을 따라 그대로 계속 진행함을 뜻하는 녹색 등화로 그 진행이 허용됨을 표시하였다 하여 그 신호를 도로의 실제 상황에 부합하지 않는 잘못된 신호라고 할 수는 없다 할 것이다.

위와 같은 녹색 등화에 의한 신호는 운전자에게 위 간선도로가 우측으로 굽어 있다는 점을 일깨워 줄 충분한 표시가 되지 못하는 것은 사실이나, 신호기는 도로교통에 관하여 등화 등으로 진행·정지·방향전환·주의 등의 신호를 표시하기 위한 것일 뿐(법 제2조 제11호), 도로가 굽어 있다는 점을 일깨워 주기 위한 것은 아니므로, 위와 같은 사실을 들어 이 사건 신호기가 그 용도에 따라 통상 갖추어야 할 안전성을 갖추지 못한 상태에 있다고 할 수는 없다 할 것이다.

그럼에도 불구하고 원심은 녹색 등화에 의한 이 사건 신호기의 신호가 도로의 실제 상황과 일치하지 아니하는 잘못된 신호라고 보고 이 사건 신호기의 설치·관리에 하자가 있다고 판단하여 원고들의 이 사건 청구를 일부 인용하고 말았으니, 원심판결에는 신호기가 표시하는 신호의 의미에 관한 법리나 신호기의 설치·관리의 하자에 관한 법리를 오해한 위법이 있다 할 것이다(대법원 2000. 1. 14. 99다24201 손해배상(자)).

은 보행자의 안전과 차량의 원활한 통행을 위하여 필요하다고 인정되면 도로에 보도를 설치하고 관리할 수 있다(도로법 54①). 보도의 설치 기준, 구조 등에 관하여 필요한 사항은 국토교통부령인 「도로의 구조·시설 기준에 관한 규칙」에 정해져 있다. 즉, 보행자의 안전과 자동차 등의 원활한 통행을 위하여 필요하다고 인정되는 경우에는 도로에 보도를 설치하여야 한다. 이 경우 보도는 연석(緣石)이나 방호울타리 등의 시설물을 이용하여 차도와 분리하여야 하고, 필요하다고 인정되는 지역에는 「교통약자의 이동편의 증진법」에 따른 이동편의시설을 설치하여야 한다(도로의 구조·시설 기준에 관한 규칙 16①). 차도와 보도를 구분하는 경우에는 다음 각 호(① 차도에 접하여 연석을 설치하는 경우 그 높이는 25cm 이하로 할 것, ② 횡단보도에 접한 구간으로서 필요하다고 인정되는 지역에는 「교통약자의 이동편의 증진법」에 따른 이동편의시설을 설치하여야 하며, 자전거도로에 접한 구간은 자전거의 통행에 불편이 없도록 할 것)의 기준에 따른다(도로의 구조·시설 기준에 관한 규칙 16②). 보도의 유효폭은 보행자의 통행량과 주변 토지 이용 상황을 고려하여 결정하되, 최소 2m 이상으로 하여야 한다. 다만, 지방지역의 도로와 도시지역의 국지도로는 지형상 불가능하거나 기존 도로의 증설·개설 시 불가피하다고 인정되는 경우에는 1.5m 이상으로 할 수 있다(도로의 구조·시설 기준에 관한 규칙 16③). 보도는 보행자의 통행 경로를 따라 연속성과 일관성이 유지되도록 설치하며, 보도에 가로수 등 노상시설을 설치하는 경우 노상시설 설치에 필요한 폭을 추가로 확보하여야 한다(도로의 구조·시설 기준에 관한 규칙 16④).

(7) 도로에는 자전거의 통행을 위한 '자전거도로'도 포함된다. 안전하고 원활한 교통을 확보하기 위하여 자전거, 자동차 및 보행자의 통행을 분리할 필요가 있는 경우에는 자전거도로를 설치하여야 한다. 다만, 지형 상황 등으로 인하여 부득이하다고 인정되는 경우에는 예외로 한다(도로의 구조·시설 기준에 관한 규칙 15①). 자전거도로의 구조와 시설기준에 관하여는 「자전거 이용시설의 구조·시설기준에 관한 규칙」에서 정하는 바에 따른다(도로의 구조·시설 기준에 관한 규칙 15②).

(8) '측도'(側道)란 자동차가 도로 주변으로 출입할 수 있도록 본선 차도에 병행하여 설치하는 도로를 말한다(도로와 다른 도로 등과의 연결에 관한 규칙 2(8)). 「도로법」 제64조에 따라 도로에 다른 도로, 통로, 그 밖의 시설을 연결시키려는 경우의 허가기준, 허가절차, 설치기준 등에 관하여 규정하고 있는 「도로와 다른 도로 등과의 연

결에 관한 규칙」은 제6조 제7호[3]에서 일반국도 중 다른 도로 등의 연결을 허가해서는 안 되는 구간으로 '버스 정차대, 측도(측도) 등 주민편의시설이 설치되어 이를 옮겨 설치할 수 없거나 옮겨 설치하는 경우 주민 통행에 위험이 발생될 우려가 있는 구간'을 규정하고 있다.

국도 옆에 측도를 설치하는 목적은 본래 마을주민의 통행의 편의와 국도 인근 토지에서 국도로 곧바로 진입하지 못하도록 하여 국도 본선의 편의성 및 안전성을 높이는 데 있으므로, 측도로 인하여 연결허가가 금지되는 구간에 해당하는지 여부를 판단할 때에는 도로연결로 인하여 그와 같은 측도의 기능이 저해될 가능성이 있는지를 기준으로 해야 한다(대법원 2014. 5. 29. 2012두11140 개발제한구역내주유소설치우선순위자제외처분취소).

⑼ 차도, 보도(步道), 자전거도로, 측도(側道), 터널, 교량, 육교 등 '대통령령으로 정하는 시설'이란 다음 각 호(① 차도·보도·자전거도로 및 측도, ② 터널·교량·지하도 및 육교(해당 시설에 설치된 엘리베이터를 포함한다), ③ 궤도, ④ 옹벽·배수로·길도랑·지하통로 및 무넘기시설, ⑤ 도선장 및 도선의 교통을 위하여 수면에 설치하는 시설)의 시설이나 공작물을 말한다(도로법 시행령 2). 여기서 기차나 전차가 굴러가도록 레일을 설치한 '궤도' 역시 포함시키고 있지만, 「도시철도법」에서 이를 상세하게 규율하고 있다. 그리고 철도 운행 등과 관련된 제반사항에 관해서는 「철도안전법」에서 정하고 있다.

⑽ 「도로법」 제10조에 열거된 '도로의 종류와 등급'은 ① 고속국도(고속국도의 지선 포함), ② 일반국도(일반국도의 지선 포함), ③ 특별시도(特別市道)·광역시도(廣域市道), ④ 지방도, ⑤ 시도, ⑥ 군도, ⑦ 구도로 열거하고 있다.

⑾ '도로의 부속물'이란 도로관리청이 도로의 편리한 이용과 안전 및 원활한 도로교통의 확보, 그 밖에 도로의 관리를 위하여 설치하는 다음 각 목(① 주차장, 버스 정류시설, 휴게시설 등 도로이용 지원시설, ② 시선유도표지, 중앙분리대, 과속방지시설 등 도로안전시설, ③ 통행료 징수시설, 도로관제시설, 도로관리사업소 등 도로관리시설, ④ 도로표지 및 교

---

3) **제6조(연결허가의 금지구간)** 관리청은 다음 각 호의 어느 하나에 해당하는 일반국도의 구간에 대해서는 다른 시설의 연결을 허가해서는 아니된다. 다만, 제1호, 제2호, 제5호 및 제6호는 도시지역에 있는 일반국도로서 제5조 제1항 각 호의 어느 하나에 해당하는 경우에는 적용하지 아니한다.
   7. 버스 정차대, 측도 등 주민편의시설이 설치되어 이를 옮겨 설치할 수 없거나 옮겨 설치하는 경우 주민 통행에 위험이 발생될 우려가 있는 구간

통량 측정시설 등 교통관리시설, ⑤ 낙석방지시설, 제설시설, 식수대 등 도로에서의 재해 예방 및 구조 활동, 도로환경의 개선·유지 등을 위한 도로부대시설, ⑥ 그 밖에 도로의 기능 유지 등을 위한 시설로서 대통령령으로 정하는 시설[4])의 어느 하나에 해당하는 시설 또는 공작물을 말한다(도로법 2(2)).

2. 도로의 종류와 지정권자

(1) 「도로법」상 '도로의 종류와 등급'은 ① 고속국도(고속국도의 지선 포함), ② 일반국도(일반국도의 지선 포함), ③ 특별시도(特別市道)·광역시도(廣域市道), ④ 지방도, ⑤ 시도, ⑥ 군도, ⑦ 구도로 나눌 수 있다(도로법 10). 그리고 「사회기반시설에 대한 민간투자법」 제2조 제7호에 따른 사업시행자로서 「유료도로법」 제14조에 따라 도로도 있다. 국가배상법 제5조에서 말하는 영조물로서의 도로는 도로법 제10조가 규정하는 모든 도로의 종류를 포함한다.

(2) 「도로의 구조·시설 기준에 관한 규칙」은 보다 상세한 도로의 구분을 하고 있다. 즉, 도로는 고속도로 및 일반도로로 구분한다(제3조 제1항). 고속도로 중 도시지역에 있는 고속도로는 도시고속도로로 한다(제3조 제2항). 일반도로의 기능별 구분에 상응하는 「도로법」 제10조에 따른 도로의 종류는 다음 표와 같다(제3조 제3항).[5])

---

4) **「도로법 시행령」 제3조(도로의 부속물)** 법 제2조 제2호 바목에서 "대통령령으로 정하는 시설"이란 법 제23조에 따른 도로관리청(이하 "도로관리청"이라 한다)이 설치한 다음 각 호의 시설을 말한다.
   1. 주유소, 충전소, 교통·관광안내소, 졸음쉼터 및 대기소
   2. 환승시설 및 환승센터
   3. 장애물 표적표지, 시선유도봉 등 운전자의 시선을 유도하기 위한 시설
   4. 방호울타리, 충격흡수시설, 가로등, 교통섬, 도로반사경, 미끄럼방지시설, 긴급제동시설 및 도로의 유지·관리용 재료적치장
   5. 화물 적재량 측정을 위한 과적차량 검문소 등의 차량단속시설
   6. 도로에 관한 정보 수집 및 제공 장치, 기상 관측 장치, 긴급 연락 및 도로의 유지·관리를 위한 통신시설
   7. 도로 상의 방파시설(防波施設), 방설시설(防雪施設), 방풍시설(防風施設) 또는 방음시설(방음림을 포함한다)
   8. 도로에의 토사유출을 방지하기 위한 시설 및 비점오염저감시설(「수질 및 수생태계 보전에 관한 법률」 제2조 제13호에 따른 비점오염저감시설을 말한다)
   9. 도로원표(道路元標), 수선 담당 구역표 및 도로경계표
   10. 공동구
   11. 도로 관련 기술개발 및 품질 향상을 위하여 도로에 연접(連接)하여 설치한 연구시설

5) 주간선도로(일반국도, 특별시도·광역시도), 보조간선도로(일반국도, 특별시도·광역시도, 지방도·

⑶ 도로는 인공에 의하여 일반공중의 사용에 제공할 수 있는 형체적 요소를 갖추어야 한다. 그리고 일반공중의 사용에 제공한다는 행정주체의 의사적 행위가 있어야 한다. 국토교통부장관은 도로의 위치와 기능에 따라 구속국도, 일반국도, 고속국도 또는 일반국도의 지선으로 지정·고시할 수 있다(도로법 11, 12, 13). 여기서의 '도로의 지정·고시'가 일반공중의 사용에 제공한다는 의사적 행위라 할 수 있으며, 이때부터 도로로서의 법적 지위를 갖게 된다.

⑷ 도로교통망의 중요한 축(軸)을 이루며 주요 도시를 연결하는 도로로서 자동차(「자동차관리법」 제2조 제1호에 따른 자동차와 「건설기계관리법」 제2조 제1항 제1호에 따른 건설기계 중 대통령령으로 정하는 것을 말한다. 이하 제47조, 제113조 및 제115조 제1호에서 같다) 전용의 고속교통에 사용되는 도로 노선을 정하여 고속국도를 지정·고시한다(도로법 11). 그리고 주요 도시, 지정항만(「항만법」 제3조에 따라 해양수산부장관이 지정한 항만을 말한다), 주요 공항, 국가산업단지 또는 관광지 등을 연결하여 고속국도와 함께 국가간선도로망을 이루는 도로 노선을 정하여 일반국도를 지정·고시한다(도로법 12 ①). 국토교통부장관은 ① 고속국도 또는 일반국도와 인근의 도시·항만·공항·산업단지·물류시설 등을 연결하는 도로, ② 고속국도 또는 일반국도의 기능을 보완하기 위하여 해당 고속국도 또는 일반국도를 우회하거나 고속국도 또는 일반국도를 서로 연결하는 도로를 고속국도 또는 일반국도의 지선으로 지정·고시할 수 있다(도로법 13①).

그리고 특별시장 또는 광역시장은 해당 특별시 또는 광역시의 관할구역에 있는 도로 중 ① 해당 특별시·광역시의 주요 도로망을 형성하는 도로, ② 특별시·광역시의 주요 지역과 인근 도시·항만·산업단지·물류시설 등을 연결하는 도로, ③ 제1호 및 제2호에 따른 도로 외에 특별시 또는 광역시의 기능을 유지하기 위하여 특히 중요한 도로의 어느 하나에 해당하는 도로 노선을 정하여 특별시도·광역시도를 지정·고시한다(도로법 14).

⑸ 도지사 또는 특별자치도지사는 도(道) 또는 특별자치도의 관할구역에 있는 도로 중 해당 지역의 간선도로망을 이루는 ① 도청 소재지에서 시청 또는 군청 소재지에 이르는 도로, ② 시청 또는 군청 소재지를 연결하는 도로, ③ 도 또는 특별

시도), 집산도로(지방도, 시도, 군도, 구도), 국지도로(군도, 구도)

자치도에 있거나 해당 도 또는 특별자치도와 밀접한 관계에 있는 공항·항만·역을 연결하는 도로, ④ 도 또는 특별자치도에 있는 공항·항만 또는 역에서 해당 도 또는 특별자치도와 밀접한 관계가 있는 고속국도·일반국도 또는 지방도를 연결하는 도로, ⑤ 제1호부터 제4호까지의 규정에 따른 도로 외의 도로로서 도 또는 특별자치도의 개발을 위하여 특히 중요한 도로의 어느 하나에 해당하는 도로 노선을 정하여 지방도를 지정·고시한다(도로법 15①).

특별자치시장 또는 시장(행정시의 경우에는 특별자치도지사를 말한다)은 특별자치시, 시 또는 행정시의 관할구역에 있는 도로 노선을 정하여 시도를 지정·고시한다(도로법 16). 군수는 해당 군(광역시의 관할 구역에 있는 군을 포함한다. 이하 이 조에서 같다)의 관할구역에 있는 도로 중 ① 군청 소재지에서 읍사무소 또는 면사무소 소재지에 이르는 도로, ② 읍사무소 또는 면사무소 소재지를 연결하는 도로, ③ 제1호 및 제2호에 따른 도로 외의 도로로서 군의 개발을 위하여 특히 중요한 도로의 어느 하나에 해당하는 도로 노선을 정하여 군도를 지정·고시한다(도로법 17). 구청장은 관할구역에 있는 특별시도 또는 광역시도가 아닌 도로 중 동(洞) 사이를 연결하는 도로 노선을 정하여 구도를 지정·고시한다(도로법 18).

3. 도로공사와 도로의 유지·관리 등

(1) 도로공사와 도로의 유지·관리는 이 법이나 다른 법률에 특별한 규정이 있는 경우를 제외하고는 해당 도로의 도로관리청이 수행한다(도로법 31①). 제1항에도 불구하고 국토교통부장관은 일반국도의 일부 구간에 대한 도로공사와 도로의 유지·관리에 관한 업무를 대통령령으로 정하는 바에 따라 도지사 또는 특별자치도지사가 수행하도록 할 수 있다. 이 경우 국토교통부장관은 미리 도지사 또는 특별자치도지사와 협의하여야 한다(도로법 31②). 여기서 '도로공사'는 도로의 신설, 확장, 개량 및 보수(補修) 등을 하는 공사를 말한다(도로법 2(7)). 이는 국가배상법 제5조 제1항에서의 '도로의 설치'에 해당된다. 그러므로 도로공사를 잘못하여 도로로서의 안전성에 결함이 있어 손해가 발생하면 이를 배상해야 한다. 도로공사는 원칙적으로 도로관리청이 담당하므로 피해자는 도로관리청을 상대로 손해배상을 청구할 수 있다. 설치된 도로는 지속적으로 통상적인 안전성을 갖도록 유지·관리되어야 한다. 여기

서 '도로의 유지·관리'란 도로의 기능을 유지하기 위하여 필요한 일반적인 도로관리(경미한 도로의 보수 공사 등을 포함한다) 활동을 말한다(도로법 2⑻).

⑵ 「도로법」 제23조는 도로의 종류에 따른 도로관리청을 규정하고 있다. 즉, 도로관리청은 ① 제11조 및 제12조에 따른 고속국도와 일반국도: 국토교통부장관, ② 제15조 제2항에 따른 국가지원지방도(이하 "국가지원지방도"라 한다): 도지사·특별자치도지사(특별시, 광역시 또는 특별자치시 관할구역에 있는 구간은 해당 특별시장, 광역시장 또는 특별자치시장), ③ 그 밖의 도로: 해당 도로 노선을 지정한 행정청이 된다(도로법 23①).

제1항에도 불구하고 특별시·광역시·특별자치시·특별자치도 또는 시의 관할구역에 있는 일반국도(우회국도 및 지정국도는 제외한다. 이하 이 조에서 같다)와 지방도는 각각 다음 각 호(① 특별시·광역시·특별자치시·특별자치도 관할구역의 동(洞) 지역에 있는 일반국도: 해당 특별시장·광역시장·특별자치시장·특별자치도지사, ② 특별자치시 관할구역의 동 지역에 있는 지방도: 해당 특별자치시장, ③ 시 관할구역의 동 지역에 있는 일반국도 및 지방도: 해당 시장)의 구분에 따라 해당 시·도지사 또는 시장이 도로관리청이 된다(도로법 23②).

⑶ 「사회기반시설에 대한 민간투자법」 제2조 제7호에 따른 사업시행자로서 「유료도로법」 제14조에 따라 도로(「사회기반시설에 대한 민간투자법」 제2조 제5호에 따른 민간투자사업으로 건설된 도로의 경우로 한정한다)에 관한 도로관리청의 관리·운영 업무를 대행하는 자(민자도로 관리자)는 유료도로를 유지·관리하고 그 유료도로를 통행하거나 이용하는 자로부터 통행료·점용료 등을 받을 수 있는 권리(유료도로관리권)를 설정할 수 있는데(유료도로법 10①), 민자도로 관리자도 도로관리청과 같은 지위에 있게 된다.[6]

⑷ 「도로법」 제76조는 도로관리청, 한국도로공사, 민자도로 관리자에게 안전한 도로주행 환경을 위한 도로통행의 금지·제한 등의 규정을 두고 있다. 이런 규정은 도로의 관리에 하자가 있었는지 여부를 판단하게 되는 중요한 요소가 된다. 즉, 도로관리청, 제112조에 따라 고속국도에 관한 도로관리청의 업무를 대행하는 「한

6) 「유료도로법」 또는 「사회기반시설에 대한 민간투자법」 제26조에 따라 통행료 또는 사용료를 받는 도로를 '유료도로'라고 한다(유료도로법 2⑵). 유료도로관리청은 대통령령으로 정하는 바에 따라 「도로법」에 따른 해당 유료도로관리청의 업무를 유료도로관리권자가 대행하게 할 수 있다(유료도로법 14).

국도로공사법」에 따른 한국도로공사(이하 "한국도로공사"라 한다) 또는 「사회기반시설에 대한 민간투자법」 제2조 제7호에 따른 사업시행자로서 「유료도로법」 제14조에 따라 도로(「사회기반시설에 대한 민간투자법」 제2조 제5호에 따른 민간투자사업으로 건설된 도로의 경우로 한정한다)에 관한 도로관리청의 관리·운영 업무를 대행하는 자(이하 "민자도로 관리자"라 한다)는 다음 각 호[7]의 어느 하나에 해당하는 경우에는 구간을 정하여 도로의 통행을 금지하거나 제한할 수 있다(제76조 제1항). 도로관리청, 한국도로공사 또는 민자도로 관리자가 제1항에 따라 도로의 통행을 금지하거나 제한하려면 통행 금지 또는 제한의 대상, 구간, 기간 및 이유를 구체적으로 밝힌 표지를 적당한 곳에 설치하고, 대통령령으로 정하는 바에 따라 미리 공고하여야 한다. 다만, 재해 발생 등이 급박하여 미리 통행의 금지 또는 제한을 공고할 시간적 여유가 없을 경우에는 미리 공고하지 아니할 수 있다(제76조 제2항). 도로관리청, 한국도로공사 또는 민자도로 관리자가 제1항에 따라 도로의 통행을 금지하거나 제한하는 경우 해당 업무를 수행하는 소속 공무원 또는 직원은 그 신분을 표시하는 증표를 지니고 이를 관계인에게 보여 주어야 한다(제76조 제3항). 도로관리청, 한국도로공사 또는 민자도로 관리자가 제1항에 따라 도로의 통행을 금지하거나 제한하는 경우에는 지체 없이 관할 경찰관서의 장에게 그 사실을 통보하고 협조를 요청하여야 한다. 이 경우 협조 요청을 받은 경찰관서의 장은 특별한 사유가 없으면 이에 따라야 한다(제76조 제4항). 도로관리청이 제1항에 따라 도로의 통행을 금지하거나 제한하는 경우에는 해당 도로에서의 위해(危害) 제거 및 원활한 교통소통을 위하여 필요한 조치를 하여야 하고, 한국도로공사 및 민자도로 관리자가 도로 통행의 금지 또는 제한을 실시한 경우에는 그 사실을 즉시 도로관리청에 보고한 후 필요한 조치를 하여야 한다(제76조 제5항). 도로관리청, 한국도로공사 또는 민자도로 관리자는 다음 각 호[8]에 모두 해당하는 경우 차량의 도로 진입이나 도로에 진행 중인 차량의 통행을 일시적으로 금지

---

7) 1. 도로에 관련된 공사로 인하여 부득이한 경우
2. 도로가 파손되거나 그 밖의 사유로 통행이 위험하다고 인정되는 경우
3. 지진, 홍수, 폭설, 태풍 등 천재지변이나 이에 준하는 재해가 발생하였거나 발생할 우려가 있어 도로에서 통행이 위험하거나 교통이 장시간 마비될 우려가 있는 경우

8) 1. 천재지변이나 이에 준하는 재해 발생 등이 급박하고, 미리 통행의 금지 또는 제한을 공고할 시간적 여유가 없을 것
2. 도로의 구조를 보전하고 도로 운행의 위험을 방지하기 위하여 특히 차량의 도로 진입 또는 진행을 금지 또는 제한할 필요가 있을 것

또는 제한(이하 "긴급 통행제한"이라 한다)할 수 있다(제76조 제6항). 긴급 통행제한에 관하여는 제3항부터 제5항까지의 규정을 준용한다(제76조 제7항). 긴급 통행제한의 구체적 기준 및 절차 등에 관하여 필요한 사항은 대통령령으로 정한다(제76조 제8항).[9)]

(5) 「도로교통법」은 고속도로 관리자에게 교통안전시설의 설치 및 관리의무를 부과하고 있다. 고속도로의 관리자는 고속도로에서 일어나는 위험을 방지하고 교통의 안전과 원활한 소통을 확보하기 위하여 교통안전시설을 설치·관리하여야 한다. 이 경우 고속도로의 관리자가 교통안전시설을 설치하려면 경찰청장과 협의하여야 한다(도로교통법 59①). 경찰청장은 고속도로의 관리자에게 교통안전시설의 관리에 필요한 사항을 지시할 수 있다(도로교통법 59②).

4. 「한국도로공사법」에 의한 도로의 공사 및 관리

(1) 모든 도로를 국가나 지방자치단체가 설치하고 관리하는 것은 아니다. 고속

---

9) **「도로법」 제77조(차량의 운행 제한 및 운행 허가)** ① 도로관리청은 도로 구조를 보전하고 도로에서의 차량 운행으로 인한 위험을 방지하기 위하여 필요하면 대통령령으로 정하는 바에 따라 도로에서의 차량 운행을 제한할 수 있다. 다만, 차량의 구조나 적재화물의 특수성으로 인하여 도로관리청의 허가를 받아 운행하는 차량의 경우에는 그러하지 아니하다.
② 차량 임대차계약의 임차인(「건설산업기본법」에 따른 건설공사에 사용되는 차량의 경우 수급인·하수급인 또는 시공 참여자를 말한다. 이하 같다)으로서 차량의 화물적재를 사실상 관리하는 자는 임차한 화물적재 차량이 제1항에 따른 운행제한을 위반하여 운행되지 아니하도록 관리하여야 한다.
③ 화주(貨主), 화물자동차 운송사업자, 화물자동차 운송주선업자 등 차량의 운행에 대하여 지시·명령을 하거나 감독 등의 권한을 갖는 자는 제1항에 따른 차량의 운행 제한을 위반하여 차량을 운행하도록 차량의 운전자에게 지시하거나 요구해서는 아니 된다.
④ 도로관리청은 제1항에 따른 운행제한에 대한 위반 여부를 확인하기 위해서 관계 공무원으로 하여금 차량에 승차하거나 차량의 운전자에게 관계 서류의 제출을 요구하는 등의 방법으로 차량의 적재량을 측정하게 할 수 있다. 이 경우 차량의 운전자는 정당한 사유가 없으면 이에 따라야 한다.
⑤ 도로관리청은 제1항 단서에 따라 차량의 운행허가를 하려면 미리 출발지를 관할하는 경찰서장과 협의한 후 차량의 조건과 운행하려는 도로의 여건을 고려하여 대통령령으로 정하는 절차에 따라 운행허가를 하여야 하며, 운행허가를 할 때에는 운행노선, 운행시간, 운행방법 및 도로 구조물의 보수·보강에 필요한 비용부담 등에 관한 조건을 붙일 수 있다. 이 경우 운행허가를 받은 자는 「도로교통법」 제14조 제3항의 단서 또는 제39조 제1항의 단서에 따른 허가를 받은 것으로 본다. 〈개정 2014. 5. 21.〉
⑥ 국토교통부장관은 제1항 및 제5항에 따른 차량의 운행제한 및 운행허가를 신속하고 효율적으로 하기 위하여 차량운행허가시스템을 구축·운영할 수 있다.
⑦ 제1항에 따른 차량의 운행제한에 관하여는 제76조 제2항 본문을 준용한다.

도로는 「한국도로공사법」에 의하여 설립된 한국도로공사가 설치·관리의 주체가 되고 있다. 국토교통부장관은 「도로법」 제31조 제1항에도 불구하고 대통령령으로 정하는 바에 따라 (한국도로)공사로 하여금 그 부담으로 유료도로화할 대상으로 결정된 도로의 신설·개축·유지 및 수선에 관한 공사(工事)의 시행과 관리를 하게 할 수 있다(한국도로공사법 13①). 국토교통부장관은 공사가 제1항에 따라 공사(工事)의 시행과 관리를 하는 경우에는 대통령령으로 정하는 바에 따라 「도로법」에 따른 도로관리청의 권한을 대행하게 할 수 있다(한국도로공사법 13③). 국토교통부장관이 법 제13조 제3항에 따라 공사로 하여금 도로관리청의 권한을 대행하게 할 때에는 해당 도로관리청의 동의를 받아야 한다(한국도로공사법 시행령 13④).

(2) 국가나 지방자치단체가 도로나 하천 등의 영조물의 설치·관리의 하자로 인한 손해를 야기한 때는 이를 배상하는 것과 같이 사인(한국도로공사)에게도 이와 같은 책임법리가 인정되고 있다. 공작물의 설치 또는 보존의 하자로 인하여 타인에게 손해를 가한 때에는 공작물 점유자는 그 손해를 배상할 책임이 있다(민법 758①). 여기서 '공작물'은 토지상의 공작물(도로·건물·탑·교량·육교·제방·저수지·우물·담·전주·축대·놀이터의 놀이기구 등)뿐만 아니라 건물 내의 설비(천장·계단·엘리베이터·기타 건물에 부착된 물적 설비 등)도 포함된다.[10]

(3) 한국도로공사는 도로관리청의 권한을 대행하는 지위에 있어 그가 설치·관리하는 도로는 국가배상법상의 도로가 아니다. 민법 제758조 제1항의 공작물의 점유자로서의 손해배상책임을 진다. 따라서 국가배상법이 아닌 민법의 불법행위로 인한 손해배상청구 대상이 된다. 대법원에서도 한국도로공사는 「고속국도법」 제6조 제1항[11]·[12]의 규정에 의하여 건설부장관을 대행하여 경부고속도로를 관리하여 오

10) 김준호, 민법강의(제21판), 1865면.

11) **「고속국도법」[일부개정 2013.5.22.] [법률 제11795호, 시행 2013.11.23.] 제6조(관리청의 업무대행)** ① 국토교통부장관은 이 법과 「도로법」, 그 밖의 도로에 관한 법률에 규정된 고속국도에 관한 권한의 일부를 대통령령으로 정하는 바에 따라 한국도로공사로 하여금 대행하게 할 수 있다.
② 한국도로공사는 제1항에 따라 고속국도에 관한 국토교통부장관의 권한을 대행하는 경우에 그 대행하는 범위에서 이 법과 「도로법」, 그 밖의 도로에 관한 법률을 적용할 때에는 해당 고속국도의 관리청으로 본다.
③ 국토교통부장관은 제1항에 따라 한국도로공사로 하여금 업무를 대행하게 하는 경우에는 대통령령으로 정하는 바에 따라 업무대행수수료를 지급할 수 있다.

12) 「고속국도법」은 2014. 1. 14. 법률 제12248호로 폐지되었다.

고 있으므로 민법 제758조 제1항이 정하는 공작물의 점유자에 해당한다고 하면서, 고속도로의 추월선에 각목이 방치되어 사고의 원인이 된 경우, 한국도로공사의 공작물 보존 하자로 인한 책임을 인정(대법원 1996. 10. 11. 95다56552 손해배상(자))한 바 있다. 고속도로 상에 들어온 개를 피하려다 사고가 난 경우 사고의 원인이 된 고속도로의 보존상 하자가 한국도로공사의 고속도로 유지 관리책임의 범위 내에 속한다고 본 사례도 있다(대법원 1992. 10. 27. 92다27164 손해배상(자)). 이와 달리 일본의 국가배상법 제2조에서는 국가와 '공공단체'도 그 배상책임의 주체로 규정하고 있어 그 법률에 의하면 한국도로공사도 국가배상법의 적용을 받게 된다.

5. 「사도법」에 따른 도로의 설치·관리

⑴ 도로는 일반의 교통에 공용되어야 한다. 도로는 국가나 지방자치단체가 설치하는 것만이 아니라 개인(들)이 이용할 목적으로 설치한 사도는 국가배상법상의 도로는 아니다. 「사도법」 제2조는 '사도'란 다음 각 호의 도로가 아닌 것으로서 그 도로에 연결되는 길을 말한다. 여기서 '다음 각 호의 도로'는 ① 「도로법」 제2조 제1호에 따른 도로, ② 「도로법」의 준용을 받는 도로, ③ 「농어촌도로 정비법」 제2조 제1항에 따른 농어촌도로, ④ 「농어촌정비법」에 따라 설치된 도로를 말한다. 다만, 제3호 및 제4호의 도로는 「도로법」 제50조에 따라 시도(市道) 또는 군도(郡道) 이상에 적용되는 도로 구조를 갖춘 도로에 한정한다. 「사도법」은 ① 다른 법률에 따라 설치하는 도로, ② 공원, 광구(鑛區), 공장, 주택단지, 그 밖에 동일한 시설 안에 설치하는 도로에는 이 법을 적용하지 아니한다(제3조)고 한다.

⑵ 그러므로 사도는 민법 제758조 소정의 공작물의 점유자·소유자의 책임 규정이 적용된다. 사도는 대개의 경우 토지소유자가 자기 토지의 이익증진을 위하여 스스로 개설한 도로이기 때문이다. 주민들의 자조활동에 의하여 설치된 도로가 사도에 해당되는지, 국가배상법상의 도로에 해당하는지 문제된다. 국가나 지방자치단체가 도로를 점유하는 형태는 도로관리청으로서의 점유와 사실상 지배주체로서의 점유로 나누어 볼 수 있다.

주민자조사업의 형태로 시공된 도로에 대하여 국가 또는 지방자치단체를 사실상의 지배주체로 인정할 수 있는 요소가 있다면 국가배상법상의 도로로 인정할 수 있지만, 그렇지 않은 경우에는 부정된다. 국가 또는 지방자치단체 이외의 자 예컨대 주민들이 자조사업으로 사실상 도로를 개설하거나 기존의 사실상 도로에 개축 또는 유지, 보수공사를 시행한 경우에는 그 도로의 사실상 지배주체를 국가나 지방자치단체라고 보기 어렵고, 다만 주민자조사업의 형태로 시공한 도로라고 할지라도 실제로는 국가나 지방자치단체에서 그 공사비의 상당 부분을 부담하고 공사 후에도 도로의 유지, 보수를 담당하면서 공중의 교통에 공용하고 있는 등 사정이 인정된다면 실질적으로 그 도로는 국가나 지방자치단체의 사실상 지배하에 있다고 볼 수 있으나, 국가나 지방자치단체가 주민자조사업의 공사비 일부를 부담한 사실이 있다는 것만으로 곧 그 점유 주체를 국가나 지방자치단체라고 단정할 수는 없다(대법원 1996. 11. 22. 96다25265 구상금).[13]

(3) 반면, 사실상 도로에 대한 지방자치단체의 점유인정 여부에 관하여, 종전부터 사실상 일반의 통행에 공용되던 토지에 대하여 인근주민들이 이른바 새마을사업의 일환으로 도로포장공사나 하수도설치공사 등을 함에 있어서, 지방자치단체 등이 공사비나 공사자재 등 재정적 지원을 하는 경우, 그 재정적 보조가 전체공사의 상당부분을 차지할 뿐 아니라 그 공사 이후 개설되는 도로가 일반공중의 교통에 공용되는 공도로 쓰이고, 지방자치단체 등이 그 도로의 개축, 유지, 재해복구 등의 관리를 담당하게 되는 경우에는, 그 도로개설의 형식적인 주관자가 누구이냐에 관계없이 지방자치단체 등은 도로화된 그 토지의 점유 관리를 하게 된다고 보는 것이 상당하다(대법원 1993. 9. 28. 93다17041 부당이득금).[14] 사실상 주민들의 통행에 공용

13) 마을 주민들이 도로 부지의 일부를 마을 기금으로 매수하여 마을 진입도로를 개설하면서 직접 포장공사 등 시공을 하였고 그 하자로 인한 변상책임도 모두 자신들이 지기로 하였으며, 관할 지방자치단체는 그 사업비의 일부만을 보조하였을 뿐 그 진행 여부를 직접 감독하거나 관여한 적이 없었던 경우, 그 도로의 관리 주체 및 포장공사의 시행자는 관할 지방자치단체가 아니라 마을 주민들이라고 본 원심판결을 수긍한 사례(대법원 1996. 11. 22. 96다25265 구상금).

14) 그러므로 원심으로서는 위 1항과 같은 인정사실만으로 피고가 이 사건 토지를 점유 사용하고 있다고 볼 수 없다고 가볍게 배척할 것이 아니라, 이 사건 토지에 대하여 상하수도공사를 하게 된 경위와 이에 대한 원고의 동의 여부, 그리고 이 사건 제3, 4토지에 대하여 포장자재를 제공하여 포장공사를 하게 된 경위와 이 사건 토지를 포함한 전체도로를 규모(노폭과 기점 및 종점), 그 용도와 기능, 주위환경, 일반공중의 이용 상황(어느 범위의 사람들이 어떠한 통행목적을 위하여 어떻게 이용하는지), 그리고 상하수도와 포장도로의 관리는 누가하고 있는지 등을 심리하고, 원고가 당초 그 사용수익권을 포기하였거나 사용 승낙을 한 바 있었는지 여부까지 살펴보아 그 사실관계에 터 잡아 피고가 이 사건 토지를 점유하고 있다고 볼 수 있는지 여부를 판단하여야 할 것이다. 따라서 원

되던 토지를 도로포장공사나 하수도설치공사를 할 때 지방자치단체 등이 공사비나 공사자재 등 상당한 재정적 지원을 하여 조성된 경우에는 지방자치단체의 소유는 아닐지라도 그 점유는 인정하여 국가배상법상의 도로로 인정한 것이다.

또한 「도로법」 등의 적용을 받지 않는 사실상의 도로에 있어서는 국가나 지방자치단체가 그 도로를 시공하여 개설하거나 또는 이미 형성되어 있는 기존의 도로에 대하여 확장, 도로포장 또는 하수도설치 등 도로의 개축 또는 유지보수공사를 시행하여 일반공중의 교통에 공용한 때에는 그 도로는 국가나 지방자치단체의 사실상 지배하에 있다고 보아 그가 점유 관리하는 도로라고 보아야 할 것이다(대법원 1991. 3. 12. 90다5795). 그러므로 도로의 설치·관리의 하자를 다툼에 있어서 도로개설자를 명확히 하여야 할 뿐만 아니라 그 도로의 관리를 실질적으로 맡아 온 자를 확인하는 것도 필요하다.

6. 도로소송의 피고적격

도로소송은 도로의 설치·관리의 하자로 손해를 입은 자 또는 그 유족이 도로의 설치·관리자를 피고로 제소할 수 있다. 도로의 설치·관리자가 국가이면 대한민국을, 지방자치단체라면 해당 지방자치단체(예컨대 서울특별시, 강원도 홍천군 등)를 피고로 한다. 고속도로의 설치·관리의 하자로 손해를 입었다면 한국도로공사를 피고로 해야 한다. 공사와 같은 공공단체가 설치하고 관리하는 도로의 하자로 인한 경우에는 그 공사가 피고가 된다. 국가나 지방자치단체가 아닌 한국도로공사와 같은 공공단체는 민법 제750조의 불법행위 또는 민법 제758조의 공작물 점유자의 책임이 적용된다.

다만, 한국도로공사가 관리하는 중앙고속도로에서 발생한 사고로 인한 손해배상청구의 소에서 국가배상법 제5조를 적용하여 한국도로공사가 사고지점의 도로의 설치 또는 관리의 하자를 야기하였는지를 판단하는 사례가 있다.[15] 이 판례는 원고

심판결에는 도로의 점유에 대한 법리를 오해하여 심리를 미진한 위법이 있다고 할 것이고, 논지는 이유 있다(대법원 1993. 9. 28. 93다17041 부당이득금).

15) 고속도로가 사고지점에 이르러 다소 굽어져 있으나, 사고 지점의 차선 밖에 폭 3m의 갓길이 있을 뿐 아니라, 사고 지점 도로변에 야간에 도로의 형태를 식별할 수 있게 하는 시설물들이 기준에 따라 설치되어 있는 경우 도로의 관리자로서는 야간에 차량의 운전자가 사고 지점의 도로에 이르러

의 청구를 기각하는 내용이라 적용법조가 쟁점이 된 것은 아니었다. 이와 마찬가지로 공공단체(수산업협동조합)를 피고로 한 소송에서 국가배상법 제2조를 적용한 것으로 보이는 경우도 있다.16) 협동조합은 공공단체이기에 민법의 적용대상인데, 적용법조를 국가배상법 제2조로 명시했더라도 실제로는 민법의 손해배상법리에 따른 것으로 보인다.

Ⅱ ▸▸ 도로의 설치·관리하자의 유형

1. 하자유형에 관한 분류

(1) 도로의 설치·관리의 하자에 대한 일반적 판단기준은 도로의 통상의 용법에 따른 이용에 있어서 통상 갖추어야 할 안전성의 유무를 기준으로 한다. 그러나 좀 더 구체적이며 개별적인 판단기준은 "국가배상법 제5조 제1항 소정의 영조물의 설치 또는 관리의 하자라 함은 영조물이 그 용도에 따라 통상 갖추어야 할 안전성을 갖추지 못한 상태에 있음을 말하는 것으로서, 영조물이 완전무결한 상태에 있지 아니하고 그 기능상 어떠한 결함이 있다는 것만으로 영조물의 설치 또는 관리에 하자가 있다고 할 수 없는 것이고, 위와 같은 안전성의 구비 여부를 판단함에 있어서는 당해 영조물의 용도, 그 설치장소의 현황 및 이용 상황 등 제반사정을 종합적으로 고려하여 설치 관리자가 그 영조물의 위험성에 비례하여 사회통념상 일반적으로

차선을 따라 회전하지 못하고 차선을 벗어난 후 갓길마저 지나쳐 도로변에 설치되어 있는 방음벽을 들이받은 사고를 일으킨다고 하는 것은 통상 예측하기 어려우므로 도로의 관리자가 그러한 사고에 대비하여 도로변에 야간에 도로의 형태를 식별할 수 있는 시설물들을 더 많이 설치하지 않고, 방음벽에 충격방지시설을 갖추지 아니하였다고 하여 사고 지점 도로의 설치 또는 관리에 하자가 있다고 볼 수 없다고 한 사례(대법원 2002. 8. 23. 2002다9158 손해배상(자)).

16) 민간위탁을 받은 위탁기관도 그 범위 내에서 공무원으로 볼 수 있는바, 이 사건과 같이 구 수산청장으로부터 위탁받은 일정한 범위 내에서 활어인 뱀장어에 대하여 위 요령에 부합하는 수출추천업무를 기계적으로 행사할 의무를 부담하는 피고가 이 사건 수출제한조치를 취할 무렵에 국내 뱀장어 양식용 종묘가 모자란 실정으로 그 수출로 인하여 국내 양식용 종묘확보에 지장을 초래할 우려가 있다고 자의적으로 판단하여 그 추천업무를 행하지 않은 것은 공무원이 그 직무를 집행함에 당하여 고의로 법령에 위반하여 타인에게 손해를 가한 때에 해당한다고 보아야 할 것이므로, 피고는 불법행위자로서 손해배상책임을 부담한다 할 것이다(대법원 2003. 11. 14. 2002다55304 손해배상(기)).

요구되는 정도의 방호조치의무를 다하였는지 여부를 그 기준으로 삼아야 할 것이며, 객관적으로 보아 시간적·장소적으로 영조물의 기능상 결함으로 인한 손해발생의 예견가능성과 회피가능성이 없는 경우, 즉, 그 영조물의 결함이 영조물의 설치관리자의 관리행위가 미칠 수 없는 상황 아래에 있는 경우에는 영조물의 설치·관리상의 하자를 인정할 수 없다"(대법원 2000. 2. 25. 99다54004, 2001. 7. 27. 2000다56822 참조)는 내용을 참고해야 한다.

(2) 도로에 관한 하자유형론은 한국도로공사 도로연구소의 논문이 상당히 상세하고 다양하게 분류한 바 있다.[17] 이에 따르면 ① 우선 이용자와 피해자의 관계에 의하여, 이용자의 피해와 제3자의 피해로 나누어 볼 수 있다. 이 경우의 이용자는 차량운전자, 자전거 혹은 오토바이의 운전자 및 보행자 등이 모두 포함된다. 제3의 피해자의 경우도 같다. ② 도로의 종류에 따라 나눌 경우에는 일반도와 고속도, 유료도와 무료도의 차이가 있을 수 있다. 한편 같은 도로라 하여도 명절 등의 특수한 요인이 있는 경우와 일반적인 경우, 주중과 주말, 건설공사 중과 공사완료 후가 서로 다를 수 있다. 또 차선의 경우에도 일반선과 버스 전용도에서의 책임이 다르게 판단될 수 있다.

구조물의 종류에 따라 구별할 경우 노면의 상태, 차선과 표지판의 관리, 중앙분리대[18](중분대)와 가드레일의 설치에 관한 문제, 공사 중 표지판의 설치, 갓길의 설치 및 관리 그리고 굴곡도 및 속도의 적정한 제한 등의 문제가 있을 수 있다. 또한 신호기 및 겸용 공작물의 설치도 중요한 책임요인이 된다. 신호기 등의 경우에는 도로경찰의 책임이기 때문에 신호기의 고장이 바로 도로의 설치·관리상의 하자로 연결되지는 않는다. 다만, 신호기 자체가 영조물에 해당되므로 그 관리상의 하자를 물어 배상책임을 청구할 수 있다.

그러나 경우에 따라서는 도로관리 책임자가 시설물을 설치해 줄 것을 관계 당국에 요청할 의무를 어디까지 인정해야 하는가의 문제가 있다.

자연조건에 따라 분류할 경우 도로사고를 발생시키는 자연적인 악조건으로는 안개, 강우 및 강설, 태풍 및 이로 인한 산사태 발생 등의 문제가 있다. 마지막으로,

17) 홍준형 외, 도로관리책임의 배분체계에 관한 연구, 99면.
18) "중앙분리대"란 차도를 통행의 방향에 따라 분리하고 옆 부분의 여유를 확보하기 위하여 도로의 중앙에 설치하는 분리대와 측대를 말한다(도로의 구조·시설 기준에 관한 규칙 2(28)).

외력의 개입의 경우 도로 자체는 잘 관리되어 있다고 하더라도 뜻하지 않는 방해물이 나타나는 경우가 있다. 대표적인 것으로는 낙석이나 선행하는 차량의 적재물의 낙하, 중앙분리대가 충격으로 밀리는 경우, 고장난 차가 방치된 경우 및 제3자의 고의나 과실에 의한 도로훼손 문제가 있을 수 있다.

(3) 또 다른 분류로는 노면의 흠, 노견[19]의 하자, 자연력에 의한 통행상 안전의 결함, 낙하물 등 제3자의 행위에 의해 통행상의 안전에 결함이 발생한 경우, 낙석, 동물의 출현으로 인한 사고로 분류하는 것도 있다. 다른 견해는 도로의 설치관리의 하자가 어떤 모습으로 나타났는가를 유형화해 보면 노면상의 하자, 노선차선상의 하자, 도로를 구성하는 시설물 등의 하자로 분류할 수 있다면서, 노면상의 하자로서는 웅덩이, 노면상의 장애물, 도로면의 미끄럼을, 노선 및 차선상의 하자로서는 도로가 갑자기 좁아진 경우, 차선이 급변한 경우, 급커브의 도로를, 도로의 시설물 설치의 불비 및 불완전한 하자로서는 중앙분리대의 불비 불완전, 난간의 불비 불완전, 낙석 등 방지시설의 불비·불완전으로 구분한다.

2. 하자유형에 관한 일본의 학설

(1) 도로의 하자유형에 대한 일본의 견해도 우리와 크게 다르지 않다. 宇賀克也 교수는 ① 노견의 통행, ② 자연조건(안개, 눈), ③ 야간의 안전대책, ④ 시간적 요소(웅덩이, 낙하물, 장해물), ⑤ 낙석, 토사 등(방호책 등의 설치, 피난대책, 직격형의 문제), ⑥ 내규, ⑦ 권한 외의 조치, ⑧ 겸용 공작물로 나누어 기술하고 있다.[20]

(2) 遠藤博也 교수는 사고 태양으로 ① 노면상황, ② 차선·노선상황, ③ 노외일탈·전락사고, ④ 낙석·붕토로 구별하고 있다. 또한 西埜 章 교수는 ① 웅덩이·함몰·단차, ② 도로의 측구, ③ 노견, ④ 방호책(가드레일)·중앙분리대, ⑤ 신호기·도로교통표지, ⑥ 보도·보도교, ⑦ 다리·터널, ⑧ 소화전·수도전·맨홀, ⑨ 낙석·붕토·눈사태·노면동결, ⑩ 장해물 방치, ⑪ 도로공사, ⑫ 기타로 구분하여 비교적 자세히 고찰하고 있다.

---

19) "길어깨"란 도로를 보호하고 비상시에 이용하기 위하여 차도에 접속하여 설치하는 도로의 부분을 말한다(도로와 다른 시설의 연결에 관한 규칙 2⑩).

20) 정형근, "도로의 설치·관리의 하자로 인한 국가배상책임에 관한 연구", 109면.

(3) 반면, 木村 實 교수는 도로에 관한 전형적인 결함은 도로의 웅덩이, 도로의 붕괴 등 도로 그 자체의 결함, 교량, 배수시설, 건널목, 교통안전시설 등의 도로에 관한 시설의 불완전 및 토사 등의 방치, 낙석, 토사붕괴 등의 도로 외의 물에 의한 도로기능의 손괴로 분류하고 있다.

Ⅲ ▸▸ 도로의 설치·관리하자 유형에 관한 개별적 고찰

1. 개별적 하자유형의 의의

(1) 도로의 설치·관리하자의 유형은 도로상에서 발생할 수 있는 모든 사례를 분류한 것이다. 이는 어디까지나 하자유형에 따른 사례검토의 편의를 위한 것이라 할 수 있다. 본서에서는 하자가 발생하는 태양에 따라 '내재적 하자유형'과 '외재적 하자유형'으로 일단 구분하여 살펴보고자 한다.

(2) 내재적 하자유형은 도로 자체가 통상 갖추어야 할 안전성을 결여함으로 야기된 하자를 말한다. 도로가 구비해야 할 안전성을 갖고 있지 않다는 점에서 전형적인 하자의 모습이라 할 수 있다. 이 경우는 도로의 설치상의 하자로 인한 경우가 많을 것이다. 하자의 판단기준은 「도로법」, 「도로교통법」이나 「도로의 구조·시설 기준에 관한 규칙」, 「도로와 다른 시설의 연결에 관한 규칙」이 기준이 될 수 있다. 그렇지만 이런 법령에 따라 도로를 설치·관리하였다고 하여 항상 면책되는 것은 아니다.

(3) 외재적 하자유형은 도로 자체는 안전성을 갖추고 있지만 도로의 이용자에 의하여 야기된 장해상태, 도로에 인접한 지역의 지형변동이나 자연력의 작용 등 외부적 장해로 말미암아 결과적으로 하자로 판단되기에 이른 유형을 말한다. 이때는 도로관리자의 관리하자의 문제가 대두될 가능성이 있다.

(4) 도로 자체는 아무런 하자가 없지만 그 도로가 공용되어 이용됨에 따라 발생한 공해 등으로 이용자 이외의 도로 주변에 거주하는 주민들에 대하여 소음 등을 야기하여 손해를 가하는 교통공해의 문제도 하자유형으로 포함시킬 수 있다. 이 같

은 하자 유형에 관한 개별적 고찰을 함에 있어 우리보다 먼저 재판상 문제되었던 일본 판례를 살펴보면서 우리나라의 경우를 아울러 검토해 보고자 한다.

2. 내재적 하자유형

(1) 노면상의 하자

도로의 설치권자는 도로의 설치 목적에 부합한 안전성을 확보해야 한다. 「도로의 구조·시설 기준에 관한 규칙」에서는 도로의 포장과 관련한 기준을 제시하고 있다. 차도, 측대, 길어깨, 보도 및 자전거도로 등은 안정성 및 시공성 등을 고려하여 적절한 두께 및 재질 등의 구조로 포장하여야 한다(제29조 제1항). 차도 및 측대는 교통량, 노상의 상태, 기후조건, 경제성, 시공성 및 유지관리 등을 고려하여 자동차가 안전하고 원활하게 통행할 수 있는 공법으로 포장하여야 한다(제29조 제2항). 내리막 경사의 평면곡선부 등 도로의 선형(線形) 또는 시거로 인하여 짧은 제동거리가 요구되는 구간의 차도는 미끄럼에 대한 저항이 양호한 형태로 포장하거나 미끄럼 방지를 위한 포장시설을 설치하여야 한다(제29조 제3항).

자동차는 고속주행을 특색으로 하기 때문에 각각의 도로조건 내지 노면상황의 결함 또는 악화는 즉시 사고로 연결될 가능성이 높다. 노면의 결함은 운전자나 동승자의 사망 등의 사고를 초래할 위험가능성이 가장 높다 할 수 있다. 도로 상에는 그 외에도 주행차량이나 보행자가 있기 때문에 이러한 위험은 배가된다. 많은 국가에서 자동차 교통사고에 의한 사상자 수가 전쟁에 의한 사상자 수를 넘고 있는 현실을 생각하면 도로는 곧 '죽음의 길'(死道)이라고 표현되기도 한다.

그러므로 도로를 주행하는 운전자의 안전을 확보하기 위하여 문제가 되는 수많은 도로조건의 하나는 도로표면의 노면상황·상태라고 할 수 있다. 도로의 하자 중에서 가장 먼저 노면 상의 하자를 드는 것은 보행자는 보도를 이용하고 자동차는 노면을 달리기 때문이다. 노면은 단차(段差)와 같은 요철(凹凸)이 없는 평탄한 도로가 바람직하다. 그러나 평탄의 정도가 지나치면 도로가 경사지게 되어 미끄러지기 쉬운 노면상태가 될 수 있다.

「도로의 구조·시설 기준에 관한 규칙」에서는 차도의 종단경사는 도로의 구분,

지형 상황과 설계속도에 따라 정하고 있다. 다만, 지형 상황, 주변 지장물 및 경제성을 고려하여 필요하다고 인정되는 경우에는 본문에서 정하는 비율에 1%를 더한 값 이하로 할 수 있다(제25조 제1항).

자동차에 의한 도로교통 사고의 많은 부분은 웅덩이, 요철에 의한 사고, 미끄럼 사고 등 노면조건에 의한 사고가 많은 부분을 차지하고 있다. 도로시설의 일부가 노면 상에 돌출하여 장해물이 되고 있는 경우나 도로공사가 노면조건의 악화를 초래하는 경우도 많다. 그러므로 노면 상의 하자는 도로 상의 하자 중 가장 중대한 하자라 할 수 있으며, 도로사고 중 가장 전형적인 것이라 할 수 있다.

1) 웅덩이

웅덩이는 포장된 도로가 지반이 약하여 함몰되거나 커다란 물리적인 힘에 의하여 평지보다 깊이 패인 곳을 말한다. 포장도로는 지반이 약한 지점에 인공적으로 건설되기에 차량의 잦은 이용에 따라 웅덩이가 발생하는 것은 자연스러울 수 있다. 그렇기에 도로관리자는 도로의 노면상태를 늘 확인할 의무가 있다. 웅덩이로 인한 사고는 도로의 포장상태가 열악하던 시대에 많았던 사고태양이다. 그러나 현재도 많은 사고발생의 원인이 되고 있다. 웅덩이는 도로의 장기간의 사용에 의하여 점차로 형성되는 것이 많고, 특정인에 의하여 단 1회의 이용으로 발생하는 경우는 드물다고 할 수 있다.

따라서 도로관리자의 일상적인 노면상황의 감시에 의하여 보수를 한다거나 위험표지를 설치하는 것이 곤란하지 않기 때문에 도로관리자가 시간적으로 대응할 수 없었다고 하는 이유로 하자가 부정되는 것은 아니다. 물론 도로에 발생한 하자가 단시간에 걸쳐 생긴 경우에 도로의 하자를 발견하여 표지판을 설치하거나 보수를 하는 등 안전조치를 취할 시간적인 여유가 없었을 때에는 예측가능성과 결과회피가능성이 없기 때문에 배상책임이 인정되지 않을 수 있다.

그러므로 도로에 웅덩이가 있다면 통상 갖추어야 하는 안전성을 결여한 상태라는 것이 명확하다. 그 때문에 하자개념에 관한 어느 학설에 의하더라도 원칙적으로 도로의 설치·관리하자를 인정할 수 있다. 다만 한 개의 웅덩이라고 하더라도 크기에 제각기 차이가 있을 수 있고, 도로의 종류도 고속도로, 국도, 지방도 등으로 다양하므로 어느 정도의 웅덩이가 하자에 해당하는가는 도로의 종류, 교통량, 장소,

웅덩이의 길이와 폭, 사고발생에 기여도 등을 참작하여 판단하여야 한다.

㈎ **하자를 긍정한 판례**

㈀ 관광버스가 국도 상에 생긴 웅덩이를 피하기 위하여 중앙선을 침범운행한 과실로 마주오던 트럭과 충돌하여 발생한 교통사고에 대하여 국가의 공동불법행위자로서의 손해배상책임을 인정한 사례가 있다. 즉, "이 사건 교통사고가 발생한 강원도 인제읍 합강 3리 소재 44번 국도상에 아스팔트가 패여서 생긴 길이 1.2m, 폭 0.7m의 웅덩이가 있어서 이곳을 통과하던 소외 합자회사 중부관광여행사 소속 관광버스가 이를 피하기 위하여 중앙선을 침범운행한 과실로 마주오던 타이탄 화물트럭과 충돌하여 이 사건 교통사고가 발생하였는바, 피고(대한민국)는 위 도로의 관리책임자로서 위 도로를 주행하는 차량들의 안전운행을 위하여 도로상태의 안전점검을 철저하게 하였어야 함에도 불구하고 이를 게을리 하여 위와 같은 웅덩이를 방치함으로써 이 사건 교통사고의 발생에 한 원인을 제공하였으므로, 피고는 위 소외 회사와 공동불법행위자로서 손해배상책임이 있다는 원심의 인정판단은 정당하다" (대법원 1993. 6. 25. 93다14424 구상금)고 했다. 이 사안은 보험회사가 관광버스의 손해를 배상한 후 대한민국을 상대로 국도의 설치·관리의 하자를 다투면서 구상권을 행사한 것이다.

㈁ 종단면상 유(U)자형 도로의 가운데 부분에 빗물이 고여 있어 그곳을 진행하는 차량이 그 고인 빗물을 피하려고 중앙선을 침범하여 교통사고를 일으킨 사안에서 도로관리청의 하자를 긍정해야 한다는 취지의 사례도 있다. 즉, 도로관리청이 사고지점 도로에 빗물이 고여 차량의 통행에 장애가 되는 것을 막을 수 있었는데도 이를 방치한 것인지 여부를 심리하여야 함에도 불구하고 이에 이르지 않은 채 사고가 운전자의 일방적 과실로 인하여 발생한 것이라고 판단한 원심판결을 파기한 바 있다(대법원 1998. 2. 13. 97다49800 구상금).[21]

21) 원심이 인정한 사실에 의하더라도, 이 사건 사고지점의 도로는 황색실선의 중앙선이 설치되어 있는 도로 폭 합계 7m의 편도 1차선의 직선도로이고 사고 트럭 진행방향 차선의 도로폭은 약 3.5m이며 그 우측으로 약 1.2m 가량의 갓길이 나 있는데 사고 당시 사고 트럭 진행방향 차선 위에는 삼각형 형태로 길이가 최대 약 10m이고 폭이 갓길 끝으로부터 최대 약 3.5m 정도의 빗물이 고여 있었기 때문에 폭이 최대인 지점의 경우 빗물이 고여 있지 않은 부분은 중앙선으로부터 약 1.2m 정도이었다는 것이므로, 그 지점을 통과하는 차량으로서는 위 빗물을 피하기 위하여는 부득이 중앙선을 넘어 반대차선을 일부 이용하여 진행할 수밖에 없어 교통사고를 일으킬 위험성이 높았다 할 것이니, 이는 도로가 본래 갖추어야 할 안전성을 갖추지 못한 것이라 할 것이고, 나아가

㈐ 그리고 편도 2차선 고속도로의 갓길과 2차선에 걸쳐 고여 있는 빗물에 차량이 미끄러져 180°회전하면서 동일한 경위로 미끄러져 갓길에 정차하여 차량을 점검하고 있던 다른 운전자를 들이받은 사고가 발생한 경우, 고속도로의 설치·관리상의 하자가 있다고 본 사례도 있다(대법원 1999. 12. 24. 99다45413 구상금).[22] 이 판

원심이 인정한 바에 의하면 위 빗물이 고여 있던 지점은 종단면상 유(U)자형 도로의 가운데 부분으로 가장 낮은 지대라는 것이고, 피고가 사고 이후 위와 같이 빗물이 고여 있던 지점을 포함한 그 부근의 도로 폭 약 2.6m 내지 3m, 길이 약 60m 내지 70m 정도를 포장하여 지대를 북돋웠는데 그 과정에서 위 빗물이 고여 있던 지점에 설치되어 있던 집수구 위까지 포장하여 지대를 북돋웠다는 것이므로, 위 도로의 구조상 많은 양의 비가 내리는 경우에는 그 가운데 낮은 부분으로 일시에 다량의 빗물이 모여들 것이 예상되고 그 경우 그곳을 진행하는 차량이 그 고인 빗물을 피하다가 교통사고를 일으킬 위험성이 예견되므로 위와 같은 도로의 관리청인 피고로서는 일시에 많은 양의 비가 내리는 경우에 대비하여 도로에 물이 고이지 않도록 집수구 등 배수시설을 갖추고 그 시설이 그 기능을 다할 수 있도록 관리하며, 도로에 내린 비가 신속히 집수구 쪽으로 흘러들어 갈 수 있도록 도로의 구배 등 구조를 적절히 유지, 관리하는 등의 방호조치를 취할 의무가 있다 할 것인데, 피고가 사고 이후 위와 같이 빗물이 고여 있던 지점에 설치되어 있던 집수구 위까지 포장하여 지대를 북돋웠다는 사실에 비춰보면 사고 당시 위 도로는 집수구로 빗물이 잘 흘러가지 않는 상태이었고 집수구 중 위 빗물이 고여 있던 지점에 설치된 것은 그 집수 기능을 제대로 하지 못한 상태에 있었다고 볼 여지가 있으니 피고로서는 위 도로의 구조, 장소적 환경 등에 비추어 요구되는 방호조치의무를 다하지 못한 것으로 볼 여지가 있다 할 것이다.

사고 당일 사고지점이 속한 단양지역의 1일 강수량이 178.5mm이었다 하더라도 매년 장마철을 겪고 있는 우리나라와 같은 기후 여건하에서는 위와 같은 집중호우를 전혀 예측할 수 없는 천재지변이라고 보기 어려우므로 피고로서는 이와 같은 경우에도 역시 도로에 물이 고이지 않도록 앞에서 본 방호조치를 취할 의무가 있다 할 것이다(대법원 1998. 2. 13. 97다49800 구상금).

22) 원심판결 이유에 의하더라도, 이 사건 사고 지점은 편도 2차선의 고속도로로서 차량의 통행에 고도의 안전성이 확보되어야 할 것인데다가, 이 사건 사고가 발생한 당일 오후에 계속하여 비가 내렸다고 하지만 그 강우의 정도는 당일 10:00경부터 이 사건 사고 당시 무렵인 21:00까지 11시간 동안 49mm로서 매년 장마철을 겪고 있는 우리나라의 기후 여건하에서는 집중호우라고 할 수도 없을 뿐 아니라 이 사건 사고 시각인 20:20경을 기준으로 하여 볼 때 19:00부터 20:00 사이의 강우량은 3.2mm, 20:00부터 21:00 사이의 강우량은 4.2mm에 불과하다는 것이므로, 이 정도의 강우에 이 사건 사고 지점에 빗물이 고여 있었다면 빗물이 고여 있는 정도가 갓길에서 2차선에 걸친 정도에 불과하다고 하더라도 이러한 사실 자체가 일단은 고속도로가 본래 갖추어야 할 통행상의 안전에 결함이 발생한 경우라고 아니할 수 없다고 할 것이고, 원심판결 이유와 기록에 의하여 이 사건 사고의 경위를 보더라도 홍○○이 승용차를 운전하여 가다가 이 사건 사고 지점에 고여 있는 빗물에 미끄러져 180°회전하여 갓길에 정차한 후 승용차 앞에서 승용차를 점검하고 있는 상태에서 김돈수가 이 사건 트럭을 운전하여 가다가 위와 마찬가지로 이 사건 사고 지점에 고여 있는 빗물에 미끄러져 역시 180°회전하면서 트럭 적재함 부분으로 홍○○을 충격하게 되었다는 것으로서, 위와 같이 동일한 경위와 모양으로 발생한 두 사고가 모두 전적으로 운전자의 과실에 의하여 발생한 것이라고 보기는 어렵다고 할 것이다(더구나 홍○○이 작성하여 사서증서 인증을 받은 확인서인 갑 제11호증의 기재에 의하면 이 사건 사고 지점인 도로에 고인 빗물의 깊이는 차바퀴 반 정도가 잠길 정도이었다고 기재되어 있는바, 원심은 별다른 합리적인 이유 없이 갑 제11호증을 믿을 수 없다고 배척하였다).

사정이 위와 같다면, 원심 판시와 같이 이 사건 사고 지점은 내리막 구간에서 오르막 구간으로

결에서는 피고가 한국도로공사이며 고속도로의 설치·관리의 하자가 문제되었기에 공작물책임 법리를 적용하고 있다. 즉, "공작물인 도로의 설치·관리상의 하자는 도로의 위치 등 장소적인 조건, 도로의 구조, 교통량, 사고시에 있어서의 교통 사정 등 도로의 이용 상황과 그 본래의 이용 목적 등 제반 사정과 물적 결함의 위치, 형상 등을 종합적으로 고려하여 사회통념에 따라 구체적으로 판단하여야 할 것이다" (대법원 1998. 2. 13. 97다49800)이라는 판례를 인용하고 있다.

㈃ 도로의 설치·관리자가 아닌 공사현장감독이 도로에 웅덩이를 파둔 후 안전관리를 소홀히 한 결과 위 웅덩이에 행인이 떨어져 입은 상해에 대하여 업무상 과실치상의 책임을 인정한 사례도 있다. 즉, "자전거 전용통로에 도시가스배관, 철도횡단흉관 압입공사를 하기 위하여 너비 약 3m, 깊이 약 1m, 길이 약 5m의 웅덩이를 파두어 야간에 그곳을 지나던 통행인이 위 웅덩이에 떨어져 상해를 입었다면 동 공사현장 감독에게는 공사현장의 보안관리를 소홀히 한 주의의무위반이 있다"(대법원 1986. 8. 19. 86도915 업무상과실치상).

㈄ 일본에서는 도로에서 발생한 사고 중 웅덩이라는 노면의 악조건에 의한 사고가 가장 많은 건수를 차지하고 있다. 대표적인 사례로 仙台웅덩이 사건을 들 수 있다. 이 사건의 제1심 판결은 당시 사고현장 부근에는 여러 장소에 걸쳐 콘크리트 포장의 자연 침하에 따른 결손부분 중 직경 약 1m, 깊이 10~15cm의 제1의 웅덩이에 앞바퀴가 빠져 튕겨나는 바람에 핸들을 조종할 기회를 놓치게 되어 보다 넓고 깊은 제2의 웅덩이에도 앞바퀴가 빠지는 바람에 완전히 핸들을 놓쳐 균형을 잃은 바람에 오토바이가 넘어지면서 운전자가 노면에 충돌하여 다음 날 사망한 사고에 관하여 도로관리의 하자에 의한 배상책임을 긍정한 바 있다(仙台地判 소화 35. 9.

교차되는 곳이고, 주위 300m 구간에는 집수정 및 배수시설물 각 4개소가 설치되어 있으며, 피고가 위 고속도로 상을 계속적으로 순찰하면서 사고처리 및 오물제거 작업을 수행하여 왔다고 하더라도, 이 사건 사고 지점에 빗물이 고여 발생한 고속도로의 안전상의 결함이 객관적으로 보아 시간적, 장소적으로 피고의 관리행위가 미칠 수 없었던 상황 아래 있었다는 특별한 사정이 인정되지 아니하는 한, 위와 같은 사실만으로 피고가 고속도로에 대한 사회통념상 일반적으로 요구되는 정도의 방호조치의무를 다하였다고 할 수는 없다고 할 것이다.

그럼에도 원심이 그 판시와 같은 이유만으로 피고의 고속도로의 설치 및 보존상의 하자가 이 사건 사고 발생의 원인이 되었다는 원고의 주장을 배척한 조치에는 도로의 설치·관리의 하자에 관한 법리오해를 오해하였거나 심리미진 또는 채증법칙 위배로 사실을 오인하여 판결에 영향을 미친 위법이 있다고 할 것이다(대법원 1999. 12. 24. 99다45413 구상금).

6. 下民集 1권 9호, 1837면).

이 판결은 도로 그 자체에 존재하는 관리하자로 인한 책임을 정면으로 인정한 최초의 사례라 할 수 있다. 도로의 관리하자를 이유로 한 1945년 이전의 판결은 대부분 (일본)민법 제717조의 공작물책임의 법리에 따른 것이었지만, 국가배상법 제2조의 제정 후에 소송에 의하여 손해배상을 청구한 사건에 대한 최초의 판결이라는 의미를 갖고 있다.[23] 또한 이 판결은 손해를 입은 피해자를 보호할 수 있을 뿐만 아니라 도로관리자에 대하여 경고를 주어 상태가 불량한 도로를 개선하도록 노력하라는 경고기능을 한다고 평가할 수 있다.[24]

최고재판소는 "원판결이 확정한 사실관계에 있어서 상고인에게는 원판시의 도로관리에 하자가 있고, 본건 사고 발생에 대하여 상고인에게 국가배상법 제2조에 의한 배상책임이 있다고 한 원심판단은 정당하다. 위 법조는 지방공공단체의 도로관리에 무과실책임을 인정하였다는 취지의 원판시 부분은 방론에 불과하기 때문에 이 점을 비난하는 소론은 채용할 수 없다. 또한 지방공공단체가 예산범위 내에서 도로관리를 하면 도로의 하자가 있었다 하더라도 전기 법조에서 말하는 도로관리에 하자가 있다고 말할 수 없다는 소론은 채용할 수 없다"(最判 소화 40.4.16. 判例時報 405호, 9면)고 판시하였다.

(ㅂ) 본건과 같은 시내의 포장도로와 시골의 자갈길과는 사회적으로 요구되는 안전성의 정도가 다르다. 따라서 시골의 자갈길이라면 예산의 범위 내에서 보수하면 안전성을 유지하는 데 충분하다고 할 수 있다. 그러나 시내의 포장도로는 이용차량이 많기 때문에 예산유무에 관계없이 도로로서의 안전상태를 항상 유지할 것이 요구된다. 본 판결에서 국가배상법 제2조가 무과실책임이라고 판시한 원심판결에 대하여 방론에 불과하다고 단언한 것에 대하여 다른 판결에서도 무과실책임을 판시하고 있는 점을 들어 방론이 아니라는 견해를 제기하기도 한다.[25] 국가배상법 제2조의 책임에 있어서 leading case라 할 수 있는 仙台웅덩이 사건에 관한 최고재판소의 판결은 웅덩이가, 즉 도로의 하자라든가 물리적 결함이 관리하자를 추정케 한다는 단순한 견해를 취하고 있지 않은 것은 분명하다고 할 수 있다. 이 사건뿐만

23) 加藤一郎, 不法行爲法の研究, 46면.
24) 加藤一郎, "道路の管理の瑕疵による責任 — 仙台地裁の穴ぼこ判決について —", ジュリスト 214호, 14면.
25) 古崎慶長, 判例營造物管理責任法, 14면.

아니라 웅덩이를 방치한 도로관리자의 하자를 긍정한 사례는 많다. 하자를 긍정한 사례들은 도로관리자가 웅덩이나 함몰부분을 보수하고 혹은 표지판을 설치하는 등 사고방지를 위한 조치를 강구해야 하는 데도 이를 해태·방치하고 있었던 점이 지적되고 있다. 다만 하자를 긍정한 판례에 있어서도 피해자 측에도 과실이 있다고 하여 과실상계를 하는 경우는 많다.

(나) 하자를 부정한 판례

(ㄱ) 시(市)가 관리하는 시내전차의 궤도 영역에 2cm 내지 4cm의 함몰부분이 있었는데, 삼륜화물자동차가 함몰부분을 주행할 때 핸들을 조작하다가 시내전차와 충돌하여 운전자가 사망한 사례가 있었다. 이에 대하여 본건 사고는 시내전차 궤도영역의 관리하자에 의한 것은 아니고, 오히려 피해자가 과실에 의하여 상당히 고속으로 궤도 영역내에 진입하였기 때문에 발생한 것이라고 하여 함몰부분의 하자로 인한 책임을 부정하였다(神戶地判 소화 43. 11. 4. 交通民集 1권 4호, 1264면).

(ㄴ) 府道의 길이 80cm, 폭 30cm, 깊이 10cm의 웅덩이가 있었는데, 자전거로 주행하여 오던 중학교 1학년 남학생이 마주 오던 버스를 피하려다가 그 웅덩이(빗물이 고여 있었다)에 빠져 균형을 잃고 버스와 접촉하여 넘어지면서 버스에 치어 사망한 사례에서, 본건 도로는 번화가보다 약 13km 떨어진 산간부에 있고 교통량도 적고 인가도 없는 부분으로 아스팔트의 간이포장도로이고, 도로의 양측 비포장 부분에서 아스팔트에 파고 들어간 모양으로 웅덩이가 있었는데, 이러한 본건 도로에 지리적 조건, 구조, 이용 상황 및 웅덩이의 위치형상을 고려하면 본건 웅덩이의 존재로 인하여 도로관리에 하자가 있다고는 말할 수 없다(京都地判 소화 54. 4. 10. 判例時報 942호, 91면)고 판시하였다.

(ㄷ) 웅덩이 사고를 도로관리의 하자로 부정한 판례의 공통점은 당해 사고발생의 웅덩이의 위치나 형상이 교통의 안전에 방해를 주는 것은 사실이지만, 운전자가 조금만 주의를 한다면 사고를 회피할 가능성이 있고, 웅덩이 존재 자체가 교통안전에 지장을 초래할 심각한 정도의 크기도 아니라는 점 및 웅덩이의 발생 원인이 자연발생적이라는 점을 찾을 수 있다.

2) 단차(段差)

(ㄱ) 도로의 단차란 포장된 도로 부분과 비포장된 부분 또는 도로와 측면 도랑과

의 사이에 존재하는 요철(凹凸)을 말한다. 도로관리자는 당연히 그러한 단차를 해소하기 위하여 노력해야 한다. 그러나 단차가 존재하여 사고가 발생하였더라도 그 전부를 도로관리자의 하자로 돌릴 수는 없다. 단차가 존재하는 것이 도로의 설치·관리에 해당하는가 여부는 "도로의 구조, 장소적 조건, 이용 상황, 단차의 정도, 단차 발생의 경위, 사고태양 등을 종합하여 위 단차의 존재가 본건 사고와 관련하여 안전성에 결함이 있는가"(大阪地判 소화 59. 7. 24. 交通民集 17권 4호, 992면) 여부에 의하여 판단한다. 단차에 의한 사고는 웅덩이 사고와 마찬가지로 주로 노면상에서 발생하지만, 노견상에서도 발생하는 사례이기도 하다.

(ㄴ) 縣道에 포장된 도로와 미포장된 보도와의 사이에 약 20cm의 고저차가 있었던 점, 대형화물자동차의 운전자가 마주 오던 차와 스쳐 지나가면서 바퀴가 미끌려 포장부분으로 지나가던 마주 오던 차에 충돌하여 사망한 사안에서, 도로관리자로서는 포장부분과 미포장부분의 고저차를 해소하든가 혹은 도로의 폭이 감소되고 있음을 알리는 표시를 설치한 위에 미포장 부분과 포장부분의 경계에 단차표시판을 설치하여 차도 좌단의 고저차의 위험성에 대하여 주의를 환기하여 교통상의 위험을 방지하는 조치를 강구해야 하는 관리상의 의무가 있음에도 불구하고, 본건 도로에 대하여는 하등의 위험방지조치가 취하여지지 않은 채 방치하였기 때문에 도로로서 통상 갖추어야 하는 안전성에 결함이 있었다고 한 사례(千葉地判 소화 51. 1. 30. 交通民集 9권 1호, 156면)도 있다.

(ㄷ) 단차에 의한 하자를 긍정한 사례에서는 단차를 해소하는 것 혹은 단차의 위험성에 대하여 주의를 환기하는 표시를 설치하는 등의 위험방지조치를 강구하는 것을 태만히 하였다는 이유로 하자를 긍정하고 있다. 다만, 하자를 긍정할 때도 운전자의 과실이 있었다는 이유로 과실상계가 이루어진다.

(ㄹ) 단차로 인한 사고이지만 도로관리자의 하자를 부정한 사례도 많다. 교통량의 증가에 따라 국도상의 보도 3m가 차도로 개장되어 이륜차, 경차량의 전용도로인 제1통행지대로 지정되었지만, 그 때문에 제1통행지대와 제2통행지대와의 사이가 18cm의 단차가 발생하게 되었다. 그런데 이 통행구분을 무시하고 제1통행지대를 주행하고 있던 자동차 운전자가 단차 때문에 운전을 잘못하여 사고가 발생한 사안에서, 본건 단차의 존재는 차량의 안전성에 있어서 장해라고 할 수 없고 따라서

도로관리상의 하자가 아니다(東京地判 소화 47. 7. 17. 判例タイムズ 285호, 282면)라고 판시하였다.

(ㅁ) 하자를 부정한 사례에서는 대개 사고의 원인이 운전자의 과실 때문이라는 점, 통상의 용법에 의하지 않은 행동에 의한 점, 단차의 정도가 경미하여 차량의 통행에 위험이라고 할 수 없는 정도의 점, 주의를 환기하는 표시판 등이 설치되고 있었다는 이유 등으로 도로의 설치·관리상의 하자가 부정되고 있다. 하자가 긍정된 사례와 비교하여 보면, 하자의 판단기준에 그만큼 큰 차이가 있는 것은 아니고, 사고의 원인도 오로지 운전자의 과실 때문이라고 하여 피해자에게 불리한 결론이 내려지고 있다.

3) 도로공사, 도로매설시설 등에 의한 노면조건의 악화

(ㄱ) 일본의 仙台웅덩이 사건에서는 도로관리자의 도로공사에 의한 토사의 퇴적이 사고발생에 기여한 사정의 하나로서 예시되고 있다. 도로관리자의 관리범위에 속하는 것으로 볼 수 있는 도로에 매설된 각종의 시설(수도·가스관, 통신선 등)이나 도로공사 등에 의하여 웅덩이, 단차 등의 노면조건 악화를 초래하는 사례도 있을 수 있다. 과실상계 비율이 50% 이하의 사례에서 그 예를 찾아 볼 수 있다. 도로관리자가 사고발생에 적극적으로 기여하고 있는 것이 현저하고, 이와 비교하여 피해자의 과실은 경미하다고 할 수 있기 때문이다.

(ㄴ) 공사 중인 도로하수구에 피해자가 익사한 사례에서 서울특별시의 영조물책임을 인정한 바 있다. 즉, "피고(서울특별시)가 설치 관리하고 있는 원심 인정의 도로(노폭 8m) 중 약 4m 가량의 노폭부분은 일반 사람이 통행하고 나머지 노폭부분은 노면정리가 안된 관계로 사람의 통행이 없는 관계로 소외 김○동이가 약 15년 전부터 무허가 판자집을 지어 거주하면서 위의 도로에 직경 50cm 깊이 3자, 둘레 2자 정도의 세멘 콩크리트 토관을 묻고 그 주의에 말뚝을 세우고 철사로 얽은 후 둥근 철제 뚜껑을 덮어 하수구 대신으로 사용하였는바, 1965. 4. 1. 당시는 위의 토관 주위의 말뚝을 묶어놓은 철사와 철제뚜껑이 없어서 소외 망 김○영(1963. 4. 3.생으로서 사고 당시 두 살이다)이가 약 15cm 가량의 물이 고여 있는 위의 토관에 빠져 익사를 하였다는 것이므로, 위의 도로노폭 중 약 4m 가량의 노폭 부분에 대하여는 노면정리의 불완전으로 사람의 통행이 없었다 하더라도 피고가 설치 관리하는 영조물의

성질에 변함이 없고, 피고의 설치 관리하는 영조물위에 위와 같은 하자가 있는 이상이 그 하자를 발생케 한 원인이 위의 소외 김○동에게 있다 하더라도 위와 같은 도로를 설치 관리하는 피고로서는 그 하자로 인한 손해를 배상할 책임을 면할 수 없다"(대법원 1969. 3. 4. 68다2298 손해배상)고 판시하였다. 소외인이 무허가 판자집을 지어 거주하면서 사고를 야기하는 원인을 제공하였더라도 피고 서울특별시가 무허가 판자집을 철거하고 도로의 안전성을 확보하여야 할 조치를 취하지 않았다는 점에서 국가배상법 제5조의 책임을 인정한 경우라 할 수 있다.

㈐ 역시 도로공사 중에 발생한 사례로서, (부산)시가 도로에 하수구를 설치하기 위한 공사에 간수하여 길을 따라 사람이 통행할 수 있는 여지를 남기지 않고 파 놓은 채 자재공급 등의 지연으로 공사가 일시 중단되자 공사장 양쪽의 도로입구에 '공사장 출입금지'라고 쓴 팻말을 세워 두었으나 어린이들의 장난으로 이 위험방지 시설들이 제거되었고 야간에는 불의의 변을 당할 위험한 상태에 놓여 있었다면 위의 공작물에는 하자가 있다고 했다. 즉, 피고시는 그 산하인 동래구 복산동장이 주관이 되어 1973. 5. 27.경 부산 ○○구 ○○동 소재 한일연사 옆 도로에 하수구를 설치하기 위한 공사에 착수하여 길을 따라 길이 약 60m 넓이 약 3.3m 깊이 약 1.5m 가량의 길바닥을 사람이 통행할 수 있는 여지를 남기지 않고 파놓은 채 자재공급 등의 지연으로 같은 달 29일경 공사가 일시 중단되자 공사장 양쪽의 도로입구에 말뚝을 박고 새끼줄을 친 뒤 "공사 중 출입금지"라고 쓴 합판팻말을 세워두었으나 어린이들의 장난으로 이 위험방지시설들이 제거되었고, 야간에는 불의의 변을 당할 위험한 상태에 놓여 있었다 한다. 그렇다면 위의 공작물에는 하자가 있고, 이러한 하자는 최○수의 사망과 인과관계가 있다고 본 원심판단도 정당하다.

최○수가 음주하여 통행금지 시간에 대로로 귀가하다가 방범대원의 호각소리에 놀라서 소로에 설치된 이 사건 공사장에 숨으려고 뛰어들다가 일어난 사고라 할지라도 이 사고가 오로지 최○수의 자초행위에 기인한 것이라고는 보기 어렵다. 원심이 망인의 과실은 피고의 배상책임을 면제할 만한 것이 못되고, 피고의 과실은 60%만 참작하면 족하다고 본 것은 정당하고, 원심판결에는 과실상계에 관한 법리를 오해한 위법이 없다. 원심판시에 의하면 피고는 피고가 관리하는 도로의 관리에 하자(하수구 매몰공사장 설치에)가 있기 때문에 최○수에게 손해를 가한 것이라고 보았다. 이러한 원심판단도 정당하다(대법원 1975. 9. 9. 75다1396 손해배상). 이 판결은 하수구 설치를 위한 도로의 관리하자를 '공작물의 하자'로 표현하고 있지만, 영조물과 공작물을 엄격히 구분하지 않은 태도로 보인다. 이 사안은 부산시가 출입금지 팻말을 세워두는 등의 안전조치를 취하였으나 어린이들의 장난으로 제거되어 결과적으로 물적 결함 있는 상태가 야기되었다. 하자의 발생이 제3자의 행위가 개입하여 발생한 경우에 그 책임을 엄격하게 판단하고 있는 현재의 판례보다[26] 객관적 안전성에 초점을 두어 관리의 하자를 인정한 사안으로 볼 수 있다.

㈃ 도로공사로 인하여 노면조건이 악화된 사례에 대한 일본 최고재판소의 판결은 국철의 역구내 배수용의 암거 신설공사를 위하여 도로상에 파놓은 퇴적토사의 산란방지용의 침목의 모서리에 오토바이가 충돌하여 운전자가 넘어져 사망하였는데, 피해자가 음주운전을 하였음에도 사고현장에 야간 적색등도 없었기 때문에 과실상계를 하지 않고 도로관리자의 책임을 긍정하였다(最判 소화 37. 9. 4. 民集 16권 9호, 1834면). 이 사건의 특색은 노면상의 장해물에 관한 것으로 도로공사가 도로관리자에 의하여 시행된 것이 아니라 국철의 철도관리국이 도로관리자의 허가를 받지 않고, 즉 위법하게 도급업자에게 시공을 하도록 한 점이다.

㈄ 아무튼 교통량이 많은 도로에서 차도 폭의 한쪽의 절반 이상을 점용하는 공사가 장기간 행해지고 있는 것을 도로관리자의 관리(수비)범위 외의 문제라고는 말하기 어려울 것이다. 그 외에 일반적으로 공사로 인하여 발생한 노면상황에 의한 사고는 비교적으로 과실상계비율이 낮은 것이 많다. 도로공사로 인한 노면의 악조건에 의한 사고라 하더라도 물론 운전자의 과실 여부 등의 구체적인 사정에 의하여 과실상계비율이 높아지고, 경우에 따라서는 도로관리자의 책임이 부정되는 경우도 있을 수 있다. 예컨대 배수관 누수공사를 위하여 다리 위에 난간을 설치하여 서행표지판 외에 광도가 약한 赤點滅注意燈을 설치하고 있었던 부분에 충돌하여 반대차선의 마주 오던 차와 접촉 후 난간에 충돌하여 사망한 사고에 대하여, 피해자가 "음주운전을 하고, 더욱이 충분히 전방주시의무를 다하지 않았던 것이 본건사고의

26) 도로의 설치 후 제3자의 행위에 의하여 그 본래의 목적인 통행상의 안전에 결함이 발생한 경우에는 도로에 그와 같은 결함이 있다는 것만으로 성급하게 도로의 보존상 하자를 인정하여서는 안 되고, 당해 도로의 구조, 장소적 환경과 이용 상황 등 제반 사정을 종합하여 그와 같은 결함을 제거하여 원상으로 복구할 수 있는데도 이를 방치한 것인지 여부를 개별적·구체적으로 심리하여 하자의 유무를 판단하여야 한다(대법원 1998. 2. 10. 97다32536 구상금).

주된 원인을 이루고 있다"(東京地判 소화 43. 10. 8. 判例タイムズ 227호, 202면)고 하여 약 8할의 과실상계를 한 사례도 있다.

(ㅂ) 이와 달리 도로관리자의 책임이 부정된 경우로서는 凹의 정도가 경미하였기 때문에 하자 그 자체가 부정된 사례도 있고, 이미 앞에서 시간적 불가항력에 관한 사례로서 거론된 바리케이트, 적색등의 산란이 선행한 다른 차량이 야기한 것이고 이를 회복해야 할 시간적 여유가 없었다고 한 앞서 보았던 최고재판소 소화 50. 6. 26. 판결도 있다.

(ㅅ) 반면, 도로매설시설로 인한 사고에서 도로관리의 하자가 다투어지는 사례도 있다. 노상의 철제뚜껑을 바치고 있는 원통형철제의 좌측 부분이 1주일 전부터 일부 파손되어 있었기 때문에 하중이 좌측에 실리면 철제뚜껑의 우측이 약 3~5cm 정도가 들리는 상태에 있었던바, 이로 인하여 그 위를 주행하는 자동이륜차가 전도하여 운전자가 부상한 사고에 대하여 "制水弁 철제뚜껑의 파손을 방치하고 있었던 것은 본건 도로를 통행하는 차량에 위험을 미치는 것이고, 본건 도로의 관리에 하자가 있다"(鹿兒島地判 소화 51. 1. 30. 判例時報 825호, 87면)라고 하여 도로관리자의 책임을 긍정하였던 사례가 있다.

(ㅇ) 하수관 매설공사를 위하여 하수관과 이음매관이 공사 4, 5일 전부터 도로상에 방치되었기 때문에 4세의 피해자가 이음매관 속에 들어가 흔들며 노는 바람에 이음매관 속에 있던 피해자가 밖으로 떨어져 사망한 사안에서는 "본건 이음매관은 피고 (동경)도의 소유물이고, 피고 도는 이를 피고 회사를 통하여 보관하고 있었고, 피고 회사로서는 공사에 필요한 것으로서 그 외 하수도관이나 이음매관과 함께 현장에 반입하여 그 부설위치에 평행하게 놓은 이상, 위 이음매관은 기타 하수도관과 함께 그 형태의 변경을 동반하면서 연결·매설이라는 작업에 의하여 공공용물인 하수도를 구성하게 되는 것이 현실적으로 명백하기 때문에 본건 이음매관은 아직 공공의 목적에 공용되고 있는 물건은 아니라고 하여도 그것에 준하는 성격을 갖게 되므로 동 조항에서 말하는 공공의 영조물에 해당한다"(東京地判 소화 47. 1. 28. 判例時報 677호, 71면)고 판시하여 도로관리자의 하자를 인정하였다. 이 판결은 하수도관의 이음매 역할을 하게 될 이음매관을 영조물에 준하는 물건으로 보는 유추적용을 하고 있다. 도로상에 불안정하고 위험한 상태인 하수도관, 이음매관을 방치하고 있는

것 자체를 도로관리의 하자라고 구성할 수 있기 때문에 유추적용에 반대하는 견해도 있다.[27] 실제로 피고 동경도는 (일본)국가배상법 제2조 또는 제3조의 책임을 면하기 어렵기 때문에 유추적용을 할 필요도 없다 하겠다.

(2) 노견(路肩, 갓길, 길어깨)의 하자

1) 노견은 '갓길'이나 '길어깨'라고도 하며, 일반적으로는 도로의 유효폭 이외에 도로변의 노면폭에 여유를 두기 위하여 넓힌 부분을 말한다. 「도로의 구조·시설 기준에 관한 규칙」은 '길어깨'란 도로를 보호하고 비상시에 이용하기 위하여 차도에 접속하여 설치하는 도로의 부분을 말한다(제2조 제29호)고 정의한다. 도로에는 차도와 접속하여 길어깨를 설치하여야 한다. 다만, 보도 또는 주정차대가 설치되어 있는 경우에는 설치하지 아니할 수 있다(도로의 구조·시설 기준에 관한 규칙 12①). 다만, 오르막차로 또는 변속차로 등의 차로와 길어깨가 접속되는 구간에서는 0.5m 이상으로 할 수 있다(도로의 구조·시설 기준에 관한 규칙 12②). 「도로와 다른 시설의 연결에 관한 규칙」에서는 변속차로등의 길어깨의 구체적인 설치기준을 정하고 있다. 길어깨는 다음 각 호[28]의 기준에 적합하게 설치하여야 한다(제11조).

2) 도로교통법은 갓길의 통행에 관한 규율을 하고 있다. 자동차의 운전자는 고속도로등에서 자동차의 고장 등 부득이한 사정이 있는 경우를 제외하고는 행정자치부령으로 정하는 차로에 따라 통행하여야 하며, 갓길(「도로법」에 따른 길어깨를 말한다)로 통행하여서는 아니 된다. 다만, 긴급자동차와 고속도로 등의 보수·유지 등의 작업을 하는 자동차를 운전하는 경우에는 그러하지 아니하다(도로교통법 60①). 자동차의 운전자는 고속도로에서 다른 차를 앞지르려면 방향지시기, 등화 또는 경음기를 사용하여 행정자치부령으로 정하는 차로로 안전하게 통행하여야 한다(도로교통법 60②).

3) 노견은 통상 차량의 운행에 제공된 것은 아니다. 따라서 차량의 운행에 필

27) 古崎慶長, 判例營造物管理責任法, 94면.

28) 1. 변속차로의 길어깨는 접속되는 도로의 길어깨와 동등한 구조로 폭 1m 이상으로 설치할 것. 다만, 길어깨가 보도로도 이용되는 경우에는 보도의 폭을 확보할 수 있도록 하여야 한다.
2. 변속차로 등의 노면이 변속차로 등으로 연결되는 시설물의 주차공간으로 잠식될 우려가 있는 경우에는 길어깨 바깥쪽에 연석, 방호울타리 등을 설치할 것
3. 변속차로의 길어깨에는 폭 0.25m 이상의 측대를 설치할 것
4. 변속차로의 길어깨 바깥쪽에는 방호울타리 등을 설치할 수 있는 보호 길어깨를 확보할 것

요한 안전성을 확보하지 않았다고 하여 도로의 설치·관리상 하자가 있다고 할 수 없다. 그러나 도로의 상황에 비추어 노견의 운행이 불가피하였던 경우에는 차량통행의 안전성을 보장할 수 있는 상태를 유지하여야 하며, 그러한 안전성이 확보되지 않은 경우 도로의 설치·관리의 하자가 있다고 하겠다. 판례 역시 편도 2차선 고속도로의 갓길과 2차선에 걸쳐 고여 있는 빗물에 차량이 미끄러져 180°회전하면서 동일한 경위로 미끄러져 갓길에 정차하여 차량을 점검하고 있던 다른 운전자를 들이받은 사고가 발생한 경우, 고속도로의 설치·관리상의 하자가 있다고 본 사례(대법원 1999. 12. 24. 99다45413 구상금)가 있다.

4) 포장된 차도부분과 비포장의 보도부분 사이의 단차가 커서 사고가 난 경우에 도로의 폭이 좁아 반대방향의 차를 피하기 위하여 보도부분에 걸친 운행이 불가피하였던 경우에는 포장도의 차도부분과 비포장의 보도부분 사이의 단차가 큰 것은 도로의 설치·관리상의 하자라고 할 수 있다. 도로공사의 경우에는 도로공사 완료 후 복구가 불완전하였다던가 공사 중의 위험방지조치가 불완전한 경우에는 도로관리자의 관리범위 내에서 인위적인 위험상태가 형성·방치되었다고 할 수 있기 때문에 도로관리자의 책임을 인정하기 비교적 쉽다.

5) 반면, 도로관리자의 책임을 부정하는 유형에는 ① 물리적 결함의 정도가 경미함, ② 전원지대, 산간지대 등의 지역성, ③ 명백한 운전 잘못 등의 운전자의 현저한 과실, ④ 시간적 불가항력 등을 들 수 있다. 이들 유형 중 ①·②·③의 각 경우는 운전자의 수비범위 내에서 위험을 회피함이 기대된다. 도로관리자와 운전자의 수비범위는 명확히 구별되는 것은 아니고, 어느 쪽이라고 결정하기 어려운 중간영역이 있고 양자가 중복되기도 한다. 극단적인 경우를 제외하고는 거의 모든 경우에 양자의 수비범위가 중복되는 측면이 있다. 도로라는 이용시설의 성질상 양자가 서로 안전을 유지하고, 그 효용을 완수하는 상호 협동적인 관계에 있기 때문에 사소한 사실관계의 차이에 의하여 과실비율만이 아니라 책임의 인정 여부가 좌우되고 있는 특징을 볼 수 있다.

6) 갓길이 있는 사고 지점에서 발생한 사고에 대하여 도로의 설치 또는 관리에 하자가 있다고 볼 수 없다고 한 사례가 있다. 즉, “고속도로가 사고지점에 이르러 다소 굽어져 있으나, 사고 지점의 차선 밖에 폭 3m의 갓길이 있을 뿐 아니라, 사고

지점 도로변에 야간에 도로의 형태를 식별할 수 있게 하는 시설물들이 기준에 따라 설치되어 있는 경우 도로의 관리자로서는 야간에 차량의 운전자가 사고 지점의 도로에 이르러 차선을 따라 회전하지 못하고 차선을 벗어난 후 갓길마저 지나쳐 도로변에 설치되어 있는 방음벽을 들이받은 사고를 일으킨다고 하는 것은 통상 예측하기 어려우므로 도로의 관리자가 그러한 사고에 대비하여 도로변에 야간에 도로의 형태를 식별할 수 있는 시설물들을 더 많이 설치하지 않고, 방음벽에 충격방지시설을 갖추지 아니하였다고 하여 사고 지점 도로의 설치 또는 관리에 하자가 있다고 볼 수 없다"(대법원 2002. 8. 23. 2002다9158 손해배상(자)).[29)]

7) 도로의 노견에 대하여는 도로붕괴에 의한 사고유형으로서 대형트럭 등 중량차량에 의한 노견붕괴가 전형적인 사고로서 존재하고 있지만, 자동이륜차 등의 경차에 있어서는 노견의 미포장부분의 웅덩이나 포장부분과 미포장부분의 경계의

---

29) 기록 중의 증거들에 의한즉, 사고 지점의 도로는 송○○의 진행방향에서 보아 왼쪽으로 굽은 곳이기는 하지만 도로의 구조 및 시설기준에 정하여진 최소 평면곡선반경을 훨씬 넘는 900m의 곡선반경을 갖추고 있는 사실, 사고 당시 사고 지점의 도로변에는 야간에 도로의 형태를 식별할 수 있는 데리네이터(delineator)와 곡선로를 표시하는 갈매기표지판이 설치되어 있었는데, 피고가 정한 설치기준에 따라 데리네이터는 32.7m 간격으로, 갈매기표지판은 49.1m 간격으로 각 설치되어 있는 사실, 송남식이 진행한 사고 지점 도로의 차선은 노폭이 3.6m에 달할 뿐 아니라, 차선 밖에는 약 3m에 이르는 넓은 갓길이 형성되어 있는 사실, 송○○이 사고 당시 방음벽에 충돌하기 전까지 제동조치를 취한 흔적이 전혀 없는 사실, 사고 지점의 도로는 편도 1차선의 고속도로로서 제한속도가 시속 80km인 사실, 한편 이 사건 사고가 발생할 때까지 사고 지점의 도로에서 이 사건과 유사한 사고는 발생한 적이 없었던 사실들을 알 수 있다.

위와 같은 사고 지점 도로의 굽은 정도에다 차선 밖에 폭 3m의 넓은 갓길이 있는 점, 사고 지점 전방에서부터 야간에도 도로의 형태나 굽은 정도를 알 수 있는 데리네이터와 갈매기표지판이 피고의 설치기준에 따라 설치되어 있는 사정까지를 덧붙여 고려할 때, 사고 지점 도로가 다소 왼쪽으로 굽은 곳이라고 하더라도 야간에 그곳을 주행하는 운전자가 전방을 주시하는 등으로 조금만 주의를 기울여서 운전한다면 사고 지점의 도로가 왼쪽으로 굽은 도로라는 사실을 쉽게 인식하여 차선을 이탈하지 아니하고 안전하게 진행할 수 있으리라고 판단되므로 위와 같은 도로 상황하에서 차량의 운전자가 사고 지점에 이르러 차선을 따라 회전하지 못하고 그대로 직진하여 차선을 벗어나 약 3m나 되는 갓길마저 지나서 방음벽을 들이받으리라고 하는 것은 도로의 관리자인 피고로서도 통상적으로 예측할 수 없다고 할 것이다.

따라서 피고가 그러한 사고에 대비하여 도로변에 더 많은 데리네이터나 갈매기표지판을 설치하지 아니하고 방음벽에 충격방지시설을 갖추지 아니하였다고 하여 위의 사고 지점 도로에 설치 또는 관리의 하자가 있다고 볼 수는 없다고 여겨진다.

그럼에도 불구하고, 사고 지점의 도로에 설치 또는 관리의 하자가 있다고 본 원심판결에는 도로의 설치 또는 관리의 하자에 관한 법리를 오해한 잘못이 있고, 그로써 판결의 결과에 영향을 미쳤음이 분명하므로 그를 지적하는 상고이유의 주장은 정당하기에 이 법원은 그 주장을 받아들인다(대법원 2002. 8. 23. 2002다9158 손해배상(자)).

단차에 의한 전도사고나 다른 차와의 접촉사고 등이 전형적인 사고로서 존재하고 있다. 판례의 대부분은 이들 노견부분의 정비불비를 도로관리의 하자라고 한 뒤에 운전자의 과실은 과실상계사유로 하고 있다(名古屋地判 소화 43. 7. 15. 判例時報 533호, 57면).

8) 그러나 제1심 판결에서는 과실상계에 머물렀던 사안이 제2심에서는 도로관리자의 책임이 부정되기에 이르렀던 판례(東京高裁 소화 45. 4. 30. 판결, 동 소화 53. 9. 19. 交民 11권 5호, 1297면)도 있다. 전자(東京高裁 소화 45. 4. 30. 판결)는 도로 유효폭 등에 관한 사실인정과의 차이는 별론으로 하고, 제1심이 "본건 도로가 간이포장이기 때문에 이러한 파손장소가 발생하기 쉬운 것은 피고가 주장한 그대로이지만, 그렇다고 하여 교통관계자가 안심하고 통행할 수 없도록 결함이 방치되고 있어도 좋다는 것은 아니다. 피고로서는 신속히 파손장소를 보수하던지 (중략) 혹은 파손장소 부근 등에 표시를 세워서 통행차량의 서행을 유도하는 등의 전기 위험발생을 미연에 방지하기 위한 조치를 강구해야만 했다"라고 판시했다. 그러나 제2심 판결은 "포장을 하지 않았기 때문이라 하여 이로써 즉각 도로관리자의 과오에 속한다라고 할 수 없다. 도로의 정비도 예산에 의하여 제약되는 것이고 도로관리자는 교통 사정 등을 감안하여 그 필요도에 따라서 순차적으로 진행하면 족한 것이다. (중략) 도로에 凹凸이 존재하는 것을 피하기 어렵고 특히 간이포장도로에 있어서는 아스팔트가 벗겨지는 등의 사유로 패인 부분이 쉽게 생길 수 있다는 것은 누구나 알 수 있고, 통행자도 당연히 이를 예기하여 특히 일견하여 용이하게 이를 인정할 수 있기 때문에 이 정도의 도로장소에 대하여 도로관리자에 있어서 일일이 경고표시를 하여야 한다고는 말할 수 없다. 대개 도로를 통행하는 자는 그 도로의 정비상황에 따라서 안전하게 통행해야 할 주의의무가 있다"고 판시하고 있는 점에서 양자의 견해 차이를 알 수가 있다.

전자(東京高裁 소화 45. 4. 30. 판결)가 한결같이 도로관리자의 수비범위 문제로 생각하여 피해자가 "본건 사고현장의 바로 근처에 살고 있었던 것이고, 본건 웅덩이의 존재 기타 본건 도로상황에 대하여 충분한 지식을 갖고 있었다"는 점도 피해차량의 속도, 반대방향 차의 존재 기타 제반사정과 함께 과실상계 사유에 머무른다고 하는데 대하여, 후자(東京高裁 소화 53. 9. 19. 판결)는 주로 도로 통행자측의 수비범위 문제로서 생각하여 아예 경고 표시조차 필요하지 않다고 하고 있다. 인근 거주자이고 도로 상황만이 아니라 사고원인이 된 웅덩이의 존재를 알고 있는 자가 피해자인 경우에 대하여 경고표시의 필요성의 유무를 논하는 것은 공론이라는 느낌을 지울 수 없지만, 본건과 같이 도로상황은 물론 사고원인에 대하여도 잘 알고 있는 신문배달 소년에게 발생한 사고(横浜地判 소화 47. 1. 20. 交民 5권 1호, 34면)를 비롯하여 도로조건을 알고 있는 경우에 그 사고를 회피할 수 있는 행동을 취하지 않는 사정을 과실상계 사유의 한 요소로 보고 있는 사례들이 많다.

(3) 노선·차선조건에 의한 사고

도로가 갑자기 좁아지거나, 차선이 갑자기 늘거나 줄어들거나, 도로가 급커브 또는 직각커브여서 사고가 발생하는 경우의 하자를 말한다. 이 경우 노면상태는 양호한 것을 전제로 한다. 이 같은 노면조건에 의한 사고는 노상 장해물 때문에 반대차선으로 나왔기 때문에 발생한 사고를 비롯하여 노선조건이 사고발생 원인에 가미되어 발생한 사고가 적지 않다. 차도 폭의 변화, 차선의 교차나 병행, 철도와의 교차, 차도와 보도의 분리, 반대차선과의 분리 등 노선 내지 차도 상의 조건에 무리가 있기 때문에 발생하는 사고가 여기에서 살펴볼 유형들이다.

1) 보도와 차도의 분리

(가) '보도'(步道)란 연석선, 안전표지나 그와 비슷한 인공구조물로 경계를 표시하여 보행자(유모차와 행정자치부령으로 정하는 보행보조용 의자차를 포함한다)가 통행할 수 있도록 한 도로의 부분을 말한다(도로교통법 2⑽). 여기서 '연석선'은 차도와 보도를 구분하는 돌 등으로 이어진 선을 말한다(도로교통법 2⑷). 그리고 '안전표지'란 교통안전에 필요한 주의·규제·지시 등을 표시하는 표지판이나 도로의 바닥에 표시하는 기호·문자 또는 선 등을 말한다(도로교통법 2⒃).

(나) 그러므로 보도(步道)란 보행자가 통행할 수 있도록 설치된 곳을 말한다. 보도는 오로지 보행자의 보행용으로 설치된 도로로서 자동차의 운행에 제공된 차도와 구별된다. 도로관리청은 보행자의 안전과 차량의 원활한 통행을 위하여 필요하다고 인정되면 도로에 보도를 설치하고 관리할 수 있다(도로법 54①). 보도의 설치기준, 구조 등에 관하여 필요한 사항은 국토교통부령으로 정한다(도로법 54②). 보도의 설치 기준, 구조 등에 관하여 필요한 사항은 국토교통부령인 「도로의 구조·시설

기준에 관한 규칙」에 정해져 있다. 보행자의 안전과 자동차 등의 원활한 통행을 위하여 필요하다고 인정되는 경우에는 도로에 보도를 설치하여야 한다. 이 경우 보도는 연석(緣石)이나 방호울타리 등의 시설물을 이용하여 차도와 분리하여야 하고, 필요하다고 인정되는 지역에는 「교통약자의 이동편의 증진법」에 따른 이동편의시설을 설치하여야 한다(도로의 구조·시설 기준에 관한 규칙 16①). 제1항에 따라 차도와 보도를 구분하는 경우에는 다음 각 호[30]의 기준에 따른다(규칙 16②). 보도의 유효폭은 보행자의 통행량과 주변 토지 이용 상황을 고려하여 결정하되, 최소 2m 이상으로 하여야 한다. 다만, 지방지역의 도로와 도시지역의 국지도로는 지형상 불가능하거나 기존 도로의 증설·개설 시 불가피하다고 인정되는 경우에는 1.5m 이상으로 할 수 있다(규칙 16③). 보도는 보행자의 통행 경로를 따라 연속성과 일관성이 유지되도록 설치하며, 보도에 가로수 등 노상시설을 설치하는 경우 노상시설 설치에 필요한 폭을 추가로 확보하여야 한다(규칙 16④).

㈐ 「도로교통법」은 보행자의 통행에 대하여서도 규율하고 있다. 보행자는 보도와 차도가 구분된 도로에서는 언제나 보도로 통행하여야 한다. 다만, 차도를 횡단하는 경우, 도로공사 등으로 보도의 통행이 금지된 경우나 그 밖의 부득이한 경우에는 그러하지 아니하다(도로교통법 8①). 보행자는 보도와 차도가 구분되지 아니한 도로에서는 차마와 마주보는 방향의 길가장자리 또는 길가장자리구역으로 통행하여야 한다. 다만, 도로의 통행방향이 일방통행인 경우에는 차마를 마주보지 아니하고 통행할 수 있다(도로교통법 8②). 보행자는 보도에서는 우측통행을 원칙으로 한다(도로교통법 8③).

㈑ 그리고 '차도'(車道)란 연석선, 안전표지 또는 그와 비슷한 인공구조물을 이용하여 경계(境界)를 표시하여 모든 차가 통행할 수 있도록 설치된 도로의 부분을 말한다(도로교통법 2(4)). '차도'는 자동차의 통행에 사용되며 차로로 구성된 도로의 부분을 말한다(도로의 구조·시설 기준에 관한 규칙 2(21)). 「도로의 구조·시설 기준에 관한 규칙」은 차로의 설치에 관한 규정을 두고 있다. 즉, 도로의 차로 수는 도로의 구분

---

30) 1. 차도에 접하여 연석을 설치하는 경우 그 높이는 25cm 이하로 할 것
2. 횡단보도에 접한 구간으로서 필요하다고 인정되는 지역에는 「교통약자의 이동편의 증진법」에 따른 이동편의시설을 설치하여야 하며, 자전거도로에 접한 구간은 자전거의 통행에 불편이 없도록 할 것

및 기능, 설계시간교통량, 도로의 계획목표연도의 설계서비스수준, 지형 상황, 나누어지거나 합하여지는 도로의 차로 수 등을 고려하여 정하여야 한다(규칙 10①). 도로의 차로 수는 교통흐름의 형태, 교통량의 시간별·방향별 분포, 그 밖의 교통 특성 및 지역 여건에 따라 홀수 차로로 할 수 있다(규칙 10②).

(마) 차마는 차도를 통행해야 한다. '차마'란 차와 우마를 말한다(도로교통법 2⒄). 여기서 '차'는 자동차, 건설기계, 원동기장치자전거, 자전거, 사람 또는 가축의 힘이나 그 밖의 동력(動力)으로 도로에서 운전되는 것을 말한다. 다만, 철길이나 가설(架設)된 선을 이용하여 운전되는 것, 유모차와 행정자치부령으로 정하는 보행보조용 의자차는 제외한다. 그리고 '우마'는 교통이나 운수(運輸)에 사용되는 가축을 말한다.

(바) 차마의 운전자는 보도와 차도가 구분된 도로에서는 차도로 통행하여야 한다. 다만, 도로 외의 곳으로 출입할 때에는 보도를 횡단하여 통행할 수 있다(도로교통법 13①). 제1항 단서의 경우 차마의 운전자는 보도를 횡단하기 직전에 일시정지하여 좌측과 우측 부분 등을 살핀 후 보행자의 통행을 방해하지 아니하도록 횡단하여야 한다(도로교통법 13②). 차마의 운전자는 도로(보도와 차도가 구분된 도로에서는 차도를 말한다)의 중앙(중앙선이 설치되어 있는 경우에는 그 중앙선을 말한다. 이하 같다) 우측 부분을 통행하여야 한다(도로교통법 13③). 차마의 운전자는 제3항에도 불구하고 다음 각 호[31]의 어느 하나에 해당하는 경우에는 도로의 중앙이나 좌측 부분을 통행할 수 있다(도로교통법 13④). 차마의 운전자는 안전지대 등 안전표지에 의하여 진입이 금지된 장소에 들어가서는 아니 된다(도로교통법 13⑤). 차마(자전거는 제외한다)의 운전자는 안전표지로 통행이 허용된 장소를 제외하고는 자전거도로 또는 길가장자리구역으

31) 1. 도로가 일방통행인 경우
2. 도로의 파손, 도로공사나 그 밖의 장애 등으로 도로의 우측 부분을 통행할 수 없는 경우
3. 도로 우측 부분의 폭이 6m가 되지 아니하는 도로에서 다른 차를 앞지르려는 경우. 다만, 다음 각 목의 어느 하나에 해당하는 경우에는 그러하지 아니하다.
가. 도로의 좌측 부분을 확인할 수 없는 경우
나. 반대 방향의 교통을 방해할 우려가 있는 경우
다. 안전표지 등으로 앞지르기를 금지하거나 제한하고 있는 경우
4. 도로 우측 부분의 폭이 차마의 통행에 충분하지 아니한 경우
5. 가파른 비탈길의 구부러진 곳에서 교통의 위험을 방지하기 위하여 지방경찰청장이 필요하다고 인정하여 구간 및 통행방법을 지정하고 있는 경우에 그 지정에 따라 통행하는 경우

로 통행하여서는 아니 된다. 다만, 「자전거 이용 활성화에 관한 법률」 제3조 제4호에 따른 자전거 우선도로의 경우에는 그러하지 아니하다(도로교통법 13⑥).

(사) 차도는 자동차가 보편화되었기에 상당한 안전설비가 구비되어 있다. 그러나 보도는 사고발생이 그리 많지 않고 경미한 사고가 대부분이기 때문에 안전설비가 미흡한 점이 있다. 그러나 보도의 설치·관리하자로 인하여 발생한 사고로 소송이 제기된 사례는 적지 않으며, 고령화 사회의 출현에 의하여 앞으로 사고가 증가될 것으로 예상된다. 보도와 달리 보도교는 도로를 횡단하는 보행자의 안전을 위해서 설치된 것이다. 보도교의 이용자가 이용 중에 전락한 경우 등에는 그 설치·관리가 다투어지게 된다. 또한 보도교 때문에 평면 횡단할 수 없게 된 경우에 평면 횡단하는 이익의 침해를 이유로 도로의 설치·관리가 문제될 수 있다.

(아) 지하차도의 설치·관리의 하자가 다투어진 사안에서는 국가배상법 제5조와 제2의 경합을 인정한 사례도 있다. 즉, "2001. 7. 15. 00:00경부터 04:00경까지 사이에 서울 용산구 지역에 합계 256mm 가량의 집중호우가 내렸는데(이하 '이 사건 집중호우'라 한다), 위 호우로 인하여 지하차도 부근의 빗물이 지하차도로 흘러 들어와 그대로 고인 끝에 03:00경부터 04:00경까지 사이에 빗물이 넘쳐 지하차도 남쪽 입구 부근의 서울 용산구 한강로 2가 316-1, 2-194, 2-196에 위치한 원고들 소유 건물 또는 임차 점포가 침수되는 사고가 발생하였다(이하 '이 사건 침수사고'라 한다).[32]

32) 이 사건 지하차도는 그 위치·구조상 집중호우시 물이 고여 부근의 건물들이 침수될 위험성이 있어서, 위 지하차도 및 주변의 하수도시설물 설치·보존자인 피고는 그 위험성에 비례하여 방호조치를 취할 의무가 있다고 할 것인데(위 지하차도 배수펌프 및 관련 하수도시설물이 서울특별시의 하수계획분야 업무처리지침 등 일반적인 기준에 따라 설치되었다는 사정만으로는 그러한 방호조치를 다하였다고 볼 수 없다), 위 인정 사실에 의하여 알 수 있는 다음과 같은 사정, 즉 ① 이 사건 지하차도는 구조상 배수가 원활하게 이루어지지 아니하면 빗물이 흘러들어 물이 고일 수밖에 없음에도 불구하고 지하차도 내의 주름관·집수도량 등 집수·배수시설에 대한 관리가 이루어지지 아니한 점, ② 이 사건 지하차도로 흘러들어온 빗물을 배수시키기 위한 펌프의 용량이 최초 설계시보다 감소되어 설치되었을 뿐만 아니라, 집중호우에도 불과하고 처음부터 3대 모두 가동되지 아니하였고, 펌프에 전기를 공급하는 분전함이 지하차도 내 낮은 곳에 설치되어 지하차도가 일정 부분 침수되면 펌프 가동이 중단될 수밖에 없도록 설치된 점, ③ 이 사건 지하차도는 구조상 비가 내리면 주변의 빗물이 지하차도 방향으로 흐르게 되어 있고, 7/10 정도의 높이까지 물이 고이면 주변 건물이 침수됨에도 불구하고, 빗물이 지하차도로 흘러들어가는 것을 방지하기 위한 시설은 설치되어 있지 아니하고 이 사건 침수사고 당시 주변의 하수도시설물은 600mm 하수관이 끊겨 있고 준설이 이루어지지 아니하는 등의 이유로 빗물을 하수관으로 모아 보내는 기능을 제대로 수행하지 못한 점 등에 비추어 보면, 이 사건 지하차도 및 이 사건 하수도시설물의 설치·보존자인 피고는 그 위험성에 비례하여 사회통념상 일반적으로 요구되는 정도의 방호조치의무를 다하지 못하여, 위 영조물은

원고들은 이 사건 침수사고는 아래와 같은 피고의 영조물 설치·관리상 하자 및 피고 소속 공무원들의 직무 집행상의 과실로 인하여 발생한 것이므로, 피고는 원고들에게 국가배상법 제5조 제1항, 제2조 제1항에 기하여 위 사고로 원고들이 입은 손해를 배상할 책임이 있다고 주장하였다.

제1심 판결은, 피고의 방재책임자인 구청장은 집중호우로 인하여 차도 또는 하수도가 침수되어 인근 건물 내의 재산 피해가 예상되는 경우 침수의 방지 등의 조치를 이행할 법령상 의무가 있고, 그 밖의 피고 소속 공무원들도 재해비상발령이 내려진 상황에서는 피고의 재해대책본부 책임자 또는 구성원으로서 신속하게 서울시재해대책본부로부터 지시받은 조치를 시행하거나 방재책임자 및 산하 직원들에게 알려야 할 직무상 의무가 있음에도 불구하고, 과실로 이에 위반하여 재해 상황에 필요한 조치를 충분히 시행하지 아니하였다고 할 것이다. 결국, 위와 같은 피고의 영조물 설치·관리상 하자 및 피고 소속 공무원들의 과실로 인한 법령 위반으로 인하여 원고들의 이 사건 침수사고로 인한 손해가 발생하였다고 할 것이므로, 피고는 국가배상법 제5조 제1항, 제2조 제1항에 기하여 원고들에게 이 사건 침수사고로 입은 손해를 배상할 책임이 있다(서울중앙지방법원 2005. 8. 26. 2001가합57360 손해배상(기))고 판시했다.[33]

㈖ 그리고 여기서 영조물의 설치·관리상의 하자로 인한 사고는 영조물의 설치 또는 관리상의 하자만이 손해발생의 원인이 되는 경우만을 말하는 것이 아니다. 다른 자연적 사실이나 제3자의 행위 또는 피해자의 행위와 경합하여 손해가 발생하더라도 영조물의 설치 또는 관리상의 하자가 공동원인의 하나가 되는 이상 그 손해는 영조물의 설치 또는 관리상의 하자에 의하여 발생한 것이라고 해석함이 상당하다(대법원 1994. 11. 22. 94다32924)는 것이 일관된 입장이다.

㈗ 또한, 공무원의 부작위로 인한 국가배상책임을 인정하기 위하여는 공무원

그 용도에 따라 통상 갖추어야 할 안전성을 갖추지 못한 상태에 있어 설치·관리상 하자가 있었다고 할 것이다(서울중앙지방법원 2005. 8. 26. 선고 2001가합57360 손해배상(기)).

33) 집중호우시 침수될 위험성이 있음에도 불구하고 지방자치단체가 그 위험성에 비례하여 사회통념상 일반적으로 요구되는 정도의 방호조치의무를 다하지 못하였고, 소속 공무원이 침수의 방지 등 재해 상황에 필요한 조치를 충분히 시행하지 아니한 경우, 침수사고로 인한 재산상 손해에 대하여 지방자치단체에게 지하차도 및 주변 하수도시설물의 설치·관리상의 하자 및 공무원의 부작위로 인한 손해배상책임을 인정하되, 자연력 등의 경합을 인정하여 책임을 50%로 제한한 사례(서울중앙지방법원 2005. 8. 26. 2001가합57360 손해배상(기)).

의 작위로 인한 국가배상책임을 인정하는 경우와 마찬가지로 '공무원이 그 직무를 집행함에 당하여 고의 또는 과실로 법령에 위반하여 타인에게 손해를 가한 때'라고 하는 제2조 제1항의 요건이 충족되어야 할 것인바, 여기서 '법령에 위반하여'라고 하는 것은 엄격하게 형식적 의미의 법령에 명시적으로 공무원의 작위의무가 규정되어 있는데도 이를 위반하는 경우만을 의미하는 것은 아니고, 국민의 생명, 신체, 재산 등에 대하여 절박하고 중대한 위험상태가 발생하였거나 발생할 우려가 있어서 국민의 생명, 신체, 재산 등을 보호하는 것을 본래적 사명으로 하는 국가가 초법규적, 일차적으로 그 위험 배제에 나서지 아니하면 국민의 생명, 신체, 재산 등을 보호할 수 없는 경우에는 형식적 의미의 법령에 근거가 없더라도 국가나 관련 공무원에 대하여 그러한 위험을 배제할 작위의무를 인정할 수 있을 것이며, 이는 지방자치단체와 그 소속 공무원에 대하여도 마찬가지라 할 것이다(대법원 2004. 6. 25. 2003다69652).

㈎ 또 다른 사례로서 야간에 봉고트럭을 차도상에 미등 및 차폭등을 켜지 않은 채 주차시켜 놓은 행위와 그로 인한 교통사고 사이에 상당인과관계가 인정되지 않는다고 본 사례가 있다. 이는 형사사건 판례이지만, 야간에 봉고트럭을 차도상에 방치해 놓은 결과 발생한 교통사고에 대하여 도로관리자의 하자유무를 다툴 수 있는 참고가 되는 사안이다.

"야간에 오토바이 운전자가 오토바이를 운행하던 중 오토바이의 오른쪽 핸들 부분 등이 인도가장자리에 방치된 폐품냉장고에 충돌되고, 그 충돌로 인하여 그곳에서 6~7m 가량 떨어진 인도경계선에 인접한 차도상에 주차되어 있던 봉고트럭 적재함 아래 부분에 다시 충돌됨으로써 사망한 경우, 봉고트럭을 야간에 차도에 주차함에 있어 미등 및 차폭등을 켜두는 등으로 주차표시를 하지 아니하였다고 하더라도 주차지점이 도로교통법상 주차금지된 곳이 아니며 비록 차도 상이기는 하나 도로 우측편에 주차시켰기 때문에 통상의 차량통행에 지장이 없었고 차를 도로에 주차한 점이나 차의 미등 및 차폭등을 켜 놓지 아니한 것이 가령 도로교통법 위반의 잘못이 있다손 치더라도 그로 인하여 오토바이운전자가 위 차를 뒤늦게 발견하여 사고가 일어났다고 인정되지 않는다면 위 사고와 위 차의 주차 사이에 상당인과 관계가 있다고 할 수 없다"(대법원 1990. 11. 9. 90다카8760 손해배상(자))고 판시하고 있다.

㈔ 보도의 설치·관리의 하자를 긍정한 일본의 판례는, 국도의 차도와 보도의 경계에 차도의 제설작업에 의하여 높이 약 2.3m의 눈 무더기가 생겼기 때문에 보행자는 민가의 처마 밑 근처를 통행할 수밖에 없었고 통행중인 피해자가 민가의 지붕에서 떨어지는 눈에 매장되어 질식사한 사안에서, 가옥의 소유자가 눈을 치우는 것을 돕거나 위험한 장소인 도로부분에 있는 눈을 완전히 제거하거나 혹은 보행할 수 있는 보도 부분으로 떨어질 수 있는 눈을 건물 처마 밑에서 제거하여 차도에 쌓아두는 등으로 보행자의 통행안전을 도모하는 조치를 취할 수 있는데, 보행자의 안전을 전혀 고려하지 않고 보행자가 지붕에서 낙설의 위험이 있는 처마 밑을 통행할 수밖에 없는 상태였기 때문에, 본건 사고현장 부근의 국도의 관리는 보행자를 위한 통상 갖추어야 할 안전성을 결여하였다(旭川地判 소화 50. 5. 15. 訟月 21권 7호, 1370면)고 판시하였다. 본건은 국도의 관리자가 제설작업으로 인하여 보행자가 정상적인 보행을 할 수 없게 하여 야기된 사고에 대한 책임을 긍정한 사례에 해당한다.

㈕ 또 다른 사례로서 도로관리자의 책임을 긍정한 판례로서, 都道의 가드레일 보도부분에 잡초가 나 있어 걸어가기가 불편해서 야간에 차도부분을 보행하고 있던 피해자가 오토바이에 추돌되어 사망한 사안에서, 보행자는 가드레일 외측의 차도부분의 보행을 부득이 할 수밖에 없었기 때문에 본건 도로는 보행자에 대하여 통상 갖추어야 할 안전성을 결여한 것(東京地判 소화 52. 2. 24. 判例時報 866호, 148면)이라고 판시하였다. 본건은 보도부분에 보행에 지장을 주는 잡초를 제거하지 않고 방치한 것을 보도가 통상 갖추어야 할 안전성을 결여한 것이라고 하여 책임을 긍정한 사례에 해당한다.

㈖ 반면, 도로관리자의 책임을 부정한 사례도 적지 않다. 야간에 조명도 충분하지 않은 상태의 노견 부분을 보행중인 피해자가 음주 후에 최고제한속도를 초과하여 고속으로 운전하고 있던 자동차에 충돌하여 사망한 사안에서, 본건 사고는 가해차량 운전자의 중대한 과실에 의하여 발생한 것이고, 사고 당시의 사회통념으로 판단하더라도 도로의 설치·관리에 하자가 있다고 할 수는 없다(千葉地判 소화 50. 12. 25. 交通民集 8권 6호, 1845면; 상고심 最判 소화 55. 3. 13. 交通民集 13권 2호, 289면)고 판시하였다. 본건 사고는 피해자 또는 가해차량의 운전자의 과실로 인하여 발생하였다는 점을 들어 책임을 부정하고 있다.

2) 차도(차로)폭의 급변

㈎ 「도로의 구조·시설 기준에 관한 규칙」에서 차로폭에 관한 규정도 두고 있다. 차로의 폭은 차선의 중심선에서 인접한 차선의 중심선까지로 하며, 도로의 구분, 설계속도 및 지역에 따라 다음 표의 폭 이상으로 한다. 다만, 다음 각 호[34]의 어느 하나에 해당하는 경우에는 각 호의 구분에 따른 차로 폭 이상으로 하여야 한다(규칙 10③). 제3항에도 불구하고 통행하는 자동차의 종류·교통량, 그 밖의 교통특성과 지역 여건 등에 따라 필요한 경우 회전차로의 폭과 설계속도가 시속 40km 이하인 도시지역 차로의 폭은 2.75m 이상으로 할 수 있다(규칙 10④). 도로에는 「도로교통법」 제15조에 따라 자동차의 종류 등에 따른 전용차로를 설치할 수 있다. 이 경우 간선급행버스체계 전용차로의 차로 폭은 3.25m 이상으로 하되, 정류장의 추월차로 등 부득이한 경우에는 3m 이상으로 할 수 있다(규칙 10⑤).

㈏ 자동차 주행 중에 차도의 폭이 급변한 상황에 직면하면 사고의 발생이 높다. 도로의 폭보다 급격하게 좁아진 교량 앞에 이르면 직진하던 차량이 다리 기둥에 충돌하거나 하천에 전락할 가능성이 크다. 특히 사고발생 시간이 대부분 야간이라서 차도폭의 급변이나 차선의 커브, 다리 기둥의 존재 등을 통상의 주의를 다하여도 발견할 수 없는 사정이 있기 마련이다. 따라서 도로관리자의 관리 내용으로서는 그러한 차선·노선조건의 급변을 운전자에게 미리 인식시켜 이에 대비하여 운전을 할 수 있는 조치를 강구하여야 하고, 이 의무를 게을리 하는 것이 관리의 하자에 해당한다.

㈐ 도로관리자의 관리의 내용에 대하여 판례는 "결국 동경방면에서 진행하여 본건 교량에 접어드는 차량의 교통안전을 확보하기 위해서는 본건 자동차와 같이 다리 입구와의 지근거리에 이르기까지 차량 전조등을 아래 방향으로 하는 등의 필요가 있는 경우에 대비하여 차량운전자가 차량 전조등의 조명에 의하여 도로 폭이 협소하게 된 것을 인식할 수 있는 설비, 즉 다리 입구에 위 상황을 비추는 조명을 설치하고 멀리서도 인식할 수 있는 가드레일을 설치하거나 진로 앞의 전방에 도로가 협소하게 되는 취지를 예고하는 도로표시판을 설치하는 등의 조치가 필요하였

34) 1. 설계기준자동차 및 경제성을 고려하여 필요한 경우: 3m
2. 「접경지역 지원 특별법」 제2조 제1호에 따른 접경지역에서 전차, 장갑차 등 군용차량의 통행에 따른 교통사고의 위험성을 고려하여 필요한 경우: 3.5m

다고 해야 하고, 이들 설비가 없었기 때문에 고속도로를 달리는 차량 운전자의 한 순간의 부주의에 의하거나 한 순간 다른 장해물에 주의를 빼앗기는 바람에 다리에 접어드는 도로가 협소함을 뒤늦게 발견하여 사고를 야기하는 위험을 안고 있었고, 이들 설비가 없는 본건 사고현장 부근의 본건 도로의 관리에 하자가 있었다"(東京地裁 소화 42.3.27. 下民 18권 3.4호, 269면)고 판시하였다.

그러므로 차도 외측선 및 이중반사경, 시야 유도표를 설치하거나 조명시설 등의 유효적절한 교통안전시설의 설치가 도로관리자에게 요구된다 하겠다. 본건에서는 제한시속 60km를 초과하여 70~80km의 고속주행 중인 사고였음에도 불구하고 피해자는 동승자이고, 그 유족이 원고가 되어 도로관리자 및 자동차 운전자도 피고로 하였기 때문에 과실상계가 이루어지지 않았다.

3) 중앙분리대·방호책(guard rail) 등 시설물설치의 불비·불완전

㈎ 중앙분리대

㈀ '중앙분리대'란 차도를 통행의 방향에 따라 분리하고 옆 부분의 여유를 확보하기 위하여 도로의 중앙에 설치하는 분리대와 측대를 말한다(도로의 구조·시설기준에 관한 규칙 2(28)). 여기서 '분리대'란 차도를 통행의 방향에 따라 분리하거나 성질이 다른 같은 방향의 교통을 분리하기 위하여 설치하는 도로의 부분이나 시설물을 말한다(규칙 2(27)). 그리고 '측대'란 운전자의 시선을 유도하고 옆 부분의 여유를 확보하기 위하여 중앙분리대 또는 길어깨에 차도와 동일한 횡단경사와 구조로 차도에 접속하여 설치하는 부분을 말한다(규칙 2(26)). 「농어촌도로의 구조·시설기준에 관한 규칙」 제2조 제10호는 중앙분리대라 함은 "차선을 왕복방향별로 분리하게 하고, 측방여유를 확보하기 위하여 도로중앙부에 설치되는 띠모양의 분리대와 측대를 말한다"고 정의한다.

㈁ 「도로의 구조·시설기준에 관한 규칙」은 차로의 분리를 위하여 중앙선을 표시하거나 중앙분리대의 설치에 관한 기준을 정하고 있다. 도로에는 차로를 통행의 방향별로 분리하기 위하여 중앙선을 표시하거나 중앙분리대를 설치하여야 한다. 다만, 4차로 이상인 도로에는 도로기능과 교통 상황에 따라 안전하고 원활한 교통을 확보하기 위하여 필요한 경우 중앙분리대를 설치하여야 한다(규칙 11①). 중앙분리대 내에는 시설물을 설치할 수 있으며 중앙분리대의 폭은 도로의 구분에 따라 다음

표[35]의 값 이상으로 한다. 다만, 자동차 전용도로의 경우는 2m 이상으로 한다(규칙 11②). 중앙분리대에는 측대를 설치하여야 한다. 이 경우 측대의 폭은 설계속도가 시속 80km 이상인 경우는 0.5m 이상으로 하고, 시속 80km 미만인 경우는 0.25m 이상으로 한다(규칙 11③). 중앙분리대의 분리대 부분에 노상시설을 설치하는 경우 중앙분리대의 폭은 제18조에 따른 시설한계가 확보되도록 정하여야 한다(규칙 11④). 차로를 왕복 방향별로 분리하기 위하여 중앙선을 두 줄로 표시하는 경우 각 중앙선의 중심 사이의 간격은 0.5m 이상으로 한다(규칙 11⑤). 「도로와 다른 시설의 연결에 관한 규칙」에서는 분리대는 다음 각 호[36]의 기준에 적합하게 설치하여야 한다(제10조)고 명시하고 있다.

(ㄷ) 중앙분리대나 방호책은 교통의 안전성을 확보하기 위하여 설치한다. 특히 중앙분리대는 반대방향으로부터 주행해 오는 차량과의 충돌을 피하기 위하여 중앙선이 아닌 중앙분리대를 설치한다. 그런데 이런 시설이 설치되지 않거나 설치되었다고 하더라도 불충분하였기 때문에 도로의 설치·관리하자에 해당하는가의 여부는 방호책에 대하여는 상상할 수 있는 모든 위험발생에 대하여 이를 방지할 수 있는 것을 기준으로 하여 추상적, 획일적으로 결정할 수는 없고, 당해 도로의 구조, 규모, 설치장소의 지형, 지질, 기상 등의 지리적 조건, 교통이용 상황 등 제반사정을 종합적으로 고려하여 구체적, 개별적으로 판단하고 있다(福岡高宮崎支判 소화 60. 10. 31. 判

35)

도로의 구분	중앙분리대의 최소 폭(미터)		
	지방지역	도시지역	소형차도로
고속도로	3.0	2.0	2.0
일반도로	1.5	1.0	1.0

36) 1. 변속차로의 진출입부를 제외한 사업부지의 전면에는 자동차의 무질서한 진출입을 방지할 수 있도록 접속되는 도로의 길어깨 바깥쪽에 분리대를 설치할 것
2. 분리대는 화단, 방호울타리, 교통섬(별표 2 제3호가목 및 제4호가목에 따른 변속차로 등의 설치의 경우에 한정한다) 또는 그 밖에 이와 유사한 공작물로 설치하되, 안전사고를 예방하기 위하여 필요한 경우에는 변속차로의 진입부에 충격흡수시설을 설치할 것
3. 분리대는 높이 0.3m(교통섬은 0.12m) 이상으로 설치하되, 시거장애가 없도록 할 것
4. 분리대를 화단으로 설치할 경우 그 폭은 1m 이상으로 하고 그 분리대 노면에 빗물 등이 고이지 않도록 하되, 필요한 경우에는 변속차로등의 배수시설과는 별도로 폭 30cm 이상의 격자형 철제 뚜껑이 있는 U형 콘크리트 측구를 설치할 것
5. 야간에 운전자가 분리대를 알아볼 수 있도록 분리대에 빛을 강하게 반사할 수 있는 반사지를 붙이거나 시선유도표지등을 설치할 것
6. 기존에 설치된 변속차로와 연결하여 다른 시설의 변속차로를 추가로 설치할 때에는 연결된 시설을 통합된 하나의 시설로 보아 그것에 적합한 연속된 분리대를 설치할 것

例タイムズ 597호, 70면; 廣島地判 평성 2. 8. 31. 判例時報 1368호, 101면).

㈑ 중앙분리대는 고속도로 등에서 통행차량의 차선을 왕복방향을 분리하기 위하여 위와 같은 설치기준에 의하여 설치하는 것이지만, 그 높이, 폭, 기타 구조에 비추어 그 목적, 용법 및 이용 상황 등에서 보아 안전성에 결함이 있는가의 여부에 의하여 판단된다(東京高判 소화 54. 10. 25. 訟月 26권 1호, 85면). 그러므로 상하행선용 차선 일부를 가변적으로 운영할 때에는 상행차량이 반대차선으로 넘어가는 것을 실질적으로 방지할 수 있는 중앙분리대를 설치하여야 하는데, 이를 제대로 설치하지 않았을 때에는 도로의 설치·보존상의 하자가 있다고 한다(서울고등법원 1995. 4. 19. 94나20534).

㈏ 중앙분리대의 하자에 관한 판례

중앙분리대의 불비·불완전을 이유로 하는 도로하자 사건은 많은 편이다. 중앙분리대는 사고방지 역할을 하기 때문에 중앙분리대를 설치하여야 할 장소에 이를 설치하지 않은 경우에는 하자로 연결되는 경우가 많다.

㈀ 전북 완주군 장○리에 있는 ○휴게소(이하 '이 사건 휴게소'라고 한다)는 차량 출입이 빈번한 곳이고 그곳에서 나온 차량들이 중앙선을 불법으로 유턴할 가능성도 큰 곳이었고, 차량이 고속으로 주행하는 곳이었다. 실제로 설치된 시선유도봉도 중앙선을 침범하여 위 휴게소로 진입하거나 휴게소에서 나와 봉동방면으로 진행하는 차량 때문에 파손되었다. 이러한 곳에 중앙분리대를 설치하지 아니한 것은 영조물이 갖추어야 할 안전선을 갖추지 아니한 것으로 설치 관리상의 하자에 해당한다.[37]

(중략) 이 사건 휴게소는 차량 출입이 빈번한 곳이고 그곳에서 나온 차량들이 봉동방면으로 진행하기 위하여 중앙선을 불법으로 유턴할 가능성도 크며 실제로 설치된 시선유도봉도 중앙선을 침범하여 위 휴게소로 진입하거나 휴게소에서 나와

37) 원고는 이 사건 청구원인으로 다음과 같이 주장한다. 즉, 망인은 유턴 지점이 아닌 곳임에도 불구하고 시선유도봉이 훼손된 구간을 통하여 유턴하려고 이 사건 도로를 가로지르다 이 사건 사고를 당하였고, 이 사건 사고 이전에도 이 사건 휴게소에 진출입 하는 차량들이 시선유도봉이 파손된 구간을 통하여 중앙선을 침범하여 유턴을 하는 경우가 많았다. 따라서, 도로의 관리청인 피고로서는 ① 중앙선침범이나 유턴이 불가능하도록 방호울타리형 중앙분리대를 설치하였어야 했고, ② 적어도 손괴된 시선유도봉을 신속히 복구하여 차량의 무단횡단을 사전에 방지하여야 할 주의의무가 있음에도 이를 게을리 하여 이 사건 사고를 유발한 잘못이 있다. 그러므로 이 사건 사고는 戊의 운전 부주의와 피고의 위와 같은 도로관리상의 잘못이 경합하여 발생한 공동불법행위에 해당한다.

봉동방면으로 진행하는 차량 때문에 파손된 것으로 보인다. 또한 이 사건 도로는 비록 지방도이기는 하지만 제한속도 80km의 6차로(편도 3차로)인 도로로 차량이 고속으로 주행하는 곳이어서 만약 불법으로 유턴하는 차량이 있으면 대형사고가 발생할 가능성이 큰 곳이다. 한편, 피고가 이 사건 사고 지점을 제외하고는 이 사건 도로에 이미 방호울타리형 중앙분리대를 설치한 점에 비추어 볼 때 위 지점에만 특별히 중앙분리대를 설치하지 못할 재정적인 제약이 있었다고 보이지도 않는다.

결국, 이 사건 도로의 폭, 제한 속도, 주변 환경 등에 비추어 보면 이 사건 사고지점은 고정된 중앙분리대를 설치하여 차량의 유턴을 방지할 필요성이 큰 곳이라 할 것임에도 피고는 중앙분리대를 설치하지 아니하였고 시선유도봉도 파손된 채 방치하였는바, 그렇다면 이는 도로가 사회통념상 일반적으로 갖추어야 할 상대적인 안전성을 결여한 것으로 관리상의 하자가 있다고 할 것이다. 따라서 이 사건 사고는 전방주시를 태만히 한 채 과속으로 주행한 戊의 과실과 피고의 이 사건 도로 관리상의 하자가 경합하여 발생한 것이므로 피고는 戊와 각자 피해자에게 손해를 배상할 책임이 있다(전주지방법원 2008. 11. 21. 2007가단35765 구상금).

(ㄴ) 영조물인 삼일교 위에 설치되어 있는 조형물 사이사이의 직사각형 구멍 아래로 추락한 망인의 손해에 대하여 삼일교의 설치·관리자인 피고(서울특별시)가 국가배상법에 따른 영조물의 설치·관리상의 하자로 인한 손해배상책임이 있다는 하급심 판결이 있다. 즉, 삼일교의 설치·관리자인 피고는, 삼일교의 중앙분리대 위 조형물 사이마다 설치된 총 7개의 직사각형 구멍은 꽤 넓은 공간으로서 그 아래에는 청계천 옆을 따라 돌과 콘크리트로 만든 길바닥이 설치되어 있으며, 추락사고 당시는 청계천 복원공사 후 개통기념식으로 개최된 청계천 새물맞이 축제를 보기 위해 많은 인파가 몰려 있었으므로, 삼일교의 중앙분리대 위에 있는 직사각형 구멍의 주위에 추락의 위험을 경고하는 안내표지판과 추락방지시설 또는 접근방지장치를 설치함으로써 사고를 방지할 방호조치의무가 있음에도 이를 게을리하여 망인의 추락사고가 발생하도록 한 것이므로, 국가배상법 제5조 제1항에 따라 삼일교의 설치·보존상의 하자로 발생한 망인의 추락사고로 입은 망인 및 원고들의 손해를 배상할 의무가 있다. 다만, 망인으로서도 추락사고 당시 횡단보도를 이용하지 아니하고 삼일교의 편도 4차선 도로를 무단횡단하면서 중앙분리대 위에 설치되어 있는 조

형물 사이로 굳이 통과하려다가 지면을 제대로 살피지 아니한 채 중앙분리대 위의 위 직사각형 구멍으로 발을 헛디딘 과실이 있어 이를 참작하면, 피고의 책임을 망인 및 원고들이 입은 손해의 35%로 제한함이 상당하다(서울중앙지방법원 2007. 1. 25. 2005가합101302 손해배상(기)).

㈐ 고속도로에서 급한 좌향곡선부와 급한 우향곡선부를 연이어 배치함에 있어서 그 사이에 「도로의 구조·시설기준에 관한 규정」상의 완화곡선이나 직선구간을 설치하지 않고, 급한 곡선부에 설치하여야 할 감속노면시설 등의 과속방지시설과 중앙분리대를 설치하지 않은 경우, 이러한 도로 시공·관리상의 하자가 운전자의 과실과 경합하여 교통사고의 발생 및 손해 확대의 원인이 되었다고 인정한 사례(서울지방법원 2000. 10. 12. 2000가단3997 구상금)[38]도 있다. 이 사안은 고속도로를 관리하

38) 무릇 도로의 설치·관리상의 하자는 도로의 위치 등 장소적인 조건, 도로의 구조, 교통량, 사고시에 있어서의 교통 사정 등 도로의 이용 상황과 본래의 이용 목적 등 제반 사정과 물적 결함의 위치, 형상 등을 종합적으로 고려하여 사회통념에 따라 구체적으로 판단하여야 할 것인바(대법원 2000. 4. 25. 선고 99다54998 판결; 대법원 2000. 2. 25. 선고 99다54004 판결 등 참조), 도로의 구조·시설기준에 관한 규정에 의하면 4차로 이상의 도로에는 차로를 왕복방향별로 분리하기 위한 중앙분리대를 설치하거나 노면표시를 하여야 하며(제7조), 차도의 곡선부의 곡선반경은 설계속도(도로설계요소의 기능이 충분히 발휘될 수 있는 조건, 즉 기후조건이 양호하고 통행교통량이 적을 때에 보통의 운전기술을 가진 자가 쾌적성을 잃지 않고 안전하게 주행할 수 있는 속도) 100km에서는 460m 이상으로 하여야 하며(제14조), 차도의 곡선부에는 당해 도로의 구분, 당해 도로가 위치하는 지역의 적설 정도, 당해 도로의 설계속도·곡선반경·지형상황 등을 참작하여 도시지역은 6% 이하의 편구배(도로의 면이 수평면에 비하여 기울어진 정도)를 붙여야 하되, 곡선반경의 길이에 비추어 보아 편구배가 필요없다고 인정하거나 설계속도가 매시 60km 미만인 도시지역의 도로에 있어서 지형상황으로 인하여 부득이하다고 인정하는 경우에는 편구배를 붙이지 아니할 수 있고(제16조), 자동차전용 도로의 전구간에는 설계속도가 100km인 경우 60m 이상의 완화곡선을 설치하여야 하며(제18조), 교통사고의 방지를 위하여 필요하다고 인정하는 경우에는 반사경·표지병·충격흡수시설·과속방지시설 등의 교통안전시설을 설치하여야 하며(제30조), 또한 일반적으로 도로를 설계함에 있어서는, 곡선부분에서는 자동차의 운전자가 조향장치의 조작에 곤란을 느끼지 아니할 정도로 곡선길이를 충분히 확보하여야 하고, 교각이 작은 경우에는 곡선반경이 실제보다 작게 보이는 착각을 막을 정도의 길이로 곡선길이를 정하여야 하며, 곡선부에서 다른 방향의 곡선부로 이어지는 경우에는 운행자가 원활하게 주행할 수 있도록 하기 위하여 원칙적으로 그 두개의 원곡선 사이에 5~6초 이상의 통과시간을 요하는 직선구간이나 완화곡선을 설치하여야 하고, 도로에 곡선부를 설치하는 경우에는 지형에 맞도록 적절히 적용하되 빈번한 작은 반경곡선의 사용은 피하고 될 수 있는 대로 큰 곡선반경을 쓰도록 하되, 작은 곡선반경이 요구되는 경우에도 완화곡선을 크게 함으로써 선형을 원활하게 유지하여야 하는데, 위에서 본 바와 같이 이 사건, 사고지점은 위 급한 좌향 곡선부와 급한 우향 곡선부를 배치함에 있어서 그 사이에 위 규정상의 60m 이상의 완화곡선 또는 적어도, 5~6초 이상의 통과시간을 요하는 직선구간을 설치할 수 있도록 설계하지 아니하였을 뿐 아니라, 설계속도가 100km에 이르는 고속자동차전용도로임에도 곡선부를 빈번하게 연이어 설치하는 도로설계상의 잘못을 저질렀고, 이 사건 사고지점 직전의 급한 우향 곡선부에서는 위 규정에서 정한 곡선반경 460m에 현저히 못미치는 280m에 불과한 곡선반경을 확보

는 한국도로공사를 상대로 한 것이며, 「도로의 구조·시설기준에 관한 규정」상의 완화곡선이나 직선구간의 미설치와 감속노면시설 등의 과속방지시설과 중앙분리대를 설치하지 않은 복합적인 원인에 의하여 발생한 사고의 책임을 인정한 특징이 있다.

㈃ 중앙분리대에 관한 일본의 판례는 "중앙분리대를 설치하면 반대방향의 차와 정면충돌에 의한 사고는 격감하고 그 의미에서 안전성이 높아야 하는 것은 부정할 수 없다. 그러나 본건 2차선 부분은 시속 80km 이상의 주행이 예정된 고속통행로로서 공용되고 있지 않았으며, 이것은 東名, 名神고속통행로(4차선 이상)에서 분리대의 설치기준을 이용하는 것은 상당하지 않다고 할 수 있다. 또 본건 사고당시에 있어서 2차선 구간에 중앙분리대가 설치되고 있는 예는 희귀하고 우리의 도로수준에서 보아도 중앙분리대를 설치하지 않는 것을 도로의 하자라고는 말하기 곤란하다"(東京地判 소화 47. 1. 13. 交民 5권 1호, 79면)고 판시하였다.

㈄ 반면, 중앙분리대의 폭이 넓고 가드레일의 높이를 높게 해야 한다는 주장에 대하여 "그 높이, 폭, 기타 구조에 비추어 그 목적, 용법 및 이용 상황 등으로 보아 그 안전성에 결여부분은 없는 것이라 해야 하고, 더욱이 본건 사고는 소외인이 차를 운전하여 본건 도로의 상행선 중에서 좌측차선을 운행하고 있던 중, 좌측후륜의 외측 타이어가 빠져서 굴러가 중앙분리대의 중앙인 도로면에서 높이 약 1.2m의 철제 가드레일 위를 타고 넘어 반대차선에 들어가 위 반대차선을 진행중인 원고 차에 충돌하여 야기된 것이고, 본건 도로 관리자인 피항소인에 있어 통상예기할 수 없는 사건이었다"(東京高裁 소화 54. 10. 5. 判例時報 949호, 61면)고 판시하였다.

하였을 따름이며, 위와 같은 급한 곡선부에는 반드시 붙여야 하는 편구배를 전혀 붙이지 아니하고 평구배로 설계·시공한 잘못도 있으며(이 사건 사고지점의 곡선반경의 길이로 볼 때 위 규정 제16조 단서와 같이 편구배가 필요 없는 때에 해당된다고는 볼 수 없다), 교통사고의 방지를 위하여 감속노면시설 등의 과속방지시설을 설치하지도 아니하였고, 더구나 이 사건 사고지점 직전의 위 급한 우향지점과 같은 곡선부에는 그 도로구조상 중앙분리대를 설치하지 않으면 이 곳을 운행하는 차량이 중앙선을 침범하게 될 우려가 상당하므로 반드시 중앙분리대를 설치하여야 할 것으로 보이나, 피고는 위 도로를 시공하면서 단지 황색 이중실선만을 표시하고 중앙선침범을 방지할 수 있는 충분한 규모의 중앙분리대를 설치하지 아니한 과실도 있다 할 것이며, 이러한 도로의 시공상·관리상 하자는 이 사건 사고의 발생 및 그로 인한 손해의 발생·확대의 한 원인이 되었다 할 것이다. 그러므로 이 사건 사고 당시 이 사건 사고지점을 포함하여 위 남해고속도로의 시공자이자 관리자이던 피고로서는 이 사건 사고로 인하여 피해를 입은 위 이○해, 조○화, 이○환, 이○현 및 원고가 입은 손해에 대한 배상책임이 있다고 할 것이다(서울지방법원 2000. 10. 12. 2000가단3997 구상금).

(ㅂ) 도로의 하자를 부정한 위 두 판례는 모두 가해차량이 존재하고 가해차량 관계자의 책임을 긍정하는 것으로 충분한 사례였다. 이와 달리 약간 특수한 사안으로서 국도 상행선으로 공용이 개시된 우회도로의 한쪽 차선(완성시에는 하행차선이 되는 부분)을 운행하던 차량이 우회도로의 입구 삼차로에 舊道 상행선을 진행하는 차량이 우회도로에 진입하는 것을 막음과 동시에 우회도로를 진행하는 차량을 구도 상행차선에 유도하기 위해서 설치된 흙부대를 쌓은 安全島(중앙분리대에 접속한 것)에 충돌한 사고에 관한 판결은 "안전도의 앞 540m 위치에서 4개의 서행표시, 또 약 280m 앞에서 도로양측에 진로를 따라 다수의 시계유도표, 또한 도로우측에 수개의 방향지시판이 있고, 이들에게 전조등을 비추면 진로를 확인하여 서행으로 유도되어야 할 상황에 있고, 그리고 전방 안전도에 대하여는 그 위치, 형상, 그 보안설비는 앞에서 인정한 대로이고, 적색보안등, 시계유도표, 풍력회전, 경시기로 보아 이를 시인하는 것은 통상의 주의를 하면 운전에 지장이 없는 정도로 앞에서부터 용이하게 가능하였다고 인정될 뿐만 아니라 안전도 앞에서 약 60m 위치에서 좌회전하여 여유있게 왼쪽 차선으로 이행할 수 있는 상황이고, 이들 여러 상황은 자동차 운전자가 통상 취해야 하는 운전방법에 따라서 운전하면 본건과 같이 충돌 등의 사고발생은 용이하게 피할 수 있었던 구조 설비하에 있었다"(廣島地裁 소화 55. 7. 24. 判例時報 1004호, 97면)라고 판시하여 도로관리자의 하자를 부정하였다.

(ㅅ) 중앙분리대의 하자를 부정한 대부분의 판례는 사고가 오로지 운전자의 과실에 기인하고 있다는 점, 중앙분리대에 견고한 방호책 등을 구축하면 중앙분리대에 뛰어오른 차량이 충돌하게 되는 등의 위험성이 증대하는 점, 중앙분리대의 폭을 넓게 하는 것은 우리나라와 같은 협소한 국토에서는 곤란하다는 점, 직전의 사고에 의하여 파손된 장소를 완전히 복구하는 데에는 어느 정도의 시일을 요하는 점 등이 하자를 부정하는 이유라고 할 수 있다.

(다) 방호책 등의 안전시설

(ㄱ) 교통사고의 방지를 위한 방호울타리 등과 같은 도로안전시설을 설치하여야 한다. 교통사고를 방지하기 위하여 필요하다고 인정되는 경우에는 시선유도시설, 방호울타리, 충격흡수시설, 조명시설, 과속방지시설, 도로반사경, 미끄럼방지시설, 노면요철포장, 긴급제동시설, 안개지역 안전시설, 횡단보도육교(지하횡단보도를 포함

한다) 등의 도로안전시설을 설치하여야 한다(규칙 38①). 도로의 부속물을 설치하는 경우에는 교통약자의 통행 편의를 고려하여야 하며, 필요하다고 인정되는 경우에는 교통약자를 위한 별도의 시설을 설치하여야 한다(규칙 38②). 교통 소통에 지장을 주거나 도로의 구조에 손상을 입힐 가능성이 있는 곳에는 방호시설을 설치해야 한다. 낙석, 붕괴, 파랑(波浪), 바람 또는 적설 등으로 인하여 교통 소통에 지장을 주거나 도로의 구조에 손상을 입힐 가능성이 있는 부분에는 울타리, 옹벽, 방호시설, 방풍시설 또는 제설시설을 설치하여야 한다(규칙 41).

(ㄴ) 반면, 중앙분리대에 상당히 견고한 방호책을 설치하면 중앙분리대에 부딪쳐 오른 차량이 방호벽에 격돌하여 중대한 사고를 야기하게 되고, 원래의 진행차선으로 튕겨져 나가 후속차량과 충돌할 위험성이 증대하기 때문에 여러 요청을 조화롭게 만족시켰는지 여부는 종합적으로 고찰하지 않으면 안 된다.

(라) 방호책의 하자에 관한 판례

(ㄱ) 방호책의 하자를 이유로 그 책임을 묻는 사례의 대부분은 사고차량이 도로에서 추락하지 않도록 안전성을 갖춘 가드레일을 설치하지 않았거나 그에 미흡한 점을 다투는 사례가 대부분이다. 즉, "국가배상법 제5조 제1항이 정하는 영조물의 설치 또는 관리의 하자라 함은 영조물의 축조에 불안전한 점이 있어 이 때문에 영조물 자체가 그 용도에 따라 통상 갖추어야 할 안전성을 갖추지 못한 상태 또는 관리의 잘못으로 통상 갖추고 있던 안전성을 결여한 상태에 있음을 말하는 것이나, 영조물의 설치 관리에 있어서 항상 완전무결한 상태를 유지할 정도의 고도의 안전성을 갖추지 아니하였다고 하여 영조물의 설치 또는 관리에 하자가 있는 것으로는 볼 수 없으며, 특히 영조물이 도로나 도로부속물(도로법 제4조, 동법 시행령 제1조의3 참조)인 경우, 그 설치 관리의 하자는 도로의 위치 등 장소적인 조건, 도로의 구조, 교통량, 사고시에 있어서의 교통사정 등 도로의 이용 상황과 그 본래의 이용목적 등 제반 사정과 물적 결함의 위치, 형상 등을 종합적으로 고려하여 사회통념에 따라 구체적으로 판단하여야 할 것인바, 이 사건에 있어서 피고(대한민국)가 설치한 영조물인 위 연석의 설치 또는 관리에 하자가 있었는지 여부에 관하여 보건대, 위 연석의 설치는 그 설치위치, 규모 및 형상, 위 연석이 설치되어 있는 이 사건 도로의 구조 및 이용 상황, 주변의 장소적 여건 등에 비추어 볼 때, 자동차가 노외로 벗어

남을 방지하기 위한 것이라기보다는 자동차 운전자의 시선 유도, 심적안정 유도 등을 통하여 교통사고의 발생을 방지하는 데에 그 주된 목적이 있다고 보여지고 따라서 비록 위 연석의 설치 후에 아스팔트를 덧씌우는 포장도 보수공사에 의하여 그 높이가 다소 낮아진 바 있다 하여도 위 연석은 여전히 그 설치목적인 자동차 운전자의 시선유도, 심적안정 유도 등의 기능을 충분히 발휘하고 있었다고 보여지므로 이 사건 사고발생 당시, 위 연석이 그 설치 및 관리에 있어서 통상 갖추어야 할 안전성을 결여하고 있었다고는 볼 수 없고, 달리 위 연석의 설치 또는 관리에 어떠한 하자가 있었다고 인정할 증거가 없을 뿐만 아니라, 가사 위 연석이 설치당시보다 그 높이가 다소 낮아진 점을 들어 이를 영조물 관리상의 하자에 해당한다 하더라도, 위에서 본 이 사건 사고발생의 경위에 비추어 볼 때, 위 연석이 설치당시의 높이를 그대로 유지하고 있었다고 하더라도 그것이 이 사건 사고발생 및 그로 인한 손해를 방지할 수는 없었다고 보여지므로 위와 같은 하자는 이 사건 사고의 발생과 상당인과관계가 있다고 볼 수도 없다"(서울고등법원 1997. 9. 26. 선고 97나22364 손해배상(기)).[39]

---

39) 이 사건 사고 장소는 춘천에서 국도 5호선을 따라서 춘천댐을 지나 화천방면으로 약 5km 되는 지점으로서, 위 도로의 노폭은 약 7m 정도이고, 사고지점의 사고차량 진행방향 우측에는 높은 산들이, 좌측에는 춘천호수가 있으며, 사고지점에서 화천쪽으로는 약 30m, 춘천쪽으로는 약 50m, 총 80m 정도가 거의 일직선으로 되어 있고, 그 일직선이 끝나는 지점 양쪽은 약간의 커브길이다. 이 사건 사고 도로에는 춘천에서 화천 방면으로 거의 일직선으로 된 도로가장자리를 따라 황색 연석이 여러 개 설치되어 있는데, 위 연석들은 피고가 1982.경 설치한 것으로, 위 설치 당시에는 그 높이가 약 20~25cm 가량 되었으나, 이 사건 사고 당시 위 사고차량이 상부를 충격하면서 타고 넘어간 연석은 도로 안쪽의 높이가 낮은 곳은 약 8cm, 높은 곳은 약 11cm 정도로 설치 당시보다 낮아져 있었다.

피고는 1992.경 위 도로에 대해 약 5cm 높이의 아스팔트를 덧씌우는 포장도보수공사를 1회 실시하였으나 그 후에는 포장도보수공사를 실시한 사실이 없고, 위 연석은 설치 후에 그 높이를 높이거나 교체한 사실이 없다.

도로법 제39조 의 규정에 의하여 도로의 구조 및 도로의 유지와 수선에 관한 일반적 기술적 기준을 정한 대통령령인, 도로의 구조 시설기준에 관한 규정(1994. 12. 23. 대통령령 제14447호로 개정되기 전의 것) 제30조 제1항 에 의하면, 교통사고의 방지를 위하여 필요하다고 인정하는 경우에는 횡단보도 육교 방호울타리 조명시설 시선유도표지 도로반사경 표지병 충격흡수시설 과속방지시설 등의 교통안전시설을 설치하여야 한다고 규정되어 있고, 건설교통부가 1989년 경 각급 도로관리청에 시달한 도로안전시설 설치편람에 의하면, 연석은 배수조정, 자동차의 시선유도 및 자동차가 노외로 벗어남을 방지하기 위하여 설치하는 구조로서 일반도로의 보차도 경계부 및 저급의 고속도로로서 중앙분리대 폭이 좁고 방호책을 설치하지 않는 구간 및 교량, 고가 등에 높이 20~25cm를 설치하며 기타 중앙분리대의 방호책 설치구간 및 본선 제 시설의 변속차선 및 램프에 설치하는 연석은 높이 12~15cm로 하고, 특히 교량에 설치하는 연석은 미관보다 강도와 연석높이를 고려하여 차량이탈을 방지하도록 해야 한다고 규정하고 있다(서울고등법원 1997. 9. 26. 97나22364 손

(ㄴ) 관광버스를 타고 가다가 고속도로 비상주차대에서 하차한 소외인이 도로를 따라 설치된 방음벽과 가드레일 사이에 있는 30cm 정도의 틈을 통하여 빠져나가 고속도로 옆 경사면을 내려가던 중 미끄러지면서 옹벽 밑 도로에 추락하여 사망한 사안에서, 위 도로에 도로가 통상 갖추어야 할 안전성이 결여된 설치·관리상의 하자가 있다고 볼 수 없음에도, 이와 달리 본 원심판결[40]에 법리오해 등의 위법이 있다고 한 사례(대법원 2012. 2. 9. 2011다95267 손해배상(기))가 있다. 이 사안은 가드레일 자체의 설치·관리의 하자라기보다는 영조물의 통상적인 용법에 의하지 아니한 사고로 발생한 손해의 책임 여부에 관한 것이다. 즉, "이 사건 사고가 난 도로에 도로가 통상 갖추어야 할 안전성이 결여된 설치·관리상의 하자가 있었다는 원심의 판단은 다음과 같은 이유로 수긍할 수 없다. 기록에 의하면 피고는 2002년경 종전의 버스정류장을 폐쇄하면서 버스정류장 앞뒤로 길이 200m 내지 300m의 방음벽을 설치하였고 현재는 그 버스정류장 일대가 비상주차대로 사용되고 있음을 알 수 있는 점, 이 사건 하차장소 일대가 인근에 마을이 있고 약 8년 전까지 버스정류장으로 사용된 곳이라고 하더라도 고속도로 비상주차대에서 하차한 승객이 사람의 통

해배상(기)).

40) 원심은, 이 사건 하차장소는 그 부근이 2002년경까지 버스정류장으로 사용되었다가 지금은 비상주차대로 사용되는 곳으로서 마을이 인접해 있는데 버스정류장이 폐쇄된 이후 고속도로에서 마을로 통하는 통행로가 없어진 반면, 이 사건 하차장소의 고속도로 옆 경사면을 따라 조금만 내려가면 마을로 통하는 길에 이르게 되어 있는 점, 관광버스 등을 이용하는 승객들 가운데 인근 마을에 거주하는 사람들 중에는 고속도로를 따라 멀리 돌아서 마을로 들어가기보다는 이 사건 비상주차대에 차량을 정차시킨 후 차량에서 내려 이 사건 하차장소 부근의 고속도로 옆 경사면을 통행로 삼아 마을로 들어가려는 사람이 있을 수 있고, 때마침 그곳에 설치되어 있는 방음벽과 가드레일 사이에 사람이 통과할 수 있는 정도의 간격이 있으므로 더더욱 그러한 승객들이 있을 가능성이 높다고 보아야 할 것인 점, 실제로 이 사건 하차장소의 가드레일 바깥쪽으로 사람들이 수풀을 밟고 지나다닌 흔적이 있는 점 등에 비추어 볼 때, 이 사건 사고가 난 장소의 특성상 이 사건과 같이 인근에 거주하는 버스 승객 등이 이 사건 하차장소에서 하차하여 방음벽과 가드레일의 틈 사이를 통하여 경사면을 내려가다가 어두운 밤중에 급경사 때문에 추락할 가능성이 있다는 것은 예견할 수 있었다고 보아야 할 것이고, 따라서 도로를 관리하는 피고로서는 이 사건 비상주차대에서 승객을 하차시킬 목적으로 정차하지 못하게 하거나 이 사건 하차장소 부근의 고속도로 옆 경사면의 통행을 금지하고 추락 위험을 경고하는 내용의 표지판을 설치하며, 가드레일과 방음벽 사이의 틈을 메우는 등 사람들이 이 사건 하차장소에서 하차하여 부근의 고속도로 옆 경사면으로 통행하지 못하도록 조치를 취하여야 할 것임에도, 그러한 조치를 전혀 취하지 아니하여 이 사건 사고가 난 도로에는 도로가 통상 갖추어야 할 안전성이 결여된 설치·관리상의 하자가 있었고 그로 인하여 이 사건 사고가 발생하였다고 보아야 할 것이므로, 그 도로를 관리하는 피고로서는 이 사건 사고로 인하여 소외인 및 원고들이 입은 손해를 배상할 책임이 있다고 판단하였다(대법원 2012. 2. 9. 2011다95267 손해배상(기)).

행을 위한 길이 아닌 고속도로 옆 경사면을 따라 내려가 마을로 가려고 하는 것은 매우 이례적인 행동인 점 등을 앞서 본 법리에 비추어 볼 때, 특별한 사정이 없는 한 피고가 위와 같이 200m 내지 300m 길이의 방음벽을 설치한 것 이외에 더 나아가 위와 같은 이례적인 행동을 예견하여, 이 사건 하차장소에서 승객을 하차시킬 목적으로 차량을 정차하지 못하게 하거나 이 사건 하차장소 부근의 고속도로 옆 경사면의 통행을 금지하고 추락 위험을 경고하는 내용의 표지판을 설치하며 가드레일과 방음벽 사이의 틈을 메우는 등의 조치까지 취하여야 할 의무가 있다고 보기 어렵고, 따라서 그와 같은 조치가 취해지지 않았다고 하여 이 사건 사고가 난 도로에 도로가 통상 갖추어야 할 안전성이 결여된 설치·관리상의 하자가 있다고 보기 어렵다.

그럼에도 불구하고 원심은 그 판시와 같은 이유만으로 이 사건 사고가 난 도로의 설치·관리상의 하자가 있다고 판단하였으니, 이러한 원심의 조치에는 도로의 설치·관리상의 하자에 관한 법리를 오해하는 등으로 판결에 영향을 미친 위법이 있다"(대법원 2012. 2. 9. 2011다95267 손해배상(기)).

㈐ 일본 판례 중에는 방호책의 설치하지 않는 것이 도로의 안전성을 갖추지 못한 취지라는 사례를 볼 수 있다. 즉, "운하에 접하여 있는 시내를 야간 강우시에 택시가 승객을 태우고 가던 중 운하가 있는 것을 알지 못하고 전락하여 승객이 사망한 사안에서, 본건 사고현장은 야간에는 아주 어두워 시야가 좋지 않고 강우시에는 비와 운하에 자욱히 낀 안개 때문에 운하방향에 대한 시계가 일층 악화되어 운하의 존재를 알 수 없는 염려가 있기 때문에 도로관리자로서는 본건 사고현장 부근에 조명설비를 갖추거나, 본건 도로와 운하와의 경계에 방호책이나 주의표시 등을 설치하여 두었어야 하는데도 이들 설비가 전혀 없었다는 점에서 본건 도로는 통상 갖추어야 할 안전성을 결여한 것이었다"(大阪地判 소화 50. 3. 14. 交通民集 8권 2호, 414면)고 판시하였다.

㈑ 市道의 근처에 저수지(넓이 약 2,300m², 깊이 약 1.5m)가 있고 그곳에 높이 약 25cm의 차량통행금지판이 설치되어 있었을 뿐이었는데, 6세의 남자 아이가 시도에서 저수지에 전락 익사한 사안에서 본건 사고 전 6개월 사이에 3건의 전락사고가 발생하였고, 유아·아동이나 노인이 본건 시도에서 저수지에 전락한 경우는 생명·

신체에 대한 위험성이 확실히 높기 때문에 저수지의 관리자인 財産區 및 본건 시도의 관리자인 시로서는 저수지와 본건 시도와의 사이에 방호책 등을 설치하는 등 적절한 안전조치를 취하였어야 한다(大阪地判 소화 53. 6. 29. 判例タイムズ 371호, 123면)고 판시하였다.

(ㅁ) 도로관리자의 하자가 긍정된 사안에서는 하자를 긍정한 이유로 사고를 예측할 수 있었음에도 불구하고 방호책 등을 설치하는 것을 태만히 하였거나 그것이 불충분하였다는 점, 운전자의 부당·위법한 운전도 일반적으로 예측하기 어려운 정도의 비정상적인 것이 아니었다는 점 등이 거론되고 있다. 다만, 운전자의 부주의도 사고발생에 기여한 경우가 많기 때문에 대폭적인 과실상계가 되는 사례가 많다.

(ㅂ) 이와 달리 하자를 부정한 사례로서는 산간지역의 도로를 야간에 강우시에 주행하고 있던 택시가 도로에 접하고 있는 하천과 노면의 식별을 잘못하여 하천에 전락하여 차가 크게 부서진 사안에서, 안전성의 확보라는 측면에서는 시선유도표시 내지 야간조명설비의 설치로 족하고, 이에 더하여 가드레일을 설치할 필요는 없다고 여겨지기 때문에 이를 긍정하기 위해서는 그 외에 특별한 사정이 존재하지 않으면 안 된다고 하여 하자를 긍정한 원심판결(大阪高判 소화 51. 3. 19. 交通民集 13권 6호, 1407면)을 파기하였다(最判 소화 55. 12. 11. 交通民集 13권 6호, 1399면).

(ㅅ) 하자가 부정된 사례에서는 우선 하자의 판단기준으로서 영조물의 구조, 용법, 장소적 환경 및 이용 상황 등 제반사정을 종합적으로 고려하여 영조물이 통상 갖추어야 할 안전성을 결여하고 있는 것이고 발생할 수 있는 모든 사태를 상정하여 방호시설을 완비하여야 하는 것은 아니고 통상 예측할 수 없는 비정상적인 이용의 결과 발생한 사고에 대하여까지 설치·관리의 하자를 인정할 수 없다는 등의 일반론이 제시되고 있다.

하자를 부정한 사례의 구체적 사안을 검토하면 운전자가 통상의 주의의무를 다하였다면 사고는 발생하지 않았을 것이라는 점, 사고는 운전자의 과실에 의하여 발생한 것이라는 점, 사고는 통상 예상할 수 없는 것이라는 점, 방호책에 대하여 설치기준은 하자의 유무를 판단하는 참고자료가 되는 데 불과하다는 점 등을 이유로 하자가 부정되고 있다.

㈒ 신호기의 하자에 관한 판례

㈀ '신호기'란 도로교통에서 문자·기호 또는 등화(燈火)를 사용하여 진행·정지·방향전환·주의 등의 신호를 표시하기 위하여 사람이나 전기의 힘으로 조작하는 장치를 말한다(도로교통법 2⒂). 신호기는 「도로의 구조·시설 기준에 관한 규칙」상의 보행시설물에 해당한다. 즉, '보행시설물'이란 보행자가 안전하고 편리하게 보행할 수 있도록 하기 위하여 설치하는 속도저감시설, 횡단시설, 교통안내시설, 교통신호기 등의 시설물을 말한다(도로의 구조·시설 기준에 관한 규칙 2(35)). 교통사고를 방지하기 위하여 필요하다고 인정되는 경우에는 시선유도시설, 방호울타리, 충격흡수시설, 조명시설, 과속방지시설, 도로반사경, 미끄럼방지시설, 노면요철포장, 긴급제동시설, 안개지역 안전시설, 횡단보도육교(지하횡단보도를 포함한다) 등의 도로안전시설을 설치하여야 한다(도로의 구조·시설 기준에 관한 규칙 38①). 도로의 부속물을 설치하는 경우에는 교통약자의 통행 편의를 고려하여야 하며, 필요하다고 인정되는 경우에는 교통약자를 위한 별도의 시설을 설치하여야 한다(도로의 구조·시설 기준에 관한 규칙 38②).

㈁ 이러한 교통안전시설의 설치·관리권자 및 비용부담자 등에 대해서는 「도로교통법」이 정하고 있다. 즉, 특별시장·광역시장·제주특별자치도지사 또는 시장·군수(광역시의 군수는 제외한다. 이하 "시장등"이라 한다)는 도로에서의 위험을 방지하고 교통의 안전과 원활한 소통을 확보하기 위하여 필요하다고 인정하는 경우에는 신호기 및 안전표지(이하 "교통안전시설"이라 한다)를 설치·관리하여야 한다. 다만, 「유료도로법」 제6조에 따른 유료도로에서는 시장등의 지시에 따라 그 도로관리자가 교통안전시설을 설치·관리하여야 한다(도로교통법 3①). 도(道)는 제1항에 따라 시장이나 군수가 교통안전시설을 설치·관리하는 데에 드는 비용의 전부 또는 일부를 시(市)나 군(郡)에 보조할 수 있다(도로교통법 3②). 시장등은 대통령령으로 정하는 사유로 도로에 설치된 교통안전시설을 철거하거나 원상회복이 필요한 경우에는 그 사유를 유발한 사람으로 하여금 해당 공사에 드는 비용의 전부 또는 일부를 부담하게 할 수 있다(도로교통법 3③).

㈂ 교통신호기는 차량의 흐름이나 보행인의 통제라는 측면에서 매우 효과적인 시설이다. 도로에서 교차되는 다양한 형태의 교통기관들에게 통행권을 부여하고 교

통지시를 하기 때문에 교통의 흐름에 대한 큰 영향을 미치고 있다. 적절한 신호기의 설치 및 운용은 질서있는 교통소통, 교통용량의 증대, 교통사고의 감소, 주행속도의 증대 등을 도모할 수 있게 되는 장점이 있다. 반면에 그러한 시설의 설치, 운용이 불량한 경우에는 오히려 과도한 교통지체를 유발하거나 교통신호를 무시하는 경향이 발생하거나 교통신호의 회피 또는 우회주행의 요인이 될 수도 있다. 또 교통사고를 증가(특히 충돌사고)시키는 요인이 되는 등의 역기능도 있을 수 있다.

(ㄹ) 신호기의 설치·관리는 특별시장·광역시장·제주특별자치도지사 또는 시장·군수(광역시의 군수는 제외한다)에게 있다. 그러나 신호기는 도로에서의 위험을 방지하고 교통의 안전과 원활한 소통을 확보하기 위한 도로경찰권의 발동으로 조작되고 관리된다. 도로를 통행하는 보행자와 모든 차마의 운전자는 교통안전시설이 표시하는 신호 또는 지시와 교통정리를 하는 국가경찰공무원·자치경찰공무원 또는 경찰보조자(이하 "경찰공무원등"이라 한다)의 신호 또는 지시가 서로 다른 경우에는 경찰공무원등의 신호 또는 지시에 따라야 한다(도로교통법 5②).

(ㅁ) 교통신호기의 고장으로 인하여 교통사고가 발생한 경우에 관한 법률관계를 비교적 명료하게 정리한 판례가 있다. 즉, "도로교통법 제3조 제1항은 특별시장·광역시장 또는 시장·군수(광역시의 군수를 제외)는 도로에서의 위험을 방지하고 교통의 안전과 원활한 소통을 확보하기 위하여 필요하다고 인정하는 때에는 신호기 및 안전표지를 설치하고 이를 관리하여야 하도록 규정하고, 도로교통법시행령 제71조의 2 제1항 제1호는 특별시장·광역시장이 위 법률규정에 의한 신호기 및 안전표지의 설치·관리에 관한 권한을 지방경찰청장에게 위임하는 것으로 규정하고 있는바, 이와 같이 행정권한이 기관위임된 경우 권한을 위임받은 기관은 권한을 위임한 기관이 속하는 지방자치단체의 산하 행정기관의 지위에서 그 사무를 처리하는 것이므로 사무귀속의 주체가 달라진다고 할 수 없고, 따라서 권한을 위임받은 기관 소속의 공무원이 위임사무처리에 있어 고의 또는 과실로 타인에게 손해를 가하였거나 위임사무로 설치·관리하는 영조물의 하자로 타인에게 손해를 발생하게 한 경우에는 권한을 위임한 관청이 소속된 지방자치단체가 국가배상법 제2조 또는 제5조에 의한 배상책임을 부담하고, 권한을 위임받은 관청이 속하는 지방자치단체 또는 국가가 국가배상법 제2조 또는 제5조에 의한 배상책임을 부담하는 것이 아니므로, 지

방자치단체장이 교통신호기를 설치하여 그 관리권한이 도로교통법 제71조의2 제1항의 규정에 의하여 관할 지방경찰청장에게 위임되어 지방자치단체 소속 공무원과 지방경찰청 소속 공무원이 합동근무하는 교통종합관제센터에서 그 관리업무를 담당하던 중 위 신호기가 고장난 채 방치되어 교통사고가 발생한 경우, 국가배상법 제2조 또는 제5조에 의한 배상책임을 부담하는 것은 지방경찰청장이 소속된 국가가 아니라, 그 권한을 위임한 지방자치단체장이 소속된 지방자치단체라고 할 것이나, 한편 국가배상법 제6조 제1항은 같은 법 제2조, 제3조 및 제5조의 규정에 의하여 국가 또는 지방자치단체가 손해를 배상할 책임이 있는 경우에 공무원의 선임·감독 또는 영조물의 설치·관리를 맡은 자와 공무원의 봉급·급여 기타의 비용 또는 영조물의 설치·관리의 비용을 부담하는 자가 동일하지 아니한 경우에는 그 비용을 부담하는 자도 손해를 배상하여야 한다고 규정하고 있으므로 교통신호기를 관리하는 지방경찰청장 산하 경찰관들에 대한 봉급을 부담하는 국가도 국가배상법 제6조 제1항에 의한 배상책임을 부담한다"(대법원 1999. 6. 25. 99다11120 손해배상(자)).[41]

(ㅂ) 그리고 신호기와 관련된 손해배상 사건의 대부분은 신호기의 고장으로 인한 차량 간의 충돌사고와 보행신고에 따라 보행중인 보행자가 사고를 당한 경우가 문제되고 있다. 즉, 보행자 신호기가 고장 난 횡단보도 상에서 교통사고가 발생한 사안에서, 적색등의 전구가 단선되어 있었던 위 보행자 신호기는 그 용도에 따라

41) 원심판결이 인용한 1심판결 이유 및 기록에 의하면, 대전광역시장은 대전 대덕구 평촌동 534 주식회사 연합물산 앞 왕복 6차로 도로에 횡단보도와 신호기를 설치한 사실, 위 신호기의 관리권한은 도로교통법시행령 제71조의2 제1항의 규정에 의하여 충남지방경찰청장에게 위임되어 대전광역시 소속 공무원과 충남지방경찰청 소속 공무원이 합동근무하는 교통종합관제센터에서 그 관리업무를 담당한 사실, 1996. 10. 2. 밤 낙뢰로 위 신호기에 고장이 발생하여 보행자신호기와 차량신호기에 동시에 녹색등이 표시되게 되었는데 이러한 고장 사실이 다음날인 1996. 10. 3. 12:13경, 15:56경, 15:29경 3차례에 걸쳐 충남지방경찰청 교통정보센터에 신고된 사실, 교통정보센터는 수리업체에 연락하여 수리하도록 하였으나 수리업체 직원이 고장난 신호등을 찾지 못하여 위 신호기가 고장난 채 방치되어 있던 중 1996. 10. 3. 15:40경 보행자신호기의 녹색등을 보고 횡단보도를 건너던 원고 홍○○이 차량신호기의 녹색등을 보고 도로를 주행하던 승용차에 충격되어 상해를 입는 교통사고가 발생한 사실을 인정할 수 있는바, 원심은 사고 전날 낙뢰로 인한 신호기의 고장을 피고 소속 경찰관들이 순찰 등을 통하여 스스로 발견하지 못하고, 고장사실이 3차례에 걸쳐 신고되었음에도 불구하고 사고를 방지하기 위한 아무런 조치가 취해지지 않은 채 위 신호기가 고장난 상태로 장시간 방치된 점 등을 과실로 인정하고, 피고인 국가에 대하여 국가배상법 제6조 소정의 비용부담자로서의 배상책임이 있다고 판단하였다(대법원 1999. 6. 25. 99다11120 손해배상(자)).

통상 갖추어야 할 안전성을 갖추지 못한 관리상의 하자가 있어 지방자치단체의 배상책임이 인정된다고 한 사례(대법원 2007. 10. 26. 2005다51235 구상금)[42]가 있다.

(ㅅ) 가변차로에 설치된 두 개의 신호등에서 서로 모순되는 신호가 들어오는 오작동이 발생하였고 그 고장이 현재의 기술수준상 부득이한 것이라고 가정하더라도 그와 같은 사정만으로 손해발생의 예견가능성이나 회피가능성이 없어 영조물의 하자를 인정할 수 없는 경우라고 단정할 수 없다고 한 사례가 있다. 즉, "가변차로에 설치된 신호등의 용도와 오작동시에 발생하는 사고의 위험성과 심각성을 감안할 때, 만일 가변차로에 설치된 두 개의 신호기에서 서로 모순되는 신호가 들어오는 고장을 예방할 방법이 없음에도 그와 같은 신호기를 설치하여 그와 같은 고장을 발생하게 한 것이라면, 그 고장이 자연재해 등 외부요인에 의한 불가항력에 기인한 것이 아닌 한 그 자체로 설치·관리자의 방호조치의무를 다하지 못한 것으로서 신호등이 그 용도에 따라 통상 갖추어야 할 안전성을 갖추지 못한 상태에 있었다고 할 것이고, 따라서 설령 적정전압보다 낮은 저전압이 원인이 되어 위와 같은 오작동이 발생하였고 그 고장은 현재의 기술수준상 부득이한 것이라고 가정하더라도 그와 같은 사정만으로 손해발생의 예견가능성이나 회피가능성이 없어 영조물의 하

42) 원심판결 이유를 기록에 비추어 살펴보면, 이 사건 사고 장소가 평소 차량 및 일반인들의 통행이 많은 곳일 뿐만 아니라 가해 버스가 진행하던 도로는 편도 3차선의 넓은 도로여서 횡단보도 및 신호기가 설치되지 않을 경우 무단횡단 등으로 인하여 교통사고가 발생할 위험성이 높은 곳인 점, 이 사건 사고 장소에는 가해 버스의 진행방향에서 보아 교차로 건너편에 차량용 신호가 있고 교차로를 지난 직후 이 사건 보행자 신호기가 설치된 횡단보도가 있는데, 교차로를 통행하는 운전자로서는 차량용 신호기가 진행신호인 경우 횡단보도에 설치된 보행자 신호기가 정지신호일 것이라고 신뢰하고 횡단보도 앞에서 감속하거나 일단정지를 하지 않을 것이므로, 횡단보도에 설치된 보행자 신호기가 고장이 나서 그 신호기의 신호와 차량용 신호기의 신호가 불일치 또는 모순되는 경우 교통사고가 발생할 위험성이 큰 점, 보행자 신호기에 아무런 표시등도 켜져 있지 않은 경우 보행자가 횡단보도를 건너다가 사고가 발생하였다 하더라도 그 사고가 오로지 보행자의 과실에만 기인한 것이고 보행자 신호기의 고장과는 무관한 것이라고 할 수 없는 점, 특히 이 사건에서 피고와의 교통신호등 유지보수공사 계약에 따라 사고 장소의 각 신호기를 관리하여 오던 ○○건설이라는 업체는 매일 순회하면서 신호기의 정상작동 여부를 확인, 점검하여 고장 신호기를 보수하고 있는데 이 사건 사고 발생 이틀 후에야 비로소 위 고장 신호기가 수리된 점 등의 각 사정에 비추어, 피고가 자신이 관리하는 영조물인 이 사건 보행자 신호기의 위험성에 비례하여 사회통념상 일반적으로 요구되는 정도의 방호조치의무를 다하였다고는 볼 수 없고, 객관적으로 보아 시간적·장소적으로 영조물의 기능상 결함으로 인한 손해발생의 예견가능성과 회피가능성이 없는 경우에 해당한다고 볼 수도 없다는 이유로, 이 사건 사고 당시 적색등의 전구가 단선되어 있었던 이 사건 보행자 신호기에는 그 용도에 따라 통상 갖추어야 할 안전성을 갖추지 못한 관리상의 하자가 있었다고 본 원심의 판단은 정당하다(대법원 2007. 10. 26. 2005다51235 구상금).

자를 인정할 수 없는 경우라고 단정할 수 없다”(대법원 2001. 7. 27. 2000다56822 손해배상(자))[43]고 판시하였다.

(ㅇ) 이와 달리 교차로의 진행방향 신호기의 정지신호가 단선으로 소등되어 있는 상태에서 그대로 진행하다가 다른 방향의 진행신호에 따라 교차로에 진입한 차량과 충돌한 경우, 신호기의 적색신호가 소등된 기능상 결함이 있었다는 사정만으로 신호기의 설치 또는 관리상의 하자를 인정할 수 없다고 한 사례도 있다.

“원심은 김○순이 그 판시 일시에 신호기에 의하여 교통정리가 행하여지는 5거리 교차로인 이 사건 사고 장소를 진행방향 신호기의 정지신호(적색전구)가 단선으로 소등된 상태에서 그대로 진행하다가 때마침 다른 방향에서 진행신호에 따라 위 교차로에 진입한 소외 김○환 운전의 오토바이를 들이받아 이 사건 사고가 발생한 사실은 인정되나, 신호등이 점등되지 아니하였다는 상태 그 자체만으로는 피고에게

---

43) 원심은, 이 사건 사고 발생 당시 이 사건 신호등에 그 판시와 같은 고장이 있었던 사실은 인정하면서, 그 고장의 원인에 관하여 모순검지기에 흐르는 신호 전류가 적정전압보다 낮은 전압으로 되는 바람에 모순검지기로 제어되지 아니하여 이 사건 신호등에 모순된 신호가 발생하였을 것으로 추정하고, 이는 현재의 기술수준에 비추어 피할 수 없는 부득이한 상황이므로 이 사건 신호등의 설치·관리에 하자가 있었다고 볼 수 없다는 취지로 판단한 것으로 이해되나, 이는 수긍하기 어렵다.
먼저 원심이 채용한 증거들을 살펴보아도 모순검지기에 흐르는 신호 전류의 전압이 저전압인 경우 모순검지기로 제어되지 아니한다는 점에 관한 자료를 찾아볼 수 없다. 피고의 2000. 5. 26.자 준비서면에 첨부된 자료인 대구지방법원 95나10790 사건에 관한 엘지산전 주식회사의 사실조회회신 사본과 대구지방법원 97나5495 사건의 판결문 사본에 이 점에 관한 언급이 있으나, 위 자료들은 적법하게 증거조사되지도 않은 문서들임이 기록상 분명할 뿐만 아니라, 그 내용에 있어서도 가변차선 신호등이 아닌 일반적인 3색 또는 4색 교통신호 등에 관한 것으로서 그와 운용체계가 다른 이 사건 가변차로 신호등의 경우에 그대로 적용될 수 있다고 단정하기 어렵다. (중략) 그리고 가변차로에 설치된 신호등의 용도와 오작동시에 발생하는 사고의 위험성과 심각성을 감안할 때, 만일 원심이 본 바와 같이 가변차로에 설치된 두 개의 신호기에서 서로 모순되는 신호가 들어오는 고장을 예방할 방법이 없음에도 그와 같은 신호기를 설치하여 그와 같은 고장을 발생하게 한 것이라면, 그 고장이 자연재해 등 외부요인에 의한 불가항력에 기인한 것이 아닌 한 그 자체로 설치·관리자의 방호조치의무를 다하지 못한 것으로서 신호등이 그 용도에 따라 통상 갖추어야 할 안전성을 갖추지 못한 상태에 있었다고 할 것이고(신호등이 점멸되거나 아예 들어오지 않거나 또는 한 방향에서 볼 때 두 개의 모순되는 신호가 동시에 들어오는 오작동의 경우라면, 운전자가 신호기가 고장 났음을 쉽게 인지하고 신호기가 없는 상황과 같은 대비태세를 갖추어 운전할 수 있으므로 그러한 오작동이 발생하였다고 하여 곧바로 신호등이 통상 갖추어야 할 안전성을 갖추지 못하였다고 단정하기 어려운 면도 있겠으나, 이 사건에서와 같이 서로 모순되는 신호가 생기는 오작동의 경우라면 달리 보아야 할 것이다), 따라서 이 사건에서 설령 원심이 판시한 바와 같이 적정전압보다 낮은 저전압이 원인이 되어 위와 같은 오작동이 발생하였고 그 고장은 현재의 기술수준상 부득이한 것이라고 가정하더라도 그와 같은 사정만으로 손해발생의 예견가능성이나 회피가능성이 없어 영조물의 하자를 인정할 수 없는 경우라고 단정할 수 없을 것이다(대법원 2001. 7. 27. 2000다56822 손해배상(자)).

신호기의 설치, 보존에 어떠한 하자가 있었다고 단정할 수 없고, 한편 그 판결에서 채용하고 있는 증거들에 의하면, 피고가 관할하는 서울특별시 전역에는 약 13만여 개의 신호등 전구가 설치되어 있고 그중 약 300여 개가 하루에 소등되고, 신호등 전구의 수명은 전력변동률이 높아 예측하기 곤란하며, 신호등 전구가 단선되더라도 현장에 나가보지 않고는 이를 파악할 수 없어 평소 교통근무자 또는 도로이용자의 신고에 의하여 단선된 신호기를 교체하여 왔으나, 이 사건 신호기의 신호등 고장신고가 이 사건 사고발생 전까지 접수되지 아니한 사실 등을 인정할 수 있는바, 이러한 점에 비추어 피고가 신호등이 점등되지 아니하는 것을 즉시 발견할 것을 기대하기 어렵고, 달리 피고가 위 신호등이 점등되지 아니하고 있다는 신고를 받고도 교통정리원 등을 배치하여 교통정리를 하지 아니하면서 장시간 동안 이를 교체하지 아니한 채 방치하는 등과 같은 특별한 사정을 인정할 증거가 없으므로 피고에게 이로 인한 책임을 물을 수 없다고 판단하여 원고의 청구를 배척하고 있다.

원심이 확정한 서울특별시 전역의 신호기 설치 상황, 신호등이 소등되는 경우 대처할 수 있는 방법, 한편 이 사건 신호기의 고장신고가 이 사건 사고발생 전까지 접수되지 아니한 점 등 그 판시와 같은 사실관계와 교차로 진행방향의 신호기가 소등되었다 하더라도 좌우의 다른 신호기에 의하여 신호기의 내용을 확인할 수 있을 뿐만 아니라 차의 운전자로서는 신호기에 의한 교통정리가 행하여지고 있지 아니하는 교차로에 들어가려는 경우에도 도로교통법 제22조 제4항 내지 제7항 소정의 교차로 통행방법을 준수하여야 하는 점 등에 비추어 보면, 피고가 이 사건 신호기의 적색신호가 단선으로 소등되었다는 것을 바로 알 수 있었음에도 이를 알지 못한 잘못이 있다거나 그 소등으로 인하여 사고가 발생하리라는 것을 예측하고 이를 회피하지 못한 잘못이 있다고 할 수도 없으며, 더욱이 피고가 이 사건 교통신호기의 고장 사실을 바로 알 수 있었다고 볼 수도 없는 이상 사회통념상 이러한 경우까지 피고에게 이로 인한 사고의 발생을 방지할 수 있는 방호조치를 기대할 수도 있었다고 할 수는 없을 것이므로, 이 사건 신호기의 적색신호가 소등된 기능상 결함이 있었다는 사정만으로는 이 사건 신호기의 설치 또는 관리상의 어떠한 하자가 있었다고 할 수 없다. 원심이 같은 취지에서 피고에게 이 사건 사고에 대한 손해배상책임을 물을 수 없다고 판단한 것은 정당하다"(대법원 2000. 2. 25. 99다54004 구상금).

㈓ 위 판례는 신호기의 적색신호가 소등된 기능상 결함이 있었다는 사정만으로 신호기의 설치 또는 관리상의 하자를 인정할 수 없다며 하자를 부정하였다. 즉, "영조물이 완전무결한 상태에 있지 아니하고 그 기능상 어떠한 결함이 있다는 것만으로 영조물의 설치 또는 관리에 하자가 있다고 할 수 없는 것이고, 위와 같은 안전성의 구비 여부를 판단함에 있어서는 당해 영조물의 용도, 그 설치 장소의 현황 및 이용 상황 등 제반 사정을 종합적으로 고려하여 설치 관리자가 그 영조물의 위험성에 비례하여 사회통념상 일반적으로 요구되는 정도의 방호조치의무를 다하였는지 여부를 그 기준으로 삼아야 할 것이며, 객관적으로 보아 시간적·장소적으로 영조물의 기능상 결함으로 인한 손해발생의 예견가능성과 회피가능성이 없는 경우 즉 그 영조물의 결함이 영조물의 설치관리자의 관리행위가 미칠 수 없는 상황 아래에 있는 경우에는 영조물의 설치관리상의 하자를 인정할 수 없다고 할 것이다"(대법원 2000. 2. 25. 99다54004 구상금). 이는 방호조치의무를 다하였는지 여부를 중심으로 책임여부를 판단하면서 영조물의 결함이 영조물의 설치관리자의 관리행위가 미칠 수 없는 상황 아래에 있는 경우에는 관리하자 책임을 부정하고 있다. 이 판례는 피해자 보호보다는 신호기 관리자의 관리범위를 지나치게 고려한 것이라는 비판이 있을 수 있다.44)

㈔ 신호기의 관리하자에 대한 사례는 대부분 신호기가 사고당시 작동을 하지 않은 기능상의 장애로 인한 사고 때문이지만, 때로는 신호기가 도로상황과 일치하지 않는 잘못된 신호를 하고 있음으로 인하여 사고가 발생한 경우도 있다. 즉, "편

---

44) 위 판례는 국가배상책임의 유무를 판단함에 있어 영조물의 '통상 갖추어야 할 안전성'의 흠결 여부를 그 기준으로 삼고 있는데 이와 같은 안전성의 구비 여부를 판단함에 있어서는 물적 결함인 신호등이 점등되지 아니하였다는 상태라고 하는 객관적 요소뿐만 아니라 설치·관리자가 신호기의 적색신호가 단선으로 소등되었다는 것을 바로 알 수 있었음에도 이를 알지 못한 잘못이 있다거나 그 소등으로 인하여 사고가 발생하리라는 것을 예측하고 이를 회피하지 못한 잘못이 있는지의 여부라고 하는 주관적 요소를 또한 그 기준으로 삼고 있다면서, 이것은 때로는 객관적 요소에 의하거나, 주관적 요소에 의하거나 또는 객관적 요소와 주관적 요소를 아울러 고려하여 '정상적 유지의 흠결' 여부를 판단하고 있는 프랑스 판례태도와 정확히 일치하고 있어 통상 갖추어야 할 안전성의 흠결이란 곧 정상적 유지의 흠결과 같은 내용이라는 지적도 있다.

또한 신호기에 의하여 교통정리가 행하여지는 5거리 교차로인 장소를 진행방향 신호기의 정지신호(적색전구)가 단선으로 소등된 상태라는 물적인 하자가 문제되고 있음에도 방호조치의무를 다하였는지 여부를 기준으로 영조물의 설치·관리의 하자를 판단하고 있고, 이 사건에서 신호기의 설치 또는 관리상의 하자를 인정하지 않은 점에서 판례가 영조물의 설치·관리의 하자에 관하여 주관설을 취한 것이라고 보는 해석도 있다.

도 4차선의 간선도로를 따라 오다가 편도 1차선의 지선도로가 좌측에서 합류하는 삼거리 교차로를 지나 우측으로 굽은 간선도로를 따라 계속 진행하는 차량에 대하여 신호기가 우측 화살표 신호가 아닌 직진 신호를 표시한 경우, 그 신호기의 신호가 도로의 실제 상황과 일치하지 않는 잘못된 신호로서 신호기의 설치·관리에 하자가 있다고 할 수 없다. 신호기가 표시하는 신호 중 녹색 등화에 의한 신호는 차마가 직진할 수 있다는 뜻이기는 하나, 여기에서 '직진'이라 함은 어디까지나 '방향전환'에 대한 상대적 개념으로서, 문자 그대로 직선으로 나아감만을 의미하는 것이 아니라, 다른 길로 방향전환을 하지 않고 오던 길을 따라 그대로 계속 진행하는 것을 의미하는 것이다"(대법원 2000. 1. 14. 99다24201 손해배상(자)).[45]

㈒ 일본의 판례는 "신호기의 고장은 필연적이고 아무리 정기 혹은 수시로 보수점검이 이루어졌다고 해도 고장을 전무하게 할 수는 도저히 기대할 수 없고, 또 사전에 예지하는 것도 불가능"(福岡地判 소화 52. 4. 1. 判例時報 875호, 83면)하다고 하면서 "설치·관리자에게는 일응 회피할 수 없는 사태"였다고 판시하였다. 다만, 이 판결은 신호기의 고장가능성을 전제하면서도 수리하기까지의 지연된 시간을 문제 삼고 있다. 그렇지만 만약 "신호기의 감시태세가 충분히 정비되어 곧바로 조금(예를 들면, 5분이라도) 일찍 경찰이 고장을 발견하여 대응조치를 취하였다면, 본건 사고의 발생을 회피할 수 있었다"고 판시하여 사고 발생의 회피가능성이 있었음을 이유로 신호기관리의 하자를 긍정한 바 있다.

---

45) 이 사건 신호기가 위 간선도로를 따라 오다가 교차로를 지나 간선도로로 그대로 계속 진행하고자 하는 이 사건 사고 승용차에 대하여, 방향전환을 뜻하는 녹색 화살표시 등화가 아니라 오던 길을 따라 그대로 계속 진행함을 뜻하는 녹색 등화로 그 진행이 허용됨을 표시하였다 하여 그 신호를 도로의 실제 상황에 부합하지 않는 잘못된 신호라고 할 수는 없다 할 것이다.

위와 같은 녹색 등화에 의한 신호는 운전자에게 위 간선도로가 우측으로 굽어 있다는 점을 일깨워 줄 충분한 표시가 되지 못하는 것은 사실이나, 신호기는 도로교통에 관하여 등화 등으로 진행·정지·방향전환·주의 등의 신호를 표시하기 위한 것일 뿐(법 제2조 제11호), 도로가 굽어 있다는 점을 일깨워 주기 위한 것은 아니므로, 위와 같은 사실을 들어 이 사건 신호기가 그 용도에 따라 통상 갖추어야 할 안전성을 갖추지 못한 상태에 있다고 할 수는 없다 할 것이다.

그럼에도 불구하고 원심은 녹색 등화에 의한 이 사건 신호기의 신호가 도로의 실제 상황과 일치하지 아니하는 잘못된 신호라고 보고 이 사건 신호기의 설치·관리에 하자가 있다고 판단하여 원고들의 이 사건 청구를 일부 인용하고 말았으니, 원심판결에는 신호기가 표시하는 신호의 의미에 관한 법리나 신호기의 설치·관리의 하자에 관한 법리를 오해한 위법이 있다 할 것이다(대법원 2000. 1. 14. 99다24201 손해배상(자)).

4) 교차로

(가) '교차로'란 '십'자로, 'T'자로나 그 밖에 둘 이상의 도로(보도와 차도가 구분되어 있는 도로에서는 차도를 말한다)가 교차하는 부분을 말한다(도로교통법 2⒀). 「도로와 다른 시설의 연결에 관한 규칙」 제2조 제5호는 '교차로'란 세갈래교차로, 네갈래교차로, 회전교차로, 입체교차로 등 둘 이상의 도로가 교차되거나 접속되는 공간이라고 정의한다.

(나) 「도로의 구조·시설 기준에 관한 규칙」은 교차로의 설치기준을 정하고 있다. 즉, 도로의 교차는 특별한 경우를 제외하고는 네 갈래 이하로 하여야 한다(규칙 31). 평면교차와 그 접속기준에 대하여는, 교차하는 도로의 교차각은 직각에 가깝게 하여야 한다(규칙 32①). 교차로의 종단경사는 3퍼센트 이하이어야 한다. 다만, 주변 지장물과 경제성을 고려하여 필요하다고 인정되는 경우에는 6퍼센트 이하로 할 수 있다(규칙 32②). 평면으로 교차하거나 접속하는 구간에서는 필요에 따라 회전차로, 변속차로, 교통섬 등의 도류화시설(도류화시설: 도로의 흐름을 원활하게 유도하는 시설)을 설치하여야 하며, 이에 관하여 필요한 사항은 국토교통부장관이 따로 정한다(규칙 32③). 교차로에서 좌회전차로가 필요한 경우에는 직진차로와 분리하여 설치하여야 한다(규칙 32④). 그리고 고속도로나 주간선도로의 기능을 가진 도로가 다른 도로와 교차하는 경우 그 교차로는 입체교차로 하여야 한다. 다만, 교통량 및 지형 상황 등을 고려하여 부득이하다고 인정되는 경우에는 그러하지 아니하다(규칙 33①). 고속도로 또는 주간선도로가 아닌 도로가 서로 교차하는 경우로서 교통을 원활하게 처리하기 위하여 필요하다고 인정되는 경우 그 교차로는 입체교차로 할 수 있다(규칙 33②). 입체교차를 계획할 때에는 도로의 기능, 교통량, 도로 조건, 주변 지형 여건, 경제성 등을 고려하여야 한다(규칙 33③).

(다) 교차로를 통과하는 운전자는 「도로교통법」이 정하는 통행방법을 준수해야 한다. 모든 차의 운전자는 교차로에서 우회전을 하려는 경우에는 미리 도로의 우측 가장자리를 서행하면서 우회전하여야 한다. 이 경우 우회전하는 차의 운전자는 신호에 따라 정지하거나 진행하는 보행자 또는 자전거에 주의하여야 한다(도로교통법 25①). 모든 차의 운전자는 교차로에서 좌회전을 하려는 경우에는 미리 도로의 중앙선을 따라 서행하면서 교차로의 중심 안쪽을 이용하여 좌회전하여야 한다. 다만,

지방경찰청장이 교차로의 상황에 따라 특히 필요하다고 인정하여 지정한 곳에서는 교차로의 중심 바깥쪽을 통과할 수 있다(도로교통법 25②). 제2항에도 불구하고 자전거의 운전자는 교차로에서 좌회전하려는 경우에는 미리 도로의 우측 가장자리로 붙어 서행하면서 교차로의 가장자리 부분을 이용하여 좌회전하여야 한다(도로교통법 25③). 제1항부터 제3항까지의 규정에 따라 우회전이나 좌회전을 하기 위하여 손이나 방향지시기 또는 등화로써 신호를 하는 차가 있는 경우에 그 뒤차의 운전자는 신호를 한 앞차의 진행을 방해하여서는 아니 된다(도로교통법 25④). 모든 차의 운전자는 신호기로 교통정리를 하고 있는 교차로에 들어가려는 경우에는 진행하려는 진로의 앞쪽에 있는 차의 상황에 따라 교차로(정지선이 설치되어 있는 경우에는 그 정지선을 넘은 부분을 말한다)에 정지하게 되어 다른 차의 통행에 방해가 될 우려가 있는 경우에는 그 교차로에 들어가서는 아니 된다(도로교통법 25⑤). 모든 차의 운전자는 교통정리를 하고 있지 아니하고 일시정지나 양보를 표시하는 안전표지가 설치되어 있는 교차로에 들어가려고 할 때에는 다른 차의 진행을 방해하지 아니하도록 일시정지하거나 양보하여야 한다(도로교통법 25⑥).

㈑ 신호기에 의하여 교통정리가 행하여지고 있는 교차로의 전방에 유턴을 허용하는 노면표지가 설치되어 있으나 교차로의 신호기에는 유턴 허용 시기에 관한 별도 표지가 부착되어 있지 않은 경우, 유턴을 할 수 있는 시기와 유턴을 하는 차량 운전자의 주의의무에 관한 사례가 있다. 즉, "신호기에 의하여 교통정리가 행하여지고 있는 교차로의 전방에 노면표지로서 유턴을 허용하는 안전표지가 설치되어 있으나, 전방의 교차로에 설치된 신호기에는 좌회전신호시 또는 보행신호시 유턴하라는 등의 별도 표지가 부착되어 있지 아니한 경우, 이와 같은 유턴 허용구역에서 유턴하려 하는 차량의 운전자는 도로교통법 제16조 제1항의 규정에 따른 통행방법에 따라 보행자나 다른 차마의 정상적인 통행을 방해할 염려가 없을 때에는 유턴할 수 있다고 할 것이고, 반드시 전방의 신호기가 좌회전신호로 바뀐 후에야 유턴하여야 하는 것은 아니라 할 것이며, 따라서 이와 같은 교차로에 설치된 신호기의 신호가 적색등화로 바뀐 다음 유턴 허용구역에서 다른 차마의 정상적인 통행을 방해할 염려가 없음을 확인하고 유턴하는 운전자로서는 특별한 사정이 없는 한 다른 차량들도 교통법규를 준수하고 충돌을 피하기 위하여 적절한 조치를 취할 것으로 믿고

운전하면 충분하고, 맞은 편 반대차선에서 정지신호를 위반하고 교차로를 통과하여 직진하여 오거나 자신의 차량을 들이받을 경우까지 예상하여 그에 따른 사고발생을 미리 방지할 특별한 조치까지 강구할 주의의무는 없다"(대법원 2005. 6. 10. 2004다29934 손해배상(자)).

(마) 가해차량이 신호등이 이미 정지신호로 바뀌고 어느 정도 시간이 경과되었음에도 정지신호를 무시한 채 교차로로 진입한 경우, 신호등에 따라 진행하던 운전자는 비록 과속한 잘못이 있다 하더라도 면책된다고 한 사례도 있다. 즉, "원고는 사고 장소 전 뉴코아백화점 사거리에서 출발하여 진행하다가 이 사건 교차로에 진입하기 전 녹색 진행신호를 확인하고 진행하여 오던 속력 그대로 또는 그 이상 가속하여 교차로에 진입함으로써 최소한 제한시속 80km 이상의 과속으로 진행한 사실, 소외인은 진행방향 2차선의 맨 앞에 정차해 있다가 정지신호임에도 좌회전을 하면서 교차로에 진입한 사실, 원고는 교차로 진입 전에 약 24.4m 전방에서 소외인의 아반테 승용차를 발견하였으나 멈추지 못한 채 그대로 충격한 사실을 인정할 수 있으므로, 이와 같이 신호에 따라 진행하던 원고로서는 비록 과속한 잘못이 있다 하더라도 소외인의 차량이 신호를 위반하고 자신의 진로를 가로질러 진행하여 오거나 자신의 차량을 들이받을 경우까지 예상하여 그에 따른 사고발생을 미리 방지할 특별한 조치까지 강구할 주의의무는 없다고 할 것이다"(대법원 2005. 5. 13. 2005다7177 손해배상(자)).

(바) 교통정리가 없는 교차로를 통과하는 운전자는 양보운전의무가 있다. 교통정리를 하고 있지 아니하는 교차로에 들어가려고 하는 차의 운전자는 이미 교차로에 들어가 있는 다른 차가 있을 때에는 그 차에 진로를 양보하여야 한다(도로교통법 26①). 교통정리를 하고 있지 아니하는 교차로에 들어가려고 하는 차의 운전자는 그 차가 통행하고 있는 도로의 폭보다 교차하는 도로의 폭이 넓은 경우에는 서행하여야 하며, 폭이 넓은 도로로부터 교차로에 들어가려고 하는 다른 차가 있을 때에는 그 차에 진로를 양보하여야 한다(도로교통법 26②). 교통정리를 하고 있지 아니하는 교차로에 동시에 들어가려고 하는 차의 운전자는 우측도로의 차에 진로를 양보하여야 한다(도로교통법 26③). 교통정리를 하고 있지 아니하는 교차로에서 좌회전하려고 하는 차의 운전자는 그 교차로에서 직진하거나 우회전하려는 다른 차가 있을 때

에는 그 차에 진로를 양보하여야 한다(도로교통법 26④).

(사) 차도가 서로 교차하고 보도도 이에 교차하는 지점을 교차로 또는 교차점이라고도 한다. 교차로는 차량과 보행자의 통행으로 인하여 빈번한 사고발생 지점의 하나가 되고 있다. 그 때문에 교차점에는 보행자의 안전을 위하여 횡단보도가 설치되고, 보행자 및 차량의 통행을 규율하기 위하여 신호기가 설치되어 있다. 신호기가 고장 나 작동이 정지된 교차점에서 적신호이지만 좌우를 확인한 후에 교차점에 진입한 피해차량의 측면을 가해차량이 충돌한 사고에 대하여 일본 민법 제709조 책임 외에 국가배상법 제2조의 신호기의 설치·관리자의 책임을 긍정한 판례(福岡地判 소화 52. 4. 1. 判例時報 875호, 83면)를 위에서 검토하였다. 그러나 사고발생의 가능성이 극히 높고 더욱이 일단 사고가 발생하면 대참사로 이어지기 쉬운 고속도로상의 장해물의 발견·제거에 관한 사례와 비교해 보면 본건에서 촌각을 다투는 것과 같은 엄격함을 요구하고 있는 것은 의문이다. 그러나 고속도로 상의 장해물이 차량의 낙하물이나 차량통행에 의한 산란물 등, 차량통행 그 자체에 수반하여 어느 정도 필연적으로 발생하고 시기장소 등에 대하여 우연에 의한 것이고 그 발견제거를 상시 기대할 수 없다. 그러나 신호기는 확실히 도로 안전시설의 가장 두드러진 것으로써 특히 중요한 교차점에서는 충분한 감시가 요청되며, 도로관리자 또는 신호기관리자의 관리범위에 속한다고 할 것이다.

5) 철도 건널목 사고

(가) 교차점과 유사하면서도 다른 특색을 가지고 있는 것으로 철도 혹은 전차의 전용궤도와 도로가 교차하는 건널목 사고이다. '철도'라 함은 여객 또는 화물을 운송하는 데 필요한 철도시설과 철도차량 및 이와 관련된 운영·지원체계가 유기적으로 구성된 운송체계를 말한다(철도산업발전기본법 3(1)). 「도로의 구조·시설 기준에 관한 규칙」은 도로와 철도의 교차에 관한 설치기준을 정하고 있다. 즉, 도로와 철도의 교차는 입체교차를 원칙으로 한다. 다만, 주변 지장물이나 기존의 교차형식 등으로 인하여 부득이하다고 인정되는 경우에는 예외로 한다(규칙 36①). 제1항 단서에 따라 도로와 철도가 평면교차하는 경우 그 도로의 구조는 다음 각 호[46]의 기준에 따른다

46) 1. 철도와의 교차각을 45도 이상으로 할 것
2. 건널목의 양측에서 각각 30m 이내의 구간(건널목 부분을 포함한다)은 직선으로 하고 그 구간 도로의 종단경사는 3퍼센트 이하로 할 것. 다만, 주변 지장물과 기존 도로의 현황을 고려하여

(규칙 36②). 철도를 횡단하여 교량을 가설하는 경우에는 철도의 확장 및 보수와 제설 등을 위한 충분한 경간장(徑間長)을 확보하여야 하며, 교량의 난간 부분에 방호울타리 등을 설치하여야 한다(규칙 36③).

(나) 그리고 운전자는 「도로교통법」이 정하는 바에 따라 철길 건널목을 통과하여야 한다. 모든 차의 운전자는 철길 건널목(이하 "건널목"이라 한다)을 통과하려는 경우에는 건널목 앞에서 일시정지하여 안전한지 확인한 후에 통과하여야 한다. 다만, 신호기 등이 표시하는 신호에 따르는 경우에는 정지하지 아니하고 통과할 수 있다(도로교통법 24①). 모든 차의 운전자는 건널목의 차단기가 내려져 있거나 내려지려고 하는 경우 또는 건널목의 경보기가 울리고 있는 동안에는 그 건널목으로 들어가서는 아니 된다(도로교통법 24②). 모든 차의 운전자는 건널목을 통과하다가 고장 등의 사유로 건널목 안에서 차를 운행할 수 없게 된 경우에는 즉시 승객을 대피시키고 비상신호기 등을 사용하거나 그 밖의 방법으로 철도공무원이나 경찰공무원에게 그 사실을 알려야 한다(도로교통법 24③).

(다) 기차 혹은 전차와 자동차 간에 충돌사고가 생기는 때에는 건널목의 설치·관리하자가 문제된다. 철도건널목의 설치·관리상의 하자를 인정하는 사례들은 적지 않다. 철도건널목의 보안설비의 흠결이 영조물의 설치·관리상의 하자라고 할 수 있는 것인지 여부는 건널목이 설치된 위치, 통행하는 교통량, 부근의 상황 특히 건널목을 건너려는 사람이 열차를 발견할 수 있는 거리, 반대로 열차의 운전자가 건널목을 건너려는 사람이나 차량 등을 발견할 수 있는 거리 등 모든 사정을 고려하여 사회통념에 따라 결정하여야 하고, 철도청의 내부 규정인 건널목설치및설비기준규정은 철도건널목 설치·관리상의 하자를 판단하는 하나의 참작 기준이 될 수 있을 뿐이고, 위 규정이 정하는 기준에 맞추어 철도건널목의 보안설비가 설치되어 있다 하더라도 반드시 철도건널목 설치·관리상의 하자가 없는 것이라고 단정할 수 없다(대법원 1997. 6. 24. 97다10444 손해배상(기)).[47]

부득이하다고 인정되는 경우에는 예외로 한다.

3. 건널목 앞쪽 5m 지점에 있는 도로 중심선 위의 1m 높이에서 가장 멀리 떨어진 선로의 중심선을 볼 수 있는 곳까지의 거리를 선로방향으로 측정한 길이(이하 "가시구간의 길이"라 한다)는 철도차량의 최고속도에 따라 다음 표의 길이 이상으로 할 것. 다만, 건널목차단기와 그 밖의 보안설비가 설치되는 구간의 경우에는 예외로 한다.

47) 건널목의 위치, 교차하는 도로의 상황, 교통량, 열차 운전자의 투시거리와 열차의 제동거리, 건널

㈑ 과거에는 철도사업을 국가에서 관장하였기에 철도건널목 사고에 대한 손해배상청구도 '대한민국'을 피고로 한 바 있다. 그러나 현재는 「한국철도공사법」에 따라 '한국철도공사'를 설립하여 ① 철도여객사업, 화물운송사업, 철도와 다른 교통수단의 연계운송사업, ② 철도 장비와 철도용품의 제작·판매·정비 및 임대사업, ③ 철도 차량의 정비 및 임대사업, ④ 철도시설의 유지·보수 등 국가·지방자치단체 또는 공공법인 등으로부터 위탁받은 사업 등을 하도록 하고 있다(한국철도공사법 9①).[48] 따라서 피해자가 만취 상태로 철도 건널목을 횡단해 철로에서 누워 있는 상태인 사람을 KTX 열차가 역과해 사망케 한 사안에서, 울타리 등 안전시설 미설치로 인한 하자를 인정해 한국철도공사(코레일)에 대해 손해배상책임을 인정하면서 그 책임을 20%로 제한하였던 사례도 있다.

㈒ 갑이 전철 승강장에서 시각장애로 철로에 떨어지는 사고를 당하여 부상을 입자 한국철도공사[49]를 상대로 손해배상을 청구한 사안에서, 위 승강장은 사고 당시 일부 안전설비가 갖추어져 있기는 하지만 '장애인·노인·임산부 등의 편의증진 보장에 관한 법률'에 규정된 표준규격의 감지용 점형블록이나 안전펜스가 설치되어 있지 않았을 뿐만 아니라, 비록 법률 등에 규정되어 있지는 않지만 승객의 실족 등 안전사고를 방지하기 위하여 역무원이나 공익근무요원 등 안전요원을 승강장에 상시 근무하도록 하여 위와 같은 사고를 방지하도록 함이 상당함에도 불구하고 위와 같은 안전조치를 이행하지 않았고, 위와 같은 안전시설 또는 안전조치로 인한 사고 발생의 방지가능성과 그에 소용되는 시설비 등을 고려하면 위와 같은 방호조치의 이행이 과도한 재정적 부담이 된다고 할 수 없는 점을 감안할 때 위 승강장은 장애인 등을 포함한 승객의 안전을 보호하기 위하여 통상 갖추어야 할 안전성을 결여한

목의 안전설비의 내용, 그곳에서의 사고발생 빈도와 사고 당시의 제반 상황을 고려하여 열차와 횡단 자동차가 서로를 인식할 수 있는 가시거리가 지나치게 짧은 데 비하여 차단기를 운영하지 아니하는 등 안전설비가 불충분하다고 하여 철도건널목의 설치·관리상의 하자를 인정한 사례(대법원 1997. 6. 24. 97다10444 손해배상(기)).

48) 「한국철도시설공단법」은 한국철도시설공단을 설립하여 ① 철도시설의 건설 및 관리, ② 외국철도 건설과 남북 연결 철도망 및 동북아 철도망의 건설, ③ 철도시설에 관한 기술의 개발·관리 및 지원, ④ 철도시설 건설에 따른 철도의 역세권 및 철도 부근 지역의 개발·운영, ⑤ 건널목 입체화 등 철도 횡단시설사업, ⑥ 철도의 안전관리 및 재해 대책의 집행 등의 사업을 하도록 하고 있다(한국철도시설공단법 7).

49) 한국철도공사는 2005. 1. 1. 설립되어 공사 설립 전의 철도청 또는 한국고속철도건설공단의 권리·의무를 포괄적으로 승계하였다.

설치·보존상의 하자가 있다고 하여 갑의 청구를 인용한 사례도 있다(서울고등법원 2005. 9. 27. 2004나80337 손해배상(기)).

(바) 반면, 철도 직원이나 그 승낙을 받은 차량 정도가 제한적으로 출입하는 통행로에 설치된 역 구내의 철도건널목에 관하여 설치·관리상의 하자가 없다고 한 사례도 있다. 즉, "원심이 이 사건 건널목의 진입로 전방에 차량 일시정지선과 안전표지판 및 적색경고등이 설치되어 있고 그 일대 선로가 일직선으로 되어 있는 사실을 인정한 조치는 정당하고, 거기에 소론과 같은 채증법칙 위배로 인한 사실오인의 위법이 있다고 할 수 없고, 사실관계가 위와 같다면, 이 사건 건널목은 우선 서울역 구내에 위치한 철도용지로서 철도법 제78조 및 철도용지및퇴거지역의범위에관한규정 제1호 (가)목의 규정에 의하여 현실적으로 불특정 다수의 사람 또는 차량의 통행을 위하여 공개된 장소가 아니라 단지 철도직원이나 역업무를 수행하는 차량을 제외하고는 화물탁송 집하장에 출입하는 차량이나 홍익회 소속 물품운반차량 정도가 철도직원의 승낙을 받아 제한적으로 출입하는 통행로에 불과하여, 처음부터 건널목설치및설비기준규정(1994. 2. 1. 철도청훈령 제6847호)의 적용 대상에서 제외됨에도 건널목 교통안전표지와 함께 경광등을 설치하고 건널목 안내원을 상근시킴으로써 위 기준규정상 2종 건널목보다 더 충실한 보안설비를 갖추었다고 할 것이므로, 피고로서는 이 사건 건널목에 관하여 그 위험성에 비례하여 사회통념상 일반적으로 요구되는 정도의 방호조치의무를 다하여 그 설치 또는 관리에 하자가 있다고 볼 수 없다 할 것이다"(대법원 1998. 5. 22. 97다57528 손해배상(기))라고 판시했다.

(사) 또한 철도 건널목을 통과하려던 차량이 운행 중인 열차와 충돌한 사고에서, 국가의 철도 건널목 설치·보존상의 하자나 열차 기관사의 과실을 부인한 사례가 있다. 철도 건널목을 통과하려던 차량이 운행 중인 열차와 충돌한 사고에서, 국가가 그 건널목을 철도청 훈령인 건널목의설치및설비기준규정에 의한 3종 건널목에 해당하는 것으로 보아 3종 건널목에 설치되어야 할 입간판표시와 경보기 등 설비가 구비되어 정상작동하고 있었다면 1종 건널목에 요구되는 차단기 설치나 안내원 배치를 아니한 사실이 건널목 설치·보존상의 하자에 해당한다거나 사고발생과의 사이에 상당인과관계가 있다고 볼 수 없고, 사고차량이 그 안전설비에 따른 지시나 도로교통법상의 일단정지의무를 무시한 채 그대로 건널목을 통과하려 하였다면 기관

사가 사고차량을 발견하자마자 경적을 울리고 비상제동조치를 취한 이상 기관사에게 어떤 과실이 인정된다고 할 수 없다(대법원 1994. 11. 8. 94다34036 손해배상(자)).[50]

(아) 과거에는 철도건널목 사고에 대하여 국가배상법 제5조가 아니라 민법 제758조의 공작물책임으로 다투어졌던 사례도 발견된다. 즉, 무단출입이 금지된 건널목 사고에 대하여 공작물 설치보존의 하자책임을 물을 수 있는지 여부에 대하여, 일반인의 무단출입이 금지되어 있는 철도역 구내의 횡단로는 일반 통행인을 위한 소위 건널목이라고 볼 수는 없으므로 함부로 내왕하던 주민에게 사고가 발생한 경우 건널목의 설치와 보존의 하자책임을 물을 수 없다(대법원 1977. 11. 8. 77다1486 손해배상)고 하여 공작물책임을 부정한 사례가 있다.

본건 건널목이 평소에 차량과 사람의 왕래가 빈번하고 열차가 약 20분에 1대의 비율로 자주 통과할 뿐만 아니라 열차가 달리는 소리는 건널목에 거의 접근해서야 들릴 정도라면 이러한 지점에 건널목을 설치한 자는 통행하는 사람이나 차량이 열차와 충돌하지 않도록 필요한 시설을 갖추어야 할 것인바, 사고당시 차단기나 경보기시설을 갖추지도 않았고 착수자도 없었다면 공작물시설관리상의 잘못이 인정된다(대법원 1973. 1. 16. 72다2289 손해배상). 그리고 철도건널목에서 간수가 차단기를 내려놓았다 하여 그 주의를 다하였다고 할 수 없으므로 위와 같은 상황하에서 취침

---

50) 원심판결 이유에 의하면 원심은, 사고차량 운전사인 소외 망 김현응이 이 사건 철도건널목을 일단정지를 하지 아니하고 통과하려다가 운행중인 무궁화호 열차에 충격되어 원고들의 부모와 함께 사망한 사실, 위 건널목은 철도청 훈령인 "건널목의 설치 및 설비기준규정"에 의한 3종 건널목으로서 진행방향 우측에 정지라고 쓰여진 입간판표시와 열차의 통과시 경보음과 점멸등으로 이를 알리는 경보기 등 3종 건널목에 설치되어야 할 설비가 모두 구비되어 사고 당시에도 정상적으로 작동하고 있었던 사실, 위 열차의 기관사인 소외 1은 사고장소에 접근하기 500m 전방에서 경적을 4번 울리고 제한시속 100km에 못미치는 시속 78km로 속도를 줄인 채 진행하다가 건널목 3, 40m 전방에서 건널목 안으로 무단진입하는 사고차량을 발견하자마자 경적을 울리고 비상제동조치를 취하였으나 미치지 못하고 차량을 충격한 후 약 250m를 지나 정차하게 된 사실을 인정하고, 이 사건 사고는 통상 갖추어야 할 안전설비를 모두 갖추고 그 설비가 정상 작동중인 이 사건 철도건널목에서 위 안전설비에 따른 지시나 도로교통법상의 일단정지의무를 무시한 채 그대로 건널목을 통과하려한 위 망인의 자동차운전상의 과실로 발생한 것이라고 하여, 이 사건 사고는 위 건널목의 위치, 교통량, 주위상황에 비추어 차단기의 설치나 안내원이 배치되어야 하는데도 이를 갖추지 아니한 피고의 철도건널목 설치 보존상의 하자 및 속도를 미리 대폭 줄이고 경적을 울리지 아니한 기관사의 과실에 의하여 발생한 것이라는 원고들의 주장을 배척하였다.
이 사건 사고 경위가 원심이 확정한 바와 같다면, 피고가 이 사건 건널목을 3종 건널목에 해당하는 것으로 보아 1종 건널목에 요구되는 차단기 설치나 안내원을 배치 아니한 사실과 이 사건 사고 발생과의 사이에는 상당인과관계가 있다고 볼 수 없고, 기관사에게 어떤 과실이 인정된다고도 할 수 없으므로, 원심의 판단은 수긍이 된다(대법원 1994. 11. 8. 94다34036 손해배상(자)).

하던 중 사고가 발생하였다면 국가는 그 손해를 배상할 책임이 있다(대법원 1973. 7. 10. 73다449 손해배상).[51]

(자) 일본에서 건널목 사고에 대하여 leading case에 해당하는 판례로는 “열차운행을 위한 전용궤도와 도로가 교차하는 곳에 설치된 건널목은, 본래 열차운행의 확보와 도로교통의 안전을 조정하기 위하여 존재하는 것이기 때문에 필요한 보안을 위한 시설이 설치되어 비로소 건널목의 기능을 감당할 수 있는 것이라고 해야 하고, 따라서 토지의 공작물인 건널목 궤도시설은 보안설비를 겸한 일체로서 이를 고찰해야 하고, 만약 존재해야 하는 보안설비를 결여한 경우에는 토지의 공작물인 궤도시설에 하자가 있었다는 것으로서 민법 제717조 소정의 귀책원인이 된다”(最判 소화 46. 4. 23. 民集 25권 351면)고 하면서 “건널목인 궤도시설에 보안설비를 결여한 것을 공작물로서 궤도시설의 설치에 하자가 있다고 해야 할지 여부는 당해 건널목에 있어서 시계의 좋고 나쁨, 교통량, 열차회수 등 구체적 상황을 기초로 하여 앞서 예시한 바와 같은 건널목 도로의 설치의 취지를 충족하였는지의 여부의 관점에서 결정하지 않으면 안 된다”고 판시하면서 건널목 양측의 시계가 50m 내지 80m, 환산교통량 700인, 열차횟수 504회, 과거 접촉사고 수회라는 사정하에서 경보기를 설치하지 않은 것은 하자가 되고, 또 운수성철도감독국장통달에서 정하고 있는 설치표준은 행정감독상 하나의 표준으로서 필요한 최저한도를 나타내는 것이기 때문에 이 표준에 의하면, 설치불요라고 하여도 민사상의 배상책임을 면하는 것은 아니라고 한다.

---

51) 원판결은 이 사건 철도 건널목 사고에서 간수가 철도건널목에서 차단기를 내려놓고 잠을 잔 사실과 차단기가 올려져 있고 간수가 없다고 하여 건널목을 횡단하려던 자동차 운전사인 소외 망 조○환이 한 번 정지하여 확인하지 아니한 쌍방과실이 서로 경합되었고, 그중 위 망인(자동차운전수)의 과실이 더 크기는 하지만 피고의 과실을 전면적으로 면책시킬 수는 없다는 취지로 판시하고 있다. 원심이 이러한 판단을 내리기 위한 전제로서 거친 사실인정의 과정이나 이 사실을 기초로 하여 내린 위와 같은 법률판단은 정당하다. 이 사고 당시가 새벽 5시경으로서 인마와 제 차량의 통행이 거의 없고 간수가 붙어서 근무하여야 할 시간이 아니므로 그 간수가 취침을 하였다손 치더라도 그것만으로서는 간수로서 그 직무집행을 다하지 못한 별도의 책임만이 있을 뿐이요, 반드시 본건 민사상의 손해배상책임이 있다고 할 수 없다는 논지는 상고인의 독자적 견해로서 채용할 수 없다. 논지는 나아가 이 사고에 있어서 간수의 근무태만과 이 사고 발생과는 상당인과관계가 없다 하나 이것 또한 원심의 정당한 판단을 근거없이 공격하는 것에 불과하다. 원심판결에는 심리미진이나 불법행위로 인한 과실 책임의 법리를 오해한 허물이 없다(대법원 1973. 7. 10. 73다449 손해배상).

⑷ 노외일탈·전락사고

노선의 악조건과 도로주변 환경에서 발생하는 도로의 지형상·위치상의 악조건과 중복하여 발생하는 것이 노외일탈·전락사고이다. 급커브, 급경사라고 하는 노선조건에 벼랑 끝 도로라고 하여 지형상·위치상의 조건이 더하여져 계곡에 전락하는 사고가 발생하거나 도로를 직진하여 그대로 하천에 전락하는 것이 전형적인 사례이다. 이러한 사고를 방지하기 위해서는 사고를 유발할 수 있는 악조건을 알 수 있도록 하는 조치를 취하거나 악조건에 의한 사고를 물리적으로 방지하는 시설정비조치 등이 문제가 된다.

1) 급커브, 급경사에 의한 사고

㈎ 급커브, 급경사에 의한 사고는 노선조건에 의한 사고로서 주변의 지형적 조건이 더하여져 노외일탈·전락에 의한 사상이라는 중대한 사고에 이르게 되는 특징이 있다. 이에 대한 안전조치의 해태가 도로의 설치·관리하자가 되는지의 여부는 커브, 경사의 정도 기타 주변의 지형 등을 포함한 도로조건에 따라 달라진다. 도로공학상 도로의 커브 부분은 원심력에 의한 차량의 이탈을 막기 위하여 바깥쪽이 안쪽보다 높도록 편경사로 만들어져야 한다. '편경사'란 평면곡선부에서 자동차가 원심력에 저항할 수 있도록 하기 위하여 설치하는 횡단경사를 말한다(도로의 구조·시설 기준에 관한 규칙 2(39)). 「도로의 구조·시설 기준에 관한 규칙」은 평면곡선부의 편경사를 규정하고 있다. 즉, 차도의 평면곡선부에는 도로가 위치하는 지역, 적설 정도, 설계속도, 평면곡선 반지름 및 지형 상황 등에 따라 다음 표의 비율 이하의 최대 편경사를 두어야 한다(규칙 21①). 그리고 도로의 진행방향에 직각으로 설치하는 경사로서 도로의 배수(排水)를 원활하게 하기 위하여 설치하는 경사와 평면곡선부에 설치하는 편경사(偏傾斜)인 '횡단경사'(규칙 2(38))와 도로의 진행방향 중심선의 길이에 대한 높이의 변화 비율인 '종단경사'(縱斷傾斜)(규칙 2(40))에 관한 구체적인 규정을 두고 있다. 그러나 「도로의 구조·시설 기준에 관한 규칙」이 정하는 바에 따라 도로가 설치되었다고 하더라도 도로의 적법한 설치에 관한 참작사유는 될지라도 일률적으로 하자가 부정되는 것은 아니다.

㈏ 배수 등을 원활하게 할 목적으로 거꾸로 편경사를 줌으로써 교통사고가 자주 발생하는 도로도 있을 수 있다. 커브 길의 곡선반경이 규정보다 짧게 만들어져

있어 사고다발지역으로 지적되는 곳으로는 과거에 서울의 동호대교에서 성수대교 방향으로 가다보면 나오는 동부간선도로 진입램프가 거론되곤 했다. 이곳은 커브를 돌면 돌수록 곡선반경이 짧아지는 이른바 '크로소이드 곡선형'으로 최대 곡선반경이 64m에 불과하여, 제한속도가 시속 80㎞일 경우 최대곡선 반경은 250m 이상이어야 한다는 법 규정(도로의 구조·시설 기준에 관한 규칙 19)에 비추어 볼 때 지나치게 짧아 많은 사고의 유발원인이 되기도 한 바 있다.

㈐ 급경사 내리막 커브길에 안전방호벽을 설치하지 않아 차량이 도로를 이탈하여 인도 및 인근 건물로 돌진한 사고에 대하여 지방자치단체에게 도로의 설치·관리상의 하자를 인정한 사례가 있다. 즉, "이 사건 도로는 사고 현장 직전인 동일여자고등학교 앞부터 내리막 기울기가 약 18%, 사고 현장에 형성되어 있는 왼쪽 커브길의 내리막 기울기가 약 11.5%에 이를 정도의 급경사 내리막길로 제한 속도가 시속 30km에 불과하고, 커브길이 시작되는 부분은 도로면이 오히려 오른쪽으로 약 3% 정도 기울어져 있는 역편구배가 형성되어 도로 이탈사고의 위험성이 큰 곳이며, 원고들이 거주하던 건물 및 그 주변은 이 사건 도로보다 낮은 지대에 위치하고 있어 차량이 도로를 이탈하는 경우 대형 사고가 발생할 위험성이 대단히 높은 곳임에도 폐타이어가 부착된 가드레일만 설치되어 있고, 그 가드레일만으로는 덤프트럭 등 대형차량의 도로 이탈을 방지하기에는 미흡한 반면, 건설교통부의 도로안전시설 및 관리 지침(기록 286면 이하)에 의하면, 비탈면이나 비탈 기슭에 건물 등 장애물이 위치한 구간과 곡선부 전후의 경사가 4%를 넘는 내리막 구간에는 차량이 도로 밖으로 이탈하는 것을 방지하기 위하여 도로 및 교통 상황에 따라 방호울타리를 설치하는 것을 원칙으로 한다고 규정하고 있는 점 등에 비추어 이 사건 도로는 통상 갖추어야 할 안전성이 객관적으로 결여되어 있었다고 인정할 수 있고, 한편 이 사건 사고 현장과 같은 지점에서 1998. 4.경 같은 유형의 교통사고가 발생한 사례가 있는데다가 재개발사업에 따른 대규모 아파트단지 건설을 위하여 덤프트럭 등 공사차량의 출입 증가로 교통량이 많아지고 도로 확장공사까지 이루어져 인근 주민들이 안전대책 수립을 요구하자, 피고가 1998. 7.경 직접 이 사건 도로에 점멸식 갈매기(방향유도) 표시판, 가드레일, 장방형 경광등, 안내표지판을 설치하고, 2000. 3. 17. 재개발조합 및 벽산건설에 대하여 이 사건 도로에 과속방지턱 설치, 예비신호기 설

치, 미끄럼방지포장 설치, 도로 편구배(최대 6%)로 조정, 안전방호벽(옹벽) 설치 등의 교통안전시설 개선방안의 시행을 지시하기까지 한 점에 비추어 이 사건 사고 및 이로 인한 손해의 발생에 대한 예견가능성이 없었다고 할 수 없으며, 재개발조합 및 벽산건설에 교통안전시설 개선방안의 시행을 지시한 후 8개월 이상 경과한 이 사건 사고 당시까지 개선방안의 시행이 전혀 이루어지지 않았음에도 그 시행 여부를 확인하거나 이를 독촉하였음을 인정할 증거가 없고, 재개발조합 및 벽산건설에 지도한 교통안전시설 개선방안 시행에 소요되는 비용 및 노력이 지나치게 과도하여 피고가 부담하기 불가능하다고 볼 자료도 없어 이 사건 사고 및 이로 인한 손해의 발생에 대한 회피가능성이 없었다고 단정할 수도 없으므로, 이 사건 도로의 설치·관리자인 피고가 사회통념상 일반적으로 요구되는 정도의 방호조치를 다하였다고 보기 어렵다. 그럼에도 불구하고, 이 사건 도로에 설치·관리상의 하자가 없다고 판단한 원심판결에는 영조물의 설치·관리상 하자의 의미 및 그 판단기준에 관한 법리를 오해하거나 이에 대한 심리를 다하지 않은 위법이 있다"(대법원 2004. 6. 11. 2003다62026 손해배상(기)).

㈑ 도로의 하자를 부정한 사례로서는 오토바이 운전자가 커브 길에서 도로 가장자리로부터 약 1m 떨어진 전주에 부딪혀 사망한 사건에서 "이 사건 도로는 도로교통법의 적용을 받는 도로로서 망인이 운전하던 오토바이 역시 특단의 사정이 없는 한 포장된 도로부분만을 운행하여야 한다는 점까지 감안하여 보면, 아무리 이 사건 사고지점이 약 40도 가량의 좌회전 커브 지점이라 하더라도 이 사건 전주를 설치 관리하고 있는 피고로서는 그곳을 지나는 차량의 운전자가 도로의 포장부분을 벗어나 갓길 또는 갓길 밖으로 튀어나와 진행함으로써 도로 가장자리로부터 약 1m나 떨어진 곳의 밭두렁에 설치된 이 사건 전주에 부딪혀 사고가 발생하리라는 것까지 예견하고 위 전주가 눈에 잘 띄도록 위험표지판이나 야광표지판 등 사고방지를 위한 시설을 설치하여야 할 주의의무가 있다고는 볼 수 없다 할 것이다"(대법원 1995. 10. 13. 94다11613 손해배상(기))[52]라고 판시하였다. 그러면서 사고의 원인에 대

52) 원심은, 그 내세운 증거에 의하여 소외 망 임○호가 1991. 12. 22. 21:00경 그 판시 오토바이를 타고 충북 진천읍 행정리 방면에서 자신의 집이 있는 같은 리 소재 내동부락 쪽으로 가는 도중 약 40도 가량의 좌회전 커브길인 이 사건 사고 지점을 지나 가다가 미처 좌회전을 하지 못하고 도로 우측에 설치된 이 사건 통신용 전주에 부딪혀 두개골골절 등의 상해를 입고 이로 인하여 다음 날 04:00경 출혈성 쇼크로 사망한 사실을 인정하고 있는바, 이를 기록과 대조하여 살펴보면 원심의

하여는 "이 사건 사고는 공작물인 이 사건 전주의 설치 또는 보존상의 하자로 인하여 발생한 것이라기보다는, 평소 사고지점의 도로 상황을 잘 알고 있던 망인이 안전모도 쓰지 아니한 채 오토바이를 운전하여 상당히 빠른 속력으로 사고지점을 통과하려다가 미처 커브를 제대로 돌지 못하고 도로를 이탈함으로써 발생한 것"이라고 하여 망인의 전적인 과실에 의한 사고로 보고 있다.

위와 같은 사실 인정은 옳다고 여겨지고, 거기에 상고이유의 주장과 같은 채증법칙을 위배하여 사실을 오인한 위법이 있다고 할 수 없다.

원심판결과 원심이 인용한 제1심판결의 이유에 의하면 원심은, 그 내세운 증거에 의하여 폭이 약 3m 정도의 좌회전 커브길인 이 사건 도로는 가로등이 설치되어 있지 않아서 야간에는 주위를 식별하기가 어려운 곳이고, 이 사건 전주는 도로 가장자리에서 우측으로 약 1m 정도 벗어나 위 도로의 좌회전 커브 지점에 설치되어 있는 사실을 인정한 끝에, 야간에 위 도로를 지나는 오토바이가 때맞춰 좌회전을 못하는 경우에는 커브 지점의 위 전주가 불의의 장애물이 될 수 있으므로 위 전주를 설치 관리하고 있는 피고로서는 위 전주가 눈에 잘 띄도록 위험표지판이나 야광표지 등 사고 방지를 위한 시설을 하였어야 할 것인데도 그러한 조치를 하지 아니한 위 통신전주의 설치보존상의 하자로 인하여 이 사건 사고가 발생하였다고 판단하고, 이 사건 사고가 망인의 전적인 과실로 인하여 발생하였다는 피고의 주장을 배척하였다.

그러나 민법 제758조 제1항에 규정된 공작물의 설치보존의 하자라 함은 공작물이 그 용도에 따라 본래 갖추어야 할 안정성을 설치 당시부터 결여하거나 또는 설치 후 결여하게 된 것을 말하는 것이고 이러한 안전성의 결여로 말미암아 발생한 손해에 대하여만 그 공작물의 점유자 또는 소유자에게 배상책임을 물을 수 있다 할 것인바, 기록에 의하면 이 사건 도로는 진천읍 내의 간선도로에서 갈라져 나와 내동부락으로 향하는 폭이 약 3m 정도 되는 시멘트 포장 도로이고, 사고 지점은 부락 입구 약 50m 전방의 약 40도 가량의 좌회전 커브 지점인 점과 피고가 설치하여 관리하고 있는 이 사건 전주는 커브가 시작되는 지점으로부터 진행방향 약 15.6m 떨어진 도로의 우측 가장자리에서 포장 노면 가장자리 밖으로 약 1m 떨어진 곳으로 노면보다는 약간 높은 밭두렁 위에 설치되어 있음을 알 수 있고, 위 행정리에 주소를 둔 망인은 평소 그곳을 자주 드나들면서 사고지점의 도로상황 즉 사고지점이 커브길이고 도로 우측 가장자리로부터 약 1m 떨어진 지점에 이 사건 전주가 설치되어 있다는 것을 잘 알고 있었다고 보여질 뿐 아니라, 여기에다가 이 사건 도로는 도로교통법의 적용을 받는 도로로서 망인이 운전하던 오토바이 역시 특단의 사정이 없는 한 포장된 도로 부분만을 운행하여야 한다는 점까지 감안하여 보면, 아무리 이 사건 사고 지점이 약 40도 가량의 좌회전 커브 지점이라 하더라도 이 사건 전주를 설치 관리하고 있는 피고로서는 그곳을 지나는 차량의 운전자가 도로의 포장 부분을 벗어나 갓길 또는 갓길 밖으로 튀어나와 진행함으로써 도로 가장자리로부터 약 1m나 떨어진 곳의 밭두렁에 설치된 이 사건 전주에 부딪혀 사고가 발생하리라는 것까지 예견하고 위 전주가 눈에 잘 띄도록 위험표지판이나 야광표지판 등 사고방지를 위한 시설을 설치하여야 할 주의의무가 있다고는 볼 수 없다 할 것이니, 이러한 사정 아래에서라면 이 사건 사고는 공작물인 이 사건 전주의 설치 또는 보존상의 하자로 인하여 발생한 것이라기보다는 평소 사고 지점의 도로 상황을 잘 알고 있던 망인이 안전모도 쓰지 아니한 채 오토바이를 운전하여 상당히 빠른 속력으로 사고지점을 통과하려다가 미처 커브를 제대로 돌지 못하고 도로를 이탈함으로써 발생한 것으로서 망인의 전적인 과실에 의하여 발생한 것이라고 봄이 상당하다 할 것임에도 불구하고, 이 사건 사고가 판시와 같은 이 사건 전주의 설치보존상의 하자로 인한 것임을 전제로 피고의 배상책임을 인정한 원심은 필경 민법 제758조의 법리를 오해하여 판결에 영향을 미친 잘못을 저지른 것이라고 아니할 수 없으므로 이 점을 지적하는 상고이유의 주장은 이유 있다 할 것이다(대법원 1995. 10. 13. 94다11613 손해배상(기)).

(마) 또 다른 사례로서 원고는, 이 사건 도로는 급경사 내리막·급커브길이고 그 뒤 아래쪽으로 주거지가 위치하는 관계로 자동차가 도로로부터 이탈하게 될 위험성을 내포하고 있었고, 실제로 그러한 경우에는 단순한 교통사고 이상의 커다란 피해를 야기할 수 있었으므로, 위 도로의 설치·관리책임자인 피고(서울특별시 금천구)에게는 급경사 도로를 700m나 내려온 자동차가 이 사건 사고 현장에 이르러 급커브를 따라 도로를 이탈함이 없이 안전하게 회전할 수 있도록 위 커브길에 이르기 이전 구간부터 속도를 충분히 제어할 수 있는 과속방지턱 및 미끄럼방지포장을 설치하거나 내리막 기울기의 정도를 완화시키는 등 도로구조적인 안전장치를 확보하고, 아울러 그럼에도 제동장치 고장 내지 비정상 주행 등으로 도로를 이탈하는 자동차가 있을 경우를 대비하여 피해를 최대한 방지할 수 있는 안전방호벽 등을 설치해야 할 의무가 있음에도 불구하고 이러한 사전예방조치를 충분히 하지 못한 잘못으로 인하여 이 사건 도로상의 커브길에서 속도를 제대로 제어하지 못한 위 덤프트럭이 위 도로를 이탈하여 인접한 건물을 충돌함으로써 이 사건 사고가 발생하였으므로 피고는 그가 관리하는 공공의 영조물인 이 사건 도로의 설치·관리상 하자로 인하여 발생한 이 사건 사고로 원고들이 입은 모든 손해를 배상할 책임이 있다고 주장하였다.

이에 대하여 고등법원은 "도로의 설치 또는 관리·보존상의 하자는 도로의 위치 등 장소적인 조건, 도로의 구조, 교통량, 사고시에 있어서의 교통 사정 등 도로의 이용 상황과 그 본래의 이용 목적 등 제반 사정과 물적 결함의 위치, 형상 등을 종합적으로 고려하여 사회통념에 따라 구체적으로 판단하여야 하는바, 이 사건 도로 부근에 재개발사업으로 인한 ○○아파트단지 조성공사와 도로 확장공사 진행됨에 따라 그 곳 공사장에 드나드는 공사차량의 통행량이 많아지자, 이 사건 도로 주변 주민들의 요구에 따라 피고가 1998. 7.경 이 사건 사고 현장을 중심으로 이 사건 도로상에 점멸식 갈매기 표시판, 절대감속 안전표시판, 경광등, 가드레일 등의 교통안전시설물을 직접 설치한 사실, 이 사건 사고 발생전인 2000. 3.경에 피고가 재개발조합 및 ○○건설에게 교통사고 발생을 방지하기 위하여 이 사건 현장 주변에는 예비신호기를 설치함과 아울러 이 사건 도로의 역편구배를 바로잡아 왼쪽으로 최대 6%까지 기울어지도록 하며, 이 사건 사고가 발생한 인도와 도로 사이에는 길이

25m의 안전방호벽(옹벽)을 설치하도록 도로개선 방안을 제시하고 이를 시행하도록 지도한 사실, 그 후 ○○건설은 이 사건 도로에 과속방지포장을 하였으나, 주민들의 반대로 인하여 안전방호벽(옹벽)을 설치하기로 한 사고 현장 커브길 부근에 대신 타이어를 부착시킨 가드레일을 설치한 사실은 위에서 인정한 바와 같고, 위 인정사실에 비추어 보면, 지방자치단체로서 도로의 관리청인 피고로서는 이 사건 도로의 위치 등 장소적인 조건, 도로의 고조, 교통량, 사고시에 있어서의 교통 사정 등 도로의 이용 상황과 그 본래의 이용 목적 등 제반 사정과 물적 결함의 위치, 형상 등을 종합적으로 고려하여 사회통념상 일반적으로 요구되는 정도의 방호조치를 다하였다고 할 것이며, 비록 이 사건 사고와 같이 23톤의 덤프트럭이 제동조치도 취하지 아니하고 경사도 18%의 굽어진 도로를 빠른 속도로 내려와 도로 가에 설치된 가드레일을 뚫고 도로 뒤편에 있는 가옥을 파손하는 사고가 발생할 수 있으리라고 예견할 수 있었다고 하더라도 그러한 경우까지 대비하여 완벽한 안전시설을 하거나 안전조치를 취하여야 할 법령상 의무가 있다고 할 수 없을 뿐만 아니라, 지방자치단체의 예산이나 인력상 이 사건 사고와 같은 위험의 발생을 과도한 노력과 비용을 들이지 아니하고 적절한 조치를 통하여 사정에 예방하거나 피해를 줄인다는 것이 기대하기도 불가능하므로, 피고에게 공공의 영조물인 이 사건 도로의 설치. 관리상 하자가 있음을 전제로 한 원고들의 이 사건 청구는 더 나아가 살펴볼 필요없이 이유 없다"(서울고등법원 2003. 10. 14. 선고 2003나12054 손해배상(기))고 판시했다.

그러나 대법원은 원심판결은 영조물의 설치·관리상 하자의 의미 및 그 판단기준에 관한 법리를 오해하거나 이에 대한 심리를 다하지 않은 위법이 있다고 하여 파기환송하였다. 즉, "국가배상법 제5조 제1항에 정해진 영조물의 설치 또는 관리의 하자라 함은 영조물이 그 용도에 따라 통상 갖추어야 할 안전성을 갖추지 못한 상태에 있음을 말하는 것이며, 다만 영조물이 완전무결한 상태에 있지 아니하고 그 기능상 어떠한 결함이 있다는 것만으로 영조물의 설치 또는 관리에 하자가 있다고 할 수 없는 것이고, 위와 같은 안전성의 구비 여부를 판단함에 있어서는 당해 영조물의 용도, 그 설치장소의 현황 및 이용상황 등 제반 사정을 종합적으로 고려하여 설치·관리자가 그 영조물의 위험성에 비례하여 사회통념상 일반적으로 요구되는 정도의 방호조치의무를 다하였는지 여부를 그 기준으로 삼아야 하며, 만일 객관적으로 보아 시간적·장소적으로 영조물의 기능상 결함으로 인한 손해발생의 예견가능성과 회피가능성이 없는 경우, 즉 그 영조물의 결함이 영조물의 설치·관리자의 관리행위가 미칠 수 없는 상황 아래에 있는 경우임이 입증되는 경우라면 영조물의 설치 관리상의 하자를 인정할 수 없다고 할 것이다.

기록에 비추어 살펴보면, 이 사건 도로는 사고 현장 직전인 동일여자고등학교 앞부터 내리막 기울기가 약 18%, 사고 현장에 형성되어 있는 왼쪽 커브길의 내리막 기울기가 약 11.5%에 이를 정도의 급경사 내리막길로 제한 속도가 시속 30km에 불과하고, 커브길이 시작되는 부분은 도로면이 오히려 오른쪽으로 약 3% 정도 기울어져 있는 역편구배가 형성되어 도로 이탈사고의 위험성이 큰 곳이며, 원고들이 거주하던 건물 및 그 주변은 이 사건 도로보다 낮은 지대에 위치하고 있어 차량이 도로를 이탈하는 경우 대형 사고가 발생할 위험성이 대단히 높은 곳임에도 폐타이어가 부착된 가드레일만 설치되어 있고, 그 가드레일만으로는 덤프트럭 등 대형차량의 도로 이탈을 방지하기에는 미흡한 반면, 건설교통부의 도로안전시설 및 관리 지침(기록 286면 이하)에 의하면, 비탈면이나 비탈 기슭에 건물 등 장애물이 위치한 구간과 곡선부 전후의 경사가 4%를 넘는 내리막 구간에는 차량이 도로 밖으로 이탈하는 것을 방지하기 위하여 도로 및 교통 상황에 따라 방호울타리를 설치하는 것을 원칙으로 한다고 규정하고 있는 점 등에 비추어 이 사건 도로는 통상 갖추어야 할 안전성이 객관적으로 결여되어 있었다고 인정할 수 있고, 한편 이 사건 사고 현장과 같은 지점에서 1998. 4.경 같은 유형의 교통사고가 발생한 사례가 있는 데다가 재개발사업에 따른 대규모 아파트단지 건설을 위하여 덤프트럭 등 공사차량의 출입 증가로 교통량이 많아지고 도로 확장공사까지 이루어져 인근 주민들이 안전대책 수립을 요구하자, 피고가 1998. 7.경 직접 이 사건 도로에 점멸식 갈매기(방향유도) 표시판, 가드레일, 장방형 경광등, 안내표지판을 설치하고, 2000. 3. 17. 재개발조합 및 벽산건설에 대하여 이 사건 도로에 과속방지턱 설치, 예비신호기 설치, 미끄럼방지포장 설치, 도로 편구배(최대 6%)로 조정, 안전방호벽(옹벽) 설치 등의 교통안전시설 개선방안의 시행을 지시하기까지 한 점에 비추어 이 사건 사고 및 이로 인한 손해의 발생에 대한 예견가능성이 없었다고 할 수 없으며, 재개발조합 및 벽산건설에 교통안전시설 개선방안의 시행을 지시한 후 8개월 이상 경과한 이 사건 사고 당시까지 개선방안의 시행이 전혀 이루어지지 않았음에도 그 시행 여부를 확인하거나 이를 독촉하였음을 인정할 증거가 없고, 재개발조합 및 벽산건설에 지도

한 교통안전시설 개선방안 시행에 소요되는 비용 및 노력이 지나치게 과도하여 피고가 부담하기 불가능하다고 볼 자료도 없어 이 사건 사고 및 이로 인한 손해의 발생에 대한 회피가능성이 없었다고 단정할 수도 없으므로, 이 사건 도로의 설치·관리자인 피고가 사회통념상 일반적으로 요구되는 정도의 방호조치를 다하였다고 보기 어렵다.

그럼에도 불구하고, 이 사건 도로에 설치·관리상의 하자가 없다고 판단한 원심판결에는 영조물의 설치·관리상 하자의 의미 및 그 판단기준에 관한 법리를 오해하거나 이에 대한 심리를 다하지 않은 위법이 있고, 이는 판결에 영향을 미쳤음이 분명하다"(대법원 2004. 6. 11. 2003다62026 손해배상(기)).

(바) 반면, 도로의 하자를 긍정한 일본의 사례로서 盛岡地裁 소화 55. 5. 22. 판결은 "본건 사고현장은 내리막 도로가 곡선반경 15m의 곡선을 그리고 있는 차량의 노외일탈사고의 위험성이 높은 장소이다. (중략) 그리고 높이 약 50m의 절벽에 가까운 장소이다. 그러한 장소에 방호책을 설치하는 것은 사고방지의 견지에서 도로구조령상에서도 기대되고 있는 바이고, 노견외에 앞에서 인정한 것과 같이 평지가 있다고 하여도 위의 장소에 방호책이 없었던 것은 피고시의 도로관리의 하자에 해당한다"고 판시하고 있다.

본건 도로는 전형적인 산간도로로서 사고 당시 1일 수십 대의 차량통행량에 지나지 않았지만, "본건 사고현장 바로 앞까지 약 5도, 본건 사고현장을 지나면 약 3도 전후의 내리막이고, 위와 같이 내리막이면서 본건 사고현장 부근에 있어서 도로는 왼쪽으로 커브를 그리고 있다. 그 곡선반경은 15m이다. (중략) 그 곡선부분에는 마침 위 노견에서 절벽까지 사이에 폭 3m 전후의 평지가 부착되어 있다. 절벽의 비탈은 50도 전후이고 아랫 부분은 초목이 무성하고 절벽 아래는 하천이 흐르고 있다. 또한 위 곡선부분 바깥쪽 평지 상에는 직경 1m의 원형커브 거울이 설치되어 있다. (중략) 구조령에서 정하는 기준시야는 겨우 확보되고 있음"에 지나지 않는 도로사정에 비추어 하자를 긍정하고 있다.

다만 본건 사고의 태양은 원고의 차와 반대방향 차가 스쳐 지나간 후에 발생한 것이지만, 원고는 대향차와 막 스쳐 지나갔을 무렵 후방에 꽝하는 접촉음을 들은 듯하여 뒤를 돌아다보면서, 발을 브레이크에 올려놓았을 뿐 특별히 제동조치를 취하지 않고 그대로 전진하였기 때문에 차는 커브진 도로를 직진한 결과가 되어 정신을 차린 때는 차가 약 14.5m 직진하고 나서 노외에 일탈하여 도로 외측의 평지상을 약 3m 나아가 절벽 아래로 전락할 직전이었다. 원고는 당황하여 차량 밖으로 탈출하려고 하였으나 여의치 않아 그대로 차와 함께 낙하한 것으로 본건 사고는 원고의 과실로 말미암아 발생한 것이라고 할 수 있어 90%의 과실상계를 하였다.

㈓ 반면, 시가의 간선도로에서 산악도로로 들어선 머지않은 지점에서 발생한 사고에 대하여 하자를 부정한 바 있다. 사고태양은 "운전자가 시속 약 60km로 주행하고 있고 자하현측에 들어서면서 오르막 언덕이 되고 커브가 있어 정신을 차렸지만, 본건 커브로 들어서는 바로 앞에 있었던 시속 40km의 제한표시나 '커브 있음'이란 표시를 간과하여 감속하지 않고 시속 55km의 속도로 본건 커브에 진입하려고 하였지만, 도중에 그 속도로는 그 커브를 통과할 수 없음을 판단하고 브레이크를 밟았을 때 후륜이 옆으로 미끄러져 도로좌측의 가드레일에 본건 차량의 좌후부 부근이 접촉하여 그 반동으로 본건 차량은 반대차선상으로 미끄러져 때마침 반대차선에서 대형버스가 접근해 오는 것을 발견한 운전자는 버스와 충돌을 피하려고 당황하여 핸들을 꺾었기 때문에 본건 차량은 옆으로 미끄러지면서 순식간에 좌회전하여 그대로 본건 전락지점인 하천에 전락했다"(大津地裁 소화 53.1.23. 交民 11권 1호, 76면)는 것이다.

본건 사고현장 부근에서는 전후 3년 사이에 전락사고가 없었고, 운전자는 사고 전일에도 본건 도로를 통행하는 등의 사정에서 운전자의 책임은 긍정되고, 도로관리자에 대하여는 "본건사고현장은 정상적인 운전을 하는 경우는 물론 통상 예상되는 정도의 조악한 운전을 하는 경우에 노외일탈하여 본건사고에 의한 중대한 결과를 초래하는 사고의 발생이 예상되는 장소는 아니었다고 추인된다"고 하여 하자를 부정하였다.

2) 직진 전락형의 사고

㈎ 직진 전락형의 사고는 노선조건이 직각커브나 막다른 길에서 발생하기 쉽다. 바로 앞에 하천이나 호수 등이 위치한 도로를 주행 중인 자동차가 그대로 하천 등에 떨어져 내리는 사고를 말한다. 우리나라에 이런 유형의 사례가 많은 것은 아니다. 그 유사한 사례로 시내버스의 바퀴가 허물어진 노변에 빠지게 된 경우 운전

사가 취할 조치에 대하여 법원은, "도로양편이 허물어져 버스가 통과하려면 전락될 위험이 있는 경우 운전사로서는 도로중앙부로 서행하여야 함은 물론 차바퀴가 허물어진 노변에 빠져 차체가 기울어지는 상태가 되었으면 버스를 세워 승객을 하차시켜 놓고 버스를 진행시키는 등 전복사고로 발생할 수 있는 인명피해를 방지할 의무가 있다"(서울고등법원 1971. 5. 5. 70나278 손해배상)[53]고 판시했다. 이 같은 사안에서 도로양편이 허물어진 상태로 방치한 것이 도로관리자의 하자로 인정된다면 버스 운전사 또는 버스회사는 도로관리자에게 구상권을 행사할 수도 있다.

(나) 국가배상청구 사건은 아니지만 피해차량과 충돌하지 않았다 하더라도 가해차량이 과속과 급회전으로 인하여 전락사고를 피할 수 없었던 경우에 있어서 피해차량의 과실비율에 관한 사례도 있다. 즉, "승객 50여 명을 태운 버스가 노폭 약 5m약 10도의 하 경사진 도로에서 제동장치 고장으로 제동기능이 상실된 채 시속 80km의 속도로 질주하면서 사고지점인 약 70도 좌회전의 곡각지점을 급회전시 트럭과 충돌한 사안에 있어서 위 버스가 피해트럭과 충돌하지 않았다고 해도 제동기능상실로 인한 과속과 급회전시의 원심력 작용으로 낭떠러지 아래로의 전락을 피할 수 없었다고 한다면 트럭운전사의 과실비율은 위 버스가 무사히 위 사고지점을 통과할 수 있었던 상태에서 충돌사고가 난 경우에 있어서의 과실비율에 비하여 크게 달라져야 할 것이다"(대법원 1982. 11. 23. 82다카655 구상금).

(다) 일본의 경우 국도를 직진한 자동차가 도선장(渡船場)의 다리에서 하천으로 전락한 사고에 대하여 "통상의 날씨인 경우에는 야간을 비롯하여 본건 국도를 통행하는 차량의 운전자라도 전방을 주시하고 있다면 분명 石狩川의 수면 및 그 앞의

53) 피고(서울특별시) 소속 서울영 6-161호 시내버스 운전수 소외 2는 1969.4.22. 20:00경 천호동에서 위 버스에 원고 1 등 60여 명의 승객을 태우고 거여동 방면으로 가던 중 서울 성동구 오금동 506 앞 노점에 이르렀는데 그곳은 도로 양편이 허물어져 버스가 통과할려면 전락될 위험이 있는 곳으로서 이런 경우 운저수로서는 도로 중앙부로 차를 서서히 진행시킴은 물론 차바퀴가 빠졌을 시는 버스를 세워 승객을 하차시켜 놓고 버스를 진행시킴으로써 만일의 경우 버스가 전복되더라도 발생할 수 있는 사고를 미연에 방지할 의무가 있음에도 불구하고 이를 태만히 하여 동 소에서 버스 우측 앞바퀴가 오른쪽 노변 허무러진 곳에 빠져 차체가 우측으로 기울어지고 전진할 수 없는 상태에 있었음에도 승객을 하차시킴이 없이 계속 전진할려고 속력을 내므로서 버스 우측 뒷바퀴마져 허무러진 노변에 빠짐과 동시에 우측 1m 높이의 언덕 아래로 전도되어 이로 인한 충격과 승객들의 혼란으로 원고 1에게 전치 4주간의 가료를 요하는 좌측 척골 및 요골 진구성 골절 등의 상해를 입힌 사실을 인정할 수 있고 달리 이에 어긋나는 증거가 없으므로 결국 피고는 피용자인 소외 2가 사무를 집행함에 있어 그 과실 때문에 원고들에게 입힌 손해를 배상할 책임이 있다 할 것이다(서울고등법원 1971. 5. 5. 70나278 손해배상).

안내판, 機橋 위에 있는 '정지' 도로표시를 인식하여 위 국도 앞이 막다른 길로서 도선장으로 되어 있음을 충분히 인식할 수 있음을 인정할 수 있다. 그렇지만 야간, 비가 내린 경우에는 노면이 조명을 흡수하거나 반사하여 전방의 시야가 나쁘고 멀리서 노면과 하천의 수면을 명료하게 구별하는 것이 약간 곤란하여 도로표시 등을 지나칠 수 있고, 특히 본건과 같은 집중호우의 경우에는 그 위험이 현저히 증가한다는 것을 쉽게 알 수 있다. 또 도로의 중간이 하천으로 차단되어 막다른 길이 되어 있는 예는 별로 없고 그 예측 또한 곤란하다. 따라서 도로관리자로서는 위와 같은 악조건하에서도 지리를 잘 모르는 차량의 운전자가 안전하게 통행할 수 있도록 위 국도 앞이 하천으로 차단되어 있고 막다른 길이 되고 있다는 사실을 신속히 그리고 명료한 형태로 운전자에게 알리도록 도로표시를 설치하는 외에 (중략) 야간, 적어도 배의 운항시간이 종료한 후에는 기교 앞에 통행금지 난간을 설치하던가 혹은 본건 사고지점 부근에 난간을 설치하는 (중략) 등 도로교통의 안전을 확보하는 조치를 취해야 한다"(旭川地裁 소화 48.5.18. 判例時報 740호, 88면)고 판시하여 도로관리자의 책임을 긍정하였다.

㈑ 또한, 浜名항내의 매립 안벽 도로에 진입하여 직진한 차량이 그대로 호수에 전락하여 운전자와 동승자가 사망한 사고에 대하여도 도로관리자의 책임을 인정하였다. 즉, "본건 도로의 주변에는 어떠한 조명설비도 없고 본건 도로 동쪽 안벽 끝에는 정지표시 등 위험방지 설비도 없었기 때문에 만약 부근을 통행하는 자동차의 운전수가 본건 도로를 일반도로로 오인하여 이곳을 진입 주행하는 때에는 동쪽 안벽 끝에서 浜名湖 속에 전락할 위험성이 있었다고 해야 하고, 현실적으로 본건 사고 전인 1969. 3. 29. 밤에도 본건 사고와 마찬가지의 사고가 본건 사고현장 부근에서 발생하였고, 특히 본건 사고 당시와 같은 강우시에는 그 위험성이 증대하는 점을 확인하기 어렵지 않다. 그렇다면 본건 도로를 포함하는 浜名湖의 관리자인 피고 靜岡縣으로서는 전기 통행금지 바리케이트, 진입금지표시 등 위험방지설비의 유지관리를 엄격하게 하여야 했던 것인데, 본건 사고 당시 통행금지 바리케이트는 앞에서 인정한 바와 같이 도로 옆에 기울어져 있거나 넘어진 채로 방치되어 있고 또한 진입금지표시도 마찬가지로 넘어진 채로 있었던 점에서 본건 도로는 그 설치 또는 관리에 하자가 있었다"(名古屋地裁豊橋支部 소화 50. 12. 15. 判例時報 812호, 90면)고 하였다.

위에서 살펴본 사례들은 모두 야간의 강우시에 발생한 사고이고, 아울러 과실상계비율도 높은 특색이 있다. 또한 사고 장소 역시 도선장, 항만안벽 도로라는 특수성을 지녀 일반도로와는 다른 점이 있고, 피해차량 운전자는 사고지점에 이르면 정상적인 도로로 오인하게 되는 특수성도 있다.

(마) 위의 사례와 유사한 또 다른 사례도 있다. 심야에 드라이브 중인 자동차가 방조제가 끊어진 곳에서 전락하여 동승자가 사망하였기 때문에 그 유족들이 자동차 운전자와 방조제 관리자를 상대로 제소하였다. "본건 사고가 발생한 방조제의 끊어진 곳은 태풍이 불 때 어선을 육지로 올리기 위하여 만들어진 배를 끌어올리기 위한 장소로 방조제의 윗면에서 수직으로 깊이 자른 폭 약 4.4m, 깊이 약 1.8m 끊어진 곳인데도 (중략) 전락방지를 위한 난간 등도 없고 다만, 곡괭이 그림이 그려진 상부에 공사중이라고 표시한 폭 0.9m, 높이 1.2m 假製標識가 끊어진 장소인 동측과 서측에 한 개씩 있었지만, 끊어진 장소 약 70m 앞에서 동승자가 '바다가 아름답다'고 소리를 질렀기 때문에 운전자는 바다 쪽을 보면서 진행하여 본건 끊어진 장소를 모르는 것은 물론, 끊어진 곳 바로 앞에 놓여진 가제표지에도 주의를 기울이지 않고, 따라서 전혀 브레이크를 밟지 않은 상태에서 끊어진 곳으로 전락하였고 그 때 위 가제표지도 부딪쳐 떨어뜨려서 이를 방조제 아래의 해변에 떨어지게 하였다"는 사실을 인정하고서 "도로관리자로서는 본건 방조제를 도로로 사용하는 것을 금지하는 것이라면 난간을 설치하거나 팻말을 세우는 등 그 취지를 철저히 해야 했다. 또 만약 도로로서 통행을 용인하는 것이라면 끊어진 곳으로 전락하는 일이 없도록 끊어진 곳의 존재를 명시하거나 혹은 난간을 설치하는 등의 조치를 강구해야만 한다"(靜岡地裁 소화 49. 11. 21. 判例時報 785호, 94면)라고 하여 도로관리자의 책임을 긍정하였다.

본건은 일반 통행용으로 제공된 도로상의 사고가 아닌 점에서 항만 시설 내의 안벽도로에서의 사고와 유사하고, 동승자가 말을 걸어 사고장소에 대한 운전자의 주의를 빼앗은 직후의 사고라는 특이성을 갖고 있다. 본건 사고장소가 부분적으로 도로로 볼 여지는 있어도 전체로서는 도로가 아닌 것은 분명하므로 도로사고로서가 아니라 위험물의 접근에 의한 사고라고 해야 하고, 그 위에 통상의 용법에 의한 통상예측된 위험에 들어가는가 여부를 문제로 했어야 한다는 견해도 있다.

3) 교량에서의 전락사고

(가) 「도로의 구조·시설 기준에 관한 규칙」은 교량 등의 설치에 관한 기준을 정하고 있다. 즉, 교량 등의 도로구조물은 하중(荷重) 조건 및 내진성(耐震性), 내풍안전성(耐風安全性), 수해내구성(水害耐久性) 등을 고려하여 설치하여야 하며, 그 기준에 관하여 필요한 사항은 국토교통부장관이 정한다(규칙 44①). 교량에는 그 유지·관리를 위하여 필요한 교량 점검로 및 계측시설 등의 부대시설을 설치하여야 한다(규칙 44②).

(나) 교량의 안전관리는 「시설물의 안전관리에 관한 특별법」이 규율하고 있다. 이 법에서는 '시설물'이란 건설공사를 통하여 만들어진 구조물과 그 부대시설로서 제2호와 제3호에 따른 1종시설물 및 2종시설물로 분류한다. 그중 '1종시설물'이란 교량·터널·항만·댐·건축물 등 공중의 이용편의와 안전을 도모하기 위하여 특별히 관리할 필요가 있거나 구조상 유지관리에 고도의 기술이 필요하다고 인정하여 대통령령으로 정하는 시설물을 말한다(시설물의 안전관리에 관한 특별법 2(2)). 관리주체[54]는 시설물의 기능과 안전을 유지하기 위하여 안전점검 및 정밀안전진단지침에 따라 소관 시설물에 대한 안전점검을 실시하여야 한다(시설물의 안전관리에 관한 특별법 6①). 여기서 '안전점검'이란 경험과 기술을 갖춘 자가 육안이나 점검기구 등으로 검사하여 시설물에 내재(內在)되어 있는 위험요인을 조사하는 행위를 말한다(시설물의 안전관리에 관한 특별법 2(7)). 국토교통부장관은 대통령령으로 정하는 바에 따라 안전점검 및 정밀안전진단의 실시방법·절차 등에 관한 안전점검 및 정밀안전진단지침을 작성하여 관보에 고시하여야 한다(시설물의 안전관리에 관한 특별법 13①).

(다) 이에 따라 「안전점검 및 정밀안전진단 지침」(건설교통부 고시 제 2003-170호, 이하 「지침」이라 한다)을 제정·시행하고 있다. 시설물은 관리주체가 직접 유지관리하

54) **「시설물의 안전관리에 관한 특별법」 제2조(정의)** 4. "관리주체"란 관계 법령에 따라 해당 시설물의 관리자로 규정된 자나 해당 시설물의 소유자를 말한다. 이 경우 해당 시설물의 소유자와의 관리계약 등에 따라 시설물의 관리책임을 진 자는 관리주체로 보며, 관리주체는 공공관리주체(公共管理主體)와 민간관리주체(民間管理主體)로 구분한다.
5. "공공관리주체"란 다음 각 목의 어느 하나에 해당하는 관리주체를 말한다.
가. 국가·지방자치단체
나. 「공공기관의 운영에 관한 법률」 제4조에 따른 공공기관
다. 「지방공기업법」에 따른 지방공기업
6. "민간관리주체"란 공공관리주체 외의 관리주체를 말한다.

거나 유지관리업자로 하여금 유지관리하게 할 수 있다. 다만, 대통령령으로 정하는 시설물로서 다른 법령에 따라 유지관리하는 경우에는 그러하지 아니하다(시설물의 안전관리에 관한 특별법 18①). 여기서 '유지관리'란 완공된 시설물의 기능을 보전하고 시설물이용자의 편의와 안전을 높이기 위하여 시설물을 일상적으로 점검·정비하고 손상된 부분을 원상복구하며 경과시간에 따라 요구되는 시설물의 개량·보수·보강에 필요한 활동을 하는 것을 말한다(시설물의 안전관리에 관한 특별법 2⑿). 시설물의 안전 및 유지관리, 그와 관련된 기술의 연구·개발·보급 등의 업무를 담당하게 하기 위하여 한국시설안전공단을 설립한다(시설물의 안전관리에 관한 특별법 25①).

㈑ 교량의 하자로 인한 사고의 참혹성에 비추어 법령을 통하여 특별히 규율하고 있다. 교량은 도로의 일부로서 도로와 일체가 되어 통상 갖추어야 할 안전성을 구비하여야 한다. 교량에 대한 하자의 구체적 판단기준은 장소적 환경이나 이용 상황 등이 고려되고, 재정적·기술적 제약이 특히 문제되고 있다. 일반적 판단기준을 명시한 일본 판례로서는 "교량에 대하여는 국가배상법 제2조 제1항에서 말하는 영조물의 설치 또는 관리에 대하여 하자가 있는가 여부는 당해 교량의 구조, 용법, 장소적 환경, 교통상황 등 제반사정을 종합적으로 고려하여 교량이 그 용도 등에 따라 통상 갖추어야 할 안전성을 결여하고 있는가 여부를 구체적, 개별적으로 판단하여 이를 결정하는 것으로 해석하는 것이 상당하다"(青森地弘前支判 소화 63. 1. 28. 訟月 36권 9호, 1572면)고 판시한 사례가 있다.

㈒ 우리나라의 대표적인 교량사건은 1994. 10. 21. 07:30경 발생한 성수대교 붕괴사고를 들 수 있다. 이 사건에서는 성수대교의 유지·관리 책임을 맡고 있던 서울시 도로국 및 산하 동부건설사업소 소속 공무원들에게 교량 제작 시공자들과의 공동과실 형사책임을 인정한 바 있다. 즉, "이 사건 교량은 트러스 제작 당시에 에스트러스 수직재의 용접 부분을 대부분 엑스(X)자형 용접으로 개선하여 용접하지 않고 아이(I)자형 용접을 하였고 그나마 용접도 충분하게 되지 않아 용입부족이 되는 등 용접불량이 되게 하였고, 그 이외에도 수직재의 핀플레이트(Pin plate) 강판(상현재와 핀으로 연결하는 부분)을 절삭함에 있어서도 설계도와 달리 급경사를 이루게 만들어져 응력집중현상이 발생하는 등 트러스가 부실하게 제작되었다. 뿐만 아니라 현장에서 시공과정에서도 브레이싱과 가로보 등의 연결시 설계도보다 적은 볼트만

을 사용하여 연결하거나 허용오차를 초과하여 볼트구멍을 확장 또는 재천공하여 볼트연결을 하고, 가로보 끝 부분에 철근을 덧대어 용접하는 등 부실하게 시공되었으며, 설계자에게도 제1심 판시와 같은 설계상의 과실이 있었다"(대법원 1997. 11. 28. 97도1741 업무상과실치사·업무상과실치상·업무상과실일반교통방해·업무상과실자동차추락·허위공문서작성·허위작성공문서행사·사문서위조·위조사문서행사). 이와 같이 성수대교는 설치 당시부터 안전성을 결여한 하자가 존재하였다.

(바) 뿐만 아니라 성수대교의 관리 하자도 겹쳐 결국 사고를 야기하게 되었다. 즉, "이 사건 교량은 완공 이후에 씨트러스와 에스트러스의 접속 부분 상판에 설치되어 있는 신축이음장치(Expansion Joint)가 1990. 이후 50여 회나 파손되어 보수한 적이 있으며 1993. 4. 27. 강남쪽에서 강북쪽으로 두 번째 에스트러스 북단 신축이음장치의 아랫부분(이 사건 사고로 붕괴된 지점)에 있는 크로스빔(Cross Beam)이 이탈되고 브라켓(Bracket: 까치발)이 파손되는 등 사고가 빈발하여 교량의 구조적 하자를 감지할 수 있었으며, 따라서 이러한 하자로 인한 교량 자체의 붕괴위험성을 충분히 예견할 수 있었을 뿐만 아니라 실제로 위 에스트러스의 북단 씨트러스와의 접속 부분에 있는 수직재 3개의 에이치빔과 핀플레이트를 연결하는 용접 부분이 시공 당시의 용접불량, 부식 및 설계표준하중(DL 18)을 초과하는 차량의 반복적 통행으로 인한 피로누적으로 한강상류쪽 수직재로부터 차례로 균열이 발생하여 성장하고 있었음에도 불구하고, 위 교량의 유지·관리 및 보수를 담당하고 있던 서울특별시 도로국 산하 동부건설사업소장인 피고인 1, 위 사업소 보수1과장으로서 보수2과장의 업무를 겸직하고 있던 피고인 4, 보수2과 시설1계장으로서 시설2계장의 업무를 겸직하고 있던 피고인 5, 보수2과 시설2계 직원인 피고인 6, 7, 9, 보수2과 시설2계장인 피고인 8 등의 일일점검 및 정기점검을 철저히 시행하지 아니한 과실로 위 교량의 균열 및 부식진행상태를 발견하지 못하고 지나쳐 버리고, 1994. 1/4분기 정기점검시 신출이음장치의 파손으로 인하여 트러스 힌지(Hinge)부에 중차량의 충격이 집중되고 있고, 방치시에는 트러스 및 교량상판 슬라브의 피로누적으로 인한 파손이 증대되어 사고가 발생할 우려가 있음을 발견하고도 서울특별시에 안전진단을 요청하지 아니하였으며 설계표준하중을 초과하는 차량의 통행제한을 서울특별시에 요청하는 등 필요한 조치를 취하지 아니하였다. 한편 서울특별시 도로국 도로시설과장

인 피고인 10, 도로시설과 시설계장인 피고인 11은 1993. 6. 1. 위 동부건설사업소로부터 성수대교를 정밀안전진단을 받을 수 있는 중점관리대상으로 선정해 달라는 건의공문을 받고도 이를 받아들이지 아니하였고, 도로시설과장인 피고인 2(피고인 10의 후임이다)는 1994. 4. 12. 위 동부건설사업소로부터 성수대교를 안전진단 대상 교량으로 선정하여 달라는 건의를 받고도 이를 받아들이지 아니하였다. 위 피고인들의 위에서 본 바와 같은 도로유지관리상의 과실과 이 사건 트러스의 제작, 시공, 감독상의 여러 가지 과실 및 설계상의 잘못이 겹쳐져서, 트러스 가설 후 교량 제5번과 제6번 교각 사이 에스트러스 북쪽 연결 부분에 있는 3개의 수직재의 용접 부분이 떨어져 나가 위 수직재들의 복부판에 균열이 생겨 끊어지기 시작하여 일시미상경 중앙부 에스트러스의 수직재 균열 부분이 먼저 끊어진 후 1994. 10. 21. 07:30경 한강 상류쪽 수직재, 한강 하류쪽 수직재 순으로 그 균열 부분이 완전히 끊어지고 이어 같은 트러스의 남쪽 연결 부분에 있는 3개의 수직재도 연쇄적으로 끊어져 같은 트러스를 포함한 상판 일체가 한강으로 떨어지면서 때마침 그곳을 지나던 자동차 6대도 한강으로 떨어졌다.

기록에 의하면, 이 사건 성수대교는 소위 게르버트러스 공법에 의해 시공된 교량으로서 교량에 부과되는 하중이 이 사건 에스트러스에 집중이 되고 수직재나 핀 등 중요 부재 중의 하나가 끊어지는 경우 바로 붕괴로 이어지는 특성이 있고, 위 피고인들은 이 사건 교량의 유지·관리 및 보수 업무를 담당하고 있는 공무원들이므로 필요한 경우에는 스스로 지식을 습득하거나 전문가의 도움을 받아서 성수대교에 대한 안전점검을 철저히 함으로써 교량이 붕괴되는 등의 대형사고의 발생을 방지할 주의의무가 있다고 보여지며, 여기에 위 가항에서 인정한 바와 같은 위 피고인들의 교량의 유지·관리상의 주의의무 위반행위를 보태어 보면, 위 피고인들의 교량의 유지·관리상의 과실은 이 사건 성수대교의 트러스의 제작, 시공 및 감독상의 과실과 합쳐져서 결과적으로 교량의 붕괴원인이 될 수 있다는 것은 충분히 예상할 수 있었고, 당시 이 사건 사고발생의 방지조치에 대한 기대가능성도 있었던 것으로 인정할 수 있다고 할 것이다"(대법원 1997. 11. 28. 97도1741).

(사) 폭우로 끝부분이 유실된 임시교량을 지나던 자동차가 하천으로 떨어진 사고에서 교량건설회사의 손해배상책임을 인정한 사례가 있다. 즉, "피고회사가 경기

도 소재 난실천 위에 새로운 교량을 설치하기 위하여 기존의 낡은 교량을 헐고 그 바로 아래쪽에 임시교량을 설치하였는데, 위 임시교량은 새로운 교량이 설치된 후에는 철거될 것이어서 그 교량 자체가 튼튼하지 아니하였던데다가 기존도로와 위 임시교량을 연결하는 연결도로부분의 지반이 약하였기 때문에 이 사건 사고일 전날부터 계속된 폭우로 위 임시교량 밑을 흐르는 난실천의 수위가 높아지게 되자 지반이 약한 위 연결도로부분부터 먼저 유실되기 시작하여 그 연결도로부분에 접하여 있는 교량의 양쪽 끝부분이 점차 가운데 쪽으로 유실되어 나간 사실, 피고회사에서는 위 임시교량을 관리하면서 그 위로 통과하는 차량들의 안전통행을 위하여 위 임시교량 양쪽 난간과 그 양쪽 진입로 입구에 붉은 등과 경광등을 설치하여 두었었지만 위 사고 전날과 사고일의 양일간에 걸쳐 내린 집중폭우로 말미암아 위 사고 무렵에는 정전으로 위 등이 모두 꺼져 있었고, 위 교량 입구에 세워진 피고회사의 현장사무실에서 경비근무를 담당하고 있던 소외 조○형 역시 위 집중폭우로 인하여 발생할 수 있는 교량유실 등의 재해에 대비하여 교량 위로 통행하는 차량을 통제하는 등의 대책을 세우지 아니한 채 잠들어 있었던 사실, 소외 망인은 자신의 승용차를 운전하여 위 임시교량을 용인읍에서 양성, 평택 방면으로 건너갔다가 용무를 마치고 용인읍으로 되돌아오던 중 위 임시교량의 용인읍 쪽 끝부분이 유실된 것을 모르고 그대로 위 교량 위를 지나다가 연결도로가 유실되어 끊어진 부분에서 난실천 아래로 자동차와 함께 떨어져 익사한 사실을 인정한 다음, 이 사건 사고는 새로운 교량이 완공될 때까지 위 임시교량을 안전한 상태로 유지, 관리할 책임이 있는 피고회사가 집중폭우가 계속되는데도 즉시 현장에 안전관리자를 파견하여 임시교량의 안전상태를 점검하고 적절한 대응을 하도록 조치하지 못한 잘못과, 피고회사의 피용자가 계속되는 폭우로 인한 난실천의 수위와 위 임시교량의 상태를 예의주시하였다가 위 임시교량 위로의 통행이 위험하다고 판단되면 즉시 위 교량 양쪽 진입로쪽에 비치되어 있던 바리케이트로 위 교량으로의 진입을 막는 등의 조치를 취하여야 할 의무를 게을리 한 사무집행상의 과실로 발생한 것이라고 판단"(대법원 1993. 8. 27. 93다16826 손해배상(산))하였다. 이 사안은 임시교량을 설치하여 사고방지를 위한 의무를 게을리 한 건설회사의 과실을 인정한 것이지만, 그 교량의 설치·관리주체가 국가나 지방자치단체라면 국가배상문제가 될 수 있는 사례로 볼 수 있다.

(아) 교량의 하자로 발생하는 사고유형을 그 형태별로 분류해 보면, 탈교·난간·교량에 의한 도로의 협착, 육교, 교량의 관리, 현수교, 집중호우에 의한 낙교 등이 있으나, 여기에서는 교량 내지 교량이 있는 장소에서의 전락사고에 대하여 살펴본다.

교량에서의 전락사고에 대한 전형적인 사례로서 첫째는, 보수공사로 교량이 철거되고 있는 탈교부분에서의 전락한 직진전락형의 사고가 그 예이다. 교량이 있어야 할 장소에 교량이 없었기 때문에 자동차가 그대로 하천에 전락한 것으로서 그 사례는 적지 않다. 사고가 발생한 시간은 대부분 야간이고 사고차량도 승용차보다는 오토바이나 자전거 등에 의한 사고가 많다. 이 같은 차종의 차량사고가 많은 것은 웅덩이나 단차 사고에서와 같은 원인에서 비롯되고, 특별히 장년자의 음주운전이나 20세 전후 또는 미성년자의 무모한 운전 때문에 야기되므로 과실상계비율이 높은 것도 특색이라 하겠다.

(자) 하자사유로서는 가교공사현장에 포함되는 장소에 있었기 때문에 공사현장의 장해물에 의한 사고의 경우와 거의 마찬가지로 야간에는 적색등, 바리케이트, 방호책 등의 설치의 불비 내지 불완전을 들 수 있다. 그 대부분이 공사 중이라는 표시 또는 통행금지표시가 불완전하게 설치되어 있지만, 야간에는 이 같은 조치만으로는 안전유지에 충분하지 않다. 또는 통행금지조치를 취하거나 혹은 아직 정식으로 공용개시가 되지 않은 것에 의하여 법적으로는 이용이 허용되지 않고 있었다는 한 가지 사실만으로 관리책임이 전혀 존재하지 않은 것이라고 볼 수는 없다. 머지않아 공용개시될 상황이었으며, 사고당시에 일반인이 이용하고 있었고, 그러한 사정을 설치·관리자가 알고 있을 수도 있기 때문이다.

(차) 판례 역시 "피고는 門前橋의 일부가 부서져 유실된 후 즉시 교통금지처분을 하고 가교량을 설치하면서 동 교량에 대한 피고의 영조물 관리의무는 이 가교량으로 이전되고 문전교에 대하여는 그 관리의무는 존재하지 않았다는 취지의 주장을 한다. 그러나 피고의 교통금지처분은 앞에서 설시한 바와 같이 불완전하였을 뿐만 아니라 문전교가 영조물로서 폐지된 것이 아니고 (중략) 가교량설치의 한 가지 만을 가지고 문전교에 대한 피고의 영조물 관리책임이 소멸되는 것은 아니다"(福島地相馬支判 소화 43. 4. 19. 判例時報 533호, 66면)라고 판시하였다. 그리고 "엄격한 의미에서 공

용을 개시하여 현실적으로 공용에 제공되고 있는 것에 그치지 않고 일시적으로 통행을 금지하여 도로의 이용을 정지하거나, 혹은 본건과 같이 가까운 장래에 필연적으로 도로가 되는 것이 예정되고 있는 것이라고 하여도, 이미 객관적으로 도로로서의 체제를 정비하여 관리주체가 인도를 받아 점유하고 있는 한 이에 포함된다"(岐阜地高山地判 소화 47. 3. 14. 交民 5권 2호, 357면)고 하여 사실상 도로의 외관을 갖추고 있는 이상 진입을 저지하는 조치를 취하지 않으면 안 된다는 점을 명백히 하였다. 그리고 진입을 저지하는 조치 또한 사실상으로 진입을 저지하는 데 충분한 것이어야만 한다. 예컨대 바리케이트가 있더라도 통행을 완전히 차단하는 것과 같은 형식으로 설치되지 않았거나 간단한 바리케이트가 점차 손괴되도록 방치하여 형해화된 경우에는 관리의 하자로 인정된다.

㈎ 위와 같은 유형의 사고 대부분이 오토바이와 같은 소형이륜차에 의한 사고이기 때문에 약간의 틈이 있으면 진입하는 특색이 있어 이를 저지하려면 도로 전체를 물리적으로 진입을 저지하는 조치가 필요한 것이다. 이와 관련된 문제로서 방호책 등이 사후적으로 제3자의 손에 의하여 이동된 경우에 대하여 "물리적으로 진입을 저지할 설비까지 강구할 필요는 없고 통상인의 주의력을 가지면 진입할 수 없음을 용이하게 인식할 수 있는 방법을 취한다면 그것으로 족하다"(岐阜地高山地判 소화 47. 3. 14. 交民 5권 2호, 357면)고 판시하였다. 그러므로 바리케이트 등의 이동이 누구의 손에 의한 것이냐는 문제가 되지 않고, 사고당시에 그 기능을 다하였는지 여부가 문제가 된다.

㈏ 생각건대 문자 그대로 물리적으로 진입을 저지하는 조치를 강구할 필요가 없다고 하더라도 적색등 기타 조명수단 등에 의하여 야간에도 위험상태의 존재를 용이하게 알 수 있는 조치를 강구할 책임은 있다. 그 조치가 사후적으로 제3자 등에 의하여 기능(효용)을 발할 수 없는 상태에 있는 경우에는 시간적 불가항력에 의한 면책이 성립하는 경우를 제외하고 역시 책임이 긍정된다고 해야 할 것이다.

㈐ 교량에서의 전락사고에 관한 둘째 유형은 교량의 붕괴 또는 일부손괴에 의한 전락사고이다. 첫째 유형의 전락사고가 경량의 이륜차량에 의한 사고가 많은데 대하여, 여기서는 대형트럭과 같은 중량차량에 의한 사고인 점을 특색으로 한다.

책임을 부정한 사례로서는 폭 3.25m, 길이 15.7m의 목제교량에서 총중량 3톤 이상의 차량은 통행이 금지되었는데, 덤프차(차량중량 9.3톤)가 법정의 최대적재량(10.5톤)을 초과한 토사(14.4톤)를 만재하여 통과하였기 때문에 발생한 교량의 붕괴사고에 관한 것이다. 이 사건의 특수성은 중량제한표시가 사고시에 존재하였다고 인정한 점에 있다. "본건 사고발생시에는 사고차량 진입구의 우측에 중량제한표시가 정상적으로 설치되어 있었던 점, 사고발생 후 시의 담당직원이 현장에 도착하기까지의 사이에 타인의 손에 의하여 인위적으로 표시판이 치워져 유기된 것이라고 인정되고, 따라서 본건 사고는 사고차량 운전수에게 위 표시를 무시 혹은 이를 간과하여 교량 내에 진입하여 통행하도록 한 것에 기인한다"(東京高裁 소화 54. 7. 23. 判例時報 939호, 44면)고 판시하여 교량의 관리하자를 부정하면서, "이 교량을 덤프차가 토사를 만재하여 통행하는 것이 극히 위험한 것이라는 것은 면허를 소지한 자동차의 운전수라면 쉽게 이를 예견할 수 있는 것이라고 인정됨에도 불구하고 도교법상의 대형자동차에 해당하는 본건 사고차량에 토사를 만재하여 법정 총중량 20톤을 초과한 상황에 있는 것을 자각하고서도 거리낌 없이 동 교량 내에 진입하여 이를 붕괴시켜 공공의 영조물을 손괴한 피항소인측의 운전사의 행위는 각종 법규위반의 점을 포함하여 무모한 통행에 기한 교량파괴행위로서 엄히 비난받아야 마땅함에도 이러한 위법행위를 범하고서도 반대로 도로관리자인 지방공공단체에 대하여 손해배상을 청구하는 것은 전혀 이유가 없는 남소라고 해야만 한다"(松江地浜町支判 소화 47.11.27. 道路の判例, 185면)고 하였다.

㈔ 또 굴삭기를 적재한 대형화물자동차가 재해복구 공사의 자재운반용으로 사용되던 목제교량을 통과하던 중 횡목 등을 절손하여 하천에 전락한 사고에 대하여 "응급공사로서 사용된 목제교량은 총중량이 20톤에 가까운 차량의 탈륜에 의한 충격에 견딜 수 있도록 설치하지 않으면 안 된다"(松江地浜町支判 소화 47. 11. 27. 道路の判例, 185면)라고 판시한 사례도 있다. 또한 콘크리이트 믹서차가 교량의 난간에 충돌하여 그대로 하천에 전락하여 운전자가 즉사한 사고에 대하여 "난간의 강도는 고속도 중차량의 충돌에 견뎌 전락을 방지할 수 있는 정도까지는 필요 없고, 단순히 군중이 몸을 의지하거나 차량의 경미한 접촉에 대한 보호로서 설립된 정도를 가지면 족하다"(福井地判 소화 53. 6. 9. 道路の判例, 91면)고 판시하였다. 횡목, 교판 등의 강도와 난간의 강도는 동일하게 논할 수 없는 것은 물론이지만, 여기에서도 운전자의 적극

적인 위험회피가 기대된다고 하겠다.

4) 도로붕괴에 의한 전락사고

(가) 「도로의 구조·시설 기준에 관한 규칙」은 도로의 안전성과 효율성을 확보하기 위한 기준을 정하고 있다. 즉, 도로에는 자동차 주행의 안전성과 효율성을 확보하기 위하여 접근관리 설계기법을 적용하여야 한다(규칙 4①). 고속도로와 자동차 전용도로는 다음 각 호[55]의 기준에 적합하여야 한다. 도로를 계획하거나 설계할 때에는 도로의 설계서비스수준이 국토교통부장관이 정하는 기준에 적합하도록 하여야 한다(규칙 7). 이런 도로의 안전성을 위한 기준은 도로의 설치·관리의 하자를 판단하는 주요 자료가 될 수 있다.

(나) 도로붕괴는 집중호우가 있는 장마철에 발생하기 쉽다. 이 경우는 자연재해가 겹친 경우로서 불가항력에 해당하는지 여부의 문제도 함께 검토되고 있다. 즉, "공작물의 설치 및 보존의 하자라 함은 공작물의 축조 및 보존에 불완전한 점이 있어 이 때문에 그 공작물 자체가 통상 갖추어야 할 안전성을 갖추지 못한 상태에 있음을 말하는 것이지 공작물설치 및 보전에 있어서 그 통상의 안전성을 갖추고 있는 이상 일반적으로 예상되는 이외의 상황 예를 들면 심한 지진이나 수십 년 내의 최다강우량을 동반한 폭풍우 등 천재지변의 상황에서까지도 항상 완전무결한 상태를 유지할 정도의 고도의 안전성을 갖추지 않았다 하여 그러한 경우까지도 그 공작물의 설치 보존에 하자가 있는 것이라 하여 그 점유자 또는 소유자에게 그로 인한 손해배상의 책임을 지울 수는 없다 할 것인바"(대법원 1978. 2. 14. 76다1530 손해배상)[56]

---

55) 1. 특별한 사유가 없으면 교차하는 모든 도로와 입체교차가 될 것
2. 지정된 곳에 한정하여 자동차만 출입이 허용되도록 할 것

56) 원고가 이 사건 사고발생의 직접적인 원인으로 지적하는 북악스카이웨이의 붕괴된 도로부분을 당초 피고가 설치함에 있어서 그 위치 선정에 있어서는 북악산 정상과 능선 부위에 위치한 방위시설과의 연락기능을 담당하면서도 그 방위시설의 기밀을 보존하여야 할 안보적 측면과, 무리하게 능선만을 따라 도로를 축조할 때에 예상되는 예산상의 낭비를 방지하여야 할 경제적인 필요성에서 위 붕괴부분을 포함하여 군데군데의 계곡을 횡단하여 도로를 설치하지 않을 수 없었던 사실, 그 도로 축조방법은 그 계곡 바닥에 덮인 흙을 제거하여 암반에 밀착시켜 높이 약 6m, 경사 1:0.3의 석축을 쌓고 그 위에 통상 산악도로의 축조방식에 따라 1:1.5의 경사를 두어 성토한 후 떼와 잡초를 입히는 방법으로 축조하였고, 그 배수시설은 도로의 위쪽변 산록측에 아래쪽 55cm, 윗쪽 70cm, 깊이 70cm의 측구를 설치하여 배수로 역할을 하게하고 또한 집수정과 이에 연결된 직경 600mm의 배수관을 도로를 횡단 매설하여 도로 위쪽의 유수를 그 아래쪽의 계곡으로 유출시키도록 하였으며 만일 위 배수관이 물을 소통시킬 수 있는 능력이 부족할 때에는 배수로를 통하여 이를 소통시키고 다시 배수로가 끝나는 지점에서는 노면자체가 물을 일류시켜 흘러내리도록 하였고

라고 판시하여 공작물의 하자를 부정하였다. 이는 수십 년 내의 최다강우량을 동반한 폭풍우 등 천재지변의 상황으로 그 공작물을 관리하는 것이 불가항력이었음을 인정한 것이다.

(다) 도로붕괴에 의한 사고사례로 일본에서는 교량에서의 전락사고와 마찬가지로 이미 존재하고 있는 붕괴장소에서의 전락과 차량자체의 중량이 가중되어 붕괴가 발생하는 사고가 있다. 전자의 경우는 차종의 여하를 묻지 않지만, 후자의 경우는 대형트럭, 콘크리트 믹서차를 비롯하여 비교적 대형차량에 의한 경우가 많고, 또한 노견부분의 붕괴에 의한 것이 적지 않다. 양자의 중간적인 사례로서는 도로붕괴가 차량중량의 가중과 관계없이 별도의 이유에서 갑자기 발생한 경우나 이미 존재하고 있는 일부 붕괴부분이 확대된 경우 등이 있다.

(라) 먼저 이미 존재하고 있는 붕괴장소에서의 전락사고를 살펴보기로 한다. 일

위와 같은 축대나 배수시설은 북악산 일원의 최근 20년 내지 30년 내의 강우량을 감안하여 충분한 통수능력을 갖춘 시설로서 그 설치에 있어서의 잘못을 찾아볼 수 없는 것이었으나 사고당일은 그 전날인 1972. 8. 18. 12:00부터 사고당일인 이튿날 09:00경까지 사이에 345.5mm의 폭우가 쏟아져 그 도로의 윗부분에 산사태가 일어나 토사나 고사목 등이 그 도로면에까지 쌓여 위 측구가 배수로로서의 역할을 하지 못하게 되자 노면이 수로의 역할을 하게 되면서 물줄기가 노견으로 일류되어 성토한 축대의 경사면이 세굴되어 유실되고 이에 따라 도로를 포함한 경사면이 활동을 일으켜 석축과 함께 붕괴되게 된 사실, 이날의 강우량은 최근 50년 내의 최다강우량이었던 1925. 7. 17의 하루 강우량 185.1mm나 1971. 7. 17의 하루 강우량 188.6mm를 훨씬 초과하는 345.5mm(그것도 21시간 만에)의 미증유의 강우량이어서 이 사건 사고현장뿐만이 아니라 전국 여러 곳은 물론 서울에서만도 수십 군데의 산사태를 야기하였던 사실, 위 도로의 붕괴로 인하여 발생한 토석류는 그로부터 약 2.5km 떨어진 이 사건 사고현장에 이를 때에는 이미 여러 곳으로 분산되어 그 기세가 많이 감소되었을 것이 예상됨에 반하여 그와는 비교도 안 되는 큰 규모의 아래쪽 유역면적에서의 토석류가 새로이 형성되어 그것이 1m^2 당 3톤의 수압을 가지고 초속 7.6m의 속도로 내리덮치는 바람에 이 사건 사고지점에 있던 원고들 소유가옥들이 그 충격을 감당하지 못하고 붕괴되어 유실됨으로써 이 사건 사고가 발생한 사실을 인정한 다음 위 도로가 위와 같이 붕괴된 것은 앞에 설시한 전대미문의 폭우 때문에 불가항력으로 인한 것이라 할 것이고 그것이 피고가 위 도로를 설치관리함에 있어 하자가 있었기 때문에 그렇게 된 것이라 인정할 수 없고, 또 이 사건 사고가 발생한 직접적인 원인은 위 도로가 붕괴하였던 데에 있는 것이 아니라 그 도로의 붕괴와는 별개의 원인에 의하여 독립하여 발생한 또 다른 산사태에 의하여 그렇게 된 것이라고 판단하였다.

사실관계가 위와 같다면 위 도로는 그 설치에 있어서 도로가 갖추어야 할 통상의 안전성을 갖춘 것이었다 할 것이고 가사 그 도로의 붕괴가 논지가 주장하는 바와 같은 설치 보존의 하자로 인한 것이었다 하더라도 이 사건 사고발생은 피고가 설치한 도로의 붕괴로 인하여 발생한 것이 아니고 그것과는 관계없이 발생한 산사태에 의하여 발생된 것으로밖에 볼 수 없다는 위 원심의 인정사실에 따른다 하여도 결국 이 사건 사고의 결과와 위 도로붕괴와 사이에 상당인과관계가 없어 피고에 대하여 그 책임을 물을 수 없다 할 것이니 같은 취지로 원고들의 이 사건 청구를 배척한 원심의 조치는 정당하다(대법원 1978. 2. 14. 76다1530 손해배상).

본의 국도 42호선이 산악부를 거의 남북으로 달리는 전형적인 산악도로 부분인데, 서측은 높이 약 20m의 산중턱, 동측은 깊이 수십 미터의 절벽으로 되어 있었는데, 집중호우에 의하여 본건 사고현장 도로 동측 절반이 붕괴되었기 때문에 응급복구 공사로서 붕괴장소를 ㄱ 자형에 돌담을 쌓아올려 보수한 뒤에 도로 폭을 종전대로 약 6m로 유지하기 위하여 도로서측의 산기슭을 폭의 최대부분에서 약 3m, 길이 약 45m에 걸쳐 깎아내어 도로위치가 그만큼 산중턱 근처(서측)로 이동하였지만, 북진중의 A운전 차량이 이 ㄱ 자형의 결손부분에서 계곡에 전락하여 A가 사망한 사고에 관한 것이다. 제1심 판결은 도로관리자의 책임을 부정하였지만, 항소심 판결에서는 그 책임을 긍정하였다. 즉, "야간에는 사정을 달리한다. A의 전락장소는 곡선반경 20m의 굴곡부의 이면에 있고 서측의 산중턱이 그 시계를 막고 ㄱ 자형 보수부분 바로 북과 남의 도로 동측에는 각각 도로 개설시에 가는 나무뿌리를 잘라낸 흔적이 남아 있고, 북진하는 차량의 운전자의 눈에는 진행방향 우측에 나무가 없는 산 표면과 더욱이 그 전방에 우로 노견부분에 세워져 있는 공사용반장의 건물이 전조등의 조명에 의하여 잇달아 시계에 들어옴에 따라 적어도 위 각 대상물을 연결하는 선까지는 도로가 존재한다는 판단에 빠지기 쉽고 설마 위 중간에 결손부분이 있으리라고는 예상할 수 없는 지형으로 되어 있다. (중략) 배터리가 멈춤으로 인하여 자동차의 전조등의 조명이 기능을 다한 A로서는 왼쪽커브 현장에서 할 수 있는 한 앞에서 선도차의 미등을 확인하기 위하여 도로중앙 근처로 나와 주행할 필요가 있었다고 추측되고 또한 도로좌측에 높이 20m 산중턱은 자기의 부족한 시계를 가로막는 위압물로서 치솟은 것도 고려되고 만약 동인이 최대한 그 옆을 주행하는 데 얼마간의 저항, 주저를 느꼈다고 해도 반드시 이상하지는 않다"(名古屋高裁 소화 49. 1. 28. 判例時報 746호 44면)고 판시하여 북행차량에 대하여 반사판, 경계표시 혹은 가드레일이 설치되어 있지 않았던 것은 관리의 하자라고 하였다. 이 판결에 대하여 야간전조등을 켜지 않고 통행한 피해차량의 안전까지 고려하여 도로를 관리하라고 하는 것은 지나치다는 비판도 있다.

㈒ 자연재해의 특징을 가진 사례로서 사고전일부터 사고당일에 걸쳐 태풍이 내습하여 이로 인한 강우에 의하여 有田川이 전에 없이 수위가 높아지게 되었다. 유전천과 산 사이에 놓이게 된 본건 도로의 산측과의 경계에 돌이 쌓여 호안 겸 노

견이 되었던 곳에 유수가 침입하여 아스팔트 포장 아래의 토사를 쓸어갔기 때문에 同 縣道가 도로폭 가득히 함몰하고 있던 곳에 피해차량이 전락하여 운전자가 사망한 사고가 발생하였다. 사고발생 시점인 오전 1시 40분경보다 전일 오후 11시 30분경에는 현도 함몰이 시작되고 있다는 취지의 전화통보가 도로관리 담당자인 토목사무소 주재소에 들어왔음에도 불구하고 어떤 조치도 취하지 않은 채 방치되고 있었다. "피고로서는 적어도 본건 도로 함몰의 발견자부터 토목사무소의 주재소에 동 함몰에 관한 연락이 된 시점에서 이를 조사하여 그 전에 위험을 알리기 위한 표시를 설치하거나 혹은 로프나 난간으로 교통을 차단하는 등 조치를 취하여야 하였음에도 이들 조치를 전혀 취하지 않고 함몰장소를 그대로 방치한 점에서 피고의 본건 도로의 관리에 하자가 있었다. (중략) 또 본건 함몰장소를 포함한 본건도로 12.7km의 구간에 통행금지의 교통규제가 행하여지고 이를 표시하는 표지판이 피해자의 진로상에 게시되었던 것은 앞에서 인정한 바이지만 피고가 자인한 바대로 위 도로구간에 대하여는 통행금지의 규제에 해당하고, 자동차의 교통을 차단할 수 없다고 하는 것이기 때문에 위 규제하에 있어서도 위 도로구간을 통행하는 자동차가 있는 것도 피고에게는 당연히 알려야 하는 것이고, 위 표시판이 운전자의 주의를 끌기 어렵고 위험표시의 방법으로서 완전하지 않은 것도 아울러 고려하면, 위 통행금지 표시판을 게시한 사실만으로 피고의 본건 도로관리상의 책임을 다하였다고는 볼 수 없다"(和歌山地裁 소화 51. 9. 5. 判例時報 850호, 85면)고 하여 도로관리자의 책임을 긍정하였다.

(바) 다음으로 제2의 노견 붕괴형의 사례들을 살펴보기로 한다. 도로노견의 일부가 직전에 내린 강우에 의하여 붕괴하여 손괴부분의 복구공사를 행하였지만, 그 붕괴부분에 접속한 길이 트럭 통과시에 갑자기 무너져 운전수가 부상하고 화물칸에 있던 자는 사망하는 사고가 발생했다. 이 사고에 대하여 판결은 붕괴부분에 접속하는 노면이 취약하였던 점, 교량 옆에 있는 급커브를 통과한 직후에 직면하는 장소였기 때문에 "위 도로의 관리자인 피고로서는 전기 노면의 위험장소인 같은 장소를 통행하는 사람과 자동차에 알려야 하지만, 단지 위험장소의 존재를 알리는 것만으로는 불충분하고, 동 장소를 통과하는 자동차의 운전사에게 고도의 주의를 촉구하고 그 운전사로 하여금 자동차 조종상의 정확한 판단이 가능하도록 하기 위하

여 위 도로의 위험장소의 존재와 아울러 그 범위(손해 장소만이 아니라 주변 지반의 취약화를 고려하여 위험범위를 정해야 한다)도 명확히 알려야 할 조치(적어도 말뚝을 박아 위험장소를 알리는 것이 필요하다)를 강구하지 않으면 안 된다"(大阪地裁 소화 38. 11. 30. 下民集 14권 11호, 2365면)고 판시하여 하자책임을 긍정하였다. 아울러 운전사가 매일 본건 사고현장을 왕복하여 노면손괴의 사실을 알고 있었다는 사유로 50%의 과실상계를 하였다.

㈔ 그리고 원래는 임도로 개설되어 공석적에 의한 돌담이 있는 것에 불과한 도로가 그 후 중량차량의 증가와 같은 교통사정의 변화에도 불구하고 특별한 개량공사를 하지 않은 채로 있었는데, 통행중인 트럭이 대규모의 도로붕괴 때문에 전락하여 운전자가 부상하고 동승자는 사망하는 등의 사고가 발생하였다. 이에 대한 제1심 판결은 "사고현장 부근의 본건 도로 및 돌담은 중량차량의 통과에 있어서 반드시 만전을 기한 것은 아니고 더욱이 사고발생 당일은 전전일의 강우와 더불어 상당한 강우량이 있었고 그 때문에 노면은 수분을 함유하고 있어 더욱 취약하게 되고, 본건 사고현장의 노면하에서는 암반이 없었던 것과 더불어 원목을 적재한 본건 자동차의 통과에 의하여 그 하중을 견딜 수 없게 되고, 마침내 이것이 붕괴하기에 이른 것으로 추인되기 때문에 결국 본건 사고는 사고현장 장소의 도로가 취약하여 본건 자동차의 통행에 견딜 수 없는 상태가 되어 있었다고 하는 하자에 기인하여 발생하였다"(高松高裁 소화 43. 10. 1. 高民集 21권 5호, 480면)고 판시하였다.

이 판결은 예산부족의 항변에 대하여 "예산부족으로 인한 본건 도로의 전면적인 개수를 사실상 신속히 행할 수 없었다 하여도 본건 도로관리 방법으로서 본건 도로를 통행금지시키지 않더라도 위험표시의 설치나 중량제한 등의 조치를 취하는 것으로 안전유지의 방법을 강구할 수 있었다"라고 판시하여 이 항변을 배척하였다. 이는 앞서 본 고지낙석사건 최고재판소 판결에 있어서와 거의 마찬가지의 논거로 예산제약론을 배척하고 있다고 할 수 있다.

㈕ 이와는 달리 하자책임을 부정하였던 사례로서는, 소형트럭이 선행차를 추월하기 위하여 노견부분을 주행 중 하천에 전락하여 물적 손해를 입은 사고에 대하여 "긴급한 사태의 발생이 예상되는 도로에 한하여 노견은 적어도 위 긴급사태에 있어서 자동차의 통행에 견딜 수 있을 만큼의 구조를 갖출 필요가 있고 (중략) 본건

도로에 있어서는 낙석, 토사붕괴 등으로 긴급사태가 발생하여 노견을 자동차가 통행하지 않으면 안되는 경우는 통상 예측되지 않는다고 해야 한다. 따라서 본건 도로는 사고현장 부근의 노견 포장 밖의 부분이 취약하다고 해도 이로써 본건 도로가 도로법 2조가 요구하는 안전성을 결여하여 피고의 본건 도로설치에 하자가 있었다고 할 수 없다"(松江地裁 소화 44. 4. 9. 下民集 20권 3호, 198면)라고 판시하고 있다.

㈑ 위와 같은 사례를 개관하여 보면, 피해차량의 중량이 가중됨에 따라 발생하는 도로붕괴 사고에 대하여는 일부 예외를 제외하고는 원칙적으로 도로관리자의 책임이 긍정되고 있다고 할 수 있다. 도로가 자동차의 중량을 견디지 못하고 붕괴하는 것은 확실히 중량제한이 있는 경우 등을 제외하고는 본래 갖추어야 할 안전성을 결여한 것이고 이른바 내재적 하자유형의 가장 두드러진 것이라 할 수 있다. 그렇지만 이른바 내재적 하자유형의 또 하나의 전형적인 사례였던 웅덩이나 단차사고에서 과실상계 사례를 많이 볼 수 있었던 것처럼, 여기에서도 대형차량을 운전하는 자에게도 특별한 위험을 예견할 수 있음에도 불구하고 중량차량을 타고 운행하는 것은 상식에 반하는 것이라고 할 수 있다.

도로붕괴 사고를 예방하기 위하여서는 이용시설의 정비와 그 관리가 중요하다. 그러나 이용자의 무리한 도로이용에 대하여 물적 시설의 안전성만을 강조할 수는 없다. 결국 합리적으로 기대할 수 있는 위험회피조치는 이용자의 위험부담 범위에 해당한다고 할 수 있다.

3. 외재적 하자유형

⑴ 노면 상의 장해물, 낙하물 등에 의한 통행상의 안전의 결함

노면 상의 장해물이란 도로의 노면에 존재하여 자동차의 주행이나 보행자의 통행을 방해하는 물건이나 상태를 말한다. 예컨대 노면의 보수공사를 위한 장비, 자재, 버려지거나 방치된 자동차, 주행하던 자동차로부터의 낙하물 등 차량통행에 불편을 주는 일체의 물건이 해당된다. 장해물에는 노면 상의 장해물로서 노면의 凹凸을 형성하는 것과 노면에 한하지 않고 노상공간 내지 차도공간의 장해물로 구별할 수 있다. 전자는 도로공사나 도로매설 시설에 의한 것이 주요부분을 포함하고 있으며, 후자는 보행자에게 발생한 사고로 들 수 있는 보도의 잡초 외에 도로 인접지 등의 대나무와 같은 식물, 그리고 시간적 불가항력의 부분에서 검토하였던 노상공간의 일시적인 방치물이나 낙하물에 의한 것이 있다.

노면 상의 장해물로 인한 사고는 당해 장해물을 발견하고 제거할 수 있는 합리적인 시간이 있었는지 여부에 따라 영조물의 하자 성립 여부가 결정된다. 그리고 도로의 관리자가 당해 장해물을 발견하고 제거할 수 있는 합리적인 시간이 있었는지는 도로상 장해물의 감시를 위한 정상적인 순찰과정을 고려하여 판단하여야 한다.

1) 가로수와 소나무에 의한 사고

㈎ 「산림자원의 조성 및 관리에 관한 법률」은 '가로수'란 「도로법」 제10조에 따른 도로(고속국도를 제외한다)와 보행자전용도로 및 자전거전용도로 등 대통령령으로 정하는 도로의 도로구역 안 또는 그 주변지역에 심는 수목을 말한다(제2조 제6호)고 정의하고 있다. 가로수는 도로의 위치를 특정해 주고 운전자의 주의와 시야를 도로에 집중하도록 하며 도로의 미관을 장식하는 기능을 한다. 각종 전선이나 수도관 등의 공작물이 설치되어 있는 대도시의 도로에 식재(설치)하는 가로수는 바람이나 폭우·폭설에 넘어지지 않을 만큼의 깊이를 확보하기 쉽지 않다. 그래서 가로수의 뿌리를 적당히 제거하기도 하는데, 이로 인하여 세찬 폭풍우에 가로수가 넘어지는 원인이 될 수 있다. 그렇다고 하여 이를 곧 설치의 하자라고 단정하기는 어렵다. 그 때문에 최근 식재하여 충분히 지탱할 수 없는 가로수에 받침대를 설치하는 관리행위가 특히 필요하다.

㈏ 「도로법」에서는 가로수를 도로와 그 효용을 함께 발휘하는 '타공작물'로 정의하고 있다. 즉, '타공작물'이란 도로와 그 효용을 함께 발휘하는 둑, 호안(護岸), 철도 또는 궤도용의 교량, 횡단도로, 가로수, 그 밖에 대통령령으로 정하는 공작물을 말한다(도로법 2(9)). 도로관리청은 도로가 타공작물의 효용을 함께 갖추고 있거나 타공작물이 도로의 효용을 함께 갖추고 있는 경우 대통령령으로 정하는 바에 따라 타공작물의 관리자에게 도로공사를 시행하게 하거나 도로의 유지·관리를 하게 할 수 있으며, 도로관리청이 직접 타공작물에 관한 공사를 시행하거나 타공작물에 대한 유지·관리를 할 수 있다(도로법 33①). 도로관리청이 제1항에 따라 타공작물에 관한

공사를 시행하거나 타공작물에 대한 관리를 할 경우 이를 도로공사 또는 도로의 유지·관리로 본다(도로법 33②). 도로관리청이 제1항에 따라 타공작물의 관리자에게 도로공사를 시행하게 하는 경우 해당 타공작물의 관리자는 도로공사를 마친 후 대통령령으로 정하는 바에 따라 도로관리청의 준공검사를 받아야 한다(도로법 33③). 도로관리청이 제1항에 따라 직접 타공작물에 관한 공사(타공작물의 관리는 제외한다. 이하 이 조에서 같다)를 시행하는 경우에는 타공작물의 관리자에게 대통령령으로 정하는 바에 따라 공사를 시행하기 전에 미리 통지하여야 하며, 공사를 준공하였을 때에는 해당 공사의 준공 사실을 통지하여야 한다. 다만, 타공작물의 관리자가 중앙행정기관의 장, 시·도지사 또는 시장·군수·구청장인 경우에는 미리 협의하여야 한다(도로법 33④).

㈐ 가로수에 의한 사고는 가로수가 도로에 쓰러짐으로 인하여 도로의 장애물이 되어 주행하던 차량이 사고를 야기한 경우와 가로수의 존재로 인하여 운전자의 시야를 방해하는 경우가 있을 수 있다. 장마철 가로수가 쓰러진 사고에 대하여 지방자치단체의 영조물관리자로서의 책임을 인정한 사례가 있다.

원심은, 1991. 7. 20. 12:15 피고 구(서울특별시 동작구)가 관할하는 도로(대방로)의 인도 위에 심어져 있던 높이 15m 가량의 가로수가 쓰러지면서 때마침 그곳을 통과하던 원고 소유 자동차의 지붕 중간부분을 덮쳐 자동차가 파손된 사실, 그 무렵은 장마철로서 비가 많이 내리고 태풍마저 불어닥칠 위험이 있었으므로, 많은 사람과 차량이 통행하는 위 도로의 가로수를 관리하는 업무를 담당하고 있던 피고로서는 오랜 비바람으로 가로수의 지반이 약해져 쓰러지면서 그 옆을 통행하는 사람과 차량에 위험을 가하는 일이 없도록 가로수의 뿌리가 비바람에 버틸 힘이 있는지의 여부를 수시로 점검하여 쓰러질 위험이 있으면 뽑아내거나 지지대를 세워 주는 등의 안전조치를 취하여 위와 같은 사고를 미연에 방지하여야 함에도 불구하고, 잦은 비바람으로 지반이 약해진데다가 뿌리마저 넓게 뻗지 못한 위 가로수를 그대로 방치한 잘못으로 이 사건 사고를 초래하게 한 사실 등을 인정할 수 있는바, 위 인정사실에 의하면 이 사건 사고는 지방자치단체인 피고가 국가배상법 제5조 소정의 공공의 영조물인 위 가로수의 설치 또는 관리를 잘못함으로써 발생하였다고 할 것이라고 판단한 다음, 이 사건 사고가 발생할 당시 호우주의보가 발효된 상태로 7. 20.

12:00경의 강수량은 시간당 13mm이고, 그날의 순간 최대풍속은 초당 15.4m(강풍에 해당, 수목 전체가 흔들리고 바람을 향하여 보행하기 곤란함)로서 피고가 관할하는 가로수 등의 나무들이 쓰러지는 등 재해가 발생한 사실 등은 인정되지만, 매년 집중호우와 태풍(초당 32.6m)이 동반되는 장마철을 겪고 있는 우리나라와 같은 기후의 여건하에서 그와 같은 정도의 비바람을 예측할 수 없는 천재지변이라고 볼 수는 없는 것이라고 판단하였는바, 관계증거 및 기록과 관계법령의 규정내용에 비추어 볼 때, 원심의 위와 같은 인정판단은 정당한 것으로 수긍이 된다(대법원 1993. 7. 27. 93다20702 손해배상). 이 판결은 가로수를 공공의 영조물이라고 당연하게 전제하고 있다. 가로수는 도로법상 '타공작물'에 해당하는 것으로 도로구조의 보전과 안전하고 원활한 도로교통의 확보 기타 도로의 관리에 필요한 기능을 갖는다고 할 수 있다.

㈑ 가로수로 야기된 또 다른 사건으로서 오토바이 운행자가 도로쪽으로 기울어진 가로수에 충돌하여 사망한 경우, 도로의 관리자인 지방자치단체에게 손해배상책임이 있다는 사례도 있다. 즉, "이 사건 사고지점은 대구 중구 남산 2동 573에 있는 장성반점 앞 아스팔트로 포장된 편도 1차선의 직선도로로서 차량의 통행이 아주 빈번한 지점인데 그 도로의 폭은 약 9m 정도이고 양측 노견에는 아스팔트에 잇대어 폭 53cm의 하수도 덮개가 깔려있으며 그 덮개와 인도와의 경계지점에 15cm 정도의 도로경계연석이 도로를 연하여 설치되어 있고 그 경계선에서 인도쪽으로 13 내지 15cm 떨어져서 가로수가 심어져 있었는데 위 사고당시 위 사고지점에 있는 가로수 중 직경 23.5cm 정도 되는 플라타나스 하나가 도로를 향하여 약 17°의 각도로 기울어져 심어져 있었으며 이 사건 사고 이전에도 가끔 자전거를 타고 노변을 통행하던 사람이 위 기울어진 가로수에 충돌하는 일이 발생하여 위 남산동 11통장이 남산동회에 위 가로수의 제거를 요청하였으나 피고시가 이를 그대로 방치해 두었다가 이 사건 사고발생 이후에야 비로소 이를 제거한 것이며, 한편 위 사고지점의 도로중앙은 기존의 아스팔트를 제거하지 아니한 채 그 위에 계속 아스팔트를 덧씌웠던 까닭에 도로표면이 평면을 이루지 못하고 하수도덮개가 끝나는 지점에서 도로중앙을 향하여 두터워져 도로중앙이 불룩하게 솟아올라 차량통행에 아주 불편하게 되어 있었던 사실, 그런데 망 소외인은 1986. 9. 10. 18:00경 평소 그가 타고 다니던 30시시 모페드오토바이를 운전하여 대구 중구 동산동 52의 1에 있는 친구

사무실에 갔다가 집으로 돌아오기 위하여 그날 23:50경 위 사고지점도로를 남산 2동파출소쪽에서 남대문시장쪽으로 가던 중 맞은편 차량의 전조등빛에 눈이 부셔 노변쪽으로 피한다는 것이 위 도로가 노변쪽으로 많이 기울어진 탓으로 균형을 잃고 지나치게 도로가로 미끄러져 위 도로경계연석을 스치며 콘크리트하수로 덮개위로 진행하다가 차도쪽으로 기울어져 서 있던 위 플라타나스 가로수 줄기에 오토바이와 함께 얼굴을 세게 충돌하여 전두골, 정두골, 후두골 등의 다발성두개골골절을 일으켜 외상성두개강내출혈(혈종)로 그 다음날 01:30경 대구적십자병원에서 사망에 이르게 된 사실, 원고 1은 위 망인의 처이고 원고 2는 그 장남이며 원고 3은 그 차남인 사실은 각 인정할 수 있고 이에 반하는 갑 제7호증의 다른 일부기재는 믿지 아니하고 달리 반증이 없는바, 위 인정사실에 의하면 위 사고는 피고시가 위 사고지점 도로의 관리자로서 포장공사를 잘못하여 도로의 중앙이 불룩한 모습이 되게 하여 차량의 통행에 불편을 야기하고 그 위에 도로쪽으로 17도나 기울어져 있는 가로수를 제거하지 아니하는 등 위 도로가 통상 갖추어야 할 안전성을 결여하게 한 피고시의 위 도로관리상의 하자로 인하여 발생하였다고 할 것이므로 피고시는 위 사고로 인하여 위 망인과 그의 처, 자인 원고들이 입은 손해를 배상할 책임이 있다 할 것이다.

다만 위에 든 증거들에 의하면 위 망인은 원동기장치자전거운전면허도 없이 헬멧도 쓰지 아니한 채 위 오토바이를 야간에 아주 빠른 속력으로 운전하여 가다가 전조등 빛의 탓이라고는 하나 위 오토바이의 오른쪽 발판이 위하수로 덮개표면보다 15cm 높은 도로경계연석 옆면을 5m나 긁으며 가다가 가로수에 위와 같이 상당한 충격으로 충돌할 정도로 인도쪽으로 바짝 붙여 피양하였고 또 위 망인은 평소 위 도로를 자주 통행하여 그 도로의 상황을 잘 알고 있었음에도 그에 알맞게 충분히 주의를 하지 아니한 채 운행한 과실이 경합되어 위 사고가 발생한 사실을 인정할 수 있어 위 망인의 위와 같은 과실을 피고가 배상하여야 할 손해액을 정함에 있어 참작하기로 한다"(대구지방법원 1987. 11. 4. 86가합2153 손해배상(기)).

(마) 가로수가 도로변에 존재함으로 인하여 커브 길에서 대향차량의 존재를 알 수 없거나, 도로를 향하여 내리 뻗어 있는 가로수의 가지로 인하여 전방의 시야를 방해하는 결과를 초래하거나, 비록 직선도로라고 하더라도 가로수 사이에서 갑자기

도로로 진입하여 오는 상대차량을 발견하지 못하여 야기된 사고는 가로수의 존재로 인하여 운전자의 시야를 방해하여 야기된 사고라고 할 수 있어, 이 경우에도 당해 도로의 설치·관리자에게 책임을 분담하도록 할 수 있을 것이다.

(바) 다음으로 일본의 사례를 살펴보면, 소나무에 의한 사고로서 수령 약 200년의 커다란 소나무가 町 사무소 출장소 부지 내에서 국도상으로 내뻗어 동행차선의 노견 끝부분 위로 2.68m, 동 차선의 외측 끝부분 위로 3.35m 높이의 나무줄기 아랫부분이 비스듬히 중앙선 상에 닿아 있었는데, 운반용 화물자동차가 중앙선을 넘어 오는 반대방향 차와 스쳐 지나감으로 인하여 노견에 진입하여 차의 상부가 소나무의 줄기에 충돌한 충격으로 민가의 콘크리트 벽에 충돌하여 운전자가 부상을 당하고 차체가 대파되는 등의 물적 손해를 야기한 사고가 발생하였다.

이 사건에 대한 판결은 “본건 사고발생지점 부근은 그 도로의 위치형상 등으로 보아 동쪽 방향 차량이 차선부분을 넘어 노견 부분으로 진입하기 쉬운 상태에 있었음에도 불구하고 위 진입을 금지하는 하등의 표시도 없고, 또 이를 금지함으로 인하여 발생하는 차량교통의 장해에 관해서도 그 제거방법이 전연 강구되고 있지 않은 것으로 보면, 본건 도로의 관리자인 피고로서는 위 노견 부분에 부득이 진입하여 오는 차량의 안전에 지장이 없도록 그 관리를 행할 의무를 지는 것이다. 그런데 본건 소나무의 존재가 위 노견 부분에 부득이 진입하여 오는 차량의 운행을 방해하고 있음은 인정한 바이기에 피고로서는 위 소나무의 노견 부분 위의 부분을 제거해야 할 의무를 진다”(和歌山地裁田邊支部 소화 47. 7. 26. 判例時報 693호, 84면)고 판시하여 도로관리자의 책임을 긍정했다. 그리고 소나무의 소유자이자 점유자인 町에 대하여도 공작물책임에 관한 민법 제717조 제2항에 의한 책임을 인정하고 있다.

2) 대나무에 의한 사고

대나무에 의한 사고로 자연현상이 가미된 것으로서 한밤중에 내린 눈 때문에 도로노면에 자라고 있던 대나무 2~3그루가 휘어져 노면에서 1.5m 높이까지 북쪽 방향 차도에 늘어져 중앙선까지 다다라 전방의 시야를 완전히 가리고 있었기 때문에 이를 우회하기 위해 반대 차선에 들어선 피해차량이 반대방향의 차와 충돌하고, 나아가 후속차량이 추돌하여 운전자가 사망한 바 있다. 이 사건에 대하여 판결은 도로관리자가 순찰이나 제설이 도움이 되지 않았던 사실은 불가항력에 해당하지 않은 것으로서 "특히 본건 도로가 중요 간선도로이고 교통량이 많기 때문에 도로관리자는 본건 도로의 교통상의 안전에 만전을 기할 것이 요구된다. 그럼에도 불구하고 도로법면에 생육하고 있던 대나무가 쌓인 눈 때문에 도로에 드리워져 1차선밖에 없는 북쪽 방향의 차도의 통행을 막아 진행이 저해되고 있었기 때문에 그 위험상태는 도로가 통상 구비해야 할 안전성을 결여하고 있다고 하지 않으면 안 된다. 즉 본건 도로에는 관리상의 하자가 있었다는 것으로 귀착한다"(京都地判 소화 48. 1. 16. 判例時報 708호, 75면; 항소심은 大阪高裁 소화 49. 11. 29. 道路の判例, 158면)고 판시하였다. 본건은 자연현상이 기여한 일시적 상태에 의한 사고이지만, 마땅히 도로 법면상의 대나무라는 도로관리자의 지배관리 내에 속하는 것이 사고의 한 원인이고, 결과적으로 보면 법면상의 대나무를 잘라내는 것은 용이함에도 도로관리자가 이를 해태하였다는 점에 그 특색이 있다.

3) 방치물, 낙하물 등에 의한 사고

방치물이나 낙하물에 의하여 도로관리의 하자가 다투어지는 사건은 도로관리자가 알지 못한 상태에서 제3자 또는 선행차량에서 낙하하여 도로 상에 방치된 물건으로 인하여 후행차량이 사고를 당한 경우의 책임문제이다. 방치물이나 낙하물은 노면 상에 돌출된 상태로 있어 사소한 충격에도 균형을 잃어 핸들조작의 잘못 등으로 인하여 사고를 야기할 가능성이 높은 위험요소이다. 그러므로 도로관리자는 도로를 일정 시간간격으로 순찰하는 등의 관리를 하여 선행차량에서 낙하되어 방치된 물건 등으로 인한 사고발생을 미연에 방지할 의무가 있다.

㈎ 우리나라의 판례

㈀ 편도 2차선 도로의 1차선 상에 교통사고의 원인이 될 수 있는 크기의 돌멩이가 방치된 것이 도로관리상의 하자에 해당한다고 본 사례가 있다. 즉, "도로의 설치 또는 관리·보존상의 하자는 도로의 위치 등 장소적인 조건, 도로의 구조, 교통량, 사고시에 있어서의 교통 사정 등 도로의 이용 상황과 그 본래의 이용 목적 등 제반 사정과 물적 결함의 위치, 형상 등을 종합적으로 고려하여 사회통념에 따라 구체적으로 판단하여야 할 것인바, 도로의 설치 후 제3자의 행위에 의하여 그 본래의 목적인 통행상의 안전에 결함이 발생한 경우에는 도로에 그와 같은 결함이 있다는 것만으로 성급하게 도로의 보존상 하자를 인정하여서는 안 되고, 당해 도로의

구조, 장소적 환경과 이용 상황 등 제반 사정을 종합하여 그와 같은 결함을 제거하여 원상으로 복구할 수 있는데도 이를 방치한 것인지 여부를 개별적·구체적으로 심리하여 하자의 유무를 판단하여야 할 것이다(대법원 1992. 9. 14. 선고 92다3243 판결, 1997. 4. 22. 선고 97다3194 판결 등 참조). 사실관계가 원심이 적법하게 확정한 바와 같다면, 이 사건 편도 2차선 도로의 1차선 상에 교통사고의 원인이 될 수 있는 크기의 돌멩이가 방치되어 있었고, 도로의 점유·관리자인 피고가 그것에 대한 관리 가능성이 없다는 입증을 하지 못하고 있는 이 사건에서 이는 도로 관리·보존상의 하자에 해당한다"(대법원 1998. 2. 10. 97다32536 구상금). 이 사건은 돌멩이의 방치로 야기된 사고에 대하여 피고 창원시의 도로 관리하자를 인정한 사안이다. 도로에 돌멩이가 방치되었다는 것은 도로관리의 하자라고 봄이 타당하다. 그러나 대부분의 판례는 방치된 돌멩이를 제거하기 위한 순찰활동 등의 방호조치의무의 충실한 이행이 있을 때는 관리하자를 긍정하지 않은 사례가 많다는 점을 알 수 있다. 고속도로에 자동차의 주행에 장애가 되는 물건이 방치된 경우는 위와 달리 판단되고 있음도 주의해야 한다.

㈏ 편도 1차선으로 도로교통법상 주차금지구역인 도로의 75% 정도를 차지한 채 불법주차되어 있던 차량을 5일 간이나 방치한 경우 도로 관리상의 하자가 있다고 한 사례가 있다. 즉, "이 사건 사고도로는 편도 1차선으로서 도로교통법상 주차금지구역임에도 불구하고 이 사건 수반차량이 도로의 75% 정도를 차지한 채 그곳에 불법주차되어 차량의 통행 및 안전에 현저한 지장을 초래하고 있었으므로, 이 사건 도로의 관리자인 피고(경북 구미시)로서는 그 운전자나 관리책임 있는 자에게 그곳으로부터의 이동을 명하거나 스스로 이를 안전한 장소로 이동시키는 등으로 그로 인한 교통방해상태를 제거하여 도로의 안전성을 회복할 의무가 있고, 또 그것이 가능함에도 불구하고 그와 같은 조치를 취하지 않은 채 이를 5일간이나 방치하였으니, 피고로서는 이 사건 사고방지에 필요한 방호조치의무를 다하지 아니하였다고 할 것이고, 따라서 이 사건 도로에는 관리상의 하자가 있다고 판단하였다. 원심의 위와 같은 인정 및 판단은 정당하다"(대법원 2002. 9. 27. 2002다15917 구상금).[57]

57) 원심은, 이 사건 사고는 이 사건 수반차량을 불법주차한 소외 김○호의 과실과 주취상태에서 전방주시의무를 태만히 한 소외 홍○표의 과실 및 피고의 도로 관리상의 하자가 경합하여 발생하였다고 할 것인바, 홍○표의 보험자인 원고가 피해자에게 이 사건 사고로 인한 손해액인 92,467,210원을 보험금으로 지급함으로써 공동불법행위자인 김○호와 피고의 손해배상책임도 공동면책되었으

㈐ 고속주행을 하는 고속도로에 방치물이나 낙하물이 있을 경우에 사고발생의 위험이 대단히 높고, 실제로 문제가 되었던 사고 역시 고속도로에서 발생한 사고에 관한 것이다. 고속도로는 「한국도로공사법」에 의하여 설립된 한국도로공사가 설치·관

므로, 김○호와 피고는 각자 홍○표와의 내부적 과실비율에 따라 원고의 구상에 응할 의무가 있다고 할 것인데, 이 사건 사고경위 등에 비추어 보면, 홍○표의 과실비율은 전체의 70% 정도로 봄이 상당하고, 한편 원고가 김○호로부터 구상금으로 2,000만원을 변제받은 사실은 원고가 이를 자인하고 있으므로, 피고의 원고에 대한 구상금지급의무도 그 범위 내에서 소멸하여 결국 피고는 원고에게 구상금으로 7,740,163원{(92,467,210원×30%)-2,000만원}을 지급할 의무가 있다고 판단하면서, 그 전제로 이 사건 사고 발생에 대한 김○호의 책임과 피고의 책임은 이 사건 수반차량의 주차라는 하나의 사실에 기한 것으로 사고 발생에 대한 인과관계를 같이하고 있다는 점과 피고의 책임은 국가배상법 제5조 제1항에 의한 책임으로서 피고는 같은 조 제2항에 의하여 손해의 원인에 대하여 책임을 질 자인 김○호에 대하여 전액을 구상할 수 있는 반면, 김○호는 피고에 대하여 구상할 수 없다는 점 등에 비추어 보면, 피고의 책임과 김○호의 책임은 상호 대체적 관계에 있다고 보여져, 피고와 김○호는 부진정연대채무자로서 각자 그들 전체의 부담 부분(전체 손해액 중 구상권자인 원고가 부담할 부분을 제외한 전액)에 관하여 원고의 구상에 응하여야 하는 것이지 그들 각자의 과실비율에 따라 분할채무를 지는 것은 아니고, 따라서 부진정연대채무자의 1인인 김○호가 원고에게 2,000만원을 변제한 이상 그 범위 내에서 피고의 원고에 대한 구상금채무도 공동면책된다고 보아야 한다고 판시하고 있다.

그러나 공동불법행위자는 채권자에 대한 관계에서는 부진정연대책임을 지되, 공동불법행위자들 내부관계에서는 일정한 부담 부분이 있고, 이 부담 부분은 공동불법행위자의 과실의 정도에 따라 정하여지는 것으로서 공동불법행위자 중 1인이 자기의 부담 부분 이상을 변제하여 공동의 면책을 얻게 하였을 때에는 다른 공동불법행위자에게 그 부담 부분의 비율에 따라 구상권을 행사할 수 있고(대법원 2002. 5. 24. 선고 2002다14112 판결 참조), 공동불법행위자 중 1인에 대하여 구상의무를 부담하는 다른 공동불법행위자가 수인인 경우에는 특별한 사정이 없는 이상 그들의 구상권자에 대한 채무는 이를 부진정연대채무로 보아야 할 근거는 없으며, 오히려 다수 당사자 사이의 분할채무의 원칙이 적용되어 각자의 부담 부분에 따른 분할채무로 봄이 상당하다.

원심이 피고와 김○호의 구상금채무의 성질을 부진정연대채무로 보면서 인용한 대법원 1998. 9. 22. 선고 97다42502, 42519 판결은 국가배상법 제6조 제1항에 의하여 사무의 귀속주체와 비용부담자가 다른 경우 양자는 구상권자에 대하여 부진정연대채무를 부담한다는 것이지 위와 같은 관계에 있지도 아니한 공동불법행위자들도 구상권자에 대하여 부진정연대채무를 부담한다고 한 취지는 아니다.

돌이켜 이 사건에서 보면, 김○호의 불법주차로 인한 불법행위책임과 피고의 도로관리상의 하자로 인한 국가배상책임은 그 책임의 발생근거가 다르고, 피고가 김○호에 대하여 국가배상법 제5조 제2항에 의하여 구상할 수 있다고 하여도 이를 가지고 구상권자인 원고에게 대항할 수는 없는 것이므로(대법원 1993. 1. 26. 선고 92다2684 판결 참조), 원고에 대한 관계에서 김○호와 피고는 각자의 고유한 책임을 지는 공동불법행위자들로서 구상권자인 원고에 대하여 각자의 부담 부분에 따른 분할채무를 부담한다고 보아야 한다.

따라서 원심으로서는 공동불법행위자들 각자의 부담 부분을 정한 다음 피고에게 그 부담 부분에 해당하는 구상채무의 이행을 명하여야 하고, 전체 손해액에서 원고의 부담 부분을 뺀 나머지를 피고와 김○호가 연대하여 부담하는 것으로 보아 김○호의 변제로 피고의 원고에 대한 채무도 소멸하는 것으로 보아서는 안되는데도 이와 다른 전제에서 판단한 원심판결에는 수인의 공동불법행위자가 공동면책을 시킨 다른 공동불법행위자 1인에 대하여 부담하는 구상채무의 성질에 관한 법리를 오해한 위법이 있다고 할 것이다(대법원 2002. 9. 27. 2002다15917 구상금).

리의 주체가 되고 있다.[58] 고속도로의 관리자인 한국도로공사는 민법 제758조 제1항이 정하는 공작물의 점유자에 해당한다. 그러므로 고속도로의 관리하자에 관한 소송은 국가배상청구사건이 아니라 민법 제758조 제1항의 공작물책임에 의하게 되지만, 역시 국가배상청구에 관한 동일한 법리가 적용되므로 이곳에서 함께 살펴보기로 한다.

㈃ 트럭 앞바퀴가 고속도로 상에 떨어져 있는 타이어에 걸려 중앙분리대를 넘어가 사고가 발생한 경우에 있어서 타이어의 낙하시점, 한국도로공사가 고속도로상의 안전성 결함을 알고도 사고방지조치를 취하지 않았는지 여부 등을 심리하였어야 함에도 이에 이르지 않은 채 위 공사의 손해배상책임을 인정한 원심판결을 파기한 사례가 있다.

"이 사건에 있어서 피고(한국도로공사)에게 도로의 보존상 하자로 인한 손해배상책임을 인정하기 위하여는 도로에 타이어가 떨어져 있어 고속으로 주행하는 차량의 통행에 안전상의 결함이 있다는 것만으로 족하지 아니하고, 관리자인 피고가 사고 발생전 다른 차량 등 제3자의 행위에 의하여 야기된 도로의 안전상의 결함을 미리 발견하고 이를 제거하여 차량의 안전한 통행상태로 회복하도록 하는 방호조치를 취할 수 있음에도 이를 취하지 아니하고 방치한 경우에 한하여 책임이 인정된다고 할 것이다. 다시 말하자면 도로의 안전상의 결함이 객관적으로 보아 시간적, 장소적으로 피고의 관리행위가 미칠 수 없는 상황 아래에 있는 경우에는 관리상의 하자를 인정할 수 없는 것이다.

기록에 의하면, 이 사건 사고는 망 박○식이 운전하던 트럭의 앞바퀴가 경부고속도로 상행선 서울기점 176.5km 추월차선 상에 떨어져 있는 타이어에 걸려 중앙분리대를 넘어가 생긴 것인바, 피고의 도로관리규정(을 제1호증)과 안전관리규정(을 제2호증)에 의하면, 피고는 도로의 유지관리와 안전관리 방법으로 고속도로상의 안전장애물과 각종 시설물의 이상 유무 등을 점검하기 위하여 도로순찰을 규정하고

58) 국토교통부장관은 「도로법」 제31조 제1항에도 불구하고 대통령령으로 정하는 바에 따라 (한국도로)공사로 하여금 그 부담으로 유료도로화할 대상으로 결정된 도로의 신설·개축·유지 및 수선에 관한 공사(工事)의 시행과 관리를 하게 할 수 있다(한국도로공사법 13①). 국토교통부장관은 공사가 제1항에 따라 공사(工事)의 시행과 관리를 하는 경우에는 대통령령으로 정하는 바에 따라 「도로법」에 따른 도로관리청의 권한을 대행하게 할 수 있다(한국도로공사법 13③). 국토교통부장관이 법 제13조 제3항에 따라 공사로 하여금 도로관리청의 권한을 대행하게 할 때에는 해당 도로관리청의 동의를 받아야 한다(한국도로공사법 시행령 13④).

있으며, 순찰 중 주요한 사고를 발견하였을 때에는 필요한 교통소통과 응급조치를 취한 후 사무소장에게 보고하여 처리하여야 하고, 강설, 강우, 농무 등 이상기후시와 교통량 폭주시에는 특별순찰을 강화하여야 하고, 순찰자는 사무소장의 승인 없이 임의로 순찰지역을 이탈하여서는 안 되고, 근무수칙을 준수하며 순찰종료 후 순찰일지를 기록하여야 한다고 하고 있는바, 을 제5호증의 1(장비운행일지), 의 2(교량대장), 제6호증의 1, 2(순찰일지), 을 제9호증의 1, 2(조회사항답변)의 각 기재와 제1심 및 원심증인 이○래의 증언을 종합하여 보면, 이 사건 사고지점 고속도로를 관리하는 피고의 충청지사 영동지부는 야간 4회, 주간 2회의 왕복도로순찰을 하며, 그 소속인 이○래가 야간정기순찰계획의 일환으로 사고 당일 02:30경 영동인터체인지를 출발, 상행하여 03:25경 옥천인터체인지를 돌아 03:35에 동어정류장에 도착하였는데, 이 사건 사고지점의 통과시간은 03:10 내지 03:15경으로 당시는 고속도로상에 타이어와 같은 장애물이 발견되지 아니한 사실을 알 수 있고, 사고 당일 사고지점을 통과한 차량의 수는 시간당 약 710대이고 위 영동지부가 관리하는 고속도로 상하행선에는 사고발생신고 등을 위하여 긴급전화기 48대가 설치되어 있고, 사고지점으로부터 1.9km 떨어진 지점에도 1대가 설치되어 있었으나 사고 당시 타이어 방치 사실에 관한 신고를 받지 못하였으며, 위 영동지부에서 장애물 신고를 받은 경우 가장 먼거리일지라도 그 장소에 도착하여 이를 제거하는데 20분 정도밖에 소요되지 아니하고, 사고 당시는 그 순찰차가 사고지점으로부터 5분 내지 6분 거리의 약 4km 거리에 있었으므로, 사고발생의 원인이 된 타이어가 사고지점 고속도로 상에 떨어진 것은 위 이○래가 사고지점을 통과한 후로서 사고시로부터 10분 내지 15분밖에 경과되지 아니한 것으로 인정된다. 앞에서 든 증거의 신빙성을 배척할 만한 특별한 이유는 발견되지 아니한다.

위와 같은 사실관계에서는 피고가 이 사건 사고지점의 도로에 떨어진 타이어를 발견하고 이를 제거하여 사고방지 조치를 취한다는 것은 시간적으로 거의 불가능한 일이 아닌가 생각된다. 따라서 피고의 손해배상책임을 인정한 원심의 조치는 수긍하기 어렵다.[59] 결국 원심으로서는 피고의 고속도로 안전성에 대한 순찰 등 감

59) 원심은 증거에 의하여 피고는 경부고속도로 유지관리자로서 고속도로 상에 장애물이 있으면 이를 가능한 한 빨리 제거하여 차량통행에 지장이 없도록 하여야 함에도 1990. 9. 29. 03:25경 위 고속도로 상행선 서울기점 176.5km 지점 추월선상에 자동차 타이어 한 개(카고 8톤 화물트럭용)가 떨어져 있는 것을 방치한 결과 소외 박○식이 그 무렵 경남 7자 9186호 1톤트럭을 운전하여 추월

시체제, 타이어의 낙하시점, 피고가 타이어의 낙하사실을 신고 받거나 직접 이를 발견하여 그로 인한 고속도로 상의 안전성 결함을 알았음에도 사고방지 조치를 취하지 아니하고 방치하였는지 여부, 혹은 이를 발견할 수 있었음에도 발견하지 못하였는지 여부 등 제반사정을 심리하여 이 사건고속도로의 하자 유무를 판단하였어야 할 것이다. 원심판결에는 도로의 설치 및 보존의 하자에 관한 법리를 오해하였거나 심리미진의 위법이 있다고 아니할 수 없다"(대법원 1992. 9. 14. 92다3243 손해배상(자)).

대법원은 "사고발생의 원인이 된 타이어가 사고지점 고속도로 상에 떨어진 것은 위 이○래가 사고지점을 통과한 후로서 사고시로부터 10분 내지 15분밖에 경과되지 아니한 것으로 인정된다. (중략) 위와 같은 사실관계에서는 피고가 이 사건 사고지점의 도로에 떨어진 타이어를 발견하고 이를 제거하여 사고방지 조치를 취한다는 것은 시간적으로 거의 불가능한 일이 아닌가 생각된다"고 판시하여 시간적 불가항력의 개념을 도입하여 도로관리의 하자를 부정하였다.

(ㅁ) 도로의 설치 후 제3자의 행위에 의하여 도로의 통행상 안전에 결함이 생긴 경우, 도로의 보존·관리상의 하자를 부정한 사례는 쉽게 발견된다. 즉, "도로의 설치 후 제3자의 행위에 의하여 그 본래의 목적인 통행상의 안전에 결함이 발생한 경우에는 도로에 그와 같은 결함이 있다는 것만 가지고 도로의 보존상의 하자를 인정할 수는 없고, 당해 도로의 구조, 장소적 환경과 이용 상황 등 제반 사정을 종합하

선을 따라 위 지점을 운행하던 중 위 트럭 앞바퀴가 위 자동차타이어에 걸려 그로 인하여 위 트럭이 중앙선을 넘어 맞은편에서 오던 서울 8아 4836호 8톤 트럭과 정면충돌함으로써 위 박○식이 그 자리에서 사망한 사실과 이로 인한 피고의 손해배상책임을 인정하고, 피고의 면책항변에 대하여서는 다음과 같이 판시하여 이를 배척하였다. 즉 피고의 안전관리규정에 의하면, 도로순찰자는 도로 상의 교통장애물 등을 점검하기 위하여 주간 1회, 야간 3회 이상의 정기순찰을 실시하도록 되어 있고, 이 사건 사고지점의 도로순찰과 안전관리를 담당하고 있는 피고 공사 충청지사 영동지부에는 소외 이○래 외 3명의 보안원이 평소에 교대로 순찰업무를 담당하고 있는 바, 위 영동지부에서 작성한 운행일지에 의하더라도 위 이○래는 1990. 9. 28. 09:10부터 다음 날 08:50까지 잠도 자지 않고 혼자서 순찰차를 운행하여 영동(서울기점 194km 지점)에서 옥천(서울기점 167km 지점) 사이를 순찰하였는데, 이 사건 사고가 일어나기 전인 1990. 9. 29. 02:00부터 02:50까지 영동에서 옥천까지 상행선을 순찰하면서 사고지점을 통과한 바 있고, 02:50부터 03:20까지 옥천에서 서울기점 181.5km 지점까지 하행선을 순찰한 것으로 되어 있어 위 이○래가 위 사고지점을 직접 순찰한 때로부터 사고시간까지는 약 1시간 정도의 간격이 있었는바(그 사이에 타이어가 도로에 떨어졌을 가능성이 크다), 위와 같은 사실만으로는 피고가 위 도로를 유지관리함에 있어서 사고발생을 방지하기 위해 필요한 주의를 다하였다고 보기 어렵고, 오히려 위 사실에 의하면 그 주의의무를 해태하였다고 보아야 한다는 것이다(대법원 1992. 9. 14. 92다3243 손해배상(자)).

여 그와 같은 결함을 제거하여 원상으로 복구할 수 있는데도 이를 방치한 것인지의 여부를 개별적, 구체적으로 살펴서 하자의 유무를 판단하여야 할 것이고, 객관적으로 보아 도로의 안전상의 결함이 시간적, 장소적으로 그 점유·관리자의 관리행위가 미칠 수 없는 상황 아래에 있는 경우에는 관리상의 하자를 인정할 수 없다.

원심판결 이유에 의하면, 원심은 이 사건 사고 당시 고속도로 1차선 상에 크기 36cm×27cm×1cm, 무게 5kg의 철판이 떨어져 있었고, 위 철판이 앞서가던 차량의 바퀴에 튕겨 뒤에 오던 차량의 조수석에 탑승한 피해자를 충격함으로써 이 사건 사고가 발생한 사실을 인정하면서도, 사고 당시의 주위 상황, 사고의 발생 경위, 도로상의 결함의 정도와 그 방지를 위한 피고의 조치 등에 관한 그 판시와 같은 제반 사정을 들어 피고에게 이 사건 도로의 보존·관리상의 잘못을 인정할 수 없다고 판단하였는바, 기록과 위에서 본 법리에 비추어 볼 때, 원심의 위와 같은 조치는 정당한 것으로 수긍이 가고, 거기에 상고이유로 주장하는 바와 같이 공작물의 점유자의 책임에 관한 법리를 오해하고 심리를 다하지 아니한 잘못이 있다고 할 수 없다(대법원 1999. 7. 9. 99다12796 손해배상(자)). 이 판결에 적시되어 있지 않지만 도로 상의 결함을 방지하기 위한 피고(사고장소가 고속도로라서 한국도로공사로 보인다)의 조치 등을 참작하여 피고에게 이 사건 도로의 보존·관리상의 잘못을 인정할 수 없다고 판단하고 있다.

승용차 운전자가 편도 2차선의 국도를 진행하다가 반대차선 진행차량의 바퀴에 튕기어 승용차 앞유리창을 뚫고 들어온 쇠파이프에 맞아 사망한 경우, 국가의 손해배상책임을 부정한 사례도 특히 주목을 받고 있다. 즉, "원심은 내세운 증거들을 종합하여 소외 김○영이 1995. 11. 21. 10:30경 피고가 점유 관리하는 대구 달성군 논공면 삼리 소재 편도 2차선의 국도를 프라이드 승용차를 운전하여 가다가 반대방향 도로 1차선에 떨어져 있던 길이 120cm, 직경 2cm 크기의 U자형 쇠파이프가 번호미상 갤로퍼 승용차 뒷타이어에 튕기어 김○영의 승용차 앞유리창을 뚫고 들어오는 바람에 쇠파이프에 목부분이 찔려 개방성 두개골 골절 등으로 사망한 사실을 인정하고, 그와 같은 쇠파이프가 위 도로에 떨어져 있었다면 일단 도로의 관리에 하자가 있는 것으로 볼 수 있으나, 내세운 증거에 의하면 사고 당일 09:57부터 10:08 사이(사고 발생 33분 내지 22분 전)에 피고 운영의 과적차량 검문소 근무자 교대차량이 사고장소를 통과하였으나 위 쇠파이프를 발견하지 못한 사실을 인정하고 피고가 관리하는 넓은 국도 상을 더 짧은 간격으로 일일이 순찰하면서 낙하물을 제거하는 것은 현실적으로 불가능하다 하여 피고에게 국가배상법 제5조 제1항이 정하는 손해배상책임이 없다고 판단하였는바, 기록과 대조하여 검토하여 보면 원심의 위와 같은 사실인정은 수긍할 수 있고, 그러한 사실관계라면 원심의 판단 역시 수긍할 수 있다. 원심판결에 논하는 바와 같은 채증법칙 위반이나 법리오해의 위법이 있다고 할 수 없다"(대법원 1997. 4. 22. 97다3194 손해배상(자)).

(ㅂ) 이 판결에 대하여 영조물책임에 관한 하자논쟁과 관련하여 다양한 평가가 내려진 바 있다. 영조물에 불완전성이 있다는 객관적 사실 그 자체만으로 그 설치·관리상의 하자가 있는 것으로 인정될 수 있는 경우가 있겠으나, 하자유무의 판단에 있어서는 당해 영조물의 불완전성이라는 객관적 사실 외에도 당해 영조물의 설치·관리와 관련된 위의 여러 여건이나 기타 기술적, 재정적, 사회적 여건 등을 종합적으로 고려함으로써 비로소 그 하자 유무를 판정할 수 있는 경우도 있을 것이라는 비교적 긍정적인 평가도 있었다.

(ㅅ) 이와 달리 비판적 견해로서, 오늘날과 같이 복잡하고 위험한 교통체제 아래서 관리자가 고속도로에 떨어진 타이어를 제거하여 안전조치를 취할 수 있는 시간 후에 발생한 사고에 대하여는 국가책임을 인정하고, 그 이전에 발생한 사고에 대하여서는 국가책임을 인정하지 아니한다는 것은 피해를 받는 자의 입장에서 보면, 심히 형평에 맞지 아니한다고 할 것이다. 그리고 어느 시점을 안전조치가 가능한 시점으로 볼 것인지도 문제된다고 할 것이다. 굳이 말하면 오늘날의 고속도로의 상황을 감안한다면 타이어가 떨어진 바로 그 시점부터 안전조치를 취하여야 할 시점으로 보아야 할 것이다라는 견해도 있다.

(ㅇ) 또한 이 사건 판결은 문제를 해결하기보다는 이론과 실제 양면에서 또 다른 문제를 제기한 것이라고 보아야 할 것이다. 그것은 무엇보다도, 위험사회(Risikogesellschaft)라고 불리는 현대사회에 있어 영조물로 대표되는 공공기반시설의 이용으로부터 발생하는 위험, 특히 우리나라의 경우 불식되지 않는 부실공사로 인한 사고발생의 위험에 끊임없이 노출되어 있는 이용자의 처지를 고려할 때, 이 사건 판결이 사회적 설득력을 가질 수 있을지 의문이 없지 않다는 비판적 입장도 있다.

㈑ 현실적으로 자동차 운전자에게는 장애물 자체의 존재가 문제이지 장애물이 놓여진 시기는 문제되지 않는다. 운전자는 도로 상의 장애물 때문에 사고를 당하였음에도 사고방지를 위한 도로관리자의 순찰 등의 행위 여하를 기준으로 책임의 인정여부를 결정하는 것은 오히려 피해자 입장에서 우연한 사실 존재 여부에 따라 손해배상이 긍정되기도 부정되기도 하는 불확실성이 있다. 이런 경우 도로 상의 장애물과 사고 사이에 상당인과관계가 있으므로 손해의 책임을 도로관리자가 지고, 내부관계에서 책임을 질 자에게 구상하는 것이 피해자의 보호 및 국가배상제도의 이념을 구현하는 데 부합한다고 할 것이다.

㈏ 일본의 판례

㈀ 방치물과 관련한 일본의 사례 중 도로관리자의 책임을 긍정한 것도 있지만, 부정한 것도 적지 않다. 그중 국도 상에 87시간 방치하였던 고장차에 관한 사례가 대표적이라 할 수 있다. 제1심 판결에서는 그 책임을 부정하였고, 항소심과 상고심에서는 책임을 긍정하되 그 근거는 달리하고 있다.

고장차의 운전자 및 그 사용자에 대하여는 민법상의 불법행위책임은 긍정하였지만, 제1심에서는 도로관리자의 책임을 부정하였다. 즉, "고장차가 상당기간 방치됨으로 인하여 교통위험의 개연성이 높고, 관리자는 위 사실을 알고 또한 알 수 있는 상태에 있으면서도 이를 배제하지 않은 경우에는 설령 도로 자체에 결함이 없었고, 고장차의 방치가 차량운전자의 법 의무위반으로 되는 경우라도 도로관리자의 하자라고 해야 한다. 그러나 본건에 있어서는 전기 국도 상의 사태가 위와 같은 상태에 이르고 있다고 인정하기에 족한 증거는 없다"(和歌山地妙寺地判 소화 45. 6. 27. 交民 3권 3호, 954면)고 판시하였다.

㈁ 이에 대하여 제2심 판결은 책임을 긍정하면서 "추돌사고 등으로 인한 도로 상에 장해가 생긴 것을 관리책임자가 알 수 있는 여지도 없을 정도로 시간적으로 근접한 시점에서 다음 사고가 발생한 경우에 대하여는 불가항력으로서 도로관리자가 면책되는 경우가 있는 것은 당연히 이를 인정해야 한다. (중략) 그러나 그러한 특별한 경우를 제외하고 사고차의 방치에 의한 장해가 발생한 후 상당시간이 경과되어도 여전히 그것이 제거되지 않은 경우는 도로 그 자체에 결함이 생긴 경우와 실질적으로 다르지 않다고 보아야 한다. 위 상당시간의 한계는 각 도로의 구체적 상

황에 따라 개별적으로 결정해야 하지만, 본건과 같이 사고차 방치 후 3일 이상을 경과하고 있는 경우는 당연히 상당시간을 경과한 것이라고 하지 않으면 안 된다"(大阪高判 소화 47. 3. 28. 判例時報 675호, 58면)고 하여 도로관리자의 책임을 긍정하였다. 그리고 상당인과관계의 범위에 대하여, "본건 도로관리의 하자가 구체적으로는 소외인에 의한 본건 고장차의 방치에 의하여 초래된 것으로 더욱이 그 주차상태도 위법하게 도로중앙선 가까이에 약간 비스듬히 위치하는 등 이상한 방치방법이고 관리자에게 있어 예견가능성이 전혀 없다라고는 볼 수 없기 때문에 피항소인에 대하여 상당인과관계의 범위를 고장차의 운전자와 사용자의 경우보다 좁게 인정함이 상당하다"라고 하였다. 그러나 "본건 고장차의 주차상태가 위법한 상태였다고 해도 또 도로우측에 약 4m 11cm의 폭이 남아 있더라도 오토바이의 운행에는 특단의 장해가 없고, 현장은 시야가 좋은 장소이기 때문에 통상의 주의를 하면 이른 아침이고 안개가 끼어 있다 하더라도 본건 고장차를 발견하고 이를 피하여 통과하였을 것인데, 피해자는 위와 같은 기상상황에도 불구하고 시속 60km 이상으로 진행하여 본건 고장차의 후부에 추돌한 것으로 피해자는 전방 불주시를 수반한 이른바 폭주운전을 하고 있었다고 인정되는 것이다. 피해자의 과실은 상당히 중하므로 이를 앞에서 인정한 도로관리의 하자의 정도 및 상당인과관계와 대비하여 고려하면 본건 사고의 결과에 대하여 피해자의 과실은 4분의 3으로서 과실상계하는 것이 상당하다"고 판시하면서 "자동차의 교통이 심한 본건 국도의 사고현장 부근에서 앞서 인정한 것과 같은 상태에서 본건 고장차가 그 노상에 장시간(본건 사고 발생시까지 87시간) 방치된 채 있었던 것은 객관적으로 보아 현저한 교통장해이고 고도의 위험성을 갖는 것이므로 도로관리자로서는 본건 도로 상에 이러한 상태가 발생한 때에는 최대한 빨리 이를 배제하는 감시조치를 취하지 않으면 안 된다"고 하여 도로관리자의 감시체제가 사고방지에 미흡하였음을 지적하고 있다.

㈐ 이 판결에 대하여 高崎慶長 판사는 "최대한 빨리 이를 배제하는 감시조치를 취하지 않으면 안 된다"라는 판시부분에 대하여 "이 감시조치란 무엇을 지칭하는 것인가. 고장차를 배제하는 것은 경찰이다. 그러므로 도로관리자는 순찰 등의 감시만을 하면 좋다는 것인가. 순찰을 하여 고장차를 발견한 때에는 어떻게 하라는 것인가. 도로관리자에게 가능한 것과 불가능한 것이 있기 때문에 단지 배제하는 감시

조치를 취하라고 하여도 납득할 수 없다. 전술한 바와 같이 고장차와 토사의 퇴적은 장해물이라는 점에서 동일시하여 도로관리자는 통행차량에 고장차가 있다는 것을 알려 주기 위하여 바리케이트를 설치하거나 야간적색등을 점등하거나 도로의 편측부분을 일시 통행금지하는 등의 조치를 강구해야 함에도 그렇게 하지 않고 고장차를 방치하여 도로의 통상 갖추어야 하는 안전성이 결여되어 있다고 분명히 밝혔어야 한다"고 비판하였다.

㈑ 본건에 대하여 최고재판소는 "본건 사고가 발생하기까지 위 고장차가 도로상에 장시간 방치되어 있는 것조차 모르고 더구나 고장차의 존재를 알리기 위하여 바리케이트를 설치하거나, 도로의 한쪽 부분을 일시 통행금지를 하는 등의 도로의 안전성을 유지하기 위하여 필요한 조치를 취하지 않았던 것은 명백하기 때문에 이러한 상황하에서는 본건 사고발생 당시 동 출장소의 도로관리에 하자가 있었다"(最判 소화 50. 7. 25. 民集 29권 6호, 1136면)고 판시하였다.

㈒ 이 사건은 도로관리권과 교통경찰권의 경계선에서 발생한 특수한 사건이기 때문에 문제해결을 곤란하게 하고 있지만, 결국 법원은 관계법령뿐만 아니라 본건을 포함한 각종의 사정을 평가하여 도로관리에 하자가 있다고 평가한 것으로 여겨진다. 그런데 이와는 달리 이 판결의 하자판단의 방법은 실질적으로 종래의 판결과 마찬가지이고 그 의미에서도 하등 새로운 점이 없지만, 이 판결에 특별한 의미를 부여한다면 도로 자체의 물리적 결함만이 아니라 고장차의 장시간 방치를 도로의 안전성의 결여라고 보아 감시체제의 불비로 이를 발견하지 못하고 안전회복조치를 취하지 않았던 점을 관리의 하자로 본 것에 불과하다고 하여 이 판결에 대하여 큰 의미를 부여하지 않는 견해도 있다.

(2) 낙석, 붕토 등에 의한 사고

1) 「도로의 구조·시설 기준에 관한 규칙」은 방호시설의 설치기준을 정하고 있다. 즉, 낙석, 붕괴, 파랑(波浪), 바람 또는 적설 등으로 인하여 교통 소통에 지장을 주거나 도로의 구조에 손상을 입힐 가능성이 있는 부분에는 울타리, 옹벽, 방호시설, 방풍시설 또는 제설시설을 설치하여야 한다(규칙 41). 「도로교통법」은 도로의 손괴 등으로 인한 교통사고의 발생을 방지하기 위한 위험방지조치의무를 규정하고 있다. 경찰공무원(자치경찰공무원은 제외한다)은 도로의 손괴, 교통사고의 발생이나 그

밖의 사정으로 고속도로등에서 교통이 위험 또는 혼잡하거나 그러할 우려가 있을 때에는 교통의 위험 또는 혼잡을 방지하고 교통의 안전 및 원활한 소통을 확보하기 위하여 필요한 범위에서 진행 중인 자동차의 통행을 일시 금지 또는 제한하거나 그 자동차의 운전자에게 필요한 조치를 명할 수 있다(도로교통법 58).

2) 낙석, 붕토(崩土), 눈사태 등에 의한 사고는 자연현상에 기인하는 것으로 자연재해인 경우가 많다. 이런 사고는 이른바 외재적 하자유형의 전형적인 경우라고 할 수 있다. 자연재해의 발생을 완전히 방지하는 것은 불가능하지만, 도로로서 통상 갖추어야 할 안전성을 구비하지 않으면 설치·관리의 하자가 문제된다.

3) 영조물책임을 묻기 위한 영조물은 행정주체에 의하여 특정 공공의 목적에 공여된 유체물 또는 물적 설비를 의미하므로, 사고지점 도로가 행정청에 의하여 노선인정 기타 공용개시가 없었으면 이를 영조물이라 할 수 없다. 즉, "원심은 이 건 사고지점은 충북 단양군 단양역과 단양읍내를 연결하는 인근 단양면 북하리와 현천리 주민들의 유일한 통행로로서 그 부지의 일부가 소외 이○석 등의 소유로 등재되어 있기는 하나, 실제는 군도에 접속되어 일반공중의 이용에 제공되고 있었으며, 또 1978. 6. 8.부터 같은 해 7. 7.까지 주민들로 구성된 도로포장추진위원회가 피고(단양)군으로부터 금 300만원의 지원을 받아 총공사비 금 700만원을 들여 포장공사까지 마친 사실, 이 건 사고지점 바로 옆에 경사진 암벽이 있어서 평소에도 가끔 돌이 굴러 내리곤 하였는데, 그 뒤 소외 ○○토건주식회사가 이 건 사고지점 도로에 연결된 군도의 포장공사를 하면서 한 발파작업으로 위의 암벽에다가 균열을 생기게 함으로써 비가 오는 경우에 낙반의 우려가 매우 컸던 사실을 인정하고, 그렇다면 이 건 사고지점 도로가 도로법상의 군도는 아니지만 사실상 군도에 접속되어 군민을 비롯한 다중의 통행에 제공되었던 점에 비추어, 이 건 사고지점 도로는 피고 군의 점유 관리 아래 있던 것이므로, 피고는 그 관리상의 하자로 인하여 낙석에 맞아 사망한 소외 윤○숙의 부모들인 원고들에게 손해배상의무(이는 국가배상법상의 그것으로 보아야 한다)가 있다고 판시하였다. 그러나 판단컨대, 국가배상법 제5조에서 말하는 공공의 영조물이란 공유나 사유임을 불문하고 행정주체에 의하여 특정 공공의 목적에 공여된 유체물 또는 물적 설비를 의미하므로 원심 판시와 같이 이 건 사고지점 도로가 군민의 통행에 제공되었다 하여도 피고 군에 의하여 노선인정 기

타 공용개시가 없었으면 이를 영조물이라 할 수 없고, 뿐만 아니라 그 영조물의 관리라 함은 국가 기타 행정주체가 영조물을 사실상 직접 지배하는 상태에 있음을 의미하므로, 군이나 기타 지방자치단체가 주민들이 왕래하는 사실상의 도로에다 하수도나 포장공사를 위하여 시멘트나 기타 공사비의 일부를 보조한 사실만으로 당해 지방자치단체가 그 도로를 점유 관리하고 있다고 할 수 없다(대법원 1980. 7. 8. 선고 79다1422 판결 참조) 할 것인바, 원심이 그 인정과 같은 사실만으로(더욱 이건 사고지점 도로에 접속된 도로도 군도가 아니고 일반 국도이다) 피고 군이 이건 사고지점 도로를 점유 관리한다고 판단하고, 이어 그 관리상의 하자로 인하여 생긴 손해를 배상할 의무가 있다고 판시하였음은 필경 영조물의 설치 관리상의 하자로 인한 손해배상 책임의 법리를 오해한 바에 연유한 것이므로 논지는 이유 있다"(대법원 1981. 7. 7. 80다2478 손해배상). 이 사안은 사실상 도로의 관리권이 군수에게 있지 않은 경우이기에 그 관리책임이 없음을 밝히고 있다. 만약 위 도로가 공용개시되어 군수가 관리하는 상태였다면 관리의 하자로 인정받을 수 있는 사례라 할 수 있다. 사고의 발생이 있었지만 공용개시 전의 단계였기에 책임이 부정되었던 사례는 적지 않다.[60]

4) 피고 서울특별시가 설치·관리하는 도로는 산을 경계하여 가파른 암벽 밑에 설치되어 있어 가끔 암벽으로부터 돌이 떨어지는 경우가 있었으므로 피고 시로서는 암벽 측으로의 사람의 통행을 금지시키던가 또는 낙석사고방지를 위한 철책을 설치하는 등 사고를 방지할 수 있는 조치를 취할 의무가 있다고 판시한 사례도 있다. 즉, "피고 시가 설치관리하는 이건 사고 발생도로는 산을 절개하여 가파른 암벽 밑에 설치되어 있어 가끔 암벽으로부터 돌이 떨어지는 경우가 있었으므로 위 도로의 설치 관리자인 피고로서는 위와 같은 암벽 측으로의 사람의 통행을 금지시키든가 또는 낙석사고 방지를 위한 철책을 설치하는 등 사고를 방지할 수 있는 조치를 취할 의무가 있음에도 불구하고 아무런 조치도 취하지 아니하였기 때문에(이건 사고

60) 지방자치단체가 비탈사면인 언덕에 대하여 현장조사를 한 결과 붕괴의 위험이 있음을 발견하고 이를 붕괴위험지구로 지정하여 관리하여 오다가 붕괴를 예방하기 위하여 언덕에 옹벽을 설치하기로 하고 소외 회사에게 옹벽시설공사를 도급 주어 소외 회사가 공사를 시행하다가 깊이 3m의 구덩이를 파게 되었는데, 피해자가 공사현장 주변을 지나가다가 흙이 무너져 내리면서 위 구덩이에 추락하여 상해를 입게 된 사안에서, 위 사고 당시 설치하고 있던 옹벽은 소외 회사가 공사를 도급받아 공사 중에 있었을 뿐만 아니라 아직 완성도 되지 아니하여 일반 공중의 이용에 제공되지 않고 있었던 이상 국가배상법 제5조 제1항 소정의 영조물에 해당한다고 할 수 없다고 한 사례(대법원 1998. 10. 23. 98다17381 손해배상(기)).

후에야 철망을 설치하였다)사고가 발생한 사실을 인정함으로써 피고는 산을 절개하여 가파른 암벽 밑에 설치한 도로의 설치 관리상의 하자로 말미암아 발생한 손해를 배상할 책임이 있다고 정당하게 판시하고 있으므로 이와 같이 설치한 도로에 관계없는 암벽으로부터의 암석낙하 사고인 것처럼 상반되는 사실을 내세워 이를 전제로 영조물 또는 그 설치관리의 하자에 관한 법리를 오해하였다거나 심리를 빠트린 위법 있다는 논지는 이유없는 것이고, 다음에 원심이 이와 같이 위험한 지점을 지나다니지 않도록 감호할 의무를 해태한 피해자측의 과실을 참작하여 피고가 배상하여야 할 금액을 원판시와 같이 산정하였음을 기록에 대조하여 고찰하여 볼지라도 과실 상계를 너무 적게 한 것으로는 보여지지 아니한다"(대법원 1974. 5. 14. 73다1837 손해배상).

5) 도립공원내 낙석사고에 대한 책임소재에 대한 사안에서 "피고는 위 자연공원법에 따라 대둔산도립공원을 관리하는 행정청으로서 위 조례에 따라 충청남도 논산시장 등에 위 도립공원의 관리청으로서의 직무를 위임하여 각 관할 행정구역별로 관리사무소를 설치하고 공원입장객으로부터 입장료를 징수하여 위 도립공원을 유지, 관리하여 왔다 할 것이고, 한편, 도지사가 그의 권한에 속하는 사무를 소속 시장 또는 군수에게 위임하여 시장, 군수로 하여금 그 사무를 처리하게 하는 소위 기관위임의 경우에는, 지방자치단체장인 시장, 군수는 도 산하 행정기관의 지위에서 그 사무를 처리하는 것이므로, 시장, 군수가 그 위임받은 사무를 집행함에 있어 고의 또는 과실로 타인에게 손해를 가하였다면 그 사무의 귀속 주체인 도가 손해배상책임을 부담하는 것인바, 이 사건 사고는 도립공원의 유지, 관리 사무책임이 있는 피고 또는 논산시가 낙석의 위험이 있는 등산로 주변을 정비하거나 등산객들이 알아보기 쉬운 곳에 낙석주의 표지판을 설치하는 등 낙석사고로부터 등산객의 안전을 도모할 대책을 강구하여야 함에도 불구하고 이를 다하지 아니한 과실로 말미암아 발생한 것이므로 피고는 위 도립공원 내의 등산로의 설치, 보존상의 하자로 발생한 위 사고로 말미암아 원고들이 입은 손해를 배상할 책임이 있다 할 것이다"(서울고등법원 2002. 11. 26. 2002나42461 손해배상(기))고 하여 충청남도에 책임을 물었다.

6) 도로의 설치 또는 관리의 하자가 있다는 것은 도로가 통상 갖추어야 할 안전성에 결함이 있다는 것이라고 해석함이 상당하기 때문에 당해도로에 있어서 통

상 예측할 수 있는 자연현상(외력)에 대하여 안전성을 구비하지 않으면 안 된다(名古屋高判 소화 49. 11. 20. 高民集 27권 6호, 395면). 그리고 예측가능성의 판단에 대하여는 "예측이 가능하였는지 여부 및 도로관리자가 여하한 조치를 강구했어야 하는가의 판단기준은 재해 발생시에 있어서 우리나라의 토목공학, 지질학 등 도로관리상의 관계를 갖는 과학기술의 수준에 의하여야 할 것"(札幌高判 소화 47. 2. 18. 高民集 25권 1호, 95면)이라고 판시한 사안도 있다.

7) 도로 붕괴사고는 대부분 산악지대의 도로 아랫부분이 취약한 까닭에 발생한다. 이와 달리 낙석이나 붕토에 의한 사고는 산악도로의 윗부분이 취약한 까닭에 발생하는 차이가 있다. 전자는 도로 자체가 붕괴하는 것이고, 후자는 도로 외의 것이 붕괴하여 도로 상에 낙하한 것이기 때문에 전자는 내재적 하자유형, 후자는 외재적 하자유형으로 분류할 수 있다. 그렇지만 견해를 달리해 보면 모두 도로의 지형적, 위치적 조건(특히 지질적 조건)에 의한 것이고 도로의 위(상)와 아래(하)라는 차이에 불과하다. 도로관리의 범위는 노면조건이나 노선조건에만 국한되는 것은 아니고 이용시설로서의 성질상, 이용의 기능발휘나 안전확보 등에 필요로 하는 한 그 주변에만 미쳐야 하는 것은 아니다. 지형적, 위치조건에 따라서 그 상하의 범위에 관리가 행해져야 한다. 또 낙석, 붕토 등도 도로설치에 의하여 비로소 생긴 법면에서 비롯되는 것도 있을 수 있어 내재적 하자인가 외재적 하자인가를 일률적으로 단정하는 것은 곤란하다. 낙석사건에서는 낙석직격형만이 아니라, 이미 생긴 낙석에 의하여 노면조건이 악화되어 있는 것으로 인하여 생긴 낙석 위를 주행하는 형태의 사례도 존재하기 때문에 이 점의 구별도 필요하다.

8) 낙석이나 붕토사고의 유형으로는 낙석이나 붕토가 도로 상에 존재하고 있을 때 그 위를 넘어갈 때 발생하는 사고와 운행 중에 갑자기 흘러내린 낙석이나 붕토에 의하여 사고를 당하는 이른바 직격형의 사고로 나눌 수 있다. 전자는 노면상의 장해물의 일례라 할 수 있는 것이고, 다만 그 장해물이 차량으로부터 낙하물 등과는 달리 위치에 관하여 예견가능성이 있고 도로의 지질적, 지형적 조건에 유래하는 것으로서 그 방제가 도로관리자의 수비범위 내에 포함된다. 바로 이 점이 일반 노상 장해물에 대하여 이를 방지할 시간적 여유가 문제되면서 그러한 시간적 여유가 전무한 직격형의 사고에 관하여서 예견가능성을 당연한 것으로서 그 위험을 방

지해야 할 책임이 긍정되고 있는 이유라 할 수 있다.

9) 붕토사고의 유형으로서 집중호우로 국도변 산비탈이 무너져 내려 차량의 통행을 방해함으로써 일어난 교통사고에 대하여 국가의 도로에 대한 설치 또는 관리상의 하자책임을 인정한 사례가 있다. 즉, "원심은, 피고가 1989. 10.경 이 사건 도로(편도 1차선의 46번 국도)를 신설하였는데, 이 사건 사고가 일어난 지점의 부근은 산중턱을 깎아 도로의 부지를 조성하였으므로, 비가 많이 올 때 등에 대비하여 깎아내린 산비탈부분이 무너지지 않도록 배수로를 제대로 설치하고 격자블록 등의 견고한 보호시설을 갖추어야 됨에도 불구하고, 이를 게을리한 잘못으로 위 산비탈부분이 1991. 7. 25. 내린 약 308.5mm의 집중호우에 견디지 못하고 위 도로 위로 무너져 내려 차량의 통행을 방해함으로써 이 사건 사고가 일어난 사실을 인정할 수 있으므로, 이 사건 사고는 피고의 위 도로의 설치 또는 관리상의 하자로 인하여 일어난 것이라고 보아야 한다고 판단한 다음, 매년 비가 많이 오는 장마철을 겪고 있는 우리나라와 같은 기후의 여건하에서 위와 같은 집중호우가 내렸다고 하여 전혀 예측할 수 없는 천재지변이라고 보기는 어렵다고 판단하였는바, 사실관계가 원심이 확정한 바와 같다면, 원심판결에 소론과 같이 공공시설 등의 하자로 인한 책임에 관한 법리를 오해한 위법이 있다고 볼 수 없으므로, 논지는 이유가 없다"(대법원 1993. 6. 8. 93다11678 손해배상(자)). 매년 비가 많이 오는 장마철을 겪고 있는 우리나라와 같은 기후여건하에서 위와 같은 집중호우가 내렸다고 하여 전혀 예측할 수 없는 천재지변이라고 보기 어렵다는 이유로 관리의 하자를 부정한 것은 향후 이와 유사한 사건에서도 동일한 판단이 내려질 가능성을 엿보게 한다.

10) 직격형의 사고에 관한 일본 사례로서는 유명한 고지낙석사건을 비롯한 낙석사고와 函館버스 바닷속 전락사고 및 飛騨川 버스전락사고 등으로 토석류, 붕토 등의 사고로 일단 나눌 수 있다. 이 같은 사고 중에서 규모의 대소를 논할 수 있으나 비교적 낙석사고보다도 붕토 등의 사고가 크다 할 수 있다. 비탄천 버스전락사고가 그 전형적인 예에 해당한다. 또한 낙석사고에 대하여도 강우, 강풍 등의 기상조건의 영향을 받아 낙석이 소규모의 붕토 등을 수반하여 발생하는 경우가 있다고 하지만, 토석류나 붕토가 기록적인 집중호우에 따르는 것이 많은 것과는 다르다.

11) 낙석, 붕토의 주요원인인 지형조건은 도로설치에 따라 인위적으로 형성된

경우와 그렇지 않은 경우로 구별할 수 있다. 상하, 주변의 지형적 조건에 하등의 물리적 변화에 대하여 조치를 취하지 않은 경우에도 당연히 그러한 조건하에서의 도로의 설치 그 자체가 인위적인 위험상태를 형성한 것으로 평가하는 것이 가능하다. 그러나 그 경우에도 절취공법에 의하여 새롭게 만들어진 절취법면에서 낙석, 붕토와 그 이외의 장소에서의 사고와 구별하는 것 역시 의미가 있다고 할 것이다.

예컨대 문제의 법면은 "사고발생 전의 4년간의 전후 2회에 걸쳐 절취공사가 이루어지고 따라서 비교적 새로운 법면으로 자연 그대로 표면이 노출되고 있다"(福岡地裁飯塚支部 昭和 45. 8. 28. 判例時報 626호, 74면)고 하는 것이기 때문에 낙석의 원인 자체를 도로관리자가 스스로 만들어 낸 것이라고 하여도 지나친 것은 아니라고 평가된다. 이는 직접타격형 내지 작위기인성의 부작위형인 데 대하여, 이와 달리 순수 부작위형으로 평가할 수 있는 사례도 있다. 물론 순수 부작위형이라고 하더라도 지형조건 등에 의하여 위험상태의 정도에 의하여 위험을 방지하고 안전을 확보해야 할 조치를 강구해야 하는 작위의무가 인정되어야 하는 점에 있어서는 차이가 없다.

12) 사고발생의 예견가능성에 대하여는 낙석사고와 토석류 등에 의한 사고를 구별하는 것이 유익하다. 낙석이나 이에 수반되는 소규모의 붕토는 지질적, 지형적 조건에 의하여 비교적 단순한 현상이기 때문에 이러한 조건의 존재와 과거 사례의 존재, 그 가운데서도 특히 후자가 예견가능성의 중요한 판단요소가 되고 있다. 高知 낙석사건을 비롯하여 낙석사건의 모두에 있어서 과거사례의 존재가 주요판단 요소가 될 수 있다.

13) 우선 지역적 범위에 대하여는 고지낙석사건 최고재판소 판결이 "도로관리의 하자 유무는 본건 사고발생 지점만에 국한하지 않고 전기 2,000m의 본건 도로 전반에 관한 위험상황 및 관리상황 등을 고려하여 결정하는 것이 상당하다"(最判 소화 45. 8. 20. 高民集 20권 3호, 234면)고 한 원심판단을 긍정하고, 그 범위 내의 "본건 도로에는 종래 산 쪽에서 자주 낙석이 있고 더욱이 붕토도 몇 회 있었던 것"을 위험상황으로 하는 원심판단을 그 전제로 하고 있다. 판결 문언상은 2,000m의 본건 도로 전반이라고 하지만, 수백 미터 사고현장 부근의 사정 만에서 그 위험상황이 충분히 판단될 수 있는 것이다. 단순한 낙석과 비교하여 토석류, 토사붕괴 등에 있어

서는 그 발생의 구조가 반드시 충분히 해명되고 있다고 할 수 없기 때문에 이에 대한 예견가능성을 논하는 것은 곤란하다. 그 때문에 예견가능성을 인정하기 위한 방법 중 하나는 사고발생 전의 과거사례를 기준으로 하여 비정상적인 사태가 발생할 때는 위험발생의 예측이 가능하다고 하는 점이다.

14) 다음으로 예견가능성을 인정하기 위하여 이른바 정성적 예견가능성설에 입각하고 있는 대표적인 사례는 飛驒川버스 전락사고의 제2심 판결을 들 수 있다. 위 사고에 대한 제1심 판결이 "이른바 토석류에 관한 현재의 학문적 수준은 계류퇴적물의 유동에 의한 토석류는 강우량과의 관계에 한정하여 보아도 특정지역에서 어느 정도의 우량이 내리면 발생하는 것인지 아직 불명하고 그 발생을 예견할 수 경지에 도달하고 있지 않다"(名古屋地裁 소화 48. 3. 30. 交民 4권 2호, 537면)고 하였던데 대하여, 제2심 판결은 먼저 일반적으로 "당해 자연현상의 발생위험을 정량적으로 표현하여 시기, 장소, 규모 등에 있어서 구체적으로 예지·예측하는 것은 곤란하여도 당시의 과학적 조사, 연구성과로서 당해 자연현상의 발생위험이 있다고 하는 정성적 요인이 일단 판명되고 있어 위 요인을 충족시키고 있는 점 및 제반정황부터 판단하여 그 발생위험이 개연적으로 인정된 경우라면 이를 통상예측할 수 있는 것이라고 할 수 있을 것이다"(名古屋高裁 소화 49. 11. 20. 判例時報 761호, 18면)라고 하면서 ① 계곡 바닥의 비탈, ② 계곡 바닥의 퇴적토석의 양, ③ 계곡의 공급우량, ④ 계곡의 지형·지질 등 4가지 요인을 검토하고 "요컨대 계곡의 비탈, 물의 공급, 바닥의 퇴적토석의 퇴적상황의 원인이 갖추어져 토석류가 발생한다"고 판시하면서 토석류 발생의 예지·예측에 관하여 있을 수 있는 통계적 방법과 물리적 방법은 모두 유효하지 않고, "결국 토석류 발생의 정성적 요인은 일단 판명되고 있어도 이들 요인을 정량적으로 표현하여 토석류 발생의 구체적 예지법을 확립하기까지는 아직 많은 과제가 해결되지 않으면 안 된다"고 하면서 "본건 습지는 전기 정성적 요인 중의 ① 계곡 바닥의 비탈, ② 계곡 바닥의 퇴적토석의 양 및 ④ 계곡의 지형·지질을 충족시키고 있는 것이 인정되고, 그리고 ③ 계곡의 공급우량에 대하여는 본건 사고현장 부근에서 집중호우 등 강한 비가 내릴 때에는 연속우량 100mm를 넘는 강우량을 예측할 수 있었던 것이다. (중략) 본건 습지에서는 적어도 50년 내지 100년 사이에는 토석류가 발생하고 있지 않았음을 엿볼 수 있는데, 이는 계류퇴적물의 유동에

의한 토석류의 경우에서 볼 수 있는 주기성에 비추어 보면 오히려 안심할 수 없는 사정이라 할 수 있고, 나아가 본건 습지보다도 계곡 바닥 비탈의 완만한 남린의 습지(63.85kg 지점)에서 일찍이 발생한 토석류의 흔적으로 추인되는 거대한 암석이 퇴적되어 있는 점이 인정된다"고 하여 이들 제반정황으로 판단하여 "위와 같은 규모의 강우시에는 토석류의 발생위험을 통상 예측할 수 있었다"고 판시하였다.

여기에서 말하는 정성적 예견가능성은 확실히 하나의 예견가능성이지만, 이러한 정성적 요인의 충족 등만으로는 장소적인 한정은 물론 시간적 한정이 매우 어렵다고 할 수밖에 없다. 수십 년이라든가 백 년이라든가 하는 큰 시간적 규모에서의 과거 사례를 거론하는 것은 오히려 시간적 한정을 불필요하게 어렵게 하는 결과를 초래할 수 있다. 이러한 시간적 한정을 결여한 예견가능성을 전제로 하는 통행규제는 연속우량 100mm의 강우시 및 그에 연속한 일정의 상당 시일의 통행금지를 내용으로 하는 것이 되지 않을 수 없고, 결과적으로 집중호우기에 공용정지를 초래할 수 있을 것으로 여겨진다.

15) 이처럼 공공의 사용에 제공할 필요 때문에 불가피하게 발생한 손해를 일종의 손실보상 개념으로 파악하여 도로관리자의 책임을 이해하는 입장도 있을 수 있다. 공공용지의 취득이나 공공사업의 시행에 있어 수인한도를 넘는 생활장해를 발생케 한 경우에 보상을 해야 한다고 하는 견해도 유력하게 주장된다. 그렇지만 이러한 발상과 문맥에서 문제를 바라보면 이른바 통상 발생하는 손실범위를 획정하는 작업의 유사한 것으로 개별적이며 구체적인 사례에서 떨어진 정형적인 책임범위의 문제에 지나지 않는다고 할 수 있다.

따라서 정성적 예견가능성, 일반적 예견가능성 내지 개괄적 예견가능성의 전제가 되어야 하는 지역적 판단의 범위에 대하여는, 앞에서 언급한 바와 같이 한편으로는 函館버스 바닷속 전락사고에서는 400m, 高知낙석사건에서는 2,000m(실제로는 수백 m)이고, 다른 한편으로는 東伊豆有料 도로사건에서는 37km에 달하였다. 飛騨川버스사고에 있어서는 25.8km 구간에서 판단하고 있다. 그렇지만 이 구간 내에서 사고당일 밤 여러 장소에서 붕락이 발생함과 동시에 사고 전에도 강우가 직접적인 원인이 되어 붕락이 있었다. 그 때문에 토석류는 별도로 하고 붕락에 관한 한 비교적 가까운 시점에서의 사례도 있었던 점으로 보면 예견이 불가능하였다고 말할 수는 없다.

⑶ 자연력에 의한 통행상 안전의 결함

1) 「자연재해대책법」은 태풍, 홍수 등 자연현상으로 인한 재난으로부터 국토를 보존하고 국민의 생명·신체 및 재산과 주요 기간시설을 보호하기 위하여 자연재해의 예방·복구 및 그 밖의 대책에 관하여 필요한 사항을 규정하고 있다. 자연력에 의한 통행상의 안전의 결함은 풍수해와 같은 재해로 야기될 수 있다. 여기서 '풍수해'(風水害)란 태풍, 홍수, 호우, 강풍, 풍랑, 해일, 조수, 대설, 그 밖에 이에 준하는 자연현상으로 인하여 발생하는 재해를 말한다(자연재해대책법 2⑶). 그리고 '재해'란 「재난 및 안전관리 기본법」 제3조 제1호에 따른 재난으로 인하여 발생하는 피해를 말한다(자연재해대책법 2⑴).[61] 그리고 '자연재해'란 제1호에 따른 재해 중 「재난 및 안전관리 기본법」 제3조 제1호 가목에 따른 자연현상으로 인하여 발생하는 재해를 말한다(자연재해대책법 2⑵). 「자연재해대책법」과 「재난 및 안전관리 기본법」은 풍수해와 같은 자연력에 의한 통행상의 안전을 확보하기 위한 포괄적인 권리의무를 규정하고 있지만, 이로 인한 사고로 손해가 발생한 경우에는 영조물책임의 법리를 적용하게 된다.

2) 「도로의 구조·시설 기준에 관한 규칙」은 낙석, 붕괴, 파랑(波浪), 바람 또는 적설 등으로 인하여 교통 소통에 지장을 주거나 도로의 구조에 손상을 입힐 가능성이 있는 부분에는 울타리, 옹벽, 방호시설, 방풍시설 또는 제설시설을 설치하도록 하고 있다(제41조).

3) 「도로법」은 도로관리청, 한국도로공사, 민자도로 관리자에 대하여 도로공사나 도로의 파손 등으로 통행의 안전이 위험한 경우 및 지진, 홍수, 폭설, 태풍 등

---

61) **「재난 및 안전관리 기본법」 제3조(정의)** 이 법에서 사용하는 용어의 뜻은 다음과 같다.
1. "재난"이란 국민의 생명·신체·재산과 국가에 피해를 주거나 줄 수 있는 것으로서 다음 각 목의 것을 말한다.
   가. 자연재난: 태풍, 홍수, 호우(豪雨), 강풍, 풍랑, 해일(海溢), 대설, 낙뢰, 가뭄, 지진, 황사(黃砂), 조류(藻類) 대발생, 조수(潮水), 화산활동, 그 밖에 이에 준하는 자연현상으로 인하여 발생하는 재해
   나. 사회재난: 화재·붕괴·폭발·교통사고(항공사고 및 해상사고를 포함한다)·화생방사고·환경오염사고 등으로 인하여 발생하는 대통령령으로 정하는 규모 이상의 피해와 에너지·통신·교통·금융·의료·수도 등 국가기반체계의 마비, 「감염병의 예방 및 관리에 관한 법률」에 따른 감염병 또는 「가축전염병예방법」에 따른 가축전염병의 확산 등으로 인한 피해

천재지변이나 이에 준하는 재해가 발생하였거나 발생할 우려가 있어 도로에서 통행이 위험하거나 교통이 장시간 마비될 우려가 있는 경우에는 통행의 금지와 제한 등을 할 수 있는 규정을 두고 있다. 즉, 도로관리청, 제112조에 따라 고속국도에 관한 도로관리청의 업무를 대행하는 「한국도로공사법」에 따른 한국도로공사(이하 "한국도로공사"라 한다) 또는 「사회기반시설에 대한 민간투자법」 제2조 제7호에 따른 사업시행자로서 「유료도로법」 제14조에 따라 도로(「사회기반시설에 대한 민간투자법」 제2조 제5호에 따른 민간투자사업으로 건설된 도로의 경우로 한정한다)에 관한 도로관리청의 관리·운영 업무를 대행하는 자(이하 "민자도로 관리자"라 한다)는 다음 각 호[62]의 어느 하나에 해당하는 경우에는 구간을 정하여 도로의 통행을 금지하거나 제한할 수 있다(제76조 제1항).

4) 「도로교통법」 제5장은 '고속도로 및 자동차전용도로에서의 특례'를 규정하였다. 즉, 고속도로 또는 자동차전용도로(이하 "고속도로등"이라 한다)에서의 자동차 또는 보행자의 통행방법 등은 이 장에서 정하는 바에 따르고, 이 장에서 규정한 것 외의 사항에 관하여는 제1장부터 제4장까지의 규정에서 정하는 바에 따른다(제57조). 그리하여 제58조에서는 '위험방지 등의 조치'를,[63] 제59조에서는 '교통안전시설의 설치 및 관리'[64] 등을 규정하고 있다.

5) 안개, 눈, 비 등의 자연조건에 대하여 도로관리 주체는 적절한 안전조치 내지 위험방지조치를 취할 의무가 있다. 안개에 대하여는 경우에 따라 경고표시판을 세우고 속도를 제한하고 도로를 부분적으로 폐쇄하여야 한다. 특히 짙은 안개가 발생한 때는 그 지역의 통행을 제한하는 것이 검토되어야 한다. 눈에 대하여는 제설

62) 1. 도로에 관련된 공사로 인하여 부득이한 경우
2. 도로가 파손되거나 그 밖의 사유로 통행이 위험하다고 인정되는 경우
3. 지진, 홍수, 폭설, 태풍 등 천재지변이나 이에 준하는 재해가 발생하였거나 발생할 우려가 있어 도로에서 통행이 위험하거나 교통이 장시간 마비될 우려가 있는 경우

63) **제58조(위험방지 등의 조치)** 경찰공무원(자치경찰공무원은 제외한다)은 도로의 손괴, 교통사고의 발생이나 그 밖의 사정으로 고속도로등에서 교통이 위험 또는 혼잡하거나 그러할 우려가 있을 때에는 교통의 위험 또는 혼잡을 방지하고 교통의 안전 및 원활한 소통을 확보하기 위하여 필요한 범위에서 진행 중인 자동차의 통행을 일시 금지 또는 제한하거나 그 자동차의 운전자에게 필요한 조치를 명할 수 있다.

64) **제59조(교통안전시설의 설치 및 관리)** ① 고속도로의 관리자는 고속도로에서 일어나는 위험을 방지하고 교통의 안전과 원활한 소통을 확보하기 위하여 교통안전시설을 설치·관리하여야 한다. 이 경우 고속도로의 관리자가 교통안전시설을 설치하려면 경찰청장과 협의하여야 한다.
② 경찰청장은 고속도로의 관리자에게 교통안전시설의 관리에 필요한 사항을 지시할 수 있다.

지대의 도로에 있어서는 제설작업을 하거나 융설제를 살포하여 동결해소조치를 취하고 경우에 따라서는 통행금지 조치를 취하여야 한다.

6) 대법원은 도로 설치 후 집중호우 등 자연력에 의하여 통행상의 안전에 결함이 발생한 경우 도로의 관리·보존상의 하자 여부에 관한 판단 기준을 제시하고 있다. 즉, "도로의 설치 후 집중호우 등 자연력이 작용하여 본래 목적인 통행상의 안전에 결함이 발생한 경우에는 그 결함이 제3자의 행위에 의하여 발생한 경우와 마찬가지로, 도로에 그와 같은 결함이 있다는 것만으로 성급하게 도로의 보존상 하자를 인정하여서는 안 되고, 당해 도로의 구조, 장소적 환경과 이용 상황 등 제반 사정을 종합하여 그와 같은 결함을 제거하여 원상으로 복구할 수 있는데도 이를 방치한 것인지 여부를 개별적·구체적으로 심리하여 하자의 유무를 판단하여야 한다"(대법원 1998. 2. 13. 97다49800 구상금).[65)]

65) 원심이 인정한 사실에 의하더라도, 이 사건 사고지점의 도로는 황색실선의 중앙선이 설치되어 있는 도로 폭 합계 7m의 편도 1차선의 직선도로이고 사고 트럭 진행방향 차선의 도로폭은 약 3.5m이며 그 우측으로 약 1.2m 가량의 갓길이 나 있는데 사고 당시 사고 트럭 진행방향 차선 위에는 삼각형 형태로 길이가 최대 약 10m이고 폭이 갓길 끝으로부터 최대 약 3.5m 정도의 빗물이 고여 있었기 때문에 폭이 최대인 지점의 경우 빗물이 고여 있지 않은 부분은 중앙선으로부터 약 1.2m 정도이었다는 것이므로, 그 지점을 통과하는 차량으로서는 위 빗물을 피하기 위하여는 부득이 중앙선을 넘어 반대차선을 일부 이용하여 진행할 수밖에 없어 교통사고를 일으킬 위험성이 높았다 할 것이니, 이는 도로가 본래 갖추어야 할 안전성을 갖추지 못한 것이라 할 것이고, 나아가 원심이 인정한 바에 의하면 위 빗물이 고여 있던 지점은 종단면상 유(U)자형 도로의 가운데 부분으로 가장 낮은 지대라는 것이고, 피고가 사고 이후 위와 같이 빗물이 고여 있던 지점을 포함한 그 부근의 도로 폭 약 2.6m 내지 3m, 길이 약 60m 내지 70m 정도를 포장하여 지대를 북돋웠는데 그 과정에서 위 빗물이 고여 있던 지점에 설치되어 있던 집수구 위까지 포장하여 지대를 북돋웠다는 것이므로, 위 도로의 구조상 많은 양의 비가 내리는 경우에는 그 가운데 낮은 부분으로 일시에 다량의 빗물이 모여들 것이 예상되고 그 경우 그곳을 진행하는 차량이 그 고인 빗물을 피하다가 교통사고를 일으킬 위험성이 예견되므로 위와 같은 도로의 관리청인 피고로서는 일시에 많은 양의 비가 내리는 경우에 대비하여 도로에 물이 고이지 않도록 집수구 등 배수시설을 갖추고 그 시설이 그 기능을 다할 수 있도록 관리하며, 도로에 내린 비가 신속히 집수구 쪽으로 흘러들어 갈 수 있도록 도로의 구배 등 구조를 적절히 유지, 관리하는 등의 방호조치를 취할 의무가 있다 할 것인데, 피고가 사고 이후 위와 같이 빗물이 고여 있던 지점에 설치되어 있던 집수구 위까지 포장하여 지대를 북돋웠다는 사실에 비춰보면 사고 당시 위 도로는 집수구로 빗물이 잘 흘러가지 않는 상태이었고 집수구 중 위 빗물이 고여 있던 지점에 설치된 것은 그 집수 기능을 제대로 하지 못한 상태에 있었다고 볼 여지가 있으니 피고로서는 위 도로의 구조, 장소적 환경 등에 비추어 요구되는 방호조치의무를 다하지 못한 것으로 볼 여지가 있다 할 것이다.

사고 당일 사고지점이 속한 단양지역의 1일 강수량이 178.5mm이었다 하더라도 매년 장마철을 겪고 있는 우리나라와 같은 기후 여건하에서는 위와 같은 집중호우를 전혀 예측할 수 없는 천재지변이라고 보기 어려우므로 피고로서는 이와 같은 경우에도 역시 도로에 물이 고이지 않도록 앞에서 본 방호조치를 취할 의무가 있다 할 것이다(대법원 1998. 2. 13. 97다49800 구상금).

그러므로 도로의 구조상 많은 양의 비가 내리는 경우에는 그 가운데 낮은 부분으로 일시에 다량의 빗물이 모여들 것이 예상되고, 그 경우 그곳을 진행하는 차량이 그 고인 빗물을 피하다가 교통사고를 일으킬 위험성이 예견된다. 위와 같은 도로의 관리자로서는 일시에 많은 양의 비가 내리는 경우에 대비하여 도로에 물이 고이지 않도록 집수구 등 배수시설을 갖추고 그 시설이 그 기능을 다할 수 있도록 관리하여야 한다. 또한 도로에 내린 비가 신속히 집수구 쪽으로 흘러들어 갈 수 있도록 도로의 구배 등 구조를 적절히 유지·관리하는 등의 방호조치를 취할 의무가 있다.

1) 집중호우

㈎ 자연력으로 인한 통행의 결함은 먼저 집중호우에서 비롯되는 경우가 많다. 집중호우는 단시간 내에 집중적으로 내리는 호우의 특성상 관리의무를 다하기가 쉽지 않은 면이 많다. 대부분의 사례에서는 집중호우로 인한 손해에 대하여 도로관리자의 책임을 인정하고 있다. 집중호우는 도로관리의 하자뿐만 아니라 하천관리에서도 문제되는 것은 물론이다.

태풍과 집중호우로 하천이 제방을 범람하여 수해가 발생한 데 대하여, 하천관리청이 제방을 설치·관리함에 있어 기준이 되는 하천정비기본계획도 수립하지 아니하였고, 제방은 계획홍수위보다도 낮게 설치되어 통상의 제방이 갖추어야 할 객관적 안정성을 갖추지 못하였으므로 위 제방은 설치 또는 관리상 하자가 있었고, 그 하자로 인하여 수해가 발생하였으므로 하천관리청은 수해로 인한 손해를 배상할 책임이 있다고 한 사례(대구지방법원 2007. 5. 3. 2003가합6198 손해배상(기))가 있다.

㈏ 도로 설치 후 집중호우 등 자연력이 작용하여 통행상의 안전에 결함이 발생한 경우 바로 도로의 설치, 보존상의 하자를 인정할 수 있는 것은 아니다. 즉, “도로의 설치 후 집중호우 등 자연력이 작용하여 본래 목적인 통행상의 안전에 결함이 발생한 경우에는 그 결함이 제3자의 행위에 의하여 발생한 경우와 마찬가지로, 도로에 그와 같은 결함이 있다는 것만으로 성급하게 도로의 보존상 하자를 인정하여서는 안 되고, 당해 도로의 구조, 장소적 환경과 이용 상황 등 제반 사정을 종합하여 그와 같은 결함을 제거하여 원상으로 복구할 수 있는데도 이를 방치한 것인지 여부를 개별적·구체적으로 심리하여 하자의 유무를 판단하여야 한다”(대법원 1998.

2. 13. 97다49800 구상금).

(다) 집중호우로 국도변 산비탈이 무너져 내려 차량의 통행을 방해함으로써 일어난 교통사고에 대하여 국가의 도로에 대한 설치 또는 관리상의 하자책임을 인정한 사례가 있다. 즉, "원심은, 피고가 1989. 10.경 이 사건 도로(편도 1차선의 46번 국도)를 신설하였는데, 이 사건 사고가 일어난 지점의 부근은 산중턱을 깎아 도로의 부지를 조성하였으므로, 비가 많이 올 때 등에 대비하여 깎아내린 산비탈부분이 무너지지 않도록 배수로를 제대로 설치하고 격자블록 등의 견고한 보호시설을 갖추어야 됨에도 불구하고, 이를 게을리한 잘못으로 위 산비탈부분이 1991. 7. 25. 내린 약 308.5mm의 집중호우에 견디지 못하고 위 도로 위로 무너져 내려 차량의 통행을 방해함으로써 이 사건 사고가 일어난 사실을 인정할 수 있으므로, 이 사건 사고는 피고의 위 도로의 설치 또는 관리상의 하자로 인하여 일어난 것이라고 보아야 한다고 판단한 다음, 매년 비가 많이 오는 장마철을 겪고 있는 우리나라와 같은 기후의 여건 하에서 위와 같은 집중호우가 내렸다고 하여 전혀 예측할 수 없는 천재지변이라고 보기는 어렵다고 판단하였는바, 사실관계가 원심이 확정한 바와 같다면, 원심판결에 소론과 같이 공공시설 등의 하자로 인한 책임에 관한 법리를 오해한 위법이 있다고 볼 수 없으므로, 논지는 이유가 없다"(대법원 1993. 6. 8. 93다11678 손해배상(자)).

(라) 폭우로 인하여 차도 또는 하수도가 침수되어 인근 건물 내의 인명 또는 재산 피해가 예상되는 경우 침수의 방지, 통제, 퇴거 등의 조치의무위반의 점을 국가배상법 제2조로 의율한 사안이 있다. 즉, "피고(서울특별시 용산구) 소속 공무원들에게는 자연재해대책법 제36조, 제39조, 제42조의 규정에 따라 폭우로 인하여 차도 또는 하수도가 침수되어 인근 건물 내의 인명 또는 재산 피해가 예상되는 경우 침수의 방지, 통제, 퇴거 등의 조치를 취하고, 재해비상발령이 내려진 상황에서 신속하게 서울시재해대책본부로부터 지시받은 조치를 시행하거나 방재책임자 등에게 이를 알리는 등 재해방지에 필요한 적절한 조치를 신속히 취하여야 할 의무가 있고, 그 의무 위반행위는 국가배상법 제2조 제1항 소정의 '법령 위반'에 해당한다는 취지로 판단하였는바, 기록에 비추어 살펴보면 원심의 위와 같은 판단은 위 법리에 따른 것으로 정당하고, 거기에 자연재해대책법 소정의 공무원의 의무의 성질 및 불

법행위의 성립요건에 관한 법리오해의 위법이 있다고 할 수 없다”(대법원 2004. 6. 25. 2003다69652 손해배상(기)).[66] 이 사안에서 차도나 하수도의 관리의 하자로 본다면 영조물책임도 경합하게 된다.

(마) 집중호우로 인한 산사태로 불법조성한 공원묘지의 일부가 무너져 내리면서 타인의 농장을 덮친 경우, 공원묘지 설치·관리자는 손해배상책임이 있지만,[67] 불법분묘 설치사실을 알면서 행정대집행에 의하여 그 분묘의 철거·이전 및 산림의 원상복구를 명하지 않은 지방자치단체는 국가배상법 제2조에 따른 손해배상책임이 없다는 사례도 있다. 즉, “산사태가 발생하기 전까지는 불법묘지 설치로 인하여 국민의 재산 등에 절박하고도 중대한 위험상태가 발생하였다거나 발생할 우려가 있었다고 보기 어렵고, 나아가 관련 공무원이 그와 같은 결과를 미리 예견하여 그 결과를 회피하기 위한 조치로서 불법묘지 설치·관리자를 수사기관에 고발하고 해당 토지의 원상복구를 명하는 외에 행정대집행 등에 의한 후속조치까지 취할 수 있는 가능성은 없다고 보이며, 따라서 지방자치단체 소속 관련 공무원은 묘지사업과 관련된 법령을 준수하여 직무를 수행하였다고 볼 것이고, 불법묘지설치로 인한 위험

---

66) 공무원의 부작위로 인한 국가배상책임을 인정하기 위하여는 공무원의 작위로 인한 국가배상책임을 인정하는 경우와 마찬가지로 ‘공무원이 그 직무를 집행함에 당하여 고의 또는 과실로 법령에 위반하여 타인에게 손해를 가한 때’라고 하는 국가배상법 제2조 제1항의 요건이 충족되어야 할 것인바, 여기서 ‘법령에 위반하여’라고 하는 것은 엄격하게 형식적 의미의 법령에 명시적으로 공무원의 작위의무가 규정되어 있는데도 이를 위반하는 경우만을 의미하는 것은 아니고, 국민의 생명, 신체, 재산 등에 대하여 절박하고 중대한 위험상태가 발생하였거나 발생할 우려가 있어서 국민의 생명, 신체, 재산 등을 보호하는 것을 본래적 사명으로 하는 국가가 초법규적, 일차적으로 그 위험 배제에 나서지 아니하면 국민의 생명, 신체, 재산 등을 보호할 수 없는 경우에는 형식적 의미의 법령에 근거가 없더라도 국가나 관련 공무원에 대하여 그러한 위험을 배제할 작위의무를 인정할 수 있을 것이며(대법원 1998. 10. 13. 선고 98다18520 판결 참조), 이는 지방자치단체와 그 소속 공무원에 대하여도 마찬가지라 할 것이다(대법원 2004. 6. 25. 2003다69652 손해배상(기)).

67) 집중호우에 의하여 시작된 산사태가 불법적인 묘지설치로 산림이 훼손되어 토양의 지지력이 약화되고 자연적인 배수로마저 없어진 산 10과 산 11 지상을 따라 규모가 확대되어 내려오면서 견고하게 설치되지 못한 분묘나 석물, 축대 등을 허물며 농장에까지 내려오게 되어 피해자에게 손해를 입게 한 것이라고 할 것이고, 그렇다면 공원묘지 설치·관리자의 불법적인 묘지설치 및 산림훼손 등의 행위는 피해자의 손해가 발생·확대되는 데 큰 원인을 제공하였다 할 것이므로 공원묘지 설치·관리자는 이를 배상할 책임이 있다고 할 것이고, 한편 자연력인 집중호우도 산사태로 인한 피해자의 손해 발생의 한 원인이 되었으며, 그러한 경우 공원묘지 설치·관리자의 손해배상범위는 손해의 공평한 분담이라는 견지에서 손해발생에 대하여 자연력이 기여하였다고 인정되는 부분을 공제한 나머지 부분으로 제한하여야 할 것인바, 제반사정을 모두 종합하여 보면 집중호우라는 자연재해의 위 손해에 대한 기여도는 전체 피해액의 75% 정도로 봄이 상당하다(서울고등법원 2002. 5. 30. 2001나15417 손해배상(기)).

을 제거하는 행정대집행 등에 나아가지 아니한 부작위를 가지고 고의 또는 과실로 법령에 위반하였다고 볼 수는 없다"(서울고등법원 2002. 5. 30. 2001나15417 손해배상(기)).

(바) 도로의 설치 후 태풍 '루사'로 인하여 도로가 일부 침수되거나 유실되고 있는 상황에서 차량을 운행하다 유실된 도로에 빠져 익사한 경우에 관한 사안에서, "이 사건의 경우 감천 제방의 상부를 도로로 겸용하게 되었으면 하천관리청과의 협력하에 집중호우 등으로 인하여 제방이나 도로가 쉽게 유실되지 않도록 하는 안전보강시설을 설치하고, 또한 집중호우 시에는 도로의 안전보강과 통제대책을 구체적으로 수립하였어야 함에도 불구하고 집중호우에 대비한 구조안전보강을 게을리하여 이 사건 도로가 유실되게 하고, 마을에서 이 사건 도로로 진입하는 차량들의 통제를 게을리함으로써 이 사건 사고가 발생하였으므로 이 사건 사고는 피고의 이 사건 도로의 설치 또는 관리상의 하자로 인하여 발생한 것이다"(대구고등법원 2007. 4. 20. 2006나5704 손해배상)라고 판시하면서, 태풍 '루사'로 인하여 도로가 일부 침수되거나 유실되고 있는 상황에서 무리하게 차량을 운행하다 유실된 도로에 빠져 익사한 경우 피해자나 가족인 동승자의 과실비율과 피고가 배상하여야 할 책임비율에 대하여, 이 사건 사고 당시는 강풍과 폭우로 인하여 도로가 침수되거나 도로 일부가 유실되는 극심한 피해가 발생하는 상황이었으므로 피해자로서는 차량을 운전하지 아니하거나 극히 주의하여 운전하였어야 함에도 불구하고 전방을 제대로 살피지 아니한 채 운전하여 이 사건 사고지점 인근에서 전조등으로 알리는 위험신호나 이 사건 사고지점 도로가 유실된 사실을 미처 발견하지 못하여 이 사건 사고를 당한 잘못이 있고, 이러한 피해자의 과실도 사고 발생의 한 원인이 되었다 할 것이므로 피고가 배상할 손해액을 산정함에 있어 이를 참작하되, 그 비율은 이 사건 사고의 경위에 비추어 30% 정도로 봄이 타당하고, 이러한 책임의 제한은 피해자의 부모로서 사고승용차에 동승한 소외인들에게도 동일하게 적용함이 타당하므로, 피고가 배상하여야 할 손해액은 전체 손해액의 30%로 제한한다고 하였다.

(사) 집중호우로 가로등 안정기가 침수되어 누전이 발생되었는데도 누전차단을 위한 아무런 조치를 취하지 않고 있던 중에 길 가던 행인들이 감전사 또는 감전에 의하여 자구력을 상실한 상태에서 익사한 경우, 관할 지방자치단체의 손해배상책임

을 인정한 사례도 있다. 즉, "집중호우로 가로등 안정기가 침수되어 누전이 발생되었는데도 누전차단을 위한 아무런 조치를 취하지 않고 있던 중에 길 가던 행인들이 감전사 또는 감전에 의하여 자구력을 상실한 상태에서 익사한 경우, 관할구 소속 공무원들은 가로등의 관리에 주의를 게을리하였다고 할 것이고, 또 가로등은 가로등 자체가 통상 갖추어야 할 안정성에 결함이 있는 것으로 인정할 수 있어, 관할구는 소속 공무원들의 사용자로서 민법 제756조에 기해 또한 도로 및 그 부속물인 가로등의 관리청으로서 국가배상법 제5조 제1항에 따라, 서울특별시는 가로등의 설치·관리에 관한 비용을 부담하는 자로서 국가배상법 제6조에 따라, 부진정연대채무자로서 가로등의 설치관리상의 하자로 인하여 망인들 및 그 부모·형제들이 입은 손해를 배상할 책임이 있다"(서울지방법원 2002. 7. 23. 2001가합71687 손해배상(기))고 하였다.

(아) 집중호우로 제방도로가 유실되면서 그곳을 걸어가던 보행자가 강물에 휩쓸려 익사한 경우에 관하여, 사고 당일의 집중호우가 50년 빈도의 최대강우량에 해당한다는 사실만으로 불가항력에 기인한 것으로 볼 수 없다는 이유로 제방도로의 설치·관리상의 하자를 인정한 사례도 있다. 즉, "기록에 의하면 1997. 8. 3. 23:00경 피고가 관리하는 이 사건 제방도로가 그날 내린 집중호우로 인하여 불어난 강물의 수압을 견디지 못하고 유실되면서 당시 그곳을 걸어가던 소외 망인이 강물에 휩쓸려 익사한 사실, 이 사건 제방도로의 유실 부분은 1980년 여름 집중호우가 내린 때에도 강물이 넘치면서 유실되어 복구한 부분으로서, 토사의 유입과 도로의 유실을 방지하기 위하여 석축을 하여 복구하였으나 이 사건 사고 무렵 그 석축이 붕괴되어 이 사건 도로유실 사고에까지 이른 사실, 이 사건 사고 무렵 집중호우로 불어난 하천의 수량은 이 사건 제방도로의 표면까지 차오르는 정도였는데, 위 1980년의 수해 발생 이후 1995년과 1997년 집중호우가 내린 때에도 이 사건 사고 당시와 같은 정도까지 강물이 넘쳤던 사실, 이 사건 제방도로는 주민들의 일반적인 통행에 제공되어 오고 있는 것이고, 사고 당일 홍수경보까지 발령되어 있었으나 피고는 이 사건 사고가 발생하기 전까지 바리케이트를 설치하거나 다른 적당한 방법으로 이 사건 도로에 대한 주민의 통행을 제한하는 등의 안전조치를 취한 바가 없었던 사실을 인정할 수 있는바, 사실관계가 위와 같다면, 이 사건 사고는 위 제방도로의 설치 또는

관리의 하자로 인한 것이라고 할 것이고, 사고 당일 50년 빈도의 최대강우량에 해당하는 집중호우가 내렸다는 사실만으로는 앞에서 인정한 바와 같이 이전에도 이 사건 사고 당시와 같은 정도로 이 사건 하천이 범람하고, 제방도로가 유실된 바가 있었던 점과 우리나라의 경우 여름철 집중호우가 예상하기 어려운 정도의 기상이변에 해당한다고 보기는 어려운 점에 비추어 이 사건 사고가 예상할 수 없는 불가항력에 기인한 것이라고 할 수는 없으며, 비록 피고가 이 사건 사고 이전 재해위험지구 일제조사를 실시할 당시 이 사건 하천에는 별다른 하자가 없는 것으로 조사되었고, 이 사건 사고 무렵 비상근무체제로 수해피해상황조사 및 재해위험지구에 대한 수시 점검 등의 노력을 하였다고 하더라도 주민들의 일반통행에 제공되는 이 사건 제방도로에서 발생할 수 있는 위험을 방지하기 위하여 필요한 방호조치의무를 다하였다고 보기는 어렵다고 할 것이다. 그리고 이 사건 사고 장소 마을의 이장 홍운표가 이 사건 사고 직전에 도로유실 부분의 석축이 붕괴되어 있는 것을 발견하고 주민의 통행을 방지할 목적으로 사고 장소 양쪽에 각목 2~3개를 놓아두었다는 사정만으로는 사고 시각이 비가 내리고 있는 야간이고, 당시 도로의 표면까지 강물이 넘치고 있었던 점에 비추어 더 이상 피고의 방호조치의무가 필요 없다거나, 망인의 과실이 피고의 책임을 면하게 할 정도에까지 이른 것으로 볼 수 없다"(대법원 2000. 5. 26. 99다53247 손해배상(기))고 하였다.

2) 안 개

(가) 도로의 안전성은 자연조건에 의해서도 크게 좌우된다. 도로관리자는 자연조건도 충분히 고려하여 안전대책을 강구해야 한다. 도로관리자는 안개로 인한 사고발생을 방지하기 위하여 안개의 발생을 막을 수는 없다. 운전자의 시야가 확보되지 않은 짙은 안개가 발생한 도로구간에서는 차량진입을 금지하거나 서행하도록 하는 조치가 필요하다. 지난 2006. 10. 3. 서해대교에서는 짙은 안개로 인하여 29중 추돌사고가 발생하기도 했다. 그 때문에 도로교통법은 도로에서의 위험을 방지하고 교통의 안전을 도모하기 위하여 특정 구간을 정하여 통행을 금지하거나 제한하는 조치를 취할 수 있도록 하고 있다.

(나) 지방경찰청장은 도로에서의 위험을 방지하고 교통의 안전과 원활한 소통을 확보하기 위하여 필요하다고 인정할 때에는 구간(區間)을 정하여 보행자나 차마의

통행을 금지하거나 제한할 수 있다. 이 경우 지방경찰청장은 보행자나 차마의 통행을 금지하거나 제한한 도로의 관리청에 그 사실을 알려야 한다(도로교통법 6①). 경찰서장은 도로에서의 위험을 방지하고 교통의 안전과 원활한 소통을 확보하기 위하여 필요하다고 인정할 때에는 우선 보행자나 차마의 통행을 금지하거나 제한한 후 그 도로관리자와 협의하여 금지 또는 제한의 대상과 구간 및 기간을 정하여 도로의 통행을 금지하거나 제한할 수 있다(도로교통법 6②). 지방경찰청장이나 경찰서장은 제1항이나 제2항에 따른 금지 또는 제한을 하려는 경우에는 행정자치부령으로 정하는 바에 따라 그 사실을 공고하여야 한다(도로교통법 6③). 경찰공무원은 도로의 파손, 화재의 발생이나 그 밖의 사정으로 인한 도로에서의 위험을 방지하기 위하여 긴급히 조치할 필요가 있을 때에는 필요한 범위에서 보행자나 차마의 통행을 일시 금지하거나 제한할 수 있다(도로교통법 6④).

㈐ 안개로 인한 도로관리 하자 여부가 다투어진 사례를 찾기는 쉽지 않다. 노면이 결빙되고 시계가 20m 이내인 고속도로상을 운전하는 자가 단순히 제한속도를 준수하였다는 사실만으로 주의의무를 다하였다 할 수 있는지 여부에 관한 형사사건을 살펴보면, "사고지점 노면이 결빙된 데다가 짙은 안개로 시계가 20m 정도 이내였다면 고속도로의 제한시속에 관계없이 장애물 발견 즉시 제동 정지할 수 있을 정도로 속도를 줄이는 등의 조치를 취하였어야 할 것이므로 단순히 제한속도를 준수하였다는 사실만으로는 주의의무를 다하였다 할 수 없다 할 것이며 피고인의 주의의무태만으로 인하여 정지중인 차량을 추돌한 사고가 발생된 사실이 인정되는 이상 피해차량 후방에 사고발생표지를 설치하지 아니하였고 피해자들이 다른 승객들처럼 대피하지 않고 피해차량 뒤 고속도로 노면에 들어와 있었다 하더라도 판시 피고인의 범행성립에는 영향이 없다"(대법원 1990. 12. 26. 89도2589 교통사고처리특례법 위반)고 하여 고속도로를 주행하는 운전자의 과실을 인정하고 있다. 이와 같은 사건에서 한국도로공사의 고속도로 관리의 하자 여부를 검토해 볼 수 있다.

㈑ 짙은 안개현상에 대하여 일본 판례는 "도로를 일반교통에 제공하기 위해서는 본래 그 안전성이 확보되지 않으면 안 되며, 도로통행의 안전성은 그를 둘러싼 자연현상을 제외하고는 생각할 수 없다. 따라서 자연현상에 기인하는 교통사고 발생방지조치를 강구하는 것도 도로관리권의 하나의 작용으로 파악함이 상당하다. 도

로법 제46조 제1항은 도로관리자는 도로의 파손, 결괴 기타 사유로 인하여 교통이 위험하다고 인정되는 경우 도로통행을 금지 또는 제한할 수 있는 취지를 정하고 있지만, 위 견지에서 고려하면 짙은 안개의 발생도 기타 사유에 해당한다고 보아야 한다”(大阪高判 소화 50. 10. 23. 訟月 21권 12호, 2441면)고 판시하여 안개와 같은 자연현상에 대하여도 사고발생 방지를 위한 조치를 취할 의무가 있다고 판시하고 있다.

(마) 고속도로에서의 노면동결과 안개로 인한 미끄럼 사고에 대하여는 도로관리자의 책임이 긍정되고 있다. 즉, 명신고속도로의 고가교상에서 겨울철 이른 아침(1월 12일 오전 6시경) 노면동결과 짙은 안개 때문에 자동차 8대의 연쇄충돌사고가 발생한 사안에서 “고속도로는 국가의 중요간선도로이고 통행차량도 많고, 고속으로 통행하기 때문에 통행차량의 안전에 대하여 가장 중점적으로 배려하지 않으면 안된다. (중략) 피고 공단에서는 본건 사고당시 짙은 안개 속에서 고속도로를 통행하는 차량의 안전을 확보하기 위하여 어떠한 대책도 취하지 않았다. 짙은 안개에 대처하기 위해서는 통행차량의 속도를 제한하거나 경우에 따라서는 명신고속도로를 부분적으로 폐쇄하는 조치가 필요하고, 그 폐쇄를 안전하게 하기 위해서는 폐쇄구간에 이미 진입한 차량을 직접 유도하는 것도 필요하다. 본건에서도 전기 사무소가 기상상황에 유의하여 인터체인지에서 서쪽의 짙은 안개를 일찍 발견하여 인터체인지를 통과하는 차량에 경고를 발하거나 혹은 동 인터체인지의 하부차선을 폐쇄하였더라면 본건 사고의 발생은 방지할 수 있었다”(京都地裁 소화 48. 9. 18. 判例時報 718호, 3면)고 판시하여 도로관리자의 하자를 긍정하였다.

(바) 이처럼 안개에 대처하기 위해서는 주행속도를 제한하든지, 도로를 부분적으로 폐쇄하는 수밖에 없고, 그 폐쇄를 완전히 하기 위해서는 폐쇄구간에 이미 진입한 차량을 직접 유도하는 것이 필요하다. 안개로 발생한 사고는 주로 고속도로에 관한 사건이기 때문에 상당히 엄격한 짙은 안개대책이 요구되고 있지만, 모든 도로에 관하여 이제까지의 대응이 도로관리자에게 요구될 수는 없다고 할 것이며, 도로이용자측의 신중한 운전 등에 의하여 사고를 회피할 수 있는 경우도 적지 않다고 할 수 있다.

3) 눈

(가) 눈이 많이 내리는 상태를 대설 또는 폭설(강설)이라고 한다. 「재난 및 안전관

리 기본법」은 대설을 국민의 생명·신체·재산과 국가에 피해를 주거나 줄 수 있는 재난의 일종으로서 태풍, 홍수, 호우(豪雨), 강풍, 풍랑, 해일(海溢), 낙뢰, 가뭄, 지진, 황사(黃砂), 조류(藻類) 대발생, 조수(潮水), 화산활동, 그 밖에 이에 준하는 자연현상으로 인하여 발생하는 재해와 함께 자연재난으로 분류하고 있다(제3조 제1호 가.목). 「자연재해대책법」은 대설을 태풍, 홍수, 호우, 강풍, 풍랑, 해일, 조수, 그 밖에 이에 준하는 자연현상으로 인하여 발생하는 재해인 '풍수해'라고 한다(제2조 제3호).

㈏ 시장·군수·구청장과 지역통제단장(대통령령으로 정하는 권한을 행사하는 경우에만 해당한다)은 응급조치에 필요한 물자를 긴급히 수송하거나 진화·구조 등을 하기 위하여 필요하면 대통령령으로 정하는 바에 따라 경찰관서의 장에게 도로의 구간을 지정하여 해당 긴급수송 등을 하는 차량 외의 차량의 통행을 금지하거나 제한하도록 요청할 수 있다(재난 및 안전관리 기본법 43①). 제1항에 따른 요청을 받은 경찰관서의 장은 특별한 사유가 없으면 요청에 따라야 한다(재난 및 안전관리 기본법 43②).[68]

㈐ 눈은 미끄럼 사고의 원인이 되는 경우가 많기 때문에 적설지대의 도로나 최저속도제한이 있는 고속도로 기타 특수목적을 지닌 도로의 경우에는 도로의 설치·관리자로서도 제설작업이나 융설제를 뿌리는 등의 동결해소조치를 취하거나 경우에 따라서는 통행금지 조치를 취할 것이 요청된다. 그러나 통상의 도로에 있어서 항상 그 같은 조치가 취하여지지 않더라도 도로의 설치 또는 관리에 하자가 있다고 할 수는 없다 할 것이다. 적설지대 이외에서 일과성이지만 광범위한 지역에 걸쳐 눈이 내린 경우에는 도로통행의 안전은 스노우 타이어(snow tire)의 사용 등, 이용자 측의 신중한 대응에 의하여 확보되는 경우도 적지 않을 것이다. 반면, 적설지대 이

68) **「자연재해대책법」 제22조의5(상습설해지역의 지정 등)** ① 시장·군수·구청장은 매년 관할 구역을 조사하여 법 제26조의2 제1항에 따른 상습설해지역을 지정하고, 그 결과를 총리령으로 정하는 바에 따라 시·도지사를 거쳐 국민안전처장관과 관계 중앙행정기관의 장에게 보고하여야 한다.
② 상습설해지역의 지정 요건은 다음 각 호와 같다.
1. 대설로 인하여 고립이 발생하였거나 발생할 우려가 있는 지역
2. 대설로 인하여 교통 두절이 발생하였거나 발생할 우려가 있는 지역
3. 대설로 인하여 농업시설물에 피해가 발생하였거나 발생할 우려가 있는 지역
4. 그 밖에 국민안전처장관이 상습설해에 대한 대책이 필요하다고 정하는 지역
③ 시장·군수·구청장은 제1항에 따라 지정한 상습설해지역에 대해서는 총리령으로 정하는 바에 따라 수시로 현황을 파악·관리하여야 하며, 설해 원인이 없어진 경우에는 지체 없이 지정을 해제하여야 한다.
④ 제1항부터 제3항까지에서 규정한 사항 외에 상습설해지역의 지정·해제 절차 및 세부적인 관리 요령에 관하여 필요한 사항은 국민안전처장관이 정한다.

외의 주민들이 적설시에 운전이 익숙하지 않기 때문에 도로의 설치·관리자로서도 노면의 상황이나 교통량 등을 감안하여 위험성이 높은 장소를 중심으로 미끄럼 대책을 강구하는 것이 기대된다.

㈑ 눈길을 운행하는 운전자에게도 안전운전을 할 주의의무가 있다. "눈이 쌓였을 경우 자동차운전자로서는 바퀴에 체인을 달아 눈 위에서 미끄러짐이 없도록 하여야 할 것이고 또 속도를 줄여서 운행하여야 할 주의의무가 있다고 할 것이므로, 바퀴에 체인을 장치하지 않은 채로 눈 쌓인 길을 지나다 앞에 가던 자동차가 넘어졌을 때 교행하는 차 때문에 피하지 못하고 충돌한 것이면 제한속도 이하인 23km로 진행하였다 하여도 과실이 있다"(대법원 1967. 9. 19. 67다1719 치료비)고 판시하여 눈길을 운전하는 운전자가 저속으로 운행하였을지라도 사고방지의무가 있다고 한다.

㈒ 고속도로의 관리자가 강설에 대처하기 위하여 부담하는 관리의무의 내용에 대하여 판례는, "강설에 대처하기 위하여 완벽한 방법으로 도로 자체에 융설 설비를 갖추는 것이 현대의 과학기술 수준이나 재정사정에 비추어 사실상 불가능하다고 하더라도, 최저 속도의 제한이 있는 고속도로의 경우에 있어서는 도로관리자가 도로의 구조, 기상예보 등을 고려하여 사전에 충분한 인적·물적 설비를 갖추어 강설시 신속한 제설작업을 하고 나아가 필요한 경우 제때에 교통통제 조치를 취함으로써 고속도로로서의 기본적인 기능을 유지하거나 신속히 회복할 수 있도록 하는 관리의무가 있다고 판시하면서, 폭설로 차량 운전자 등이 고속도로에서 장시간 고립된 사안에서, 고속도로의 관리자가 고립구간의 교통정체를 충분히 예견할 수 있었음에도 교통제한 및 운행정지 등 필요한 조치를 충실히 이행하지 아니하였으므로 고속도로의 관리상 하자가 있다"(대법원 2008. 3. 13. 2007다29287 손해배상(기)).[69] 이 사건에 관한 제1심 판결(대전지방법원 2006. 4. 19. 2004가합3493 손해배상(기))을 살펴보기로 한다.

69) 고속도로의 관리상 하자가 인정되는 이상 고속도로의 점유관리자는 그 하자가 불가항력에 의한 것이거나 손해의 방지에 필요한 주의를 해태하지 아니하였다는 점을 주장·입증하여야 비로소 그 책임을 면할 수가 있다고 할 것인데(대법원 1988. 11. 8. 선고 86다카775 판결 참조), 원심이 제1심 판결을 인용하여, 이 사건 각 고립구간의 교통정체 및 고립이 전혀 예측할 수 없는 천재지변이거나 피할 수 없는 불가항력에 해당한다고 볼 수 없다고 판단하여 피고의 면책 주장을 배척한 것은 정당하다(대법원 2008. 3. 13. 2007다29287 손해배상(기)).

1. 원고들의 주장

피고(한국도로공사)는 고속도로의 관리주체로서 그 유지관리의무가 있으므로, 폭설이 내리면 신속하게 제설작업, 고속도로 진입통제, 고속도로 중앙분리대 개방, 교통정보 제공 등의 조치를 취하여 고속도로 이용자인 원고들로 하여금 고속도로 통행이 가능하도록 하는 등의 안전관리의무가 있음에도 이를 위반하여, 제설작업 지체, 사고현장의 방치, 잘못된 교통정보의 전달, 비상조치 미흡 등 잘못을 저지르는 바람에, 원고들을 별지 목록 (생략) '고립시간'란 기재 각 해당 시간 동안 같은 목록 '고립지점'란 기재 각 해당 장소에 고립되어 고통을 겪도록 하였으므로, 피고는 원고들에게 위자료로서 별지 목록 '청구금액'란 기재 각 금원 및 이에 대한 지연손해금을 지급할 의무가 있다.

2. 피고의 주장

피고는 당시 가능한 인적·물적 제반 여건하에서 제설장비와 피고 직원들을 총동원하여 제설작업을 실시하고, 도로차단·중앙분리대 개방 등 고립된 피해자들을 구호하는 데에 최선을 다하였으므로, 이 사건에 관하여 아무런 과실이 없고, 아울러 이 사건 고속도로에는 당시 설치·관리상의 하자도 존재하지 아니하였다.

혹시 도로의 설치·관리상 어떤 하자가 있다고 하더라도, 원고들은 피고의 안내방송에도 불구하고 이를 무시한 채 위 구간에 새로 진입하거나 그 후 도로에 차량을 방치하여 제설작업을 제대로 할 수 없게 한 과실이 있고, 아울러 원고들이 고립된 것은 피고가 예측할 수 없었던 천재지변에 의하여 발생된 것이므로, 이와 같은 사정을 참작하여 피고는 면책되거나 또는 책임이 인정된다고 하더라도 대폭 과실상계를 하여야 한다.

3. 법원의 판단

⑴ 설치·관리상의 하자에 대한 판단

① 이 사건 제1고립구간에 관하여, 기상청이 2004. 3. 4. 15:00경 충청남북도 지방에 예비특보를 발표하였고, 같은 달 5. 04:00경 대설주의보를 발령하였으므로, 이 사건 각 고립구간 부근에 폭설이 내릴 것으로 어느 정도 예상되었던 점, ② 이 사건 제1고립구간에 위치한 남이고개의 경사도는 신설 고속도로 경사도 표준인 3%보다 높은 5.5%로서 고속도로 최대허용경사도인 6%에 가까우므로 폭설이 내릴 경우 차량들이 고개를 넘지 못할 가능성이 매우 높았던 점, ③ 이 사건 제1고립구간의 정체는 과거 이 지방의 최대 적설량과 같은 약 15cm 정도의 눈이 내린 2004. 3. 5. 07:00경부터 이미 시작된 점(2004. 3. 5. 07:00경부터 폭설로 인하여 대형화물차량들이 남이고개를 넘지 못하고 뒤엉켜 있었고, 2004. 3. 5. 09:00경에는 이 사건 제1고립구간에 신적설량 19cm의 눈이 내린 상황이었음에도 불구하고 제설차량들이 고립되어 더 이상 제설을 할 수 없게 되었으므로, 2004. 3. 5. 07:00경부터 이 사건 원고들의 고립이 시작된 것이라고 봄이 상당하다), ④ 피고 충청지역본부는 2004. 3. 5. 07:00경 이 사건 제1고립구간에서 폭설로 인하여 차량이 뒤엉키는 등 교통정체가 시작되는 모습을 CCTV

를 통하여 확인하였고, 2004. 3. 5. 09:20경 신적설량이 19cm 이상이고 차량정체구간이 16km나 되었음을 확인하였으므로, 피고가 제정한 '교통정보센터 운영업무 기준' 제11조, 제19조에 따라 지체 없이 피고 본사 소관부서 및 교통정보센터에 보고하여야 함에도 불구하고, 이 사건 제1고립이 시작된 2004. 3. 5. 07:00경보다 무려 3시간 후인 10:10경에 이르러서야 뒤늦게 도로본부에, 이어 11:20경 교통처에 각 본사 차원의 특단의 조치를 마련할 필요성이 있음을 보고한 점, ⑤ 피고 도로본부는 피고 충청지역본부로부터 위와 같은 상황을 보고받았으므로 '2004 방재세부집행계획' 재해상황별 조치계획 3단계에 따라 지구순찰대장과 지역본부장이 협의하여 현재의 기상에 따른 정체 상황과 향후 고속도로로 진입하는 차량의 규모, 기상청에서 예측한 기상상황 등을 고려하여 교통제한 및 운행정지 조치를 취하여야 함에도 불구하고, 제설작업을 통하여 이 사건 제1고립구간의 정체구간이 쉽게 해소될 것으로 안일하게 판단한 채 별다른 조치를 취하지 않고 있다가, 2004. 3. 5. 12:30경 피고 본사 교통처로부터 교통통제 필요성을 보고받은 후 비로소 사태의 심각성을 인식하고 뒤늦게 피고 충청지역본부장에게 교통통제 지시를 내린 점, ⑥ 충남경찰청 제2지구대로부터, 피고 충청지역 상황실은 2004. 3. 5. 10:35경, 피고 본사 정보센터는 2004. 3. 5. 11:00경 중앙분리대 개방 및 톨게이트 차단 등에 관하여 협의요청을 받았으나, 그로부터 3시간이나 지난 2004. 3. 5. 14:00경 비로소 충남경찰청 제2지구대와의 중앙분리대 개방 및 톨게이트 차단 등에 관한 협의를 통하여 뒤늦게 일부 구간의 진입 통제 및 중앙분리대를 개방하여 차량들을 우회시키기 시작한 점 (이에 대하여 피고는 도로법과 도로교통법에 피고와 고속도로순찰대가 서로 협의하여 교통을 차단할 수 있도록 규정되어 있을 뿐 구체적인 권한행사 절차가 규정되어 있지 않아 진입 통제 등이 늦어졌다는 취지의 주장을 하나, 도로법 제53조, 제54조, 도로법 시행령 제28조의3, 도로교통법 제65조의 규정에 의하면, 피고와 고속도로순찰대가 서로 협의하여 교통을 차단할 수 있도록 규정되어 있으므로, 당연히 천재지변 등 사태가 있을 경우를 대비하여 미리 경찰청과 협의를 통하여 교통차단 협의에 관한 절차를 세워두어야 할 것인데, 평소 이런 대비를 하지 못한 것도 역시 고속도로 관리상의 하자에 포함된다), ⑦ 위와 같이 일부 구간의 진입 통제가 이루어졌음에도 불구하고 그 조치를 완전하게 실시하지 못하여 결국 2004. 3. 5. 14:00경부터 2004. 3. 6. 18:00까지 사이에 9개 영업소를 통하여 8,881대의 차량을 추가로 진입시키는 바람에 제설작업이 더욱 어려워지게 한 점, ⑧ 이 사건 제2고립구간에 관하여, 2004. 3. 5. 05:00경 서울방향 옥천 부근에서 대형화물차량들의 5중 연쇄추돌사고를 수습하는 과정에서 사후 차량정체 등 후유증에 대한 대책 없이 그 부근 양방향을 완전히 차단하고 사고처리를 하는 바람에 차량 정체가 시작된 점, ⑨ 2004. 3. 5. 10:20경 위 사고차량들을 모두 견인함으로써 일단 양방향 모두 개통이 되었으나, 위 사고 여파로 여전히 차량들이 정체되어 있었고 그때 폭설까지 겹쳐 위 차량들의 정체가 계속하여 증가하게 된 점, ⑩ 2004. 3. 5. 13:54경 위 부근의 부산방향 정체현상은 해소되었으나 서울방향의 정체현상은 계속하여 가중되었고, 이에 더하여 이 사건 제1고립구간의 정체현상 여파로 위 부근에도 이 사건 제2고립구간이 형성된 점 등의 여러 사정에 비추어 보면, 피고는 당시 이 사건 각 고립구간의 교통정체를 충분히 예견할 수 있었고, 따라서 미리 정해진 재해 상황별 조치계획에 의하여 즉시 차량의 추가 진입을 통제하는 등 교통제한 및 운행정지조치를 취하여야 할 의무가 있었으며, 만약 피고가 적절하게 위와 같은 의무를 이행하였으면 이 사건 각 고립구간의 교통정체를 회피하거나, 또는 완전히 사고를 방지하지는 못한다 할지라도 적어도 그 고립시간을 상당히 줄일 수 있었음에도 불구하고, 안일한 태도로 교통제한 및 운행정지 등 필요한 조치를 충실히 이행하지 아니함으로써 원고들을 별지 목록 기재와 같이 고속도로에 장시간 고립시키는 사태를 야기하였으므로, 당시 피고에게는 고속도로의 관리상 하자가 있었던 것으로 인정된다.

⑵ 과실상계 및 불가항력에 의한 면책 여부에 대한 판단

당시 원고들이 피고의 안내를 무시한 채 위 고립구간에 신규로 진입하거나 차량을 방치하고 이탈하였다는 점을 인정할 아무런 증거도 없을 뿐만 아니라, 설사 원고들에게 위와 같은 잘못이 있었다고 하더라도, 앞선 인정 사실에 의하면, 당시 고속도로에 대한 모든 관리책임을 지고 있는 피고가 차량진입통제 조치를 제대로 이행하지 아니하여 차량의 추가 진입이 가능하였으므로, 원고들을 탓하기 전에 먼저 피고의 잘못이 훨씬 무겁다고 할 것이고, 아울러 이 사건 각 고립구간에 대한 제설작업 및 통제의 부재로 고립상태에 있던 원고들이 추위와 배고픔을 못 이겨 자신들의 차량을 방치하고 현장을 이탈하기에 이르렀다면 이는 결국 극한 상황의 고통과 위험을 피하기 위한 행동으로써 충분히 수긍할 만한 사정으로 인정이 되므로, 원고들의 과실은 피고의 책임을 면하게 할 정도에까지 이른 것이라고 볼 수 없다.

또, 앞선 인정 사실과 같이 이 사건 폭설이 충청지역에 100년 만의 최대 강설량이기는 하나, 당시 피고는 이 사건 각 고립구간의 교통정체를 미리 예견하여 적절한 대비책을 세움으로써 이 사건 각 고립구간의 교통정체를 회피하거나, 적어도 그 고립시간을 상당히 줄이는 것이 충분히 가능하였던 것으로 보이므로, 이를 전혀 예측할 수 없는 천재지변이나 피할 수 없는 불가항력에 해당한다고 볼 수도 없다.

4) 미끄럼 사고

㈎ 눈, 서리, 얼음, 비 등으로 노면이 미끄러워서 자동차의 운행에 지장을 초래하는 사고를 미끄럼 사고라 한다. 웅덩이, 단차 등과 함께 노면조건에 의한 사고의 전형적인 다른 사례가 미끄럼 사고이다. 웅덩이나 장해물은 인위적으로 발생하기 쉬운 하자인 데 반하여, 미끄럼은 자연현상에 의하여 발생하는 하자라는 특징이 있다.

㈏ 노면의 높낮이에 차이가 나는 단차와 반대로 미끄럼 사고는 노면의 평탄함이 도를 넘었기 때문에 발생하는 자동차 주행, 운전제약이 사고원인이 되고 있다.

또한 오토바이가 다수를 차지하는 웅덩이나 단차와 달리 미끄럼 사고에서는 모든 차종을 망라하고 있어 대형화물자동차의 사고도 자주 목격하게 된다. 또한 도로관리자, 피해차량 외에 가해차량이 존재하는 3면관계도 일반사고에서와 마찬가지로 존재한다.

㈐ 미끄럼 사고에는 강우시의 미끄럼, 강설시 동결 미끄럼, 도로시설에 의한 일수·누수동결에 의한 미끄럼, 공사 등에 의한 미끄럼 등 그 원인에서 보듯 여러 유형이 있다. 이러한 원인에 의하여 책임에 관한 판단이 영향을 받는 것이 적지 않다.

먼저 눈에 의한 노면동결로 발생한 교통사고에 대하여도 도로관리의 하자가 문제된다. 그것은 강설, 적설, 동결의 정도나 도로상황 등의 사실관계의 차이에 의한 것이 크지만, 견해 차이에 기인하는 측면도 있다. 적은 눈으로 동결의 정도가 크지 않은 때에는 특히 다른 많은 차량이 특별한 사고없이 무사히 통과하고 있는 곳에서는 운전자 측의 운전태도에 의하여 위험회피가 기대된다.

㈑ 도로의 설치·관리상의 하자 여부에 관한 판단 기준 및 적설지대가 아닌 지역의 도로 또는 고속도로와 같은 특수 목적의 도로가 아닌 일반 도로에서 강설로 발생한 도로통행상의 위험을 즉시 배제하여 그 안전성을 확보할 의무가 도로의 설치·관리자에게 있는지 여부에 대하여 판례는 소극적인 입장이다. 즉, “특히 강설은 기본적 환경의 하나인 자연현상으로서 그것이 도로교통의 안전을 해치는 위험성의 정도나 그 시기를 예측하기 어렵고 통상 광범위한 지역에 걸쳐 일시에 나타나고 일정한 시간을 경과하면 소멸되는 일과성을 띠는 경우가 많은 점에 비하여, 이로 인하여 발생되는 도로 상의 위험에 대처하기 위한 완벽한 방법으로서 도로 자체에 융설 설비를 갖추는 것은 현대의 과학기술의 수준이나 재정사정에 비추어 사실상 불가능하고, 가능한 방법으로 인위적으로 제설작업을 하거나 제설제를 살포하는 등의 방법을 택할 수밖에 없는바, 그러한 경우에 있어서도 적설지대에 속하는 지역의 도로라든가 최저속도의 제한이 있는 고속도로 등 특수 목적을 갖고 있는 도로가 아닌 일반 보통의 도로까지도 도로관리자에게 완전한 인적, 물적 설비를 갖추고 제설작업을 하여 도로통행상의 위험을 즉시 배제하여 그 안전성을 확보하도록 하는 관리의무를 부과하는 것은 앞에서 본 도로의 안전성의 성질에 비추어 적당하지 않고, 오히려 그러한 경우의 도로통행의 안전성은 그와 같은 위험에 대면하여 도로를 이

용하는 통행자 개개인의 책임으로 확보하여야 할 것이다. 그리고 도로의 설치·관리상의 하자는 도로의 위치 등 장소적인 조건, 도로의 구조, 교통량, 사고시에 있어서의 교통 사정 등 도로의 이용 상황과 본래의 이용 목적 등 제반 사정과 물적 결함의 위치, 형상 등을 종합적으로 고려하여 사회통념에 따라 구체적으로 판단하여야 한다"(대법원 2000. 4. 25. 99다54998 손해배상(자)).[70] 이 판례와 같은 입장에 있는 하급심 판결로서, 겨울철에 차량운전자가 도로 빙판길에 미끄러져 상대방 차량과 충돌한 교통사고에 있어서 도로관리 주체의 손해 배상책임이 인정되기 위한 요건에 관한 사례도 있다(서울남부지방법원 2006. 10. 20. 2005가단859 구상금). 이 판결의 내용을 살펴본다.

2. 판 단

가. 겨울철 도로관리 주체에게 요구되는 주의의무의 정도

(1) 일반적으로 국가나 지방자치단체 등이 도로를 설치하고 관리함에 있어서 항상 완전무결한 상태를 유지할 정도의 고도의 안전성을 갖추지 아니하였다고 하여 바로 그 도로의 설치 또는 관리에 하자가 있다고는 할 수 없고, 그 도로의 설치자 또는 관리자에게 부과되는 방호조치의무의 정도는 도로의 위험성에 비례하여 사회통념상 일반적으로 요구되는 정도의 것이라고 할 것이며, 나아가 도로를 설치하고 관리하는 주체의 재정적, 인적, 물적 제약 등도 함께 고려하되, 도로를 이용하는 사람의 상식적이고 질서 있는 이용 방법을 기대한 상대적인 안전성을 갖추는 것으로 족하다고 보아야 할 것이다.

---

70) 이 사건의 경우를 보면, 사고 지점의 도로는 산간지역에 위치하고 있는 도로이고, 사고 당시는 겨울철로서 눈이 내리면 노면이 결빙되기 쉬운 때이며, 기록에 첨부된 사진에 의하면 당시 눈이 내린 지 얼마 되지 않은 것처럼 보이므로, 원심으로서는 과연 이 사건 사고 지역에 언제 어느 정도의 눈이 내렸으며 그로 인한 노면 결빙의 정도는 어떠하였는지, 그와 같은 눈이 내린 후 피고가 보유한 인적·물적 설비를 동원하여 위험이 높은 도로 구간부터 순차적으로 제설 및 빙판제거작업을 실시하여 온 것인지, 그리고 이와 같이 눈이 내린 시기와 양, 그로 인한 도로 교통상의 위험의 정도, 피고의 빙판제거 및 제설작업 능력 등에 비추어 이 사건 사고 발생 이전에 위 사고 지점의 빙판을 제거할 수 있는데도 이를 방치한 것은 아닌지, 이 사건 사고를 전후하여 다른 많은 차량은 별다른 어려움을 겪지 않고 이 사건 사고 지점을 무사히 통행하였는지, 이 사건 사고 운전자인 소외 망인의 사고 당시 운전 행위의 태양과 그 과실은 무엇인지 등에 관하여 개별적·구체적으로 심리하여 본 후에 비로소 피고의 이 사건 사고 지점의 도로 관리상에 하자가 있는지 여부를 판단하였어야 할 것이다.

그럼에도 불구하고, 원심이 이와 같은 점에 대하여 심리를 다하지도 아니한 채 그 판시와 같은 사정만으로 성급하게 피고에게 도로관리상의 하자가 있다고 판단하고 만 것은 도로 관리의 하자에 관한 법리를 오해하여 판결 결과에 영향을 미친 위법을 저지른 것이라고 할 것이다(대법원 2000. 4. 25. 99다54998 손해배상(자)).

(2) 특히, 강설이나 그에 따른 결빙의 경우 그러한 현상이 도로교통의 안전을 해치는 위험성의 정도나 그 시기를 예측하기 어렵고 통상 광범위한 지역에 걸쳐 일시에 나타나고 일정한 시간을 경과하면 소멸되는 일과성을 띠는 경우가 많은 점에 비하여, 이로 인하여 발생되는 도로 상의 위험에 대처하기 위한 완벽한 방법으로서 도로 자체에 융설이나 제빙 설비를 갖추는 것은 현대의 과학기술의 수준이나 재정사정에 비추어 사실상 불가능하고, 가능한 방법으로는 인위적으로 제설 혹은 제빙 등의 작업을 하는 등의 방법을 택할 수밖에 없는데, 그러한 경우에 있어서도 최저속도의 제한이 있는 고속도로 등 특수한 목적을 가지고 있는 도로가 아닌 일반 보통의 도로까지도 도로관리자에게 완전한 인적, 물적 설비를 갖추고 제설 혹은 제빙작업을 하여 도로통행상의 위험을 즉시 배제하여 그 안전성을 확보하도록 하는 관리의무를 부과하는 것은 앞에서 본도로의 안전성의 성질에 비추어 적당하지 않고, 오히려 그러한 경우의 도로통행의 안전성은 그와 같은 위험에 대면하여 도로를 이용하는 통행자 개개인의 책임으로 확보하여야 할 것이다.

(3) 그리고 도로의 설치 · 관리상의 하자는 도로의 위치 등 장소적인 조건, 도로의 구조, 교통량, 사고시에 있어서의 교통 사정 등 도로의 이용 상황과 본래의 이용 목적 등 제반 사정과 물적 결함의 위치, 형상 등을 종합적으로 고려하여 사회통념에 따라 구체적으로 판단하여야 한다.

나. 인정사실

이 사건으로 돌아와 보건대, 갑 제4호증, 을 제1 내지 8호증의 각 기재(가지번호 포함), 증인 정○○의 증언에 변론의 전취지를 종합해 보면, 이사건 사고 전날인 1999. 12. 12.에는 약 5mm의 강수가 있었을 뿐 사고 당일에는 비가 내리지 않았으며, 이 사건 도로는 인도 옆의 배수로 방향으로 2% 이상의 경사가 있어 배수에는 별다른 문제가 없었던 사실, 이사건 사고 전날 12:00부터 사고 당일 06:00까지의 기온은 영상의 온도를 유지하고 있었으므로 설사 이 사건 사고 당시 그 이전에 내린 비로 인하여 도로에 빙판이 있었더라도 그 강수의 규모와 기온, 배수시설의 존재 등에 비추어 결빙으로 인한 사고발생의 위험성이 그다지 높지 않았던 것으로 추정되는 점, 피고는 그 산하의 종합건설본부를 통하여 도로폭 20m를 초과하는 일반도로인 주요간선도로 80개, 총연장 456km를 직접 유지 및 관리하고 있고, 도로폭 20m 이하인 도로 총 연장 1,038km는 각 구청 건설과에서 이를 담당하고 있는데, 이사건 사고 지점인 남동로는 이미 적설 혹은 결빙 취약지로 지정하여 특별히 관리하고 있었고, 도로 주변 여러 곳에 도로 결빙에 대비하여 모래주머니와 염화칼슘이 들어 있는 모래함이 설치되어 있었던 사실, 이사건 사고지점 도로는 그 폭이 약 40m이고 하루 평균 25,355대의 차량이 통행하는 곳이지만 이 사건 사고 외에는 그 시점을 전후로 하여 별다른 교통사고가 발생하지 않은 사실, 위 가해 운전자 정○○은 여성으로서 운전 경력이 2년이 되지 않은 상태였고 또 그 당시 도로에 빙판이 형성되어 있음을 발견하고도 급제동을 한 과실로 차가 미끄러지게 함으로

> 써 중앙선을 침범한 사고를 유발한 것으로 추정되는 점, 또 위 정○○은 평소 출근을 위하여 이 사건 사고 도로를 매일 이용하였으며, 겨울철에는 빙판이 잘 생기는 곳이라는 점도 이미 잘 알고 있었던 사실 등을 인정할 수 있다.
>
> 다. 피고의 이 사건 도로 관리상의 하자 여부에 대한 판단
>
> (1) 위와 같은 인정사실에 나타나는 도로의 상황 및 지리적 상황, 기상 상황, 피고의 도로 관리의 태양, 예견가능성 및 회피가능성, 운전자의 행위 태양 등의 제반 사정에 비추어 볼 때, 설사 이 사건 사고 장소에 빙판이 일부 형성되어 있었다고 할지라도, 그러한 경우에 도로관리자인 피고로 하여금 도로에 형성된 모든 빙판을 일시에 제거하도록 요구하는 것은 사실상 불가능하고, 피고가 평소 도로 상황 등에 맞춰 순차적으로 동결방지조치를 강구하여 왔다면, 아직 그러한 빙판제거작업이 실시되지 아니한 도로 구간에서는 위 정○○이 스스로 그와 같은 도로상황에 알맞은 방식과 태도로 운전함으로써 사고발생의 위험을 방지하여야 할 주의의무가 있다고 보는 것이 타당하고, 그와 같은 주의의무를 다하지 못하여 발생된 사고에 대한 책임을 피고의 관리상의 하자로 돌릴 수는 없다고 보아야 할 것이다.
>
> (2) 특히, 겨울철에 비가 내린 직후에 도로를 통행하는 운전자로서는 경우에 따라 노면이 결빙되어 미끄러운 곳이 있으리라는 것을 충분히 예상하거나 인식할 수 있다고 할 것인데, 앞서 본 바와 같이 위 정○○은 사전에 도로 결빙의 가능성을 인식하고 있었거나 이를 충분히 인지할 수 있었으므로, 피고가 그러한 도로상황에 대한 경고나 위험표지판 등을 설치하지 않았다고 하여 도로 관리에 어떠한 하자가 있었다고는 보기 어렵다.
>
> (3) 따라서, 이사건 사고 당시 도로관리주체인 피고에게 이 사건 도로의 유지 혹은 관리상의 어떠한 과실이 있음을 전제로 한 원고의 위 주장은 더 나아가 살펴볼 필요 없이 이유 없다.

(마) 그리고 강설로 인한 빙판길로 변한 고속도로에서 도로를 이용하는 운전자 개개인이 먼저 안전을 도모하여야 한다는 판례도 있다. 즉, "도로의 설치·관리상의 하자는 도로로서 통상 갖추어야 할 안전성을 갖추지 못한 상태에 있음을 말하고, 도로의 설치자 또는 관리자에게 부과되는 방호조치의무의 정도는 도로의 위험성에 비례하여 사회통념상 일반적으로 요구되는 정도의 것을 말하므로, 도로의 경우도 그것을 이용하는 자의 상식적이고 질서 있는 이용방법을 기대한 상대적인 안전성을 갖추는 것으로 족하며, 도로의 설치·관리상의 하자는 도로의 위치 등 장소적인 조건, 도로의 구조, 교통량, 결함의 위치, 형상 등을 종합적으로 고려하여 사회통념에 따라 구체적으로 판단하여야 하는바, 특히 강설(그로 인한 결빙)은 기본적 환경의 하나인 자연현상으로서 그것이 도로교통의 안전을 해치는 위험성의 정도나 그 시

기를 예측하기 어렵고 통상 광범위한 지역에 걸쳐 일시에 나타나고 일정한 시간을 경과하면 소멸되는 일과성을 띠는 경우가 많은 점을 고려할 때, 비록 최저 속도의 제한이 있는 고속도로라 할지라도 강설로 인한 빙판형성이나 그에 따른 사고 위험성이 상대적으로 큰 지점이라는 등 특별한 사정이 없는 한 그 관리자에게 눈이 내린 모든 노면에 대하여 즉시 제설작업을 하거나 제설제를 살포하는 등의 조치를 요구할 수는 없고, 고속도로의 경우에도 도로통행의 안전성은 그와 같은 위험에 대면하여 도로를 이용하는 통행자 개개인의 책임으로 우선 확보하여야 할 것이다"(서울중앙지방법원 2006. 2. 2. 2004가단396328 구상금).

(바) 이와 달리 고속도로상의 연쇄충돌 사고에 대하여 한국도로공사에게 관리상의 하자책임을 인정한 사례도 있다. 즉, "고속도로를 관리하는 피고로서는 고속도로상의 자동차 운행에 방해되는 사람의 통행을 방지하여 도로의 안전을 유지, 관리하여야 할 의무가 있다 하겠고 이를 위하여 사람의 통행위험지역에 대하여 경고판을 세워 고속도로 횡단의 위험을 경고하고 아울러 가까운 거리에 지하통로가 있음을 주지시키며 야간에도 지하통로를 쉽게 이용할 수 있도록 방수, 조명시설을 철저히 하여 지하통로를 이용함에 있어서 불편이 없도록 조처를 취하여야 할 것인데 위 사고발생 부근을 위험지구 아닌 것으로 속단하여 위험발생 방지를 위한 이러한 조처를 취하지 아니한 피고의 도로관리상의 하자가 경합되어 발생한 것이라고 설시하고, 이어서 피고의 항쟁 즉 피고는 고속도로를 관리함에 있어서는 법규가 정하는 바에 따라 정부가 승인하는 예산의 범위 내에서 행하고 피고공사의 도로의 유지관리규정과 안전관리규정에 따라 안전관리를 수행하고 있는바, 본건 사고장소는 위 안전관리 규정 제12조에 따른 철책 등 안전시설을 설치할 지점이 아니며 한편 피고공사로서는 위 안전관리규정 제13조에 따라 보행자 등에 대한 지도계몽, 고발 등을 목적으로 각 관할구역을 구분하여 1일 6회의 순찰을 하는데 본건 사고장소도 위 순찰규정에 따른 순찰을 제대로 하였으며 그 밖에 피고공사는 1972. 11. 17 사고지점 인근지역인 경기 용인군 구성면 보정 1,2리에 연인원 6명을 동원하여 호별 방문하여 전단 350매를 전달하고 고속도로의 횡단에 따른 위험 등을 계몽 지도한 바 있어 피고로서는 본건 도로의 관리상의 책임을 다하였으며 소외 성명불상자의 고속도로 횡단이라는 범법행위를 피고 공사가 예방조처할 수는 없는 노릇이니 결국 이건 사

고는 피고의 도로관리의 잘못에 기인한 것이라 할 수 없다는 피고의 항쟁사실에 대하여, 원심채택의 증거에 의하면 피고가 그 주장과 같은 계몽활동을 벌렸고 규정에 따른 순찰이 행하여졌던 사실은 인정할 수 있으나, 앞서 인정된 바 본건 사고장소 부근의 도로 현황, 도로와 그 주변의 객관적 상황, 사고발생의 빈도, 고속도로 주변의 인근주민의 고속도로 횡단에 대한 동태 등을 종합해 볼 때 본건과 같은 사람이 쉽사리 고속도로를 횡단할 가능성이 많은 위험지역에 대해서는 단순히 순찰을 하고 전단을 뿌린다든지 지도계몽하는 것만으로는 도로의 관리에 불충분하고 사고발생을 방지할 유효적절한 조치를 취하여야 할 것인데도 불구하고 이러한 조처(전단에 인정한 바와 같은 경고판을 세우거나 지하도로를 쉽게 통행할 수 있도록 하는 등)를 취하지 않았으니 피고가 설사 내규 및 그에 기한 도로관리를 하였다고 하더라도 면책될 수 없는 것이라고 하여 동 항쟁사실을 배척하였다.

살피건대 원심의 위 사실인정과정에 위법사유 있음을 단정할 수 없는바, 원심이 인정하고 있는 본건 사고장소 부근의 도로현황 그 밖의 주변상황 및 여건하에서는 피고가 본건 고속도로에 대한 관리책임을 다한 것이라고 볼 수 없으니 피고의 원심 설시와 같은 본건 고속도로에 대한 관리상의 하자가 원심인정의 본건 사고발생의 원인의 하나로서 경합된 것이라고 판단한 원심의 조처는 정당하고 거기에 소론 공작물의 관리하자에 따른 책임에 관한 법리오해의 위법이 없다(대법원 1978. 5. 9. 76다1353 구상금).

(사) 고속도로상의 연쇄충돌사고에 대하여 한국도로공사에게 관리상의 하자책임을 인정한 사례는 적지 않다. 즉, "한국도로공사는 빙판취약지대인 교량상에는 충분한 장비와 인원을 동원하여 적절한 빙결제거 또는 방지조처를 취하여 사고가 발생하지 않도록 고속도로를 관리보존해야 할 의무가 있음에도 강우설 후 기온급우하로 도면에 빙결이 형성된 채로 장시간 방치함으로써 정상적인 속도로 진행하던 차량들이 도면이 미끄러워서 연쇄충돌하는 사고가 발생하였다면 고속도로 관리상의 하자로 인한 불법행위의 책임을 면할 수 없다"(대법원 1975. 8. 19. 74다1647 손해배상). 다만, 고속도로가 아닌 산간지대의 일반 국도상의 빙판길 사고에 대한 관리하자를 부정한 사례와는 비교된다 하겠다.

(아) 쌓인 눈 때문에 노면이 동결되어 아래로 경사진 도로상을 시속 약 25km로

주행 중이던 대형화물자동차가 정차한 선행차량과 충돌을 피하기 위하여 급제동조치를 하는 바람에 왼쪽으로 미끄러지면서 전방도로의 모서리를 보행중인 보행자를 치어 사망하게 한 사건에서 제1심에서는 도로관리책임을 긍정하였으나, 항소심에서는 책임을 부정하였고 최고재판소에서도 같은 입장을 취하였다(最判 소화 51. 6. 24. 交民 9권 3호, 617면). 이 사건의 항소심 판결을 보면 "자연현상으로서 위와 같은 위험성 및 그 시기를 추찰하기 어렵고, 그 작용이 일과적으로 넓은 범위에 미치고 게다가 늘 발생하지 않은 강설현상에 대하여 이것이 일반적으로 적설지대라고 불리는 지역의 도로라든가 최저속도제한이 있는 고속도로처럼 특수목적을 갖는 도로 외에, 일반 보통의 도로에 대하여는 위 정도의 가능한 방법에 의하여 제설 또는 융설하는 인적·물적설비를 상시 준비하여 도로통행상의 위험을 즉시 배제하여 안전성을 유지하지 않으면 안 된다고 하는 도로관리상의 의무를 지방자치단체인 도로관리자에 부담시키는 것은 전시 도로의 안전성의 성질에 감안하여 적당하지 않고 오히려 이러한 경우의 도로통행의 안전성은 이를 이용하는 통행자측의 이용태도에 이를 부담시켜야 한다"(大阪高判 소화 50. 9. 26. 訟月 21권 12호, 2622면)고 판시하였다.

㈎ 노면의 동결사고에 대하여 도로관리자의 책임을 부정한 사례도 많다. 약간의 눈이 내려 노면일대가 얇게 동결되었던 과선교 상에서 승용차가 미끄러져 급회전을 하여 경사진 반대차선에 진입하였기 때문에 반대 방향의 트럭과 충돌하여 승용차의 운전자와 동승자가 사망한 사건에 대하여, "도로관리자에 대하여 최저속도규제가 있는 고속도로와 같은 특수한 목적을 갖는 도로 이외의 일반도로에 대하여서까지 그 모든 동결현상에 대하여 항상 융설제의 살포, 주의표시의 적시 등의 관리행위를 법적 의무로서 요구하는 것은 인적, 물적, 시간적으로 불가능을 강요하는 것이라고 할 수밖에 없고, 또 자동차 운전자는 주행 중의 도로의 지리적, 기후적, 지형적, 구조적 제 조건 및 목전의 기상상황, 도로상황에 즉응하여 안전 주행해야 할 의무가 있는 것은 물론이기 때문에, 도로관리자가 자동차 운전자에 사회통념상 요구되는 일반적인 운행태도를 예정하여 이를 전제로 도로의 객관적인 위험성의 유무를 정확히 판단하여 도로의 통상 갖추어야 할 안전성을 확보하여 도로관리를 행하는 것은 당연히 허용된다"(東京地裁 소화 52. 8. 25. 判例時報 885호, 149면)고 하면서 "跨線橋 부근의 도로는 직선상태이고 과선교의 전후는 3% 정도의 경사를 갖고 있지

만 과선교 전체로서는 거의 평탄한 구조로 되어 있고, 본건 사고당일은 물론 그 전후 5년여 사이에 엄한기인 1월 내지 3월 사이를 통하여서도 본건 사고를 제외하고 과선교 동결에 의한 사고는 발생한 것이 없고, (중략) 혹한기에는 요주의 장소로 인정되지 않았기 때문에 본건 도로 부근은 이 사건 사고당시 운전자가 도로의 구체적 상황에 응하여 통상 요구되는 운행상의 주의를 다하였다면 위험발생의 위험성이 없었다"고 판시하였다.

(차) 이와 달리 고속도로에서의 노면동결에 의한 미끄럼 사고에 대하여는 도로관리자의 책임이 긍정되고 있다. 명신고속도로의 고가교 상에서 겨울철 이른 아침(1월 12일 오전 6시경) 노면동결과 짙은 안개 때문에 자동차 8대의 연쇄충돌사고가 발생한 사안에서 "고속도로는 국가의 중요 간선도로이고 통행차량도 많고, 고속으로 통행하기 때문에 통행차량의 안전에 대하여 가장 중점적으로 배려하지 않으면 안된다. (중략) 피고 공단에서는 본건 사고당시 짙은 안개 속에서 고속도로를 통행하는 차량의 안전을 확보하기 위하여 어떠한 대책도 취하지 않았다. 짙은 안개에 대처하기 위해서는 통행차량의 속도를 제한하거나 경우에 따라서는 명신고속도로를 부분적으로 폐쇄하는 조치가 필요하고, 그 폐쇄를 안전하게 하기 위해서는 폐쇄구간에 이미 진입한 차량을 직접 유도하는 것도 필요하다. 본건에서도 전기 사무소가 기상상황에 유의하여 인터체인지에서 서쪽의 짙은 안개를 일찍 발견하여 인터체인지를 통과하는 차량에 경고를 발하거나 혹은 동 인터체인지의 하부차선을 폐쇄하였더라면 본건 사고의 발생은 방지할 수 있었다"(京都地裁 소화 48. 9. 18. 判例時報 718호, 3면)고 판시하여 도로관리자의 하자를 긍정하였다.

(카) 강우시의 미끄럼 사고에 관하여 판례의 경향은 도로관리자의 책임을 인정함에 있어서 소극적이라 할 수 있다. 통칭 横浜新道의 保土 谷陸橋上에서 강우시 대형트럭이 앞차와의 추돌을 피하기 위하여 브레이크를 밟은 결과 미끄러져 반대차선으로 넘어져 정지하면서 피해차량과 충돌하여 그 운전자가 사망한 사고에 대하여 판례는 도로관리자의 책임을 부정하고 가해차량 운전자의 일방적인 과실에 의한 사고라고 하고 있다.

横浜新道는 "폭, 선형, 가시거리, 경사, 노면, 배수 등에서 보면, 현행 道路構造令에도 적합한 일반도로였고, 도로의 기하 구조적으로 이른바 특수한 제동이 많은 장소에 해당하지 아니한다. (중략) 우리나라에서 주행속도 60km의 매시 마찰계수는 특수한 제동이 많은 장소에서는 0.45 이상이며, 일반도로에서는 0.4 이상, 어떠한 조건하에서도 0.3보다 더 적지 않을 것이 요망되고 있다"(東京高判 소화 52. 12. 20. 判例時報 884호, 60면) 하면서, 사고 전에 측정한 위 육교 상의 마찰계수의 평균치가 0.47로서 다른 도시의 도로보다 마찰계수가 비정상적으로 낮아 그 때문에 특히 미끄러지기 쉬운 상태에 있었다고는 할 수 없다고 판시하였다.

㈏ 이와 달리 도로시설의 일수로 인한 미끄럼 사고로서 도로관리자의 하자를 긍정한 사례가 있다. 국도의 배수구에서 유출된 일수가 경사진 도로를 따라 흘러내려 한기(寒氣)에 의하여 동결되었는데, 때마침 통행 중인 승용차가 미끄러져 반대차선으로 진입하여 대향차와 충돌하여 운전자가 중상을 입은 후 사망에 이른 사안에서, "이러한 주변조건에서 일수를 일으키기 쉬운 본건 배수구, 토관 및 철격자 등 본건 도로의 부속물에 대하여는 관리자는 항상 쓰레기를 제거하는 등 일수에 의한 제반의 피해를 방지하는데 유효하고도 적절한 조치를 강구하지 않으면, 그러한 공공의 영조물인 하수시설로서 통상 필요로 하는 관리가 이루어졌다고 볼 수 없기 때문에 본건 사고의 원인이 되었던 일수는 공공의 영조물의 관리에 하자가 있다"(横浜地判 소화 42. 4. 18. 判例時報 498호, 54면)고 판시하면서 피해자가 감속하여 운전하지 않고 아무 생각없이 45 내지 50km의 속도로 운행한 과실에 대하여 20% 과실상계를 하였다.

이 사건의 항소심은 "위 일수에 대하여는 (横浜製紙株式)회사에 절반의 과실이 없는 것은 아니지만, (중략) 본건 배수구, 토관, 철격자의 설치상의 하자 또는 이들의 관리에 대한 하자도 그 원인이 되는 것은 명백하다"(東京高判 소화 43. 12. 24. 判例タイムズ 235호, 241면)고 판시하였다. 본건에서 원고는 1차적으로 (일본)민법 제717조 공작물책임을, 2차적으로 국가배상법 제2조, 제3조에 의하여 청구하였다. 민법 제717조와 국가배상법 제2조와의 관계는 제2조가 제717조의 특별법이었기에 우선적으로 적용되었다. 본건은 배수구, 토관, 철격자였던 하수시설의 설치·관리의 하자를 인정한 것이지만, 도로의 관리자는 그 부대시설로서의 배수시설도 관리하지 않으면 안 된다고 할 것이다.

㈐ 결국 미끄럼 사고 방지를 위해서는 미끄럼 방지시설을 도로관리자가 설치

하여야 한다. 미끄럼 방지시설은 차량 주행시 도로면의 미끄럼 마찰계수를 높임으로 차량제동거리를 단축시켜 교통사고의 방지 및 피해의 최소화를 유도하는 도로포장공법이다. 또한 이 미끄럼 방지시설은 그 설치구조상 운전자의 졸음방지, 주의력 집중의 효과도 기대할 수 있다. 이 시설의 설치대상 구간은 선형이 양호한 직선구간 사이에 위치한 급커브 구간, 종단구배가 급한 내리막길에 위치한 커브 등의 굴곡도로, 병목현상을 유발하는 노후교량, 도로의 선형이 불량한 구간, 가시거리가 불량한 지점 등이다.

(4) 도로 상의 사람 또는 동물의 출현

1) 「도로법」 제54조의4(자동차전용도로의 통행제한) 제1항은 "누구든지 자동차전용도로에 자동차를 사용하는 이외의 방법으로 통행하거나 출입하지 못한다"고 하여 자동차 전용도로에 사람의 출입을 금하고 있다. 동조 제2항은 "관리청은 자동차전용도로의 입구 기타 필요한 장소에 통행을 금지하거나 제한하는 대상을 명시한 도로표지를 설치하여야 한다"고 규정하여 도로관리자에게 보행인의 통행금지나 이를 제한하는 도로표지를 설치하여 전용도로를 주행하는 자동차의 안전을 확보하도록 하고 있다. 이는 보행인에 대한 것이나 동물이 출현하지 않도록 적절한 조치를 취하여야 하는 것은 당연하다.

2) 그리고 도로관리자(도로관리청, 한국도로공사, 민자도로 관리자)는 도로에서 공사를 하거나 폭우 등으로 도로가 파손되었거나 지진, 홍수, 폭설, 태풍 등 천재지변이나 이에 준하는 재해가 발생하였거나 발생할 우려가 있어 도로에서 통행이 위험하거나 교통이 장시간 마비될 우려가 있는 경우에는 도로통행의 금지 또는 제한하는 조치를 취할 수 있다(도로법 76①). 도로의 안전을 저해할 사정이 있는 때에는 통행금지나 제한 조치를 취해야 하는 것은 재량이 아닌 기속행위에 해당될 수 있다.

3) 도로 상에 동물이 출현함으로써 사고가 난 경우에 도로의 설치·관리상의 하자가 인정되기 위해서는 동물의 출현이 예견가능해야 하고, 보호망의 설치 등 동물의 접근을 막기 위한 적절한 조치를 취하지 않았어야 한다. 동물의 출현으로 인한 도로의 설치·관리의 하자가 문제되는 도로는 주로 고속도로와 같은 자동차 전용도로라고 할 수 있다. 이는 보행자가 용이하게 출입할 수 없도록 필요한 조치를 취하지 않거나, 동물이 출현함으로 인하여 그 동물을 피하려던 중에 사고가 야기된

경우에 문제된다. 이는 도로 그 자체의 하자로 인한 사고는 아니지만 사고유발의 원인이 도로관리자의 관리하자 때문이었다는 점에서 역시 도로의 설치·관리자의 책임이 인정된다.

4) 고속도로에 보행자가 횡단함으로 야기된 사고에 대하여 한국도로공사에 관리상의 하자책임을 인정한 사례를 살펴본다. 즉 "본건 고속도로를 관리하는 피고로서는 고속도로 상의 자동차 운행에 방해되는 사람의 통행을 방지하여 도로의 안전을 유지, 관리하여야 할 의무가 있다 하겠고 이를 위하여 사람의 통행위험지역에 대하여 경고판을 세워 고속도로 횡단의 위험을 경고하고 아울러 가까운 거리에 지하통로가 있음을 주지시키며 야간에도 지하통로를 쉽게 이용할 수 있도록 방수, 조명시설을 철저히 하여 지하통로를 이용함에 있어서 불편이 없도록 조처를 취하여야 할 것인데 위 사고발생 부근을 위험지구 아닌 것으로 속단하여 위험발생 방지를 위한 이러한 조처를 취하지 아니한 피고의 도로관리상의 하자가 경합되어 발생한 것"(대법원 1978. 5. 9. 76다1353 구상금)이라고 설시하면서 "본건 사고 장소 부근의 도로 현황, 도로와 그 주변의 객관적 상황, 사고발생의 빈도, 고속도로 주변의 인근주민의 고속도로 횡단에 대한 동태 등을 종합해 볼 때, 본건과 같은 사람이 쉽사리 고속도로를 횡단할 가능성이 많은 위험지역에 대해서는 단순히 순찰을 하고 전단을 뿌린다든지 지도 계몽하는 것만으로는 도로의 관리에 불충분하고 사고발생을 방지할 유효적절한 조치를 취하여야 할 것인데도 불구하고 이러한 조처(경고판을 세우거나 지하도로를 쉽게 통행할 수 있도록 하는 등)를 취하지 않았으니 피고가 설사 내규 및 그에 기한 도로관리를 하였다고 하더라도 면책될 수 없는 것"이라고 판시하였다.

5) 위 판례처럼 지하통로가 있음에도 고속도로를 횡단할 수밖에 없는 도로환경으로 인하여 교통사고가 빈번하여 사회문제가 되는 경우가 많았다. 강원도 강릉시 성산면 소재 마을 앞을 지나는 영동고속도로의 한 지점에서는 1975년 위 고속도로가 개통된 후 26년 동안 주민 43명이 고속도로를 횡단하던 중 사망하는 사고가 발생하였다. 그런데 고속도로 개통시에 설치한 지하통로만이 유일한 안전시설뿐이고, 그나마 지하통로는 비가 올 때는 물이 차오르고 경사가 심해 주민들이 고속도로를 횡단할 수밖에 없는 상황 때문에 많은 사고가 발생하여 주민들이 이른바 사고다발지역에 대한 관리의 하자를 이유로 도로관리공사에 손해배상을 청구한 사례

가 있었다.

6) 반면, 도로 상에 출현한 동물을 피하려다가 사고가 야기되는 경우도 많다. 특별히 우리나라와 같이 산간도로가 많은 지역적 특성에 비추어 보면 동물 출현으로 인한 사고방지 대책이 요구되는 것이다. 그러나 판례상 문제되었던 사건은 대부분 고속도로 상에서 발생한 사고들이다.[71] 이는 단순한 국도와 달리 고속주행을 하는 고속도로 상에 동물이 출현하거나 죽은 동물이 방치되어 있어 이를 피하려던 중에 사고가 발생할 가능성이 높기 때문이다.

7) 고속도로 상에 들어온 개를 피하려다 사고가 난 경우 사고의 원인이 된 고속도로의 보존상 하자가 한국도로공사의 고속도로 유지관리책임의 범위 내에 속한다고 본 사례로서 "이 사건 고속도로에 개가 출입하게 방치된 것은 고속도로의 설치 또는 보존의 하자에 의한 것으로서 소유자인 국가에 손해배상책임이 있고, 피고는 고속도로를 유지 관리할 권한만을 가지는 자로서 그 손해방지에 필요한 주의의무를 다하였다는 것이나, 이 사건 사고의 원인이 된 고속도로의 보존상의 하자는 피고의 고속도로의 유지, 관리책임의 범위 내에 속한다고 볼 것이므로 받아들일 수 없다"(대법원 1992. 10. 27. 92다27164 손해배상(자))고 판시하였다.

위 사건의 원심판결은 "가축 등 동물들의 출현으로 인한 사고발생을 막기 위하여 보호방책 등 적절한 시설을 하거나 또는 중앙분리대로 중앙을 완전히 차단하고 오픈 구간은 주위에 마을이 없어 개 등의 동물 등이 출몰할 위험성이 없는 곳에 설치하여 고속도로 상에 안전운행에 지장이 없도록 필요한 시설 및 조치를 취하지 않은 잘못이 있다"(부산고등법원 1992. 6. 4. 91나11438 손해배상)고 판시하여 동물 등의 출현에 의한 사고방지를 위한 구체적인 조치의 내용을 밝히고 있다. 결국 당해 도로의 위치, 구조, 장소적 환경, 도로주변에 동물이 출현할 수 있는 인가의 유무, 도로의 출현을 방지할 수 있는 시설의 설치할 수 있는 여건과 그 비용 등을 참작하여

71) 수원지방법원 성남지원 98가단13029(판교-구리고속도로에서 노루를 피하려다 중앙분리대를 들이받은 사고), 전주지방법원 98나35901(호남고속도로 상에서 개를 치고 다시 중앙분리대를 충격한 후 우전도된 사고), 서울지방법원 동부지원 97가합22230(중부고속도로에서 횡단하는 사슴을 피하지 못하고 충돌한 사고), 인천지방법원 98가단19065(영동고속도로 상을 무단횡단하던 행인을 충격한 후에 정차하여 안전조치를 하던 중에 후행차량에 의하여 치인 사고), 청주지방법원 98가소30128(중부고속도로상의 주행차로에 쓰러져 있는 개를 피하려다 갓길로 피하는 순간 도로공사 직원을 발견하고 다시 중앙분리대를 충격한 사고).

하자 여부를 결정하여야 할 것이다.

8) 이와 달리 "사건 주변에 인가가 없는 산이 있어 산짐승이 나올 가능성이 있으면서도 도로주변에 방책이나 가로등 등의 방어시설이 없었다는 점은 인정되나, 위 사고 이전에는 산짐승의 출현사실이나 그로 인한 통행방해 사실이 있다고 인정할 만한 자료가 없는바, 위와 같은 방책이나 가로등의 설치가 도로관리상 필수적으로 요구되는 조치라고 인정할 수 없다"(서울지방법원 1997. 6. 17. 97나3496)고 판시하여 원고의 청구를 기각한 사례도 있다. 그러나 도로관리의 하자를 부정한 이유로 사고 이전에 산짐승의 출현이나 그로 인한 통행방해 사실을 인정할 자료를 요구한 것은 수긍하기 어렵다. 이는 결국 산짐승으로 인하여 발생한 사고가 없는 첫 번째 피해자는 손해를 감수할 것을 강요하는 결과가 되기 때문이다.

4. 기타 하자유형

(1) 도로 외의 제3자 피해

지금까지 고찰하여 온 것은 일반교통시설로서 이용시설로서의 도로에 대하여 이용상의 안전을 확보해야 하는 도로관리자의 책임이 이용자에게 발생한 피해에 관한 것이었다. 그러므로 마지막으로 도로의 이용자 이외의 제3자에게 발생한 피해에 대하여 살펴볼 필요가 있다.

1) 도로공사피해

(가) 도로를 안전한 상태로 유지·관리하기 위해서는 종종 도로공사가 필요하다. 그러나 도로공사로 인하여 도로는 위험한 상태에 놓이게 되고 이것이 원인이 되어 교통사고가 발생하기도 한다. 그 때문에 「도로법」 제76조는 도로관리청, 한국도로공사, 민자도로 관리자는 '도로에 관련된 공사로 인하여 부득이한 경우'에는 도로의 통행의 금지·제한 등의 조치를 할 수 있도록 하고 있다.

(나) 도로공사로 인한 관리청의 귀속과 그 관리책임자 및 비용부담에 관한 법리를 살펴본다. 「도로법」 제27조에 의한 상급관청이 도로공사를 대행하였더라도 도로관리청이 변경되는 것은 아니다. 즉, "도로법상 일반국도의 관리청은 원칙적으로 건설교통부장관으로 되어 있고(제22조 제1항), 광역시 관할구역 안에 있는 일반국도

의 경우에는 그 관리청이 광역시장으로 되어 있으며(제22조 제2항), 도로의 신설, 개축 및 수선에 관한 공사와 그 유지는 법률에 특별한 규정이 없는 한 당해 도로의 관리청이 이를 행하도록 되어 있고(제24조), 도로에 관한 비용도 법률에 특별한 규정이 없는 한 관리청이 속하는 지방자치단체가 부담하는 것으로 되어 있으나(제56조), 다만 상급관청은 특히 필요하다고 인정할 때에 대통령령이 정하는 바에 의하여 관계 행정청이 관리하는 도로공사를 대행할 수 있는데, 이 경우 위 공사의 대행에 의하여 도로관리청이 변경되는 것이 아니고 상급관청이 관리청의 권한 중의 일부를 대행하는 것에 불과하다"(대법원 1998. 7. 10. 96다42819 구상금). 도로법 제27조에 의한 상급관청의 공사 대행 개시시부터 이관시까지 도로 관리상의 하자로 교통사고가 발생한 경우, 손해배상책임의 주체에 관하여 "원래 광역시가 점유·관리하던 일반국도 중 일부 구간의 포장공사를 건설교통부 국토관리청이 시행하고 이를 준공한 후 광역시에 이관하려 하였으나 서류의 미비 기타의 사유로 이관이 이루어지지 않고 있던 중 도로의 관리상의 하자로 인한 교통사고가 발생하였다면 광역시와 국가가 함께 그 도로의 점유자 및 관리자로서 손해배상책임을 부담한다"(대법원 1998. 7. 10. 96다42819 구상금)고 판시한 바 있다.[72]

㈐ 도로관리자는 공사 중에도 보행자 및 자동차의 진행에 위험이 있는 경우에는 그 위험을 방지하는 데 필요한 조치를 강구할 의무가 있다(熊本地裁 소화 46. 12. 25. 交通民集 4권 6호, 1841면). 국가배상법 제5조의 책임은 노면상 장해물을 비롯하여 도로공사에 기인하는 노면조건, 노선조건 등의 악화로서 도로이용자에 대한 관계에서 종종 문제가 되었지만, 제3자에 대한 관계에서도 그 책임이 문제되는 경우가 있다. 도로공사로 인한 가옥침수의 사례로서는, 국도의 측구(도랑)보수공사에 의하여

72) **국가배상법 제6조 소정의 사무귀속자와 비용부담자로서의 지위가 두 행정주체 모두에 중첩된 경우, 내부적 부담 부분의 결정 기준**
원래 광역시가 점유·관리하던 일반국도 중 일부 구간의 포장공사를 국가가 대행하여 광역시에 도로의 관리를 이관하기 전에 교통사고가 발생한 경우, 광역시는 그 도로의 점유자 및 관리자, 도로법 제56조, 제55조, 도로법시행령 제30조에 의한 도로관리비용 등의 부담자로서의 책임이 있고, 국가는 그 도로의 점유자 및 관리자, 관리사무귀속자, 포장공사비용 부담자로서의 책임이 있다고 할 것이며, 이와 같이 광역시와 국가 모두가 도로의 점유자 및 관리자, 비용부담자로서의 책임을 중첩적으로 지는 경우에는, 광역시와 국가 모두가 국가배상법 제6조 제2항 소정의 궁극적으로 손해를 배상할 책임이 있는 자라고 할 것이고, 결국 광역시와 국가의 내부적인 부담 부분은, 그 도로의 인계·인수 경위, 사고의 발생 경위, 광역시와 국가의 그 도로에 관한 분담비용 등 제반 사정을 종합하여 결정함이 상당하다(대법원 1998. 7. 10. 96다42819 구상금).

원고측의 하수배수구가 폐쇄되었기 때문에 하수의 배수에 지장이 생겨 가옥이 침수되어 발생한 영업휴업 등의 손해배상에 관한 사건에서 배수구의 존재를 공사담당자에게 신고하지 않았던 원고측의 과실에 대한 과실상계를 하지 않은 사례도 있다(德島地裁 소화 42.7.28. 判例時報 522호, 75면). 이 판결에 대하여 원고에게 신고할 의무가 없었다 하더라도 자택 앞에서 측구공사를 하고 있었기 때문에 자택의 배수구가 있다는 것을 용이하게 알리는 것이 가능했으며, 원고로서는 설계내용을 알고 이의를 제기하거나 자택의 배수구가 신측구와 접속하는가를 감시해야 할 입장에 있었음에도 이를 게을리한 부주의는 형평상 과실상계에 의하여 조정하는 것이 옳다는 비판이 있다.

㈑ 또한 지반침하에 대한 사례로서는 시의 하수관 매설공사에서 청부업자가 도로를 굴삭하였기 때문에 도로에 인접한 민가의 지반이 침하하고 건물 등에 피해가 발생한 사안에서, 矢板工을 설치하는 등 근린가옥의 피해방지조치를 강구하지 않았기 때문에 지반침하에 의한 피해를 발생케 하였다고 하여 도로의 설치·관리의 하자라고 판시(岡山地裁 소화 48. 10. 1. 判例時報 736호, 72면)하면서 다만, 원고가 입은 피해 중에서 "본건 건물 자체, 건축물의 시공 정도, 목재 고유의 성질 등에서 유래하는 제 현상"의 기여분을 절반으로 보아 약 5할을 본건 공사와 상당인과관계가 있는 손해로 하고 있다.

㈒ 도로공사로 인한 영업수입의 감소에 대하여도 도로의 설치·관리하자로 인정될 수 있는지 문제된다. 도로공사 그 자체로 인한 손해만이 아니라 도로공사에 의하여 완성된 후의 도로상태에서 발생한 손해에 대하여도 이에 포함되는 것으로 볼 수 있다. 그렇지만 판례의 대부분은 하자를 부정하고 있다. 그로 인한 손해는 도로공사가 적법하게 행하여지는 한 영업수입의 감소에 대한 손해배상청구는 허용될 수 없기에 사업손실로서 손실보상의 이론에 의하여 구제를 받아야 할 문제라는 견해도 있다. 사업손실이란 공공사업의 실시 또는 완성 후의 시설이 기업지 밖에 미치는 손실을 말하는데, 이 같은 사업손실의 보상이라는 개념에 대하여 사업손실의 보상은 제3자 보상의 한 내용이며, 사업손실의 보상에 특별한 법원리가 적용되는 것도 아니며, 사업손실의 보상이라는 용어는 엄밀한 의미의 손실보상에서의 일실수입의 보상과 혼동을 일으킬 우려가 있으므로, 사업손실의 보상이라는 개념보다

도 제3자 보상 또는 간접손실의 보상이라는 용어를 사용하는 것이 타당하다 할 것이다.

㈓ 도로광폭공사에 의하여 점포가 노면보다 약 1.3m 낮아졌기 때문에 영업수입이 감소한 사안에서, "도로설치 자체에 의하여 주변 토지이용자에게 영업상의 손실을 가한 경우는 도로의 설치·관리하자가 있다고 할 수 없다"(東京地裁 소화 43. 10. 28. 判例 タイムズ 230호, 276면)고 판시하였다. 국도의 개축공사(도로광폭, 보도, 식재대의 설치)에 의하여 연도의 레스토랑 등의 매상이 감소하였다는 사안에서, 본건 도로공사는 도로의 교통안전 및 환경정비라고 하는 공공이익을 도모하기 위하여 설계되어 적정한 절차를 경유하여 시공된 점, 본건 도로공사의 완성에 의하여 원고는 장차 장기간에 걸쳐 다대한 이익을 향수할 수 있는 점, 매상감소는 도로공사만에 의한 것은 아니고 오일 쇼크(oil shock) 후의 장기불황과 동종경합 점포의 난립 등도 원인이 되었다는 점, 원고의 본건 도로에서의 이익은 도로설치에 수반하는 반사적 이익에 불과하기 때문에 도로의 관리하자가 부정되었다(東京地裁 소화 59. 2. 27. 判例タイムズ 641호, 183면; 東京高判 소화 61. 10. 29. 判例タイムズ 641호, 181면).

㈔ 도로공사에 의하여 가옥침수나 지반침하가 발생하거나 도로공사로 인한 소음 등으로 상점의 고객이 감소하는 등의 손해는 도로 자체의 설치나 관리의 하자로 인한 것은 아니라고 할 수 있다. 이때는 민법상 불법행위를 이유로 손해배상을 청구할 수 있다. 그러므로 도로공사로 인한 피해에 대하여는 국가배상법상의 영조물책임, 민법상 불법행위책임이 문제가 되는 외에 도로법이나 공익사업을 토지 등의 취득 및 보상에 관한 법률 등의 규정에 의하여 손해전보가 문제되는 등 다양한 경우가 있다.

2) 일수피해

㈎ 도로측구 등의 배수기능의 불완전 때문에 노상의 빗물 등이 인접지에 침수하여 발생한 피해에 관한 사례가 있다. 준설을 제대로 하지 않았던 측구에 의하여 큰비가 내려 빗물이 범람하여 인접부지내로 유입하여 돌담붕괴, 지반침하 등의 피해를 발생한 사안에 관하여 "측구는 일반적으로 도로 상에 머무는 빗물 등을 배제하여 도로의 안전을 확보할 목적을 갖는 것임과 동시에 도로 상에 빗물이 도로 외의 토지에 침수하는 것과 같은 사태를 방지하는 기능도 기대되는 것이고 측구가 위

기능을 결여한 경우에 있어서는 도로 및 그 일부인 측구의 관리에 하자가 있다"(福岡地裁 소화 53. 3. 23. 判例時報 909호, 76면)라고 판시하면서 "그 강우량이 제3위의 기록이었다는 점이 단적으로 나타내는 바와 같이 당시의 강우량이 예견불가능한 것이었다고는 할 수 없다. 뿐만 아니라 본건에 있어서는 하천 등과는 약간의 취지를 달리하여 도로측구라고 하는 배수로로서는 소규모임과 동시에 인공적 요소가 강한 설비가 문제되었기에 그 관리가 적절하였다면, 설령 심한 호우가 있었다 하더라도 본건과 같은 빗물이 범람하는 사태를 미연에 방지하는 것이 곤란하지는 않았다"고 하여 불가항력의 주장을 배척하고, 돌담의 결함, 불비 등의 사정이 있다는 점에서 "복수의 원인이 경합하여 사고가 발생하여 손해가 생긴 경우에는 그 손해배상책임을 정하는 데 있어서는 원인경합이라고 하는 인과적 사실에 즉응한 비율적인 손해부담의 실현을 도모하는 것이 바람직하고, 이러한 처리는 손해의 공평한 부담이라는 불법행위제도에 있어서 기본적 이념에 부합한다고 판단된다"고 판시하여 도로관리의 하자를 70%로 하였다.

㈏ 일수피해와 관련한 또 다른 사례로서 도로관리자이기도 한 市 자신의 주택단지조성공사에 의한 주변의 토지 및 도로가 높게 되어 이들에 의하여 둘러 싸여진 웅덩이 모습을 하게 된 토지의 소유자로부터 침수에 의한 손해, 단차가 생긴 것에 의한 손해배상청구소송에서 "배수설비는 배수가 넘칠 때 부근의 토지가 침수되지 않는 용량, 구조를 갖추어야 하고, 또한 도로에 있어서도 교통의 안전성을 확보하는 데 그치지 않고 도로 상에 괴어 흐르는 빗물을 도로 외의 토지에 침입하지 않도록 설치되어야 하고, 배수설비나 도로가 위와 같이 통상 구비해야 하는 기능을 결여한 경우에는 배수설비 및 도로의 설치 또는 관리에 하자가 있다"(福岡地裁 소화 55. 6. 4. 判例時報 999호, 107면)고 판시하여 침수피해에 대하여는 책임을 긍정하면서, 고저차에 관련한 청구에 대하여는 "이는 적법행위에 의한 손실보상을 문제로 해야 하는 경우로써 원고는 도로법 70조에 의한 비용청구를 하는 것은 별론으로 하고 불법행위의 존재를 전제로 하는 손해배상청구는 허용될 수 없다"고 하여 이를 배척하고 있다.

㈐ 또한 매우 특이한 사례의 하나로서 국지적인 집중호우시에 하천 일수에 의한 피해가 도로구축에 기인하는 것으로서 일본 국가배상법 제1조와 제2조의 책임

이 문제가 된 사안에서 제1조의 책임에 대하여는 "피고가 山手線의 제방을 관통하여 7호선을 구축한 것이 본건 피해지의 침수의 한 원인이 되었다는 점은 부정할 수 없지만, 통상의 경우에는 神田川이 일수하여도 본건 피해지에는 어떠한 영향이 있었던 것은 아니고 피고는 위 7호선의 구축과 동시에 神田川과 妙正寺의 합류점 및 그 하류(본건 피해지를 포함)에서 일수에 의한 피해를 방지하기 위한 분수로를 계획하여 본건 재해 발생 전 1974년 3월까지 이를 완성하기 위하여 최선의 노력을 다하였지만 피고의 힘만으로는 어쩔 수 없는 어려운 사정에 의하여 위 공사가 지연되어 그 위에 집중호우라는 이상사태가 더하여져 본건재해가 발생한 것이라는 점을 인정하지 않을 수 없기 때문에 피고 직원이 위와 같은 7호선을 구축하여 자연환경을 변경하였다고 하여도 이를 직접적으로 동 직원에게 국가배상법 제1조에서 말하는 '위법'한 공권력의 행사가 있었다고 속단할 수는 없다"(東京地裁 소화 54. 7. 30. 判例時報 951호, 80면)고 판시하였다.

또한 제2조의 책임에 대하여도 "국가배상법 제2조 제1항의 영조물의 관리하자란 영조물이 통상 갖추어야 할 안전성을 결여한 것이라고 해석해야 한다는 점에서 7호선이 일반교통에 공용된 도로로서는 하등의 결함도 없다"고 하여 제2조의 책임도 부정하였다. 일수피해의 직접적이고 제1차적인 원인은 하천관리에 있고, 도로구축은 일수 후에 물이 흘러가기 전에 관계하는 것으로서 어디까지나 간접적이고 제2차적인 것에 불과하기 때문에 도로관리의 하자라고 하기는 곤란하다.

3) 도로붕괴로 인한 건물손상 등

㈎ 도로의 붕괴로 인하여 그 주변 주택이 피해를 당하는 사례로서 붕괴 당시 다행히 집안에 사람이 있지 않아 인명사고는 발생하지 않고 재산상의 피해에 그친 경우가 있다. "도로가 구비해야 할 안전성은 단순히 당해 도로에 있어서 교통안전의 확보만이 아니라 도로의 붕괴 등에 의한 당해 도로 근처에 거주하는 주민의 생명, 신체, 재산을 침해하지 않도록 안전성을 확보하지 않으면 안 된다. 따라서 도로관리자는 지형, 지질, 기상 등을 고려하여 당해 도로의 붕괴 등에 의하여 타인의 생명, 신체, 재산에 대하여 위해를 미치는 재해발생의 위험이 있고, 그 재해의 발생을 통상 사전에 예측하는 것이 가능하고 또한 도로관리자에 있어서 위 위해발생을 미연에 방지하기 위하여 필요한 조치를 강구하는 것이 가능하였다고 여겨지는 경

우에는 도로관리자는 설치 또는 관리의 하자에 의한 배상책임을 면할 수 없다"(鹿兒島地裁 소화 51. 3. 31. 判例時報 828호, 74면).

"특히 본건 붕괴 현장처럼 도로가 경사가 심한 언덕 위에 설치되어 있고 바로 그 아래에 주택이 있는 경우는 도로, 경사진 지면 등의 붕괴에 의하여 생명, 신체에 대한 위해의 파급가능성이 높기 때문에 (중략) 위 재해발생의 방지를 위한 조치를 강구해야 할 책무가 강하게 요청되지 않을 수 없었다. 그럼에도 불구하고 본건 사고처럼 다량의 강우가 있는 경우에는 본건 붕괴현장 부근의 지형에서 보아 다량의 물이 노면에 흐르게 될 것임을 예상할 수 있음에도 불구하고 본건 사고당시 피고는 본건 붕괴현장 부근의 도로 노면의 동측이 서측보다 약 30cm 낮게 되어 노면의 유수가 제방의 노견부에 집중하여 동시에 노견부분은 제방 때문에 위 유수에 의하여 동 부분이 약하여지고, 균열이 발생하기 쉬운 상태를 방치하고, 또한 붕토에 의한 도로 서측의 측구가 매몰되어 노면의 유수를 증가시킬 우려가 있기 때문에 위와 같은 사태의 발생을 방지할 필요가 있었음에도 그 방지조치가 불충분하고 게다가 도로 동측면에 대하여도 붕괴방지를 위한 어떠한 조치를 강구하지 않았다"고 하여 도로의 하자를 긍정하였다.

(나) 반면, 원고들 소유의 가옥이 토사에 묻혀 4명이 사망하는 등의 인신사고를 야기한 사례도 있다. "본건 붕괴현장 부근의 도로는 일본 유수의 비가 많은 지역으로서 경사가 급한 산허리의 기슭 부분을 횡단하는 형식으로 조성되어 있고 남측(海側)에는 장대한 경사의 급한 법면을 가지고 있고, 위 법면에는 사면의 안정상 문제가 되는 전기의 농도가 있고, 도로 바로 아래는 협소한 평지에 전기 矢架部落이 존재하고 있기 때문에 도로관리자는 호우 등이 내릴 때에는 북측 산간부에서 유입된 빗물이 도로에 침투하거나 도로법면을 횡단하는 법면 또는 전기 농도로 흘러 들어가 전기 농도를 세굴·침식하는 것 등에 의해서 도로법면의 공석적옹벽의 붕괴 등을 초래하지 않도록 路體盛土를 횡단하는 배수관이나 맹암거(지하배수구) 등의 시설을 구비하든지, 또는 적어도 도로북측의 전기 공지(와지)에 빗물이 고여 흐르지 않도록 정지, 제초 등을 하여 도로측구의 소굴측구가 측구로서의 기능을 충분히 발휘하도록 측구의 폭, 깊이, 경사를 적정한 크기로 유지함과 함께 제초, 청소를 충분히 하여 위 공지(와지)나 노면상의 빗물을 안전하게 서쪽으로 배수하도록 하여 전기 농

도나 공석적옹벽에 빗물이 흘러 들어가지 않도록 마찬가지로, 서쪽으로 안전하게 배수될 수 있도록 해 둘 필요가 있었다"(津地裁 소화 52. 3. 24. 判例時報 853면, 13면)고 하면서, 이를 게을리하여 "그 때문에 빗물이 도로노면을 횡단하여 남측의 공석적옹벽이나 농도에 흘러들어간 상태이고, 또한 위 측구 등의 불비 때문에 흘러들어간 빗물에 의하여 농도의 세굴, 침식이 일어나고 공석적옹벽의 붕괴, 노체의 붕괴가 발생하였다"고 하여 측구의 불비, 부존재 등의 점에 있어서 도로의 설치 또는 관리에 하자가 있었다고 하였다.

㈐ 위의 사례들은 모두 집중호우에 발생한 것이라는 점에서 자동차 교통사고에서의 낙석붕토나 도로붕괴 사례와 공통적이라 할 수 있다. 또한 여기서는 피난조치로서의 통행규제는 사안의 성질상 생각할 수 없고, 도로 그 자체의 붕괴에 의하여 제3자에게 피해가 있기 때문에 토지공작물의 소유자·점유자로서의 책임이 문제될 수 있는 점에서 교통시설로서의 도로의 용도나 기능에 관계되지 아니하고, 당연히 이 점에서 일반 민유지와의 사이에 차이를 보이는 것이다.

전자의 사례에서는 사후에 취하였던 붕괴방지조치, 후자의 사례에서는 사면안전상 좋지 않은 농도의 설치, 측구설비의 불완전 등을 이유로 하여 불가항력 내지 회피불가능성의 주장을 배척하고 있는 것은 이러한 측면에서 당연하다고 할 수 있다. 특히 산악지대 등에 있어서 지형상, 지질상의 조건에서 문제가 있는 부분의 자연환경에 대폭적으로 변경을 가함으로써 인위적으로 새로운 위험성을 야기하거나 증폭한 것과 같은 경우에는 집중호우 등의 기상적 내지 자연적 조건이 더하여 질지라도 사람의 잘못으로 인한 인재로서의 성질을 갖는다고 평가할 수 있다.

4) 차량전락에 의한 노외피해

㈎ 도로조건에 따른 자동차 교통사고의 한 형태로서 전락사고에 의한 도로외의 제3자에게 피해가 발생하는 경우가 있다. 전락차량이 피해차량으로서만이 아니라 제3자에 대한 관계에서 가해차량이 되는 경우도 있다. 모래를 만재한 덤프트럭이 대형버스와 스치면서 우측으로 기울어지면서 단차 3cm의 미포장의 노견부분에 바퀴가 빠지면서 그대로 수십 m를 주행하였기 때문에 노견이 함몰, 붕괴되어 아래로 차가 구르면서 인접한 인가를 손괴한 사례가 있다. 도로 폭이 5.6m이고 "그 사이에 특단의 방호시설도 없기 때문에 차폭이 큰 대형차량끼리라도 스치는 경우 과

실에 의하여 노견부분으로 나가는 것은 충분히 예상되고, 노견부분의 끝이라면 특별히 차도에 가까운 부분에 있어서는 그러한 경우에도 견딜 수 있는 강도를 구비하지 않으면 안 된다"(東京地裁八王子支部 소화 50. 12. 15. 交民 8권 6호, 1761면)고 하여 도로관리자의 책임을 긍정하였다.

(나) 縣道를 주행중인 덤프차량이 선행차를 추월할 때 운전 과실로 측구외측의 녹석을 파괴하여 다수의 사상자를 야기한 日豊本線列車顚覆事故에 관한 사례도 있다. "위와 같은 지형에서 보면, 일단 자동차가 전락하면 운전사의 생명뿐만 아니라 다수의 열차승객에게 피해를 가하게 되고, 본건과 같은 대참사를 야기할 우려가 극히 많고 위 법령에 의하지 않더라도 도로관리자인 피고 현은 본건 사고현장부근의 縣道의 日豊本線軌道側에는 자동차의 전락을 방지하기에 상당한 방호책을 설치할 의무가 있다"(鹿兒島地裁 소화 53. 4. 21. 判例時報 95호, 85면)고 하여 도로관리자의 책임을 긍정하였다. 국철에 대하여도 "대량의 여객을 운송하는 피고 국철은 여객의 생명, 신체 등의 안전을 확보하기 위하여 자동차 등의 장해물이 궤도 상에 전락할 위험이 있는 장소에서는 도로 등의 관리자에게 전락방지조치를 요구하든가 그러한 조치를 할 수 없는 경우에는 만일 자동차가 궤도측에 전락한 경우에라도 열차의 충돌을 방지할 수 있는 보안상의 시설을 구비해 두어야 할 의무가 있다"고 하여 그 책임을 긍정한 바 있다.

(다) 위에서 살펴 본 두 가지 사례 모두 가해차량이 존재하고 그 관계자가 피고가 되는 이른바 3면 관계이고, 내부 구상비율 내지 사고발생의 기여비율은 확정되고 있지 않기 때문에 최종적으로 도로관리자가 비용부담자가 되는가 여부와 비용을 부담한다고 할 때 어떠한 비율을 부담하는가는 명확하지 않다. 다만, 도로하자의 의미나 인정방법은 다른 자동차 교통사고의 경우와는 거의 다르지 않다. 후자의 사례에 대하여는 차도에 관한 한 시야가 좋은 직선도로이고, 과거 동종사고 사례가 전무하였다는 점, 방호시설로서 이른바 가드레일 등도 대형 덤프카의 전락을 물리적으로 저지할 수 있기까지는 일반의 전락사고에 대하여 요구되지 않는다는 점 등을 보더라도, 본건 사고에 특유한 독자적인 판단을 하게 되는 것이다. 이 점에서 피해자의 입장에 있는 국철의 책임이 긍정되고, 게다가 원고가 일본 상법 제590조 여객에 관한 책임을 주장하였음에도 불구하고 판결은 국철의 철도시설을 공공의

영조물이라고 하여 일본 국가배상법 제2조의 책임을 인정하고 있다. 판결에 의한 국철의 책임근거는 궤도상의 장해물 발생 후 연락체제 등의 불비 등을 이유로 하는 것만이 아니라 도로와 궤도와의 상호위치관계, 지형조건에서 발생하는 위험상태에 대응한 위험방지를 위한 물적 설비를 결여하고 있다는 것이기 때문에, 말하자면 건널목 충돌사고와 유사한 판단을 내리고 있는 것이다.

(2) 도로공해로 인한 피해

영조물의 하자에 대하여 종전의 물적 하자와 달리 도로주변의 주민들이 소음·진동, 배기가스 등에 의하여 피해를 받아 입게 되는 손해에 대하여도 하자를 인정하는 일본의 공용관련하자 개념의 도입으로 도로공해에 대한 국가 또는 공공단체의 배상책임이 인정되고 있다. 다음에서 보다 상세하게 살펴보기로 한다.

제 4 장

도로의 이용으로 인한 교통공해와 책임관계

04 Chapter 도로의 이용으로 인한 교통공해와 책임관계

I ▸▸ 의 의

(1) 오늘날 항공기와 자동차등의 교통수단이 일상생활의 필수요소로 자리 잡게 됨에 따라 소음 등 공해문제가 대두되었다. 교통공해를 야기하는 대표적인 교통수단은 항공기와 자동차 및 기차의 운행으로 야기되는 소음, 진동을 들 수 있다. 여기서 '소음'이란 기계·기구·시설, 그 밖의 물체의 사용 또는 공동주택(「주택법」 제2조 제2호에 따른 공동주택을 말한다) 등 환경부령으로 정하는 장소에서 사람의 활동으로 인하여 발생하는 강한 소리를 말한다(소음·진동 관리법 2(1)). 그리고 '진동'이란 기계·기구·시설, 그 밖의 물체의 사용으로 인하여 발생하는 강한 흔들림을 말한다(소음·진동 관리법 2(2)).

(2) 항공기 공해는 항공기의 이착륙으로 인하여 발생한 소음의 문제이다. 주요 도시 주변에 공항이 설치되어 항공 노선망이 정비·확충되고, 전투기의 이착륙이 잦은 군사공항도 설치되어 점차 그 시설과 기능이 강화되고 있다. 국토가 협소하고 인구가 대도시에 집중하여 있는 결과 접근의 편리성을 고려하여 그 도시주변에 민간공항이 설치되었다. 김포, 제주, 울산, 광주, 성남등지에 민간공항과 민군공용공항이 설치된 결과 그 공항 주변에 거주하는 많은 주민들은 항공기 소음 등으로 인한 공해에 노출되었다. 그 결과 공항 주변의 주민은 이착륙하는 항공기의 계속되는 소음·진동, 배기가스 등에 의하여 난청, 두통, 비염, 안질, 위장장애 등의 건강피해

를 입게 되고, 수면장애, 회화나 전화통화의 방해, TV나 라디오의 시청장애, 가정생활의 어려움 등 일상생활 전반에 대하여 현저한 지장을 겪게 되었다. 그리하여 항공기로 인한 소음피해를 방지하기 위하여 공항주변에 소음완충지역을 확보하기 위하여 공항주변 지역에 대한 도시계획의 수립과 토지사용제한 및 토지수용과 그 보상을 통한 완충지대를 확보하고, 소음방지시설의 설치와 소음방지기술의 도입이 필요하게 되었다.

(3) 이미 여러해 전부터 대형 항공기의 운항증가로 인한 소음공해의 심각성을 인식하고 항공기 소음에 대한 효과적인 규제책이 시급히 요청된다는 지적이 있었다.[1] 이 같은 요청으로 2010. 3. 22. 법률 제10161호로 제정된「공항소음 방지 및 소음대책지역 지원에 관한 법률」은 공항소음을 방지하고 소음대책지역의 공항소음 대책사업 및 주민지원사업을 효율적으로 추진함으로써 주민의 복지증진과 쾌적한 생활환경을 보장하고, 항공교통 활성화에 이바지함을 목적으로 하고 있다. 이 법률에서는 '공항소음'이란 공항에 이륙·착륙하는 항공기로부터 발생하는 소음을 말한다(제2조 제1호)고 정의하고 있다.

(4) 그리고 항공법 제108조의2에서는 저소음운항절차 등을 규정하고 있다. 즉, 「공항소음 방지 및 소음대책지역 지원에 관한 법률」에 따른 소음대책지역의 공항에서 이륙·착륙하는 항공기는 항공기 소음을 줄이기 위하여 국토교통부장관이 정하여 고시하는 운항절차(이하 "저소음운항절차"라 한다)에 따라 운항하여야 한다(항공법 108의2①). 국토교통부장관은 항공기가 국제민간항공기구에서 정하는 기준 이상의 소음을 발생시켜 소음피해를 일으킬 우려가 있다고 판단되는 경우에는 그 항공기의 운항을 제한할 수 있다(항공법 108의2②).

(5) 항공기는 물론 자동차 역시 그 이동의 편리성으로 인하여 그 사용빈도가 높고 생활의 필수품으로 자리 잡게 되어 자동차의 운행이 용이하도록 환경이 변화되어 왔다. 보다 넓고 많은 도로가 건설되었으며, 그 결과 차량운행의 증가는 필연적인 현상이 되었다. 그 때문에 수많은 자동차가 주거지역을 통과할 때 발생하는 소음으로 인하여 정상적인 생활을 할 수 없는 상태에 이르게 되는 문제가 야기되었다. 또한 주거지역에 있는 양돈장 등의 축사에 영향을 미쳐 새끼의 유산피해를 야

---

1) 정형근, "교통공해와 영조물책임", 인권과 정의 제380호(2008. 4), 381면.

기할 수도 있다. 그로 인하여 도로를 설치·관리하는 국가나 지방자치단체는 소음 피해를 예방하고 방지해야 할 의무가 새롭게 대두된 것이다.[2] 도로의 설치·관리자는 도로교통의 안전 및 도로교통으로 인한 소음 등의 장해를 제거하기 위한 의무를 지게 된 것이다. 이는 도로를 주행하는 이용자뿐만 아니라 도로주변에 거주하는 주민 등 제3자에 대한 안전과 장해제거까지도 포함되는 것이다. 이 같은 배경에서 도로에서 발생하는 공해에 대한 도로관리자의 책임문제가 제기되었다.

(6) 다만, 판례는 도로가 현대생활에서 필수불가결한 시설로서 지역 간 교통과 균형개발 및 국가의 산업경제활동에 큰 편익을 제공하는 것이고, 도시개발사업도 주변의 정비된 도로망 건설을 필수적인 요소로 하여 이루어지고 있는 점, 자동차 교통이 교통의 많은 부분을 차지하고 있고, 도시화·산업화에 따른 주거의 과밀화가 진행되고 있는 현실에서 일정한 정도의 도로소음의 발생과 증가는 사회발전에 따른 피치 못할 변화에 속하는 점 등도 충분히 고려되어야 한다(대법원 2015. 9. 24. 2011다91784 채무부존재확인)고 판시하고 있다. 도로에서 야기되는 소음으로 인한 공해문제는 기차의 운행으로 인한 철도공해 문제도 동일한 차원에서 문제되고 있다.

(7) 우리나라 교통관련 법규에서는 교통공해에 대한 직접적인 정의규정을 두고 있지 않다. 다만 「공항소음 방지 및 소음대책지역 지원에 관한 법률」에서 '공항소음'이란 공항에 이륙·착륙하는 항공기로부터 발생하는 소음을 말한다(제2조 제1호)는 정의규정을 두고 있다. 그리고 환경관련법규에서 교통공해의 일종인 소음·진동, 배기가스 등을 규제하고 있을 뿐이다.

---

2) 사람이 일정한 수준 이상의 소음에 장기간 노출된 경우, 만성적인 불안감, 집중력저하, 잦은 신경질 등의 정신적인 고통을 입게 되고, 회화방해, 전화통화방해, TV·라디오 시청장해, 독서방해나 사고중단, 수면방해 등 일상생활을 정상적으로 영위하는 데 대해 많은 지장이 있게 되며, 그 정도가 심한 경우 난청이나 이명 등 신체적인 이상이 나타날 가능성이 있다. 그리고 일반적으로 동일한 크기의 소음일지라도 연속적인 소음보다는 단속적인 충격음이 더욱 큰 피해를 주며 소음원 자체가 공공성이 높은 경우나 음을 피할 수 없는 경우에는 불쾌감의 정도가 약해진다.
 일반적으로 소음레벨이 60dB(A)가 넘으면 조용한 곳에 비하여 수면시간이 2배 정도 증가하고, 70dB(A)를 넘으면 정신집중력이 저하되며, 80dB(A)를 넘으면 혈관수축반응을 보이고, 90dB(A)를 넘을 경우 장기간 노출 시 영구적인 난청이 올 수 있다. 또한, 회화 방해를 일으키지 않기 위해서는 소음레벨이 50dB(A) 이하가 바람직하며, 야간에 침실에서의 소음레벨이 33~38dB(A)인 경우에도 때때로 불만이 야기되며 48dB(A)를 넘을 때는 대다수가 불만을 나타낸다는 조사결과가 온, 냉방 장치를 생산하는 제조업체에 의하여 보고된 바도 있다(수원지방법원 성남지원 2003. 10. 2. 2002가합1044 채무부존재확인등·손해배상(기)).

(8) 일본에서는 1970년 도로교통법의 일부 개정을 통하여 교통공해라는 개념을 도입하였다. 도로교통법 제2조 제23호는 "교통공해란 도로의 교통으로 발생하는 대기오염, 소음 및 진동 중에서 총리부령이 정하는 사람의 건강 또는 생활환경에 피해가 발생하는 것을 말한다"라고 규정하고 있다. 여기서 '도로의 교통으로 발생'한다는 것은 도로의 교통 자체로부터 발생하는 것을 의미하는데, 자동차가 일상적인 주행으로 인한 배출가스에 의하여 대기를 오염시키거나, 소음을 야기하거나, 진동을 발생시키는 것이 이에 해당된다고 하겠다. 그렇지만 어떤 선전을 위한 자동차의 스피커나 시위 행진할 때에 발생하는 소음 등은 도로의 교통 자체에서 생기는 것은 아니기 때문에 도로교통으로 발생하는 것은 아니다. 도로교통법의 위임에 의한 총리부령에서는 '당해구역에서 사람의 건강을 보호하고 생활환경을 보전하기 위하여 유지되는 것이 바람직한 한도를 초과하는 것'이라고 하면서 ① 도로를 통행하는 자동차 또는 오토바이에서 배출되는 일산화탄소, 탄화수소, 연화합물, 질소산화물 또는 입자상물질로 인한 대기오염, ② 자동차 또는 오토바이의 통행으로 발생하는 소음·진동이라는 두 개의 기준을 제시하고 있다. 여기에서 '사람의 건강을 보호하고 생활환경을 보전하기 위하여 유지되는 것이 바람직한 한도'라는 것은 환경기본법 제16조 제1항의 환경기준[3]을 정의하는 것과 거의 동일하여 '기준'이 '한도'로 바뀌어 있는 것뿐이다. 자동차 공해를 구체적으로 규정하는 도로교통법 제4조 제1항은 '都道府縣공안위원회는 도로에서의 위험을 방지하고, 기타 교통의 안전과 원활을 도모하고 교통공해 기타 도로의 교통으로 인한 장해를 방지하기 위한 필요가 있을 때는 政令이 정하는 바에 의하여 신호기 도는 도로표시 등을 설치 또는 관리하여 교통정리, 보행자 또는 차량 등의 통행금지 기타 도로에서 교통규제를 할 수 있다'라고 규정하고 있다. 따라서 도로 상에서의 교통공해를 방지하기 위한 규제로서는 ① 신호기의 주기(cicle) 조정에 의하여 일정지역 내의 교통량감소를 유도, ② 우회로가 있는 경우에는 특정 지역의 통행금지 및 제한, ③ 법정속도보다 낮은 최고속도의 지정, ④ 서행해야 할 장소의 지정 등을 들 수 있다.

(9) 이와 같은 공해를 야기하는 대표적인 교통수단인 자동차와 항공기로 인하

3) "정부는 대기오염, 수질오염, 토양오염 및 소음에 관한 환경상의 조건에 관하여 각각 사람의 건강을 보호하고 생활환경을 보전하기 위하여 유지되어야 하는 바른 기준을 정하여야 한다"고 규정하고 있다.

여 야기되는 교통공해란 도로를 주행하는 자동차나 공항에서 이착륙하는 항공기 등 교통수단의 운행으로 인하여 생기는 소음·진동, 배기가스 등에 의하여 사람의 건강 및 일상생활, 영업상의 손해 또는 환경에 피해를 주는 상태를 말한다고 할 수 있다. 일본의 도로교통법은 교통공해의 정의규정에서 '도로의 교통'이라고 하여 항공기의 공해를 제외하고 있지만, 항공기의 이착륙이나 철도의 공해에 대한 피해에 대하여서도 규제할 필요는 여전하다 할 것이다.

Ⅱ ▸▸ 교통공해의 책임주체

교통공해로 인하여 도로나 공항에 인접한 지역주민이 손해를 입은 경우에는 누가 그 손해를 전보해야 할 책임을 지는지 문제된다.[4] 항공기의 경우는 그 항공기를 운행하는 주체는 항공회사이므로 원칙적으로 공해를 야기한 항공회사가 책임을 져야 할 것이다. 그러나 현실적으로 공항을 이용하는 항공회사는 국내외의 많은 회사이므로 이들 전부를 상대방(피고)으로 하는 것은 곤란하다. 그래서 공해를 야기하는 공항의 설치·관리자에게 그 책임을 인정할 수 있다면 피해자 구제에는 합리적이라 할 수 있다. 공항의 설치·관리자에게 영조물책임을 인정하고 있는 것이 현실이지만, 공항의 설치·관리자에게 그 책임을 묻는 것은 결과책임을 인정하는 것과 같은 결론이므로 이론적으로 문제가 있다. 이는 자동차가 야기한 공해로 인한 손해배상에서도 같은 문제가 있다. 도로교통은 도로와 운전자 및 자동차의 3요소에 의하여 교통환경을 구성하고 있으므로 도로공해로 인한 책임의 주체는 위 3요소를 중심으로 고찰할 필요가 있다.

1. 공항·도로의 설치·관리자

(1) 공항과 도로는 공장이나, 사업장 등과 같이 하나의 시설로서 민법 제756조의 공작물 또는 국가배상법 제5조 제1항이 규정하는 공공시설에 해당하는 영조물이다. 공항은 항공기가, 도로는 자동차가 이용하는 시설이다. 여기서 '항공기'란 비

4) 野村好弘, 道路公害の防止と民事責任, ジュリスト, 543호, 38면.

행기, 비행선, 활공기(滑空機), 회전익(回轉翼)항공기, 그 밖에 대통령령으로 정하는 것으로서 항공에 사용할 수 있는 기기(機器)를 말한다(항공법 2(1)). 그리고 '공항'이란 「항공법」 제2조 제7호에 따른 공항과 공항개발사업시행자가 새로이 건설하는 공항을 말한다. 다만, 「군사기지 및 군사시설 보호법」 제2조 제4호 가목부터 다목까지의 규정에 따른 항공작전기지를 겸하는 공항은 제외하되, 부산광역시 강서구에 있는 공항은 포함한다(공항소음 방지 및 소음대책지역 지원에 관한 법률 2(4)). 아울러 '공항시설관리자'란 「항공법」 제2조 제8호에 따른 공항시설을 관리하는 자를 말한다(위 법률 2(5)). 여기서 '공항시설'은 항공기의 이륙·착륙 및 여객·화물의 운송을 위한 시설과 그 부대시설 및 지원시설로서 공항구역에 있는 시설과 공항구역 밖에 있는 시설 중 대통령령으로 정하는 시설로서 국토교통부장관이 지정한 시설을 말한다(항공법 2(8)).

(2) 그리고 '도로'란 차도, 보도(步道), 자전거도로, 측도(側道), 터널, 교량, 육교 등 대통령령으로 정하는 시설로 구성된 것으로서 제10조에 열거된 것을 말하며, 도로의 부속물을 포함한다(도로법 2(1)). 도로의 설치·관리의 주체를 도로법은 도로관리청으로 호칭한다. '도로관리청'이란 도로에 관한 계획, 건설, 관리의 주체가 되는 기관으로서 도로의 구분에 따라 제23조에서 규정하는 다음 각 목(가. 국토교통부장관, 나. 특별시장·광역시장·특별자치시장·도지사·특별자치도지사·시장·군수 또는 자치구의 구청장(이하 "행정청"이라 한다))의 어느 하나에 해당하는 기관을 말한다(도로법 2(5)). 그리고 「한국도로공사법」에 따른 한국도로공사 또는 「사회기반시설에 대한 민간투자법」 제2조 제7호에 따른 사업시행자로서 「유료도로법」 제14조에 따라 도로(「사회기반시설에 대한 민간투자법」 제2조 제5호에 따른 민간투자사업으로 건설된 도로의 경우로 한정한다)에 관한 도로관리청의 관리·운영 업무를 대행하는 자(민자도로 관리자)도 포함된다.

(3) 공작물책임 또는 영조물책임에 있어서 하자의 요건은 공항 활주로 또는 도로상에 장해물이 놓여 있거나 웅덩이가 있는 등으로 안전성을 결여한 물적 결함 상태가 있다면 이에 해당된다고 할 수 있다(객관설). 공항이나 도로에서 야기되는 공해로 손해배상이 인정되려면 그 공해가 수인한도를 넘어야 한다. 인근 고속도로에서 유입되는 소음으로 인하여 입은 환경 등 생활이익의 침해를 이유로 일정 한도를 초과하는 소음이 유입되지 않도록 하라는 내용의 유지청구 소송에서 그 침해가 사회

통념상 일반적으로 수인할 정도를 넘어서는지의 여부(대법원 2007. 6. 15. 2004다37904 채무부존재확인등·손해배상(기))를 기준으로 한다.

최근에는 도로에서 발생하는 소음으로 말미암아 생활에 고통을 받는(생활방해) 정도인지 여부는 사회통념상 일반적으로 참아내야 할 정도(참을 한도)를 넘는지를 기준으로 한다(대법원 2015. 9. 24. 2011다91784 채무부존재확인)고 하여 기존의 생활이익을 '생활방해'로, 수인한도를 '참을 한도'로 표현하기도 한다.

(4) 교통공해로 인한 손해배상 문제는 당해 공작물을 구성하는 물적 시설 그 자체에 있는 물리적·외형적 흠결이나 불비로 인하여 그 이용자에게 위해를 끼칠 위험성이 있는 경우뿐만 아니라, 그 공작물이 이용됨에 있어 그 이용상태 및 정도가 일정한 한도를 초과하여 제3자에게 사회통념상 수인할 것이 기대되는 한도를 넘는 피해를 입히는 경우까지 포함된다(대법원 2007. 6. 15. 2004다37904)고 보기 때문에 문제된다.

(5) 시설이 정상적으로 운영되고 있는데도 주변에 공해를 야기하였기 때문에 그 시설 자체에 하자가 있다고 판단한 일본의 사례가 있다. 山王川사건[5]과 早川廢液사건[6]을 볼 수 있다. 위 두 사건은 모두 수질오염에 관한 사건이지만 대기오염, 소음·진동에 대하여도 마찬가지의 해결이 가능하다. 도로의 경우 종전에는 그 안전성을 판단함에 있어 노면에 웅덩이가 없고 사고방지를 위한 옹벽이 설치되어 있다면 그것으로 족하였지만, 이제는 도로 그 자체의 안전성뿐만 아니라 도로를 주행하는 자동차로부터 야기된 소음이나 배기가스에 의한 피해를 도로하자로 인정하고 배상책임을 묻고 있다.

(6) 도로에서 발생하는 소음·진동 등의 공해가 발생한 경우 실제로 공해를 야기한 주체는 불특정 다수인의 자동차 운행자이고, 도로의 설치자가 공해를 야기한 것은 아님에도 도로의 설치·관리자가 그 책임을 면할 이유는 되지 않는다. 일반적

5) 水戸地土浦支部 소화 37. 7. 31. 判例時報 332호, 25면; 국영알코올 공장이 폐수를 포함한 질소분을 하류의 벼농사에 해가 없을 정도로 제거하는 장치를 설치하지 않았을 때는 그 공장의 설치·관리에 하자가 있다고 판시한 사건. 본 판결에 대하여 국가배상법 제5조의 영조물책임이 국공영공장이 야기한 공해에 대하여 무과실책임의 근거법규가 된다는 점을 시사해 주고 있다는 견해도 있다(野村好弘, 公害の判例, 54면).

6) 前橋地判 소화 46. 3. 23. 判例時報 628호, 25면; 멕키 폐액을 농업용 배수로에 배출하여 하류의 양어장의 고기를 폐사시킨 사안에 대하여 민법 제758조 공작물소유자의 책임을 인정한 사건이다.

으로 시설의 설치·관리자와 그 시설의 이용자가 주체를 달리하여 그 시설에서 공해가 발생한 사례로는, 비행장 주변의 항공기 소음, 화장장 주변의 매연, 악취, 주차장 주변의 소음·진동 등을 생각할 수 있다. 그러한 경우 이용자가 불특정다수이기 때문에 개개의 이용자에 대하여 손해배상을 청구하는 것은 곤란하고, 시설의 설치·관리자에게 책임을 물을 수밖에 없다. 공항 및 도로는 이용자로부터 이용료 또는 통행료를 징수하기도 하고 무상으로 이용하도록 하는 경우가 있다. 이러한 유료, 무료의 차이가 당해 영조물의 설치·관리자의 책임에 영향을 미치는 것은 아니고, 공항이나 도로의 소음 등으로 인한 책임을 부담하지 않으면 안 된다. 유료도로의 경우에는 손실을 통행요금 중에 포함시킴으로써 이용자에게 전가하는 것이 용이할 수 있다. 일반도로의 경우에는 그러한 형식의 손실전가를 할 수 없고 세금과 같은 재원에 의존할 수밖에 없는 차이점이 있다.

2. 운행하는 항공기·자동차의 소유자

(1) 국토교통부장관은 공항에 취항하는 항공기가 발생시키는 소음의 정도에 따라 항공기 소음등급을 대통령령으로 정하는 바에 따라 설정하여야 한다(공항소음 방지 및 소음대책지역 지원에 관한 법률 16). 법 제16조에 따른 항공기 소음등급은 제1등급부터 제6등급까지로 구분한다(위 법률 시행령 9①). 제1항에 따른 항공기 소음등급의 구분기준 및 각 등급별 해당 항공기 기종(機種)은 국토교통부령으로 정한다(위 법률 시행령 9②).

(2) 공항 또는 항공기를 사용하여 여객 또는 화물의 운송과 관련된 유상서비스(항공교통서비스)를 제공하는 공항운영자 또는 항공운송사업자(항공교통사업자)는 운송사업에 사용하는 항공기의 소음을 위 법률 시행령에서 정하는 기준을 준수해야 한다. 이를 위반하여 운행하였다 할지라도 공해의 피해자가 그 항공기의 소유자를 상대로 손해배상을 청구하기는 쉽지 않다. 공항의 이용은 여러 운송사업자의 다수의 항공기에 의하여 이뤄지고 소음과 같은 공해 역시 상호간의 경합에 의하여 발생하기 때문에 손해와 인과관계를 입증하기 어렵다.

(3) 「도로교통법」 제49조 제8호는 모든 운전자의 준수사항으로, 운전자는 정당

한 사유 없이 (① 자동차 등을 급히 출발시키거나 속도를 급격히 높이는 행위, ② 자동차 등의 원동기 동력을 차의 바퀴에 전달시키지 아니하고 원동기의 회전수를 증가시키는 행위, ③ 반복적이거나 연속적으로 경음기를 울리는 행위)의 어느 하나에 해당하는 행위를 하여 다른 사람에게 피해를 주는 소음을 발생시키지 아니할 것을 규정하고 있다. 그리고 이를 위반하여 정당한 사유 없는 소음 발생행위는 난폭운전 행위로 금지된다(도로교통법 46의3). 지방경찰청장은 운전면허(연습운전면허는 제외한다. 이하 이 조에서 같다)를 받은 사람이 난폭운전을 하면 행정자치부령으로 정하는 기준에 따라 운전면허를 취소하거나 1년 이내의 범위에서 운전면허의 효력을 정지시킬 수 있다(도로교통법 93①).

(4) 교통공해에서의 소음은 위와 같은 법령이 금하는 운전행위로 야기될 수 있지만, 오로지 이를 이유로 하여 손해배상을 청구할 수는 없다. 교통공해는 그 공항이나 도로를 이용하는 항공기나 자동차에 의하여 야기된 것이기에 당연히 항공기나 자동차의 보유자, 즉 소유자가 그 책임을 져야 할 것이다. 그러나 특히 도로공해의 경우에는 수천, 수만의 불특정 다수의 자동차에 의하여 야기되는 경우가 보통인데, 그 경우에 개개의 자동차의 소유자의 책임을 어떻게 물을 것인지 문제이다.

(5) 자동차손해배상보장법 제3조는 “자기를 위하여 자동차를 운행하는 자는 그 운행으로 말미암아 다른 사람을 사망하게 하거나 부상하게 한 때에는 그 손해를 배상할 책임을 진다”고 하여 운행 제공자가 입증책임을 전환한 중한 책임을 부담하게 하고 있다. 자동차손해배상보장법 제정 당시에 위 규정은 이른바 자동차 사고만을 고려한 것이었지만, 오늘날에는 도로공해에 의한 사람의 건강, 생명의 손해에 대하여도 ‘그 운행으로 말미암아’에 포함된다고 보아 그 적용을 검토해 볼 필요는 있다.

(6) 정부는 ‘자동차보유자를 알 수 없는 자동차의 운행으로 사망하거나 부상한 경우’에 해당하는 경우에는 피해자의 청구에 따라 책임보험의 보험금 한도에서 그가 입은 피해를 보상한다. 다만, 정부는 피해자가 청구하지 아니한 경우에도 직권으로 조사하여 책임보험의 보험금 한도에서 그가 입은 피해를 보상할 수 있다(자동차손해배상보장법 30①). 이에 따라 피해자는 정부의 자동차손해배상보장사업을 주관하는 국토교통부장관에게 보상청구를 할 수 있다. 다만, 이 경우의 구제는 사람의 생명 또는 신체에 대한 손해에 한하며, 정부의 보장사업에 의한 금액에는 상한이 있다. 그러나 교통공해는 일정 지역의 다수의 불특정다수의 주민들에게 발생한 문

제라 특정인에게 발생한 교통사고로 인한 손해배상 문제와는 차원을 달리한다. 따라서 자동차손해배상보상법으로 교통공해로 인한 손해배상 문제를 해결하기에는 무리가 있다.

3. 항공기·자동차의 제조회사

(1) 교통공해로 인한 피해자 각 개인의 손해액은 그다지 많지 않지만, 공항이나 도로주변에 거주하는 피해자들의 손해를 합하면 그 액수는 엄청날 것이다. 교통공해에 대하여 그 책임주체로 상정할 수 있는 것은 공항이나 도로의 설치·관리자 외에 항공기나 자동차의 제조자, 즉 제조회사이다. 「제조물책임법」은 제조업자는 제조물의 결함으로 생명·신체 또는 재산에 손해(그 제조물에 대하여만 발생한 손해는 제외한다)를 입은 자에게 그 손해를 배상하여야 한다(제3조 제1항)고 규정하고 있다.

(2) 항공기 소유자 등은 항공기에 대한 소음기준적합증명을 받아야 한다. 즉, 국토교통부령으로 정하는 항공기의 소유자 등은 국토교통부령으로 정하는 바에 따라 감항증명을 받는 경우와 수리·개조 등으로 항공기의 소음치(騷音値)가 변동된 경우에는 그 항공기에 대하여 소음기준적합증명을 받아야 한다(항공법 16①). 제1항에 따른 소음기준적합증명을 받지 아니하거나 소음기준적합증명의 기준에 적합하지 아니한 항공기를 운항하여서는 아니 된다. 다만, 국토교통부장관의 운항허가를 받은 경우에는 그러하지 아니하다(항공법 16②).

(3) 「소음·진동 관리법」은 제작차의 소음허용기준과 제작차에 대한 소음허용기준에 적합하다는 인증을 받도록 하고 있다. 즉, 자동차를 제작(수입을 포함한다. 이하 같다)하려는 자(이하 "자동차제작자"라 한다)는 제작되는 자동차(이하 "제작차"라 한다)에서 나오는 소음이 대통령령으로 정하는 제작차 소음허용기준에 적합하도록 제작하여야 한다(제30조). 자동차제작자가 자동차를 제작하려면 미리 제작차의 소음이 제30조에 따른 제작차 소음허용기준에 적합하다는 환경부장관의 인증을 받아야 한다. 다만, 환경부장관은 군용·소방용 등 공용의 목적 또는 연구·전시목적 등으로 사용하려는 자동차 또는 외국에서 반입하는 자동차로서 대통령령으로 정하는 자동차는 인증을 면제하거나 생략할 수 있다(제31조 제1항). 자동차제작자는 제1항에 따

라 인증받은 자동차의 인증내용 중 환경부령으로 정하는 중요 사항을 변경하려면 변경인증을 받아야 한다(제31조 제2항). 제1항 및 제2항에 따른 인증의 신청, 인증의 시험방법과 절차, 인증의 방법 및 인증의 면제와 생략에 필요한 사항은 환경부령으로 정한다(제31조 제3항).

(4) 그런데 「소음·진동 관리법」이 정하는 소음허용 기준을 초과하여 제작한 자동차로 인하여 도로공해가 야기되었다면, 제조물의 결함이라고도 판단될 수 있기에 그 자동차 제조회사를 상대로 손해배상을 청구할 수 있을 것으로 보인다. 항공기나 자동차의 제조회사는 그 구조와 기능이 공해를 야기하지 않도록 제작하여야 할 의무를 진다. 그러나 현실적으로 이착륙하는 항공기 또는 주행 중인 자동차가 국내의 어느 회사에서 생산되었는지 쉽사리 파악할 수 있다면 책임소재를 가리는 데 도움이 될 것이다. 그러나 요즘처럼 외국에서 생산된 제품이 자유로이 수입되고 있는 상황에서는 더 복잡한 문제를 안고 있으므로 제조회사를 상대로 그 배상책임을 묻는 것은 쉽지 않을 것이다.

4. 연료의 생산자

교통공해 중 항공기나 자동차 배출가스에 의한 대기오염은 연료로 사용하는 가솔린 또는 액화석유가스의 연소에 동반하여 발생하는 제 물질에 의한 그 연료의 제조판매에 의하여 야기된다고 할 수 있다. 그 때문에 그러한 연료의 제조판매를 행하여 이익을 얻는 자도 대기오염과 같은 공해에 대하여 책임의 주체가 될 수 있다고 관념론적으로 생각할 수 있다. 그렇지만 교통공해에 대하여 책임을 져야 할 책임주체를 위와 같이 열거할 수 있지만, 현재로는 단계에서는 손해배상청구를 함에 있어 가장 현실적인 책임의 주체는 역시 당해 공공시설, 즉 영조물을 설치하거나 관리하고 있는 관리자라고 할 수 있다.

5. 결 어

(1) 위와 같이 여러 책임주체를 상정할 수 있지만, 현실적으로 피해자가 제소할 수 있도록 규정하고 있는 법령을 살펴보면, 공항의 설치·관리의 하자로 인한 배상책

임은 인천국제공항의 경우에는 「인천국제공항공사법」에 의하여 설립된 인천국제공항공사가 설치·관리의 주체가 된다. 김포공항을 비롯한 국내 공항의 경우에는 「한국공항공사법」에 의하여 설립된 한국공항공사가 그 설치·관리의 주체가 된다(제9조).

(2) 아울러 대한민국 역시 항공법 등 관련규정에서 공항 및 공항 내 활주로의 설치에 관한 권한이 국토교통부장관에게 있는 것으로 규정하고 있으므로 공항의 설치·관리자의 지위에 있다고 하겠다. 도로의 설치·관리의 하자로 인한 배상책임은 그 도로가 고속국도인 경우에는 한국도로공사가 그 주체가 되고, 다른 도로는 도로법 제23조 도로관리청의 규정에 따른다. 도로법 제11조 및 제12조에 따른 고속국도와 일반국도: 국토교통부장관, 도로법 제15조 제2항에 따른 국가지원지방도(이하 "국가지원지방도"라 한다): 도지사·특별자치도지사(특별시, 광역시 또는 특별자치시 관할구역에 있는 구간은 해당 특별시장, 광역시장 또는 특별자치시장), 그 밖의 도로: 해당 도로 노선을 지정한 행정청이 관리청이 된다.

(3) 그러므로 공해를 발생시키는 공항이나 도로를 국가나 지방자치단체가 설치·관리자인 경우에는 국가배상법이 적용되고, 그 외에 인천공항공단 또는 한국공항공단에서 설치·관리하는 공항이나, 한국도로공사에서 설치·관리하는 도로의 경우에는 민법 제758조 공작물책임의 규정이 적용된다.

Ⅲ ▸▸ 교통공해에 관한 법령의 규정

1. 「환경정책기본법」의 소음환경기준

국가는 환경기준을 설정하여야 하며, 환경 여건의 변화에 따라 그 적정성이 유지되도록 하여야 한다(환경정책기본법 12①). 환경기준은 대통령령으로 정한다(환경정책기본법 12②). 「환경정책기본법 시행령」은 「환경정책기본법」(이하 "법"이라 한다) 제12조 제2항에 따른 환경기준은 별표와 같다(제2조)고 규정하고 있다. 그 별표는 다음과 같다. 이 별표에서 정하는 소음환경기준은 항공기소음, 철도소음 및 건설작업 소음에는 적용하지 않는다.

[별표] 환경기준(제2조 관련)

2. 소 음

(단위: Leq dB(A))

지역 구분	적용 대상지역	기준	
		낮 (06 : 00~22 : 00)	밤 (22 : 00~06 : 00)
일반 지역	"가"지역	50	40
	"나"지역	55	45
	"다"지역	65	55
	"라"지역	70	65
도로변 지역	"가" 및 "나"지역	65	55
	"다"지역	70	60
	"라"지역	75	70

비고

1. 지역구분별 적용 대상지역의 구분은 다음과 같다.
   가. "가"지역
      1) 「국토의 계획 및 이용에 관한 법률」 제36조 제1항 제1호 라목에 따른 녹지지역
      2) 「국토의 계획 및 이용에 관한 법률」 제36조 제1항 제2호 가목에 따른 보전관리지역
      3) 「국토의 계획 및 이용에 관한 법률」 제36조 제1항 제3호 및 제4호에 따른 농림지역 및 자연환경보전지역
      4) 「국토의 계획 및 이용에 관한 법률 시행령」 제30조 제1호 가목에 따른 전용주거지역
      5) 「의료법」 제3조 제2항 제3호 마목에 따른 종합병원의 부지경계로부터 50미터 이내의 지역
      6) 「초·중등교육법」 제2조 및 「고등교육법」 제2조에 따른 학교의 부지경계로부터 50미터 이내의 지역
      7) 「도서관법」 제2조 제4호에 따른 공공도서관의 부지경계로부터 50미터 이내의 지역
   나. "나"지역
      1) 「국토의 계획 및 이용에 관한 법률」 제36조 제1항 제2호 나목에 따른 생산관리지역
      2) 「국토의 계획 및 이용에 관한 법률 시행령」 제30조 제1호 나목 및 다목에 따른 일반주거지역 및 준주거지역
   다. "다"지역
      1) 「국토의 계획 및 이용에 관한 법률」 제36조 제1항 제1호 나목에 따른 상업지역 및 같은 항 제2호 다목에 따른 계획관리지역
      2) 「국토의 계획 및 이용에 관한 법률 시행령」 제30조 제3호 다목에 따른 준공업지역
   라. "라"지역
      「국토의 계획 및 이용에 관한 법률 시행령」 제30조 제3호 가목 및 나목에 따른 전용공업지역 및 일반공업지역
2. "도로"란 자동차(2륜자동차는 제외한다)가 한 줄로 안전하고 원활하게 주행하는 데에 필요한 일정 폭의 차선이 2개 이상 있는 도로를 말한다.
3. 이 소음환경기준은 항공기소음, 철도소음 및 건설작업 소음에는 적용하지 않는다.

2. 「소음·진동 관리법」

(1) 「소음·진동 관리법」은 교통소음과 진동의 관리(제4장) 및 항공기의 소음의 관리(제5장)에 관하여 구체적인 규정을 두고 있다. 항공기를 제외한 자동차의 교통공해로 인한 소음과 진동에 관한 규정을 보면, 제26조(교통소음·진동의 관리기준), 제27조(교통소음·진동 관리지역의 지정), 제28조(자동차 운행의 규제), 제29조(방음·방진시설의 설치 등), 제30조(제작차 소음허용기준), 제31조(제작차에 대한 인증), 제31조의2(인증시험대행기관의 지정), 제31조의3(인증시험대행기관의 지정 취소), 제33조(제작차의 소음검사 등), 제35조(운행차 소음허용기준)[7] 등에서 이를 규율하고 있다.

(2) 「소음·진동 관리법」 제39조는 항공기 소음의 관리를 규정하고 있다. 즉, ① 환경부장관은 항공기 소음이 대통령령으로 정하는 항공기 소음의 한도를 초과하여 공항 주변의 생활환경이 매우 손상된다고 인정하면 관계 기관의 장에게 방음시설의 설치나 그 밖에 항공기 소음의 방지에 필요한 조치를 요청할 수 있다. ② 제1항에 따라 필요한 조치를 요청할 수 있는 공항은 대통령령으로 정한다.[8] ③ 제1항에 따른 조치는 항공기 소음 관리에 관한 다른 법률이 있으면 그 법률로 정하는 바에 따른다. 여기서 '다른 법률'은 「공항소음 방지 및 소음대책지역 지원에 관한 법률」을 들 수 있다.

3. 「공항소음 방지 및 소음대책지역 지원에 관한 법률」

(1) 「공항소음 방지 및 소음대책지역 지원에 관한 법률」 제5조는 소음대책지역

---

7) **「소음·진동 관리법 시행령」 제8조(운행차 소음허용기준)** 법 제35조에 따른 운행차 소음허용기준은 다음 각 호의 자동차의 소음 종류별로 소음배출 특성을 고려하여 정하되, 소음 종류별 허용기준치는 관계 중앙행정기관의 장의 의견을 들어 환경부령으로 정한다.
1. 배기소음
2. 경적소음

8) **「소음·진동 관리법 시행령」 제9조(항공기 소음의 한도 등)** ① 법 제39조 제1항에 따른 항공기 소음의 한도는 공항 인근 지역은 항공기소음영향도(WECPNL) 90으로 하고, 그 밖의 지역은 75로 한다.
② 제1항에 따른 공항 인근 지역과 그 밖의 지역의 구분은 환경부령으로 정한다.
③ 법 제39조 제2항에 따른 공항은 「공항소음 방지 및 소음대책지역 지원에 관한 법률」 제2조 제4호에 따른 공항으로 한다.

의 지정·고시 등을 규정하고 있다. 즉, ① 국토교통부장관은 장래의 항공수요를 감안한 예상 소음영향도를 기준으로 공항주변의 소음대책지역을 대통령령으로 정하는 바에 따라 제1종 구역, 제2종 구역 및 제3종 구역으로 지정·고시하여야 한다.[9] ② 국토교통부장관은 제1항에 따라 소음대책지역을 지정·고시하기 위하여 공항소음으로 인한 공항주변의 소음영향도를 조사하여야 한다. ③ 국토교통부장관은 제2항에 따라 소음영향도를 조사하는 경우 소음 측정·평가·분석 등에 관하여 공인된 기술능력이 있는 자에게 조사를 의뢰하여야 한다. ④ 제2항 및 제3항에 따른 소음영향도 조사의 주기·방법 및 기준 등에 관하여 필요한 사항은 대통령령으로 정한다.

(2) 또한 위 법률 제6조는 소음대책지역에서의 시설물의 설치 제한 등에 대해서도 규정하고 있다. 즉, 특별시장·광역시장·도지사(이하 "시·도지사"라 한다) 또는 특별자치도지사·시장·군수·구청장(자치구의 구청장을 말한다. 이하 "시장·군수·구청장"이라 한다)은 공항소음피해 확산을 방지하기 위하여 소음대책지역에서의 시설물의 설치 및 용도를 제한하여야 한다. 다만, 방음시설 설치 등 일정한 조건을 붙여 시설물의 설치를 허용할 수 있다(제6조 제1항).

Ⅳ ▸▸ 교통공해소송과 관련된 쟁점 검토

1. 의 의

(1) 교통공해에 관한 소송은 우리나라보다 일본에서 먼저 문제된 바 있다. 일본의 국가배상법 제2조는 "도로, 하천 기타 공공의 영조물의 설치 또는 관리에 하자가 있어 타인에게 손해를 발생하게 한 때는 국가 또는 공공단체는 이를 배상할 책임이 있다"고 규정하고 있다. 따라서 지방자치단체를 비롯한 공공단체도 국가배상

9) **「공항소음 방지 및 소음대책지역 지원에 관한 법률 시행령」 제2조(소음대책지역의 지정·고시)** ① 「공항소음 방지 및 소음대책지역 지원에 관한 법률」(이하 "법"이라 한다) 제5조 제1항에 따른 소음대책지역의 구역별 예상 소음영향도 기준은 다음 각 호와 같다. 다만, 제3종 구역의 경우 국토교통부령으로 정하는 바에 따라 지구별로 세분할 수 있다.
1. 제1종 구역: 소음영향도(WECPNL) 95 이상
2. 제2종 구역: 소음영향도(WECPNL) 90 이상 95 미만
3. 제3종 구역: 소음영향도(WECPNL) 75 이상 90 미만

법의 적용을 받게 된다. 공항·도로공해 소송에서는 손해배상청구와 함께 유지청구를 하는 것이 일반적이었다.[10] 일본의 판례는 유지청구에 대하여는 거의 기각하였으나 손해배상청구는 인용하는 경향이었다. 손해배상청구는 일반적으로 국가배상법 제2조를 적용하였고, 판례 역시 이를 긍정하였지만, 공항·도로공해에 국가배상법 제2조가 적용되는지 여부에 대하여는 문제점이 있다.

(2) 교통공해소송에서의 피고는 종종 항공기의 운항방법이나 비행장의 사용방법 등은 사람의 행위에 관계되는 문제이기 때문에 국가배상법 제1조의 문제가 될지라도 제2조의 문제는 아니라는 반론도 있다.[11] 국가배상법 제1조의 '과실'의 객관화와 제2조의 '하자'의 주관적 구성에 의하여 제1조와 제2조의 적용범위를 확실히 구별하기 어려운 측면이 있다는 지적도 있다.[12] 제1조는 행위책임을, 제2조는 상태책임을 규정하고 있다고 하여도 제1조 또는 제2조를 적용해야 하는지 의문이 생기는 경우가 적지 않다. 피해자구제를 위하여 제2조의 적용범위를 확장하는 것은 두 조항의 경계를 한층 불명확하게 할 것이다. 그러나 공항·도로공해에 대하여 제2조를 적용한 판례는 일반적으로 지지를 받고 있다. 교통공해와 관련한 제2조의 '하자'」의 이른바 통상의 안전성과는 별개의 관념으로 인식되고 있다. 공항의 하자라고 할 때 활주로가 짧아 비행기가 추락할 위험이 있다면 통상의 하자이지만, 여기에서 시설이용자의 이익을 위하여 공항주변의 주민들에게 불이익을 미치는 것이 허용되는지 문제된다.

(3) 그리고 그 판단은 판례에서는 위법성의 판단과 마찬가지로 결국 수인한도를 넘는가 여부에 의하게 된다. 이처럼 하자의 의미를 통상의 안전성과 달리 보는 결과 교통공해에 대한 피해의 구제가 손실보상인지, 손해배상인지도 문제된다. 뿐만 아니라 교통공해 역시 공해의 일종이기 때문에 공해로 인한 피해자 구제법리가 원칙적으로 적용되지만, 교통공해의 특수성으로 인하여 유지청구의 가부, 하자의

10) **「민사집행법」 제305조(가처분의 방법)** ① 법원은 신청목적을 이루는 데 필요한 처분을 직권으로 정한다.
② 가처분으로 보관인을 정하거나, 상대방에게 어떠한 행위를 하거나 하지 말도록, 또는 급여를 지급하도록 명할 수 있다.

11) 大阪공항소음공해소송 제1심(大阪地判 소화 49. 9. 27. 判例時報 729호, 3면) 및 상고심 (最判 소화 56. 12. 16. 民集 35권 10호, 1639면) 판결에 있어서도 4명의 재판관은 국가배상법 제2조를 적용하여야 한다는 반대의견을 제기하였다.

12) 西埜 章, 國家賠償法, 440면.

의미와 존부, 위법성, 피해인정, 장래에 있어서 손해배상청구, 선주성(先住性) 내지 위험에의 접근이론 등 해석학적인 여러 문제가 다투어진다.[13]

(4) 우리나라에서는 교통공해와 관련하여 제소되어 다투어졌던 사례들은 공항의 항공기의 이착륙으로 인한 소음과 도로, 특히 고속도로에서의 자동차 소음으로 인한 공항 및 도로 주변의 주민들이 겪게 되는 소음으로 인한 과거 및 장래에 대한 손해배상청구와 유지청구가 주된 쟁점이 되었다.[14] 유지청구와 관련하여 판례는 고속도로로부터 발생하는 소음이 피해 주민들 주택을 기준으로 일정 한도를 초과하여 유입되지 않도록 하라는 취지의 유지청구가 적법하다고 했다. 즉, 고속도로로부터 발생하는 소음이 피해 주민들 주택을 기준으로 일정 한도를 초과하여 유입되지 않도록 하라는 취지의 유지청구는 소음발생원을 특정하여 일정한 종류의 생활방해를 일정 한도 이상 미치게 하는 것을 금지하는 것으로 청구가 특정되지 않은 것이라고 할 수 없고, 이러한 내용의 판결이 확정될 경우 민사집행법 제261조 제1항에 따라 간접강제의 방법으로 집행을 할 수 있으므로, 이러한 청구가 내용이 특

13) 일본의 대표적인 교통공해의 재판사례로 들 수 있는 것은 자동차공해로 인한 사건으로서 도로의 소음, 자동차의 배기가스에 의한 침해유지와 손해배상을 청구한 국도43호선사건(最判 평성 7. 7. 7. 民集 49권 7호, 1870면)과 서정천대기오염공해소송(大阪地判 평성 3. 3. 29. 判例時報 1383호, 22면)이 있고, 철도에 대하여는 동해도신간선소음소송(名古屋地判 소화 55. 9. 11. 判例時報 976호, 40면)과 JR서일본쾌속전차운행금지가처분사건(大阪地決 소화 63. 4. 22. 判例時報 1293호, 145면)이 있으며, 공항시설에 대하여는 대판국제공항소음공해소송(最判 소화 56. 12. 16. 民集 35권 10호, 1369면)과 후목기지공해소송(横浜地判 소화 57. 10. 20. 判例時報 1056호, 26면) 및 횡전기지소음공해소송(東京地八王子支判 소화 56. 7. 13. 判例時報 1008호, 19면), 복강공항소음공해소송(福岡地判 소화 63. 12. 16. 判例時報 1298호, 32면), 소송기지소음공해소송(金澤地判 평성 3.3.13. 判例時報 1379호, 3면)이 있다.

14) 국가배상법 또는 민법상 불법행위로 인한 손해배상책임은 금전배상이 원칙이지만, 장래에 회복할 수 없는 피해가 발생할 우려가 높거나 교통공해로 인한 피해가 계속 발생하고 있는 경우에는 금전배상만으로는 충분한 만족을 얻을 수 없으므로 현재 계속되고 있는 침해나 장래에도 계속될 침해가 예상될 경우에는 피해방지시설을 설치하거나 당해 영조물의 일시적인 사용중지를 요구할 수 있는 것이 유지청구라 할 수 있다. 경인고속도로의 설치·관리자인 한국도로공사는 경인고속도로에서 발생하는 소음 등으로 인하여 사회 통념상 일반적으로 수인할 정도를 넘는 피해를 입었으므로 소유권 또는 점유권에 기하여 그 방해의 제거나 예방을 위하여 피해자인 원고들에게 도로변 소음 환경기준 65dB(A)를 넘지 않도록 방음설비를 시공할 것을 구하는 유지청구에 대하여, 기존에 설치되어 있는 길이 144m, 높이 4.5m 방음벽에 흡음형방음벽(알루미늄)을 추가 설치하여 높이를 13m로 보강함이 상당하다고 유지청구를 인용한 바 있다(수원지방법원 성남지원 2003. 10. 2. 2002가합1044; 그 외에 서울중앙지방법원 2007. 6. 26. 2004가합21140에서도 인용하고 있다). 다만, 공항이나 도로를 심야시간에 사용할 수 없도록 하는 내용의 적극적 유지청구는 보다 신중하게 판단될 것으로 보인다.

정되지 않거나 강제집행이 불가능하여 부적법하다고 볼 수는 없다(대법원 2007. 6. 15. 2004다37904 채무부존재확인등·손해배상(기)).

최근 판례는 유지청구를 '방지청구'로 표현하기도 한다. 즉, 도로소음으로 인한 생활방해를 원인으로 소음의 예방 또는 배제를 구하는 방지청구는 금전배상을 구하는 손해배상청구와는 내용과 요건을 서로 달리하는 것이어서 같은 사정이라도 청구의 내용에 따라 고려요소의 중요도에 차이가 생길 수 있고, 방지청구는 그것이 허용될 경우 소송당사자뿐 아니라 제3자의 이해관계에도 중대한 영향을 미칠 수 있어, 방지청구의 당부를 판단하는 법원으로서는 해당 청구가 허용될 경우에 방지청구를 구하는 당사자가 받게 될 이익과 상대방 및 제3자가 받게 될 불이익 등을 비교·교량하여야 한다(대법원 2015. 9. 24. 2011다91784 채무부존재확인).

(5) 공항 또는 도로의 교통공해로 인한 하자로 인정하기 위한 위법성의 판단에 일반 환경소송에서 일반적인 견해로 수용된 수인한도론이 채용되고 있다. 건물의 소유자 또는 점유자가 인근의 소음으로 인하여 정온하고 쾌적한 일상생활을 영유할 수 있는 생활이익이 침해되고 그 침해가 사회통념상 수인한도를 넘어서는 경우에 건물의 소유자 또는 점유자는 그 소유권 또는 점유권에 기하여 소음피해의 제거나 예방을 위한 유지청구를 할 수 있다(대법원 2007. 6. 15. 2004다37904 채무부존재확인등·손해배상(기)). 이는 영조물책임을 묻는 교통공해 소송이 그 측면에서는 환경법상의 책임법리를 원용하고 있음을 알 수 있다. 다만, 당해 공항이나 도로 등 영조물의 설치·관리 주체가 국가 및 지방자치단체의 경우에는 국가배상법 제5조의 영조물의 설치·관리 하자로 인한 배상책임 유무가 문제된다. 아울러 「한국공항공사법」은 인천국제공항을 제외한 국내공항은 한국공항공사로 하여금 관리하게 하고 있으므로 김포공항 등 국내공항에서의 소음피해에 대한 배상책임은 한국공항공단이 부담하므로 이 경우에는 민법 제758조 공작물책임 법리가 적용되게 된다. 또한 국도나 지방도를 제외한 고속도로의 관리는 한국도로공사가 점유자로서 관리하고 있으므로 배상책임의 유무는 민법상의 공작물책임 법리에 의하게 됨을 앞서 본 바 있다. 국가배상법 제5조에서 말하는 하자와 민법 제758조의 공작물책임에서 말하는 하자의 법리는 동일하게 해석하고 있으므로 그 배상주체에 따라 국가배상법 또는 민법이 적용되는 차이를 보이게 된다.

(6) 일본에서는 교통공해로 인한 배상책임이 국가배상법에 의하여 규율되는 이유는 일본 국가배상법 제2조가 그 배상책임의 주체를 '국가 또는 공공단체'로 규정하고 있기 때문이다. 반면, 우리 국가배상법 제5조는 그 배상책임의 주체를 '국가 또는 지방자치단체'로 한정하고, 국내공항을 관리하는 한국공항공단과 고속도로를 관리하는 한국도로공사는 국가배상법상의 배상책임의 주체가 아니므로 민법상의 공작물책임의 법리에 따라 그 책임유무에 관한 판단을 받게 되는 특징이 있다.

2. 사회적·기능적 하자(供用關聯瑕疵)

(1) 하자개념의 변화

1) 전통적인 견해에서 국가배상법 제5조가 말하는 영조물의 하자는 영조물이 본래 갖추어야 할 성질 또는 설비를 결여한 것을 말한다. 이는 민법 제758조 공작물책임에서 말하는 하자의 개념과 크게 다르지 않다. 다만, 그 규율대상의 차이가 있을 뿐이다. 그러므로 영조물의 하자는 공공의 목적에 제공된 영조물이 그 용도에 따라 통상 갖추어야 할 안전성을 갖추지 못한 상태에 있음을 말한다. 이 같은 하자개념으로는 교통공해를 야기하는 도로나 공항에 어떤 하자가 있다고 설명하기가 어렵다. 도로나 공항 자체로서는 아무런 흠이 없는 상태에 있기 때문이다. 교통공해를 야기한다는 것 자체가 도로나 공항의 기능이 정상적으로 작동되고, 그 시설 자체가 정상적으로 기능하고 있음을 반증하는 것이기 때문이다.

2) 도로나 공항에서 야기되는 공해로 인한 손해에 대하여는 배상하는 것이 정의관념에 부합하고, 그 손해배상의 이론적 근거로 고안된 개념이 일본에서는 공용관련하자라고 하였다.[15] 우리나라에서도 도로나 공항의 이용으로 발생하는 공해를 전통적인 영조물의 물적 하자와 달리, 자동차나 항공기를 이동수단으로 이용할 수밖에 없는 현대사회 속에서 도로나 공항의 결함이 없음에도 일정한 소음 등의 공해를 야기하는 교통수단의 기능으로 인하여 발생하는 손해를 배상하기 위하여 고안된 개념이 '사회적·기능적 하자'이다. 영조물이 정상적으로 작동됨으로 야기된

---

15) 공용관련하자에 대하여 古崎慶長 판사는 '기능적 하자', 阿部泰隆 교수는 '기능적 하자 내지 공용관련하자', 原田尙彦 교수는 '사회적 하자', 木村實 교수는 '사회적 기능적 하자'라고 하는 등 그 명칭을 달리하나 그 내용은 거의 동일하다. 우리나라에서도 이와 유사한 용어를 사용하고 있다.

영조물 주변의 제3자가 입은 손해 역시 영조물의 하자로 보아 배상책임을 인정하기 위하여 창안된 개념이라 할 수 있다. 사회적·기능적 하자는 ① 영조물 자체에는 물적 결함이 존재하지 않는다는 점, ② 영조물의 공용목적과 합치하는 점, ③ 계속적으로 발생하는 환경피해라는 점, ④ 공용에 수반하는 손해의 불가피한 성격을 가진다는 점을 들 수 있다.

(2) 사회적·기능적 하자(공용관련하자)의 내용

1) 공항의 소음공해에 대하여 최초로 국가배상법 제5조 적용 여부가 쟁점이 되었던 사건이 일본의 대판공항소음공해소송이라 할 수 있다.[16] 이 사건 상고심에서 소음을 야기하는 공항에 영조물책임이 있다는 취지로 판결하였다. 즉, "국가배상법 제2조 제1항의 영조물의 설치 또는 관리의 하자란 영조물이 갖추어야 하는 안전성을 결여한 상태를 말하는 것이지만, 여기에서 말하는 안전성의 결여, 즉 타인에 위해를 미칠 위험성 있는 상태란 다만 당해 영조물을 구성하는 물적 시설 자체에 존재하는 물리적, 외형적인 결함 내지 불비에 의하여 일반적으로 위와 같은 위해를 발생시키는 위험성이 있는 경우뿐만 아니라, 그 영조물이 공용목적에 따라 이용되는 것과 관련하여 위해를 발생시킬 위험성이 있는 경우도 포함되고, 또한 그 위해는 영조물의 이용자에 대하여서뿐만 아니라 이용자 이외의 제3자에 대한 것도 포함하는 것으로 해석해야 한다. 즉, 당해 영조물의 이용태양 및 정도가 일정한도에 그치는 경우에는 그 시설에 위해를 발생시키는 위험성이 없더라도 이를 초과하는 이용에 의하여 위해를 발생시키는 위험성이 있는 상황인 경우에는 그러한 이용에 제공되는 한 영조물의 설치·관리에 하자가 있다고 인정할 수 있고, 따라서 영조물의 설치·관리자에게 이러한 위험성이 있음에도 불구하고 이에 대한 특단의 조치를 강구하지 않고 또한 적절한 제한을 가하지 않은 채 이용에 제공하여 그 결과 이용자 또는 제3자에 대하여 현실적인 위해를 발생시킨 경우에는, 설치·관리자의 예측할 수 없는 사유에 의한 것이 아닌 한, 국가배상법 제2조 제1항의 규정에 의한

16) 最判 昭和 56. 12. 16. 民集 35卷 10號, 1369면; 대판국제공항의 주변주민들이 항공기에 의한 소음, 배기가스, 매연, 진동 등에 의하여 환경이 침해받았음을 이유로 항공기의 야간 이착륙금지와 손해배상을 청구한 사건이다. 상고심판결은 공항의 供用留止請求에 대하여 이른바 통상의 민사상의 청구로서는 주장할 수 없다(찬성 9명, 반대 4명)고 하면서, 과거의 손해배상청구에 관하여는 일부 원고에 대하여는 파기환송하였지만, 나머지 원고에 대하여는 인용하였다. 장래의 손해배상청구에 대하여는 이를 기각하는 취지의 판결을 하였다.

책임을 면할 수 없다"고 판시하여 공용관련하자 개념을 도입하였다.[17]

2) 이 판결의 국가배상법상의 의의는 일본 국가배상법 제2조 제1항의 '영조물의 설치 또는 관리의 하자' 의의에 대하여 당해 영조물을 구성하는 물리적 시설자체에 존재하는 물리적, 외형적인 결함 내지 불비에 의하여 타인에 대하여 위해를 미치는 위험성이 있는 경우(이른바 물리적 하자 또는 물적 성상하자)뿐만 아니라 영조물이 공용목적에 따라서 이용되는 것과 관련하여 타인에게 위해를 발생시키는 위험성이 있는 공용관련하자도 포함한다는 점을 명확히 한 것이다. 따라서 공용관련하자의 유무판단에 있어서는 안전성의 결여, 즉 위험성, 예견가능성, 회피가능성이라는 물적 성상 하자의 유무 판단요소뿐만 아니라 위법성(수인한도를 넘는 것)의 유무가 하자의 판단요소가 된다.[18]

3) 종래에는 영조물의 물적 결함이 아닌 그 사용과 관련하여 인근에 발생한 피해까지 적용되는가 여부에 대하여 의문이 있었다. 그러나 이 판결은 영조물의 일상적인 사용에 의하여 인근에 위험이 발생하는 때에 영조물의 관리자가 특단의 방지조치를 강구하지 않고 사용을 계속하여 제3자에게 손해를 가한 경우에는 그 관리에 이른바 사회적·기능적 하자가 있다는 것을 인정하여 배상책임을 인정하였다는 점에서 도로공해 등에서도 구제의 길을 열어 두었다는 점에 의미가 있다.[19]

4) 도로의 하자를 판단함에 있어 '당해 영조물을 구성하는 물적 시설 그 자체에 있는 물리적·외형적 흠결이나 불비로 인하여 그 이용자에게 위해를 끼칠 위험성이 있는 경우'는 영조물이 지니는 물적 결함을 말하는 것으로 전통적인 하자 개념에 부합한다. 그런데 우리나라 판례 역시 "당해 영조물을 구성하는 물적 시설 그 자체에 있는 물리적·외형적 흠결이나 불비로 인하여 그 이용자에게 위해를 끼칠 위험성이 있는 경우뿐만 아니라 그 영조물이 공공의 목적에 이용됨에 있어 그 이용상태 및 정도가 일정한 한도를 초과하여 제3자에게 사회통념상 참을 수 없는 피해를 입히는 경우"(대법원 2004. 3. 12. 2002다14242 손해배상(기))[20]까지를 하자로 판단하

17) 정형근, "도로의 설치·관리의 하자로 인한 국가배상책임에 관한 연구", 202면.
18) 村重慶一, 國家賠償研究ノート, 判例タインズ社, 250면.
19) 原田尙彦, 空港公害と被害者救濟, ジュリスト 151호, 337면.
20) 소음 등을 포함한 공해 등의 위험지역으로 이주하여 들어가서 거주하는 경우와 같이 위험의 존재를 인식하면서 그로 인한 피해를 용인하며 접근한 것으로 볼 수 있는 경우에 그 피해가 직접 생명이나 신체에 관련된 것이 아니라 정신적 고통이나 생활방해의 정도에 그치고, 그 침해행위에 상당

고 있다. 이는 대판공항소음공해소송에서 지지되고 정착[21]된 공용관련하자를 우리나라에서도 확립된 이론으로 수용되고 있음을 볼 수 있다.[22]

5) 공용관련하자는 영조물의 용도에 따른 이용 과정에서 발생한 손해를 전보하기 위한 개념이라 볼 수 있다. 우리 학자들은 이를 '기능적 하자'라고도 한다. 기능적 하자에 따른 국가의 배상책임의 법리는 프랑스의 공토목공사로 인하여 제3자가 받는 피해에 대한 무과실책임의 법리와 공통성이 있는 것으로 보인다. 영조물의 설치·관리상 어쩔 수 없이 발생한 적법행위로 인한 손해가 수인한도를 넘은 경우에는 무과실책임에 기한 것이며, 적법행위로 인한 것이므로 판례가 국가배상법 제5조 또는 민법 제758조에 의한 배상책임을 인정할지라도 그 실질에 있어서는 손실보상을 하고 있는 것이라 할 수 있다.

3. 위법성(공공성과 수인한도)

(1) 공항공해에 대한 위법성 판단기준

1) 민법상 불법행위에서는 생활방해나 공해에 대하여 수인한도에 의하여 위법성을 판단하는 것이 통설이다. 공항공해로 인한 배상청구 소송에서도 공공성이 위법성 판단의 요소로 작용하고 있다. 공해로 인한 피해가 사회생활상 수인해야 하는 한도를 초과한 경우에도 공공의 필요성에서 일정 한도까지는 이를 감수하지 않으면 안 된다고 하고 있다. 이 같은 견해는 국영공항의 공용과 같이 국가가 행하는 공공사업이 제3자에 대한 관계에서 위법한 권리침해 내지 법익침해가 되는지 여부

한 고도의 공공성이 인정되는 때에는 위험에 접근한 후 실제로 입은 피해 정도가 위험에 접근할 당시에 인식하고 있었던 위험의 정도를 초과하는 것이거나 위험에 접근한 후에 그 위험이 특별히 증대하였다는 등의 특별한 사정이 없는 한 가해자의 면책을 인정하여야 하는 경우도 있을 수 있을 것이나, 일반인이 공해 등의 위험지역으로 이주하여 거주하는 경우라고 하더라도 위험에 접근할 당시에 그러한 위험이 문제가 되고 있지 아니하였고, 그러한 위험이 존재하는 사실을 정확하게 알 수 없었으며, 그 밖에 위험에 접근하게 된 경위와 동기 등의 여러 가지 사정을 종합하여 그와 같은 위험의 존재를 인식하면서 굳이 위험으로 인한 피해를 용인하였다고 볼 수 없는 경우에는 그 책임이 감면되지 아니한다고 봄이 상당하다(대법원 2004. 3. 12. 2002다14242 손해배상(기)).

21) 秋山義昭, 道路公害と道路の設置·管理者の賠償責任,- 國道43號線訴訟上告審判決について, ジュリスト 1081호, 103면.

22) 대법원 2007. 6. 15. 선고 2004다37904,37911 판결; 대법원 2005. 1. 27. 선고 2003다49566 판결; 대법원 2000. 4. 25. 선고 99다54998 판결; 대법원 2002. 8. 23. 선고 2002다9158 판결.

가 판단기준으로서 제시되기도 한다.

2) 항공기 소음으로 인한 침해가 어느 정도에 이르러야 사회통념상 참을 수 없는 위해를 발생케 할 위험성이 있어 피고들(공항의 설치·관리자)의 설치·관리상의 하자가 인정되고, 또한 그것이 원고들에게 위법한 권리침해가 되는지에 관하여는 이를 판단함에 있어서는 침해행위의 상태와 침해의 정도, 피침해이익의 성질과 내용, 침해행위가 갖는 공공성의 내용과 정도, 침해행위의 개시와 그 후에 계속된 경과 및 상황과 그 사이에 피해의 방지 또는 경감을 위해 가해자가 강구한 조치의 내용·정도 등의 여러 가지 사정을 종합적으로 고려하여야 하고, 이것을 피해자인 원고들 쪽에서 보면, 이 사건과 같이 침해행위가 일상의 생활을 둘러싼 인격권에 대한 위해인 경우에는 사회생활상 일반적으로 수인하는 것이 상당하다고 인정되는 한도를 초과한 것인지의 여부에 따라 결정되어야 할 것이다.[23)]

3) 김포공항 공해소송에서 구체적인 수인한도로 고려된 요소로서는 ① 항공기에 의하여 발생한 소음의 정도, ② 원고들이 입은 피해(정신적 고통의 성질 및 정도, 생활방해의 정도 및 신체적 피해의 위험성), ③ 원고들의 거주지역 및 소음구역의 설정 현황, ④ 항공법상의 소음방지 대책의 실시 및 적정성, ⑤ 침해행위의 공공성 및 사회적 가치(항공기에 의한 신속한 물류거래 및 여객 수송은 우리나라의 경제, 사회, 문화 등 다방면에서의 진보, 향상을 위하여 필수불가결한 요소이고, 또한 그러한 항공수송에 있어 김포공항이 차지하는 비중이 매우 크다는 점), ⑥ 원고들 거주지의 지역적 특수성(원고들의 거주지는 공항 주변으로서 이러한 지역에서는 다른 일반 주거지역과 달리 토지 이용관계에 있어 특수성을 인정할 수 있는 점), ⑦ 항공기 소음 이외의 소음원의 존재(위 소음측정치에는 지상 소음도 포함된 것이 있다) 등의 요소에 의해 결정된다고 한다.[24)]

---

23) 서울지방법원 2002. 5. 14. 선고 2000가합6945 판결; 대법원 2004. 3. 12. 선고 2002다14242 판결; 最判 소화 56. 12. 16. 民集 35권 10호, 1369면; 最判 평성 7. 7. 7. 民集 49권 7호, 1870면.

24) 원심은 설령 피고가 김포공항을 설치·관리함에 있어 항공법령에 따른 항공기 소음기준 및 소음대책을 준수하려는 노력을 경주하였다고 하더라도, 김포공항이 항공기 운항이라는 공공의 목적에 이용됨에 있어 그와 관련하여 배출하는 소음 등의 침해가 인근 주민인 선정자들에게 통상의 수인한도를 넘는 피해를 발생하게 하였다면 김포공항의 설치·관리상에 하자가 있다고 보아야 할 것이라고 전제한 다음, 그 판시와 같은 여러 사정을 종합적으로 고려하면 이 사건 김포공항 주변지역의 소음과 관련하여서는 항공법 시행규칙 제271조상의 공항소음피해예상지역(제3종구역)으로 분류되는 지역 중 85 WECPNL 이상의 소음이 발생하는 경우에는 사회생활상 통상의 수인한도를 넘는 것으로서 위법성을 띠는 것으로 봄이 상당하다고 할 것인데, 이 사건 선정자들의 거주지역이 이에 해당하므로 김포공항을 설치·관리하는 국가는 이에 대하여 손해를 배상할 책임이 있다고 판

공항의 공용에 의한 공공적 이익의 실현은 주변주민에 한하는 일부 소수자의 특별희생하에서(이 때문에 손실보상적 색채를 갖게 된다[25]) 가능하다고 할 수 있는데, 공항의 설치·관리자가 피해방지책을 취하지 않은 점이 위법성을 긍정하는 요소가 된다.

(2) 도로공해에서의 위법성 판단기준

1) 도로공해가 위법성이 있다고 평가하기 위해서는 제3자의 수인한도를 넘어야 한다는 것이 판례와 다수의 견해이다. 도로에서 발생하는 소음으로 말미암아 생활에 고통을 받는(이하 '생활방해'라 한다) 정도가 사회통념상 일반적으로 참아내야 할 정도(이하 '참을 한도'라 한다)를 넘는지는 피해의 성질과 정도, 피해이익의 공공성, 가해행위의 태양, 가해행위의 공공성, 가해자의 방지조치 또는 손해 회피의 가능성, 공법상 규제기준의 위반 여부, 지역성, 토지이용의 선후관계 등 모든 사정을 종합적으로 고려하여 판단하여야 한다.

2) 도로가 현대생활에서 필수불가결한 시설로서 지역 간 교통과 균형개발 및 국가의 산업경제활동에 큰 편익을 제공하는 것이고, 도시개발사업도 주변의 정비된 도로망 건설을 필수적인 요소로 하여 이루어지고 있는 점, 자동차 교통이 교통의 많은 부분을 차지하고 있고, 도시화·산업화에 따른 주거의 과밀화가 진행되고 있는 현실에서 일정한 정도의 도로소음의 발생과 증가는 사회발전에 따른 피치 못할 변화에 속하는 점 등도 충분히 고려되어야 한다. 특히 고속국도는 자동차 전용의 고속교통에 공용되는 도로로서 도로소음의 정도가 일반 도로보다 높은 반면, 자동차 교통망의 중요한 축을 이루고 있고, 지역경제뿐 아니라 국민경제 전반의 기반을 공고히 하며 전체 국민 생활의 질을 향상시키는 데 중요한 역할을 담당하고 있는 점 등을 더하여 보면, 이미 운영 중인 또는 운영이 예정된 고속국도에 근접하여 주

단하였다.

김포공항과 그 주변지역이 국내의 다른 민간공항이나 군용공항과 구별되는 특성을 기록에 비추어 살펴보면 원심이 구체적 사건인 김포공항 주변지역에 설정한 수인한도의 기준을 그 판시와 같이 정하고 이에 기하여 김포공항을 설치·관리하는 국가의 손해배상책임을 인정한 판단은 위 법리에 따른 것으로서 수긍이 가고, 거기에 상고이유에서 주장하는 바와 같이 영조물 설치·관리상의 하자에 관한 법리오해, 소음피해로 인한 수인한도에 관한 법리오해 등의 위법이 있다고 할 수 없다(대법원 2005. 1. 27. 2003다49566 손해배상(기)).

25) 富田善範, 空港の設置·管理の瑕疵, 國家補償法大系3. 國家賠償法の判例, 354면.

거를 시작한 경우의 '참을 한도' 초과 여부는 보다 엄격히 판단하여야 한다(대법원 2015. 9. 24. 2011다91784 채무부존재확인).

3) 「환경정책기본법」상 소음규제 기준치는 실체법상 일반 국민의 사법상 권리 의무를 발생시키는 효력규정이 아닌 환경정책에 있어 정책과 규제 등을 위한 일종의 공법상 기준이라 할 수 있다. 따라서 그 기준의 위반 여부가 곧바로 사법상의 위법여부로 인정되지는 않겠지만, 민사법상 위법 여부의 중요한 기준이 되는 것은 물론이다.

4) 수인한도는 당해 공해 지역에 거주하는 주민들이 발생하는 공해에도 불구하고 정상적인 생활을 할 수 있는지 여부에 따라서 위법성 여부를 평가하는 것이다. 사회공동체 생활을 영위해 감에 있어서 필연적으로 발생하는 해로운 환경을 감내해 낼 수 있는 기준을 수인한도론이 제시해 주고 있다. 그러나 수인한도라는 다분히 주관적인 기준으로 공동체 생활에서의 환경기준을 법적으로 제시하고 있어 시대에 따라, 지역에 따라 다른 평가를 하게 될 위험성을 갖고 있다. 아무튼 수인한도론은 이제 공해 등 환경소송에서 통설·판례의 입장으로 굳어져 있다. '참을 한도'라고 표현한 판례도 있음은 앞서 보았다. 다만, 도로 등 공공시설로부터 어쩔 수 없이 발생하는 공해로 인한 손해에 대하여 수인한도론에 의해 손해배상책임을 인정하는 것이 타당할지는 신중한 검토를 요한다는 견해도 있다.

5) 그러나 영조물의 하자를 인정함에 있어서 위법성의 관념을 도입한 점에 대하여 일본에서는 강한 비판이 있다. 四宮和夫 교수는 손해배상청구에 관하여 가해행위의 공공성은 원칙적으로 고려해서는 안 되고, 특히 생명, 건강, 직업 등 인간에게 있어 중요한 법익을 침해하는 행위를 그 공공성에 의하여 정당화하는 것은 허용되지 않는다고 하고,[26] 阿部泰隆 교수는 공공성이 높기 때문에 수인한도도 높다는 것은 소수자는 참아야 한다는 것으로서 다수의 횡포에 불과하다고 한다.[27] 伊藤進 교수도 고도의 공공적 사업 때문이라 하여도 그것이 국민의 생존에 불가결한 것이 아닌 한, 일부 국민의 희생하에 행하는 것은 대단히 위험한 것이고, 특히 피해구제를 목적으로 하는 소송에서 그러한 사고는 타당성을 결여한 것이라고 한다.[28] 이

26) 四宮和夫, 不法行爲, 366면.
27) 阿部泰隆, 國家補償法, 246면.
28) 伊藤 進, 受忍限度について ― 大阪國際空港夜間飛行禁止請求, 判例時報 1025호, 13면.

같은 견해는 기본적으로 공공성을 수인한도론의 판단요소로 넣지 않음으로 손해배상을 인정하려는 것으로 이해된다.

6) 그러나 다른 한편으로는 공공성의 개념을 적극적으로 고려하여 배상을 하여야 한다는 견해도 있다. 즉, 공공사업의 적법성을 인정한 다음 그로 인하여 인근의 토지소유권 내지 이용권에 대한 제한이 가해진 때는, 민법상 상린관계 규정으로 손해에 대한 민사상의 보상청구권을 구성하는 것도 해석론으로 충분히 가능하다는 견해와[29] 주변주민에 국한하는 일부 소수자의 특별희생 등의 판시는 공용관련하자는 일종의 사업손실의 성격도 가지고 있기 때문에 공공성은 배상을 부정하는 방향으로 작용하는 것이 아니고 오히려 보상(배상)의 전제가 되는 것으로 파악하는 것도 가능하다는 견해[30] 및 하자와 위법성(수인한도)과의 관계가 분명하게 됨과 아울러 공용관련하자가 종래의 하자론의 연장선상에서 그 범위 내에서 해결될 수 있다는 견해가 있다.[31]

7) 공공성의 판단기준으로서 수인한도론은 도로를 이용하는 다수의 편익을 지속시킬 목적으로 당해 피해주민과 무관한 제3자가 피해주민들이 어느 한도까지 수인해야 하는가를 판단하는 이론으로 피해 주민의 입장에서는 대단히 가혹한 이론이라 볼 수밖에 없다. 바로 그 같은 이유 때문에 수인한도론을 비판하는 견해가 설득력을 갖는 것이다.

4. 선주성(先住性) 내지 위험에의 접근이론

(1) 의 의

1) 공항에 이착륙하는 항공기에 의한 소음피해 등을 이유로 손해배상책임을 청구하는 경우, 이미 소음피해가 발생하고 있는 사실을 알면서 공항주변에 거주하게 되었던 피해자를 다른 피해자와 구별하여 어느 정도 보호해야 하는가의 이론이 선주성 내지 위험에의 접근이론이다. 이 문제는 미국에서는 'nuisance에 접근'의 법리로서, 독일에서는 '선주성', '자기위험에 의한 행위'의 법리로서 논하였던 면책이

---

29) 伊藤高義, 國道43號線公害訴訟の問題點, 判例タインズ 638호, 20면.
30) 小幡純子, 國道四三號線公害訴訟控訴審判決, 法學教室 146號, 93면.
31) 國井和郎, 道路騷音·排氣ガス規制請求など, 私法判例リマ-クス 59호, 77면.

론과 같은 것이다.[32]

2) 일방의 토지이용에 의하여 상대방의 토지 이용자에게 손해가 발생한 경우, 가해자가 먼저 토지를 이용하고 있었거나 피해자가 피해발생의 위험성이 발생한 후에 전입하였을 때 유지청구나 손해배상청구에 영향을 미치는가 여부는 가해자가 선주자로서 기득권보호인 '선주성', 당해 지역이 어떠한 이용에 적합한 것으로 사회적으로 용인될 수 있는지 여부에 대한 '지역성', 피해자 측의 손해회피가능성의 문제라는 '위험에의 접근' 혹은 '위험의 인수'의 문제로 인식하여 오래전부터 논의되어 왔다. 이 중 기득권 보호로서의 선주성을 그대로 위법성의 판단요소로서 하는 점에는 학설이 일반적으로 부정적이고,[33] 가해자가 먼저 토지를 이용하고 있는 것은 지역성의 문제로서 판단해야 한다는 것이 통설이다.

(2) 판례의 인정 여부

1) 김포공항 공해소송에서 공항의 설치·관리자인 피고들은, 일부 원고들이 자신들의 거주지가 소음피해지역 또는 소음피해 예상지역으로 지정된 지역임을 알고도 위 지정·고시 후에 입주하였는바, 위 원고들은 충분히 소음피해를 피할 수 있었고, 입주하던 당시에 충분히 소음피해가 있으리라는 사정을 예견할 수 있었음에도 스스로 이를 용인하고 위 지역에 입주하였으므로, 이러한 원고들에게는 피고들이 손해배상책임을 지지 않는다는 '위험에의 접근' 또는 '선주성'의 이론에 의한 면책을 주장한 데 대하여, '일부 원고들은 소음피해지역 또는 소음피해예상지역 지정·고시일인 1993. 6. 21. 이후 자신들의 주거지에 전입한 사실은 앞서 살펴본 바와 같고, 이러한 경우 위 원고들은 항공기의 소음으로 인한 피해를 인식하거나 과실로 위 사실을 인식하지 못하고 입주하였다'고 봄이 상당하다. 그러나 위 원고들이 위 소음으로 인한 위해로 인하여 정신적 고통을 당하는 경우, 이러한 소음으로 인한 위해 상태를 이용하기 위하여 이주하였다는 등 특히 비난할 사유가 없는 한,[34] 자

32) 塩崎 勤, 航空機公害と不法行爲責任, 現代損害賠償法の諸問題, 105면.

33) 原田尙彦, 空港公害と被害者救濟, ジュリスト 151호, 338면; 戸波江二, 空港の騷音と人格權 - 大阪空港訴訟, ジュリスト, 130호, 57면.

34) 일반인이 공해 등의 위험지역으로 이주하여 거주하는 경우라고 하더라도 위험에 접근할 당시에 그러한 위험이 문제가 되고 있지 아니하였고, 그러한 위험이 존재하는 사실을 정확하게 알 수 없었으며, 그 밖에 위험에 접근하게 된 경위와 동기 등의 여러 가지 사정을 종합하여 그와 같은 위험의 존재를 인식하면서 굳이 위험으로 인한 피해를 용인하였다고 볼 수 없는 경우에는 그 책임이 감면

신들의 거주지가 소음피해지역 또는 소음피해예상지역 내에 있음을 인식하였거나 과실로 인식하지 못한 것만 가지고 소음으로 인한 피해를 용인하였다고 보기는 어렵고, 또한 그것만으로 피고들의 위법한 침해 행위가 위법하지 않게 된다거나, 책임이 소멸한다고는 볼 수 없다. 다만, 손해배상액의 산정에 있어서 형평의 원칙상 과실상계에 준하여 위자료의 감액 사유로 고려함이 상당하다(대법원 2005. 1. 27. 2003다49566 손해배상(기))고 판시하여 소음발생지역에 전입한 것이 그 소음으로 인한 '위해 상태를 이용하기 위하여' 이주하였다는 점이 인정되지 않는 한 위험에의 접근이론을 받아들이지 않고 있다.

2) 일본의 대판공항소음공해소송의 항소심 판결(大阪高判 소화 50. 11. 27. 判例時報 797호, 36면)에서도 "주민측이 특히 공해문제를 이용하려는 의도를 가지고 접근하였다고 인정되는 경우가 아닌 한 위 이론은 적용될 수 없다"고 판시하였다. 상고심에서는 "이처럼 좁게 해석해야 하는 것은 아니고 예컨대 위험에 접근한 자에게 원심 판시와 같은 의도가 없는 경우에도 그 자가 위험의 존재를 인식하고 있으며, 그로 인한 피해를 용인하였다고 하는 사정이 있었는지 여부에 의하여 가해자의 면책을 인정해야 하는 것은 아니다"라고 하여 제1차 소송제기 후 입주한 2명에 대하여 소음에 의한 악영향 내지 피해를 인식·인용하여 입주한 것이라고 추정할 수 있다고 하였다. 그리고 '입주 후에 실제로 입은 피해의 정도가 입주 때에 피상고인이 그 존재를 인식한 소음에서 추측되는 피해의 정도를 초과한 것이었는지, 입주 후에 소음의 정도가 특별히 증대하였다고 하는 특단의 사정이 인정되지 않는 한 그 피해는 동 피상고인에게 수인할 수 있는 것'이라고 하여 손해배상청구를 기각하였다. 위 상고심 판결 역시 기본적으로는 위험에의 접근이론을 부정하되, 극히 제한적인 범위 안에서 인용하는 태도를 보이고 있다.

일반적으로 피해가 생명·신체에 미치는 경우 피해자가 공해발생지역에 들어온 때에 공해를 감수할 의사를 가졌다는 정도만으로는 피해자의 승낙 내지 이에 준하는 법리로 면책을 인정할 수 없을 것이다. 대판공항소송의 상고심 판결도 그것만으로 면책을 인정하는 것이 아니고, 기타 피해의 내용·정도가 중대하지 않고 가해행위가 상당히 고도의 공공성을 갖고 있는 경우에는 피해자가 피해를 용인하여 공

되지 아니한다고 봄이 상당하다(대법원 2004. 3. 12. 2002다14242 손해배상(기)).

해지역에 전입한 것은 위법성판단에 있어서 이익형량의 하나의 요소로서 위법성을 감쇄하는 요소가 되는 것이라고 해석된다. 또한 위 판결은 지역성, 선주성에 대하여 이를 이유로 하여 청구를 배척할 수 없다고 하였지만, 적어도 지역성에 대하여는 일반론으로 인정할 수 있다고 하겠다.

3) 그러나 이미 항공기의 소음피해가 발생하고 있음에도 그 공항주변에 이주하려고 하는 사람의 사정은 각자 다를 수 있겠지만, 공항지역주변이 개인이 소유하고 이용하는 토지에 남아있는 이상, 현재와 같은 주택 사정하에서는 일반적으로 도시근교에 위치하는 공항주변의 주거를 어쩔 수 없이 선택하게 될 뿐만 아니라 토지, 건물의 가격이나 취득의 난이, 통근·통학의 편리, 친척 등과의 교제의 편의, 자력·자산등을 종합적으로 고려하여 소음피해 등이 발생하고 있는 공항주변으로 주거를 마련할 수도 있고, 그것이 사회적으로 결코 비난받아야 하는 일이 아닌 것은 분명하기 때문에 피해자가 소음피해가 발생하고 있는 것을 인식하면서 공항주변으로 이주하였다는 한 가지 사실을 가지고 가해자의 책임경감 내지 면책을 인정하는 것은 부당하다는 견해도 있다. 또한 피해를 용인하고 있었다는 것만으로 그들과의 관계에서 하자를 부정하는 것은 선주자 이외의 자와의 관계에서 당해 시설에 환경의 독점권을 부여하는 결과가 될 수 있다. 또한 공항소음으로 인한 피해지역은 도로공해와 달리 그 지역이 광범위하기 때문에 선주성 내지 위험에의 접근이론은 사회적 약자의 거주이전의 자유에 불이익을 가하는 결과를 초래하기 때문에 쉽게 인용될 수 없는 이론이라 할 수 있다.

5. 유지청구

(1) 의 의

도로에서 발생하는 소음이 피해 주민들 주택을 기준으로 일정 한도를 초과하여 유입되지 않도록 하라는 청구를 유지청구라고 한다. 환경오염으로 인한 피해의 구제라는 측면에서 손해배상청구와 비교해 볼 때 좀 더 적극적인 대응방법이라고 볼 수 있다. 국가배상법 또는 민법상 불법행위로 인한 손해배상책임은 금전배상이 원칙이지만, 장래에 회복할 수 없는 피해가 발생할 우려가 높거나 환경피해가 계속

발생하고 있는 경우에는 금전배상만으로는 충분한 만족을 얻을 수 없다. 따라서 현재 계속되고 있는 침해나 장래에도 계속될 침해가 예상될 경우에는 피해방지시설을 설치하거나 조업활동의 일부를 중지를 요구할 수 있는 것이 유지청구이다. 도로공해로 인한 피해구제 방법으로는 과거에 발생하였던 손해에 대한 금전배상이 주된 것이지만, 장래에 계속될 것으로 예상되는 피해예방 내지 감소를 위한 가장 실효성 있는 구제책이 바로 이 유지청구라 할 수 있다.[35]

⑵ 유지청구의 법적 근거

1) 유지청구는 소음발생원을 특정하여 일정한 종류의 생활방해를 일정 한도 이상 미치게 하는 것을 금지하는 것이므로 그 청구가 특정되지 않은 것이라고 할 수 없고, 이러한 내용의 판결이 확정될 경우 「민사집행법」 제261조 제1항[36]에 따라 간접강제의 방법으로 집행을 할 수 있다. 따라서 이러한 청구가 내용이 특정되지 않거나 강제집행이 불가능하여 부적법하다고 볼 수는 없다(대법원 2007. 6. 15. 2004다37904 채무부존재확인등·손해배상(기)). 따라서 민법 제205조에 의한 점유방해제거청구권, 제214조에 의한 소유물방해제거 및 방해예방청구권 및 제217조에 의한 매연 등의 방해제거청구권에 의하여, 건물의 소유자 또는 점유자는 인근의 소음으로 인하여 정온하고 쾌적한 일상생활을 영유할 수 있는 생활이익이 침해되고, 그 침해가 사회통념상 수인한도를 넘어서는 경우에 건물의 소유자 또는 점유자는 그 소유권 또는 점유권에 기하여 소음피해의 제거나 예방을 위한 유지청구를 할 수 있다. 그러므로 건물의 소유자나 점유자가 인근의 소음으로 인하여 생활이익이 침해되고 그 침해가 사회통념상 수인한도를 넘어서는 경우에 그 소유권 또는 점유권에 기하

35) 수원지방법원성남지원 2003. 10. 2. 선고 2002가합1044 판결[채무부존재확인등·손해배상(기)]
【주 문】
3. 원고(반소피고)는 별지 목록 2 기재 피고(반소원고)들에게
가. 별지 목록 2 기재 금액 및 2002. 2. 15.부터 2003. 10. 2.까지는 연 5%의, 그 다음날부터 완제일까지는 연 20%의 각 비율에 의한 금원을 각 지급하고,
나. 부평-신월 간 경인고속도로로부터 발생하는 소음이 별지 목록 2 기재 피고(반소원고)들의 주택을 기준으로 65dB(A) 이상 유입되도록 하여서는 아니 된다.

36) **민사집행법 제261조(간접강제)** ① 채무의 성질이 간접강제를 할 수 있는 경우에 제1심 법원은 채권자의 신청에 따라 간접강제를 명하는 결정을 한다. 그 결정에는 채무의 이행의무 및 상당한 이행기간을 밝히고, 채무자가 그 기간 이내에 이행을 하지 아니하는 때에는 늦어진 기간에 따라 일정한 배상을 하도록 명하거나 즉시 손해배상을 하도록 명할 수 있다.
② 제1항의 신청에 관한 재판에 대하여는 즉시항고를 할 수 있다.

여 소음피해의 제거나 예방을 위한 유지청구를 할 수 있다.[37] 그러나 유지청구를 할 수 있다는 점은 긍정하면서도 실제로 유지청구를 인용한 경우는 많지 않다.[38]

2) 유지청구의 법적 근거에 대하여 판례는 물권설을 지지하고 있지만, 다른 견해로는 인격권설이 있고, 또 다른 견해는 인격권의 침해를 이유로 하는 경우에는 자기의 피해만을 가지고 인격권적 유지의 근거로 삼을 수밖에 없으며, 타인의 건강침해를 가지고 자기의 인격권침해라고 할 수는 없으므로, 환경론자의 입장에서는 다수의 피해자가 발생한 사실을 환경파괴의 측면에서 파악하여 환경권 공유의 이념에서 환경침해에 대한 유지를 청구할 수 있다고 한다. 환경을 주민의 권리의 객체로 구성하여, 환경권은 집단성을 띠고 있는 결과 환경권 침해의 피해자는 언제나 복수이며 피해자 집단을 이루고 있다. 따라서 환경의 침해를 주장하는 원고는 그 지역의 피해주민을 사실상 대표하고 있으며, 전 주민의 피해의 합계를 피침해이익의 판단에 넣을 수 있으며, 다른 한편으로 원고 자신이 직접 입지 않은 피해도 주장할 수 있으므로 유지청구의 요건은 유지에 의하여 보호되는 모든 이익을 고려하여 판단되어야 할 것이라는 환경권설이라고 볼 수 있는 견해도 있다.[39]

---

37) 건물의 소유자 또는 점유자가 인근의 소음으로 인하여 정온하고 쾌적한 일상생활을 영유할 수 있는 생활이익이 침해되고 그 침해가 사회통념상 수인한도를 넘어서는 경우에 건물의 소유자 또는 점유자는 그 소유권 또는 점유권에 기하여 소음피해의 제거나 예방을 위한 유지청구를 할 수 있다. 원심이 같은 취지에서 이 사건 명보빌라, 현대빌라, 창조빌라(이하 '이 사건 빌라'라 한다)의 소유자 또는 점유자인 피고 주민들이 소유권 또는 점유권에 기한 물권적 청구권의 행사로 원고를 상대로 이 사건 고속도로로부터 발생하는 소음이 일정 한도를 초과하여 유입되지 않도록 하라는 취지의 유지청구를 할 수 있다고 판단한 것은 적법하고, 거기에 상고이유로 주장하는 바와 같이 환경침해로 인한 유지청구의 청구권원과 관련한 법리오해의 위법이 있다고 할 수 없다(대법원 2007. 6. 15. 2004다37904 채무부존재확인등·손해배상(기)).

38) 원심으로서는 앞에서 본 사정들을 충분히 고려하여 원고가 피고들에 대하여 방음대책 이행의무를 부담하는지를 판단하였어야 할 것임에도, 피고들의 일상생활이 실제 주로 이루어지는 지점의 소음도를 측정하지 아니하였을 뿐만 아니라, 이 사건 고속도로의 특성과 토지이용의 선후관계를 제대로 고려하지 아니하였고, 또 이 사건 청구가 받아들여짐으로써 소송당사자들과 도로이용자들이 받게 될 이익·불이익을 비교·교량하지 아니한 채, 원고가 피고들에게 이 사건 고속도로에서 발생하는 소음이 65데시벨(dB) 이상 도달하지 아니하도록 할 의무를 부담한다고 판단하고 말았다. 이러한 원심의 판단에는 도로의 소음으로 말미암은 생활방해에서 '참을 한도' 및 그 생활방해를 원인으로 하는 방지청구권에 관한 법리를 오해하여 필요한 심리를 다하지 아니함으로써 판결에 영향을 미친 위법이 있다(대법원 2015. 9. 24. 2011다91784 채무부존재확인).

39) 환경권은 명문의 법률규정이나 관계 법령의 규정 취지 및 조리에 비추어 권리의 주체, 대상, 내용, 행사 방법 등이 구체적으로 정립될 수 있어야만 인정되는 것이므로(대법원 1995. 5. 23. 94마2218), 사법상의 권리로서의 환경권을 인정하는 명문의 규정이 없는데도 환경권에 기하여 직접 방해배제청구권을 인정할 수 없음은 상고이유로 주장하는 바와 같다. 그러나 어느 토지나 건물의

3) 일본의 대판공항 공해소송 항소심 판결(大阪高判 소화 50. 11. 27. 判例時報 797호, 36면)은 원고들이 오후 10시부터 다음날 아침 7시까지 항공기의 이착륙을 금하는 유지청구에 대하여 오후 9시 이후 항공기의 이착륙을 금지하면서 "개인의 생명, 신체, 정신 및 생활에 관한 이익은 각인의 인격에 본질적인 것이며, 그 총체를 인격권이라고 할 수 있고 이러한 인격권은 누구에 의해서도 침해되는 것은 허용되지 아니하고, 그 침해에 대하여 이를 배제하는 권능이 인정되지 않으면 안 된다"라고 판시하여 인격권을 유지청구를 인용하는 기초로 삼았다.

4) 유지청구의 법적 근거를 인격권으로 구성하는 논리는 그 후 공해소송에서 널리 받아들여졌다. 그러나 인격권은 본래 개인의 명예 등의 인격적 이익에 관한 것이고 공해에 의한 신체의 침습이나 그 위험배제의 근거로서는 약간 어색한 감이 없지 않다. 또한 '소음방해를 받지 아니할 정온한 생활을 영위할 환경권'으로 구성하는 것이 불가능하지는 않지만 권리내용이나 범위가 불명확하고 포괄적인 환경권에 대하여 그 내용을 한정하지 않고 직접 유지청구의 근거로 삼아도 좋은지 의문이다. 때문에 유지청구의 법적근거로서 헌법상의 생명의 권리 및 건강한 생활을 영위할 권리에서 도출된 '생명·신체·건강의 안전을 구하는 권리'를 도출하는 것이 마땅하다는 견해도 있다.

5) 그러나 대판공항 공해소송의 상고심 판결에서는 "피상고인들의 위와 같은 청구는 이치상 당연한 것으로서 불가피하게 항공행정권 행사의 취소변경 내지 그 발동의 청구를 포함하는 것이다. 따라서 피상고인들이 행정소송의 방법에 의하여 어떠한 청구를 하는 것이 가능한가 여부는 별론으로 하고, 상고인에 대하여 이른바 통상의 민사상 청구로서 전기와 같은 사법상의 급부청구권을 갖는다는 주장은 성립할 수 없다"고 판시하여 유지청구를 기각하였다.

소유자가 종전부터 향유하고 있던 경관이나 조망, 조용하고 쾌적한 종교적 환경 등이 그에게 하나의 생활이익으로서의 가치를 가지고 있다고 객관적으로 인정된다면 법적인 보호의 대상이 될 수 있는 것이라 할 것이므로, 인접 대지에 어떤 건물을 신축함으로써 그와 같은 생활이익이 침해되고 그 침해가 사회통념상 일반적으로 수인할 정도를 넘어선다고 인정되는 경우에는 위 토지 등의 소유자는 그 소유권에 기하여 그 방해의 제거나 예방을 위하여 필요한 청구를 할 수 있다고 할 것이고, 위와 같은 청구를 하기 위한 요건으로서 반드시 위 건물이 문화재보호법이나 건축법 등의 관계 규정에 위반하여 건축되거나 또는 그 건축으로 인하여 그 토지 안에 있는 문화재 등에 대하여 직접적인 침해가 있거나 그 우려가 있을 것을 요하는 것은 아니라고 할 것이다(대법원 1997. 7. 22. 96다56153 공사금지가처분).

6) 또한 국도43호선사건에서는 하급심에서부터 상고심에 이르기까지 유지청구를 모두 기각한 바 있다(最判 평성 7. 7. 7. 民集 49권 7호, 1870면). 이처럼 일본에서는 도로, 철도, 공항 등 교통시설의 소음에 관한 민사상 유지청구에 관하여 그 청구를 인정하지 않은 판결이 대부분이었다. 그 이유는 제1유형으로는 유지청구의 내용이 특정되지 않았다는 점을 이유로 부적법 각하한 경우와, 제2유형으로 행정권 행사, 통치권발동, 고도의 정치문제 등을 근거로 민사상의 유지청구를 부적법하다고 각하한 경우(大阪國際空港騷音公害訴訟, 厚木基地公害訴訟, 横田基地騷音公害訴訟, 福岡空港騷音公害訴訟) 및 일정의 음량을 넘은 소음의 도달을 금지하는 취지의 민사상의 유지청구에 대하여 청구내용이 특정되었다고 하면서도, 원고들이 입은 피해가 사회생활상 수인한도를 넘지 않은 것이라고 하여 유지청구를 기각한 경우로서 본판결도 여기에 해당한다.[40]

7) 대부분의 학설은 민사상의 유지청구를 부적법하다고 각하한 판결에 의문을 제시하고, 또한 유지청구의 내용이 특정되지 않았다고 각하한 판결에 대하여도 비판적이다.[41] 국도43호선사건에서 원고는 도로를 주행하는 자동차에서 발생하는 일정한 수준을 넘는 소음 및 이산화질소를 원고의 주거 부지 내에 유입시키는 자동차를 주행시키는 것에 대한 유지를 구하였다. 이와 같은 추상적 부작위청구에 대해서는 판결의 집행상 문제가 있다고 하여 소극적으로 해석하여 청구를 각하한 경우와는 달리, 국도43호선사건에서는 청구취지의 특정을 결여한 바 없어 청구 자체는 적법하다고 하면서 수인한도를 초과하지 않았다는 사유로 청구를 기각하였다. 유지청구를 기각한 이유로서는 먼저 청구내용이 추상적인 부작위청구라는 점을 들 수 있다.[42] 대판국제공항소송에서의 유지청구는 항공기의 이착륙 유지에 대한 것이고, 그 집행방법도 특정된 것을 내용으로 하고 있었기 때문에 소음방지조치의 문제가 항공기의 이착륙에 관한 규제권한에 포함되기 쉬운데 대하여, 국도43호선사건에서는 소음 등을 일정 기준 이하로 끌어내리는 집행방법이 불특정하기 때문일 것이다. 또 다른 이유는 원고가 본안소송에서 승소하더라도 이에 대한 공공시설의 관리자가 당해의무를 이행하는 방법 또한 다양하고 동시에 그 선택이 관리자의 자유에 위

40) 野村豊弘, 國道四三號線事件, ジュリスト 126호, 125면.
41) 吉村良一, 道路公害の差止めと損害賠償, 法律時報 58권 12호, 84면.
42) 本多瀧夫, 道路公害と被害者救濟, ジュリト 151호, 343면.

임되어 있다는 점을 들 수 있다.

⑶ 유지의 방법

1) 도로공해소송 판결에서 유지청구가 쟁점으로 대두되고 실제로 인용되기도 한다. 경인고속도로의 설치·관리자인 한국도로공사는 경인고속도로에서 발생하는 소음 등으로 인하여 사회 통념상 일반적으로 수인할 정도를 넘는 피해를 입었으므로 소유권 또는 점유권에 기하여 그 방해의 제거나 예방을 위하여 피해자인 원고들에게 도로변 소음 환경기준 65dB(A)를 넘지 않도록 방음설비를 시공할 것을 구하는 유지청구에 대하여, 기존에 설치되어 있는 길이 144m 높이 4.5m 방음벽에 흡음형 방음벽(알루미늄)을 추가 설치하여 높이를 13m로 보강함이 상당하다고 유지청구를 인용한 바 있다.[43)]

2) 역시 같은 사례로서 고속도로에서 발생하는 소음이 주민들의 주택을 기준으로 65db(A)를 넘지 않도록 방음대책을 이행하여야 하며 도로를 관리하면서 계속적으로 교통량의 증가 등으로 인하여 소음피해가 발생할 경우 추가로 방음시설을 설치하거나 차량속도를 제한하는 등의 소음피해를 방지할 의무를 인정한 사례(서울중앙지방법원 2007. 6. 26. 2004가합21140) 등의 판결이 있다. 공항 또는 도로의 설치·관리자가 소음피해를 예방하거나 방지하기 위한 조치를 취해야 하는 것은 설치·관리자의 재량권이 영으로 수축되는 경우에 해당한다.

43) (2) 유지청구의 내용에 대한 판단
원고는 부평-신월 간 경인고속도로로부터 발생하는 소음이 각 별지 목록 2 기재 피고 주민들의 주택을 기준으로 65dB(A) 이상 유입되지 않도록(창문을 개방한 상태에서의 소음도를 말한다) 할 의무가 있는바, 구체적으로는 부천시 오정구 (상세번지 생략) 명보빌라 앞에 설치되어 있는 길이 144m 높이 4.5m 방음벽에 흡음형방음벽(알루미늄)을 추가 설치하여 높이를 13m로 보강함이 상당하다(원고는 13m 방음벽을 설치할 경우 방음벽 기초 옹벽을 모두 철거하고 기초를 재시공하여야 하므로 공사기간 6개월에 경인고속도로 2개 차선을 점용하여야 하므로 경인고속도로 통행차량 소통에 큰 지장을 준다고 주장하였으나 갑 27, 28, 29의 각 기재에 의하면 경인고속도로와 명보빌라 등 사이에 폭 8.7m의 도로가 방음벽을 사이에 두고 경인고속도로와 접하여 있고, 13m 방음벽을 설치할 경우 이 도로상 방음벽 외부에 13m 방음벽을 지지할 수 있는 콘크리트를 추가 타설하여 콘크리트 중량에 의하여 13m 방음벽을 지지할 수 있어 방음벽 기초 옹벽을 모두 철거한 후 기초를 재시공하지 않아도 되므로 경인고속도로 통행 차량 소통에 큰 지장을 주지 않고도 공사가 가능하다고 보이고, 변론에 현출된 자료들에 의하면 13m 방음벽을 설치하는 이외에 피고 주민들의 주택을 기준으로 65dB(A) 이상 소음이 유입되지 않도록 할 수 있는 방법이 없다)(수원지방법원 성남지원 2003. 10. 2. 2002가합1044).

6. 교통공해 방지의 기술적 곤란 및 법률상의 제약

(1) 공항소음 방지의 기술적 및 예산제약의 점

1) 항공기 소음은 항공기가 운항하는 이상 당연히 발생할 수밖에 없고, 공항을 설치하고 운영하면서 소음의 발생 자체를 방지하는 것은 과학적, 기술적, 물리적으로 불가능한 점은 쉽게 수긍할 수 있다. 「공항소음 방지 및 소음대책지역 지원에 관한 법률」 제5조 제1항은 "국토교통부장관은 장래의 항공수요를 감안한 예상 소음영향도를 기준으로 공항주변의 소음대책지역을 대통령령으로 정하는 바에 따라 제1종 구역, 제2종 구역 및 제3종 구역으로 지정·고시하여야 한다"고 규정하고 있으며, 제6조 제1항은 "특별시장·광역시장·도지사(이하 "시·도지사"라 한다) 또는 특별자치도지사·시장·군수·구청장(자치구의 구청장을 말한다. 이하 "시장·군수·구청장"이라 한다)은 공항소음피해 확산을 방지하기 위하여 소음대책지역에서의 시설물의 설치 및 용도를 제한하여야 한다. 다만, 방음시설 설치 등 일정한 조건을 붙여 시설물의 설치를 허용할 수 있다"고 한다.

2) 그러나 공항의 설치·관리자가 「공항소음 방지 및 소음대책지역 지원에 관한 법률」이나 「항공법」 등 관계 법령과 예산의 범위 내에서 최선의 노력을 다하여 소음대책사업을 수행하여 왔으므로 공항의 설치·관리와 관련된 어떠한 과실도 없다고 주장할 수도 있다. 실제로 김포공항 공해소송에서는 그와 같은 항변을 한 바 있다. 그러나 공항관리자가 항공법상의 항공기소음대책을 실시하여 온 것은 사실이라고 하더라도, 영조물의 설치·관리의 하자 유무는 물리적, 외형적 결함이나 불비 및 그 이용과 관련한 위해를 발생케 할 위험성의 존부에 의하여 결정되고 그 위험성의 존재에 고의, 과실이 있을 것을 요하지 아니할 뿐만 아니라, 항공법상 소음방지대책에 관한 의무이행기간이 명시되어 있지 아니하여 대책을 이행하지 않을 때에는 이를 강제할 방법이 없고, 대책이 불만족스러워도 이의 보충이나 변경을 요구할 수 있는 권리가 보장되지 아니하는 등 소음방지대책이 임의적인 점, 공해로 인한 많은 피해자들인 원고들에 대한 방음시설 설치시기가 공해소송이 제기되고 난 이후이어서 원고들이 침해기간으로 특정한 1997년부터 1999년까지의 기간에는 대부분의 원고들에게 소음방지대책이 시행되지 아니한 점, 정치적·경제적 관점에서

결정되는 예산이라는 요소로 손해배상이라는 법적 의무를 판단할 수는 없는 점, 일상생활의 상당 부분은 방음 시설된 실내뿐만 아니라 실외에서도 이루어지는 점, 방음공사를 실시하였다고 하더라도 소음이 완전히 차단되는 것이 아닌 점, 실내를 밀폐하였을 경우 냉방이나 환기시설이 필요하고 이러한 시설의 유지를 위해서는 비용이 필요한 점 등을 고려하면, 위와 같은 대책의 시행이 위자료의 감액 대상이 됨은 별론으로 하고, 소음방지 대책이 행하여졌다는 이유만으로 관리상의 과실이나 하자가 없다고 볼 수는 없다고 하여 기술적 및 예산의 제약의 점을 이유로 하는 항변을 배척한 바 있다.

(2) 도로소음 방지의 법률적·기술적 곤란

1) 자동차(항공기 포함)의 소음발생을 규제하고 있는 「소음·진동 관리법」은 교통소음과 진동의 관리(제4장)와 관련하여 자동차의 교통공해로 인한 소음과 진동에 관한 규정을 구체적으로 두고 있다. 「소음·진동 관리법」 제26조(교통소음·진동의 관리기준), 제27조(교통소음·진동 관리지역의 지정), 제28조(자동차 운행의 규제), 제29조(방음·방진시설의 설치 등), 제30조(제작차 소음허용기준), 제31조(제작차에 대한 인증), 제31조의2(인증시험대행기관의 지정), 제31조의3(인증시험대행기관의 지정 취소), 제33조(제작차의 소음검사 등), 제35조(운행차 소음허용기준) 등에서 이를 규율하고 있다.

자동차는 기술적, 경제적인 이유 등으로 제작당시부터 일정 소음을 낼 수밖에 없는 상태로 제작된다. 그 같은 소음 허용기준에 맞는 자동차는 어떤 도로에서라도 소음발생에 대한 개인적인 책임의 부담없이 운행하고 있는 것이 현실이다. 그 결과 당해 도로를 설치·관리하는 지방자치단체 또는 한국도로공사는 자동차의 제작시의 소음발생 기준을 정하는데 어떤 영향도 미칠 수 없는 지위에 있다.

2) 도로 소음은 자동차가 운행하는 속도에 영향을 받는다. 「도로교통법」 제17조 제1항은 '자동차등의 도로 통행 속도는 행정자치부령으로 정한다'라고 규정하고 있다. 「도로교통법 시행규칙」 제19조는 자동차등의 속도를 구체적으로 정하고 있다.[44]

---

44) **「도로교통법 시행규칙」 제19조(자동차등의 속도)** ① 법 제17조 제1항에 따른 자동차등의 운행속도는 다음 각 호와 같다.

1. 일반도로(고속도로 및 자동차전용도로 외의 모든 도로를 말한다)에서는 매시 60km 이내. 다만, 편도 2차로 이상의 도로에서는 매시 80km 이내

경찰청장이나 지방경찰청장은 도로에서 일어나는 위험을 방지하고 교통의 안전과 원활한 소통을 확보하기 위하여 필요하다고 인정하는 경우에는 다음 각 호(1. 경찰청장: 고속도로, 2. 지방경찰청장: 고속도로를 제외한 도로)의 구분에 따라 구역이나 구간을 지정하여 제1항에 따라 정한 속도를 제한할 수 있다(도로교통법 17②). 자동차등의 운전자는 제1항과 제2항에 따른 최고속도보다 빠르게 운전하거나 최저속도보다 느리게 운전하여서는 아니 된다. 다만, 교통이 밀리거나 그 밖의 부득이한 사유로 최저속도보다 느리게 운전할 수밖에 없는 경우에는 그러하지 아니하다(도로교통법 17③).

자동차의 운행속도가 낮으면 소음발생이 적을 것이고, 고속으로 운행할 경우에는 소음발생이 클 수밖에 없다. 도로별 자동차 운행속도는, 고속도로는 경찰청장

---

2. 자동차전용도로에서의 최고속도는 매시 90km, 최저속도는 매시 30km
3. 고속도로
   가. 편도 1차로 고속도로에서의 최고속도는 매시 80km, 최저속도는 매시 50km
   나. 편도 2차로 이상 고속도로에서의 최고속도는 매시 100km[화물자동차(적재중량 1.5톤을 초과하는 경우에 한한다. 이하 이 호에서 같다)·특수자동차·위험물운반자동차(별표 9 (주) 6에 따른 위험물 등을 운반하는 자동차를 말한다. 이하 이 호에서 같다) 및 건설기계의 최고속도는 매시 80km], 최저속도는 매시 50km
   다. 나목에 불구하고 편도 2차로 이상의 고속도로로서 경찰청장이 고속도로의 원활한 소통을 위하여 특히 필요하다고 인정하여 지정·고시한 노선 또는 구간의 최고속도는 매시 120km(화물자동차·특수자동차·위험물운반자동차 및 건설기계의 최고속도는 매시 90km) 이내, 최저속도는 매시 50km

② 비·안개·눈 등으로 인한 악천후 시에는 제1항에 불구하고 다음 각 호의 기준에 의하여 감속운행하여야 한다. 다만, 경찰청장 또는 지방경찰청장이 별표 6 Ⅰ. 제1호타목에 따른 가변형 속도제한표지로 최고속도를 정한 경우에는 이에 따라야 하며, 가변형 속도제한표지로 정한 최고속도와 그 밖의 안전표지로 정한 최고속도가 다를 때에는 가변형 속도제한표지에 따라야 한다. 〈개정 2010. 7. 9〉

1. 최고속도의 100분의 20을 줄인 속도로 운행하여야 하는 경우
   가. 비가 내려 노면이 젖어 있는 경우
   나. 눈이 20mm 미만 쌓인 경우
2. 최고속도의 100분의 50을 줄인 속도로 운행하여야 하는 경우
   가. 폭우·폭설·안개 등으로 가시거리가 100m 이내인 경우
   나. 노면이 얼어 붙은 경우
   다. 눈이 20mm 이상 쌓인 경우

③ 경찰청장 또는 지방경찰청장이 법 제17조 제2항에 따라 구역 또는 구간을 지정하여 자동차등의 속도를 제한하려는 경우에는 「도로의 구조·시설기준에 관한 규칙」 제8조에 따른 설계속도, 실제 주행속도, 교통사고 발생 위험성, 도로주변 여건 등을 고려하여야 한다. 〈신설 2010. 7. 9〉

④ 삭제 〈2010. 7. 9〉

⑤ 삭제 〈2010. 7. 9〉

이, 고속도로를 제외한 도로에서는 지방경찰청장이 운행속도를 지정하기 때문에 고속도로를 관리하는 한국도로공사는 소음발생의 원인이 될 수 있는 운행속도를 낮출 권한이 없다는 것을 알 수 있다.

3) 그러므로 자동차가 일정한 소음을 내며 고속으로 운행할 수 있는 권한을 부여하는 것은 국가이다. 다만, 문제가 되는 점은 여러 대의 자동차가 동시에 특정지역을 운행할 때 상호 경합된 소음에 의하여 도로공해로 표현될 수 있을 정도의 소음이 발생할 수 있다는 점이다. 국가는 자동차의 제작과정에서 소음의 정도를 규제하고 운행속도까지도 지배하고 있어 수많은 자동차가 도로를 운행할 때는 필연적으로 소음의 정도가 높아질 것을 예상할 수 있고, 그로 인하여 도로주변에 거주하는 주민들에게 인적, 물적 손해에 관한 법적 분쟁이 발생할 수 있다는 점에 대하여 예견가능성이 있다고 할 수 있다. 따라서 도로소음으로 인한 배상책임의 주체는 당해 도로의 설치·관리자가 지방자치단체나 한국도로공사일지라도 그 책임의 감경여지가 있고, 어느 경우에나 국가인 대한민국이 피고가 되어 배상책임의 주체가 되어야 한다는 주장도 설득력을 갖게 된다.

4) 특히 한국도로공사의 법적 지위를 살펴보면, 고속도로의 유지·관리업무에 국한되고 있음을 알 수 있다. 「한국도로공사법」 제12조 제1항은 '공사는 제1조의 목적을 달성하기 위하여 유료도로의 신설·개축·유지 및 수선에 관한 공사(工事)의 시행과 관리(제1호) 등의 업무를 수행한다'고 규정하고 있다. 한국도로공사가 고속도로의 소음을 감소시키기 위하여 일정한 조치를 취할 권한이 없다. 한국도로공사는 고속도로를 관리해야 할 의무의 범위는 당해 도로가 제 기능을 발휘할 수 있도록, 즉 자동차의 운행이 원활하고 안전하도록 하기 위하여 도로의 노면상태를 적합하게 유지하거나(凹凸이 없도록 하거나, 안개, 눈으로 인한 결빙제거 등), 사고방지를 위한 중앙분리대를 설치하거나, 낙하물의 수거 등의 활동과 아울러 소음방지를 위하여서는 방음벽을 설치할 의무가 있을 뿐이고, 방음벽의 종류와 설치 기준 역시 「소음·진동 관리법」 제40조에서 정하고 있다.[45] 따라서 위 공사는 자동차의 소음을 감소시키

45) **「소음·진동 관리법」 제40조(방음시설의 성능과 설치 기준 등)** ① 소음을 방지하기 위하여 방음벽·방음림(防音林)·방음둑 등의 방음시설을 설치하는 자는 충분한 소리의 차단 효과를 얻을 수 있도록 설계·시공하여야 한다.
② 제1항에 따른 방음시설의 성능·설치기준 및 성능평가 등 사후관리에 필요한 사항(이하 "설치기준등"이라 한다)은 환경부장관이 정하여 고시할 수 있다. 다만, 다른 법률이 방음시설의 설치기준

기 위하여 피해가 예상되는 양돈장이나 도로변의 인가밀집지역의 도로에서 차로를 감소시켜 통행을 제한시킨다거나, 도로교통법이 정하는 운행속도보다 감속하여 진행하도록 조치할 권한이 없다.

5) 결국 도로의 설치·관리자는 자동차가 운행함으로 야기하는 소음을 회피할 수 있는 가능성이 없는 지위에 있어 소음으로 인한 결과회피가능성도 없는 상태이고, 오늘날 도로가 갖는 공공성과 공익성, 공공공간으로서의 역할을 고려할 때 소음방지를 위한 통행제한이나 속도감속조치도 쉽게 취할 수 없음을 알 수 있다. 그럼에도 불구하고 영조물책임을 인정하고 있는 것은 사실상 손실보상을 해주는 것으로 이해할 수 있는 것이다.

7. 결 론

(1) 항공기와 자동차의 이용이 필수적인 생활 속에서 불가피하게 야기되는 소음 등의 공해로 인한 피해에 대한 배상책임을 인정하는 것은 당연하다. 배상책임을 인정함에 있어 공항이나 도로의 설치·관리자의 하자를 근거로 한다고 할 때 공항과 도로가 통상적으로 갖추어야 할 물적 결함 때문이 아니라 공항에는 항공기의 이착륙이, 도로에는 자동차의 주행이 정상적으로 이루어지기 때문에 제기되는 문제라는 특이성을 갖는다. 영조물 그 자체로서는 하자 없이 운영되는데, 그 이용의 결과로서 야기되는 문제가 교통공해와 영조물책임과의 관계인 것이다.

(2) 전통적 의미에서는 교통소음을 야기하는 공항이나 도로의 설치·관리에 어떤 하자가 있다고 인정할 여지가 없음에도 결국, 그 시설을 반드시 공용에 제공하지 않을 수 없는 현실 때문에 발생한 피해를 전보하는 것이므로 손해배상 내지 국가배상책임의 법리와 부합하는 것은 아니다. 그 같은 이유 때문에 교통공해로 인한 하자인 공용관련하자를 기능적 하자 또는 사회적·기능적 하자라고도 부른다. 그러므로 이 하자로 인한 배상책임은 엄밀한 의미에서 손실보상의 성격을 갖는다고 할 것이다. 공항주변 또는 도로주변의 주민들에 대한 특별한 희생 때문에 보상을 하는 것이 아니라, 수인한도를 넘는 위법성이라는 기준으로 판단을 하지만, 그 법리의

등을 달리 정하고 있으면 그 설치기준등에 따른다.

바탕에는 영조물을 설치하고 관리는 과정에서 야기된 손해를 보상하는 측면을 부인할 수 없는 것이다. 아무튼 교통공해를 이유로 하는 배상책임의 요구는 이제 일반화된 현상이고, 그 법적 근거도 확립되었다 할 것이므로 공항이나 도로의 건설계획수립 당시부터 예상되는 소음 등의 공해를 최소화하고 방지할 의무가 국가나 지방자치단체에게 지워져 있다고 하겠다.

(3) 교통공해로 인하여 피해를 구제하기 위한 제도로서는 법원에 통상적인 민사소송 절차를 이용할 수도 있지만, 환경분쟁조정위원회에서 활발하게 진행 중인 조정을 통하여 구제받을 수도 있다. 「환경분쟁조정법」은 "중앙조정위원회 및 지방조정위원회의 사무를 관장하기 위하여 환경부에 중앙환경분쟁조정위원회(이하 "중앙조정위원회"라 한다)를 설치하고, 특별시 · 광역시 · 도 또는 특별자치도(이하 "시 · 도"라 한다)에 지방환경분쟁조정위원회(이하 "지방조정위원회"라 한다)를 설치한다"(제4조)고 규정하고 있다.[46]

민사절차를 이용하는 경우에는 입증의 어려움과 비용과 시간의 지연 등의 문제가 있지만, 환경분쟁조정위원회에서는 신속한 공해발생 원인과 피해의 규모를 파악하기 때문에 우선적으로 조정신청을 하는 것이 유효한 권리구제의 방안으로 자리 잡고 있다.

46) **「환경분쟁조정법」 제5조(환경분쟁조정위원회의 소관 사무)** 중앙조정위원회 및 지방조정위원회(이하 "위원회"라 한다)의 소관 사무는 다음 각 호와 같다.

1. 환경분쟁(이하 "분쟁"이라 한다)의 조정. 다만, 「건축법」 제2조 제1항 제8호의 건축으로 인한 일조 방해 및 조망 저해와 관련된 분쟁의 조정은 그 건축으로 인한 다른 분쟁과 복합되어 있는 경우만 해당한다.
2. 환경피해와 관련되는 민원의 조사, 분석 및 상담
3. 분쟁의 예방 및 해결을 위한 제도와 정책의 연구 및 건의
4. 환경피해의 예방 및 구제와 관련된 교육 및 홍보
5. 그 밖에 법령에 따라 위원회의 소관으로 규정된 사항

사항색인

판례색인

[하급심]

[저자 약력]

정 형 근(鄭亨根)

경희대 법대·동 대학원(법학박사, 행정법)
제34회 사법시험 합격(사법연수원 24기)
변호사
사법시험 2차 출제위원(행정법)·면접위원
9급, 7급 공무원시험 출제위원(행정법)
중앙행정심판위원회 위원
법조윤리시험 출제위원
법무부 변호사제도개선위원회 위원
서울북부지방검찰청 정보공개심의회 위원
법조윤리협의회 자문위원
변호사시험 출제위원(공법)
국민권익위원회 청탁금지법 자문위원
경희대학교 법학전문대학원 교수

주요 저서

법조윤리강의, 박영사(2016, 제7판)
변호사법주석, 피앤씨미디어(2016, 초판)
기출 공법기록형, 피앤씨미디어(2016, 제2판)
행정법, 피앤씨미디어(2016, 제4판)
공법기록형 공법소송실무, 박영사(2016, 제5판)
행정법개론, 피앤씨미디어(2015, 초판)
공법선택형강의, 박영사(2013, 초판)
실전답안 행정법연습, 동방문화사(2012, 초판)

도로하자소송

초판인쇄 2016년 5월 25일
초판발행 2016년 6월 1일

지은이 정형근
펴낸이 박노일

총괄기획 김중용
편 집 심성보·김인숙

펴낸곳 pnc publishing and culture 피앤씨미디어
경기도 고양시 일산동구 강송로 153 310-1501
등록 제396-2012-000203호
전 화 070)7550-3758 팩 스 02)718-8554
홈페이지 www.pncmedia.co.kr 이메일 pnc@pncmedia.co.kr
ISBN 979-11-5730-288-8 93360

정 가 25,000원